AF501462

# BIBLIOTHÈQUE D'ENSEIGNEMENT COMMERCIAL

**Dirigée par M. Georges PAULET**

CHEF DU BUREAU DE L'ENSEIGNEMENT COMMERCIAL AU MINISTÈRE DU COMMERCE

## II. — Ouvrages en préparation.

*Manuel pratique des Opérations commerciales,* par A. DANY, directeur de l'École supérieure de commerce du Havre, ancien chef de comptabilité, ancien professeur à la Société mutuelle des employés de commerce du Havre.

*Monnaies, poids et mesures* de tous les pays du monde. Traité pratique des différents systèmes monétaires, accompagné de renseignements sur les changes et les timbres, d'effets de commerce des principaux pays, par LEJEUNE, directeur de l'École supérieure de commerce de Marseille.

*Principes généraux de comptabilité,* par E. LÉAUTEY, professeur de comptabilité, ancien chef de bureau au Comptoir national d'escompte, et A. GUILBAULT, ancien chef d'administration de la Société métallurgique de Vierzon.

*La Colonisation* et ses rapports avec le commerce, par P. BEAUREGARD, professeur à la Faculté de droit de Paris et à l'École des hautes études commerciales.

*Précis d'Économie commerciale,* par CHEYSSON, inspecteur général des ponts et chaussées, professeur d'économie politique à l'École nationale des mines et à l'École libre des sciences politiques.

*Précis de Droit commercial,* par E. COHENDY, professeur à la Faculté de droit et à l'École supérieure de commerce de Lyon.

*Les Tribunaux de commerce.* Organisation, compétence, procédure, par HOUYVET, docteur en droit, ancien agréé près le tribunal de commerce de la Seine.

*Manuel des Opérations financières à long terme,* par Léon MARIE, ancien élève de l'École polytechnique, actuaire au « Phénix », examinateur à l'École des hautes études commerciales.

*Les Assurances sur la vie et contre les accidents,* par Paul GUIEYSSE, député, président de l'Institut des actuaires français.

*Les Transports par chemins de fer,* par AUBURTIN, maître des requêtes au Conseil d'État, secrétaire adjoint du comité consultatif des chemins de fer, ancien professeur à l'École des hautes études commerciales.

*Les Transports maritimes,* éléments de droit maritime appliqué, par HAUMONT et LEVAREY, avocats, professeurs à l'École supérieure de commerce du Havre.

*Armements maritimes,* cours professé à l'École supérieure de commerce de Marseille, par CHAMPENOIS, capitaine au long cours, ancien commandant aux Messageries maritimes.

*Précis de Législation ouvrière,* cours professé à l'École des sciences politiques, par Georges PAULET, chef de bureau au Ministère du commerce.

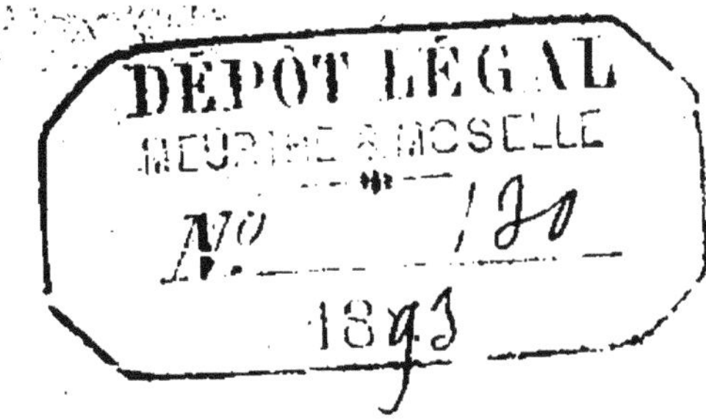
DÉPÔT LÉGAL
MEURTHE & MOSELLE
N° 180
1893

# RECUEIL
# DES LOIS INDUSTRIELLES

## DU MÊME AUTEUR

---

**Code de commerce et lois commerciales usuelles**, avec des notions de législation comparée, à l'usage des élèves des Facultés de droit et des Écoles supérieures de commerce. 1 volume in-32.

**L'Enseignement technique, commercial et industriel**, en collaboration avec M. BONNET. (Extrait du *Nouveau Dictionnaire d'économie politique* de MM. Léon SAY et CHAILLEY-BERT.) *Épuisé*.

---

BIBLIOTHÈQUE D'ENSEIGNEMENT COMMERCIAL

Publiée sous la direction de M. GEORGES PAULET

# RECUEIL

DES

# LOIS INDUSTRIELLES

AVEC DES

## NOTIONS DE LÉGISLATION COMPARÉE

A L'USAGE DES ÉLÈVES

des Facultés de droit et des Écoles industrielles et commerciales

PAR ÉMILE COHENDY

PROFESSEUR A LA FACULTÉ DE DROIT

ET A L'ÉCOLE SUPÉRIEURE DE COMMERCE DE LYON

PARIS

BERGER-LEVRAULT & Cie | LARORSE & FORCEL

5, RUE DES BEAUX-ARTS | 22, RUE SOUFFLOT

1893

# AVERTISSEMENT

Le Recueil que nous publions aujourd'hui a pour objet de mettre à la disposition des élèves des Facultés de droit, des Établissements d'enseignement technique et des Écoles de commerce, les textes qui leur sont nécessaires pour l'étude de la législation industrielle.

Nous avons suivi ici la même méthode que dans notre Code de commerce.

D'une part, nous avons voulu que ce Recueil fût aussi complet que possible au point de vue de la *législation française*. On y trouvera donc non seulement les lois qui concernent la *propriété industrielle*, brevets d'invention, marques de fabrique, etc., mais encore celles qui sont relatives à la *réglementation des industries*, et enfin celles qui s'appliquent aux rapports des patrons avec les ouvriers et qu'on désigne souvent sous le nom de *législation ouvrière*.

D'autre part, nous avons pensé qu'une législation qui, comme la législation industrielle, est encore en pleine voie d'évolution dans notre pays ne pouvait être étudiée avec fruit qu'à l'aide du *droit comparé* : et, à cet effet, nous avons exposé, en note des matières les plus importantes, les principales règles des législations étrangères.

L'accomplissement de cette double tâche nous a été rendue facile par les travaux de M. G. Paulet et de la Société de législation comparée auxquels nous sommes heureux d'adresser ici nos remerciements. Le *Code annoté du commerce et de l'industrie*, où M. G. Paulet a réuni pour la première fois les textes jusqu'alors épars du droit industriel, a été pour nous un guide sûr dans le choix des lois françaises. Les publications de la Société de législation comparée nous ont fourni la plupart des lois étrangères qui sont contenues dans notre Code de commerce et dans le présent Recueil.

**Ém. COHENDY.**

**Lyon, le 15 février 1893.**

# LOIS INDUSTRIELLES

## ABATTOIRS.

### Ordonnance du 15 avril 1838, *relative aux abattoirs publics et communs.*

Art. 1er. Sont rangés dans la première classe des établissements dangereux, insalubres ou incommodes, les abattoirs publics et communs à ériger dans toute commune, quelle que soit sa population (1).

2. La mise en activité de tout abattoir public et commun légalement établi entraînera, de plein droit, la suppression des tueries particulières situées dans la localité.

. . . . . . . . . . . . . . . .

### Décret du 1er août 1864, *qui autorise les préfets à statuer sur les propositions d'établir des abattoirs.*

Art. 1er. Les préfets statueront sur les propositions d'établir des abattoirs.

. . . . . . . . . . . . . . . .

### Décret du 22 juin 1882, *portant règlement d'administration publique pour l'exécution de la loi du 21 juillet 1881 sur la police sanitaire des animaux.*

. . . . . . . . . . . . . . . .

Art. 89. Les locaux qui, dans les abattoirs ou les tueries particulières, ont contenu des animaux atteints de maladies contagieuses sont nettoyés et désinfectés.

Les hommes employés dans les abattoirs doivent se soumettre aux mesures de désinfection jugées nécessaires.

90. Les abattoirs publics et les tueries particulières sont placés d'une manière permanente sous la surveillance d'un vétérinaire délégué à cet effet. Lorsque l'ouverture d'un animal fait reconnaître les lésions propres à une maladie contagieuse, le maire de la commune d'où provient cet animal en est immédiatement avisé, afin qu'il prenne les dispositions nécessaires.

. . . . . . . . . . . . . . . .

(1) Dans les pays étrangers, les abattoirs sont soumis à une réglementation analogue : voy. en *Angleterre*, la L. du 7 août 1874 ; en *Allemagne*, la L. du 18 mars 1868 ; en *Italie*, la L. du 20 mars 1865, etc.

**ACCIDENTS.** (*V.* **Assurances** *et* **Responsabilité.**)

---

**ADJUDICATION.** (*V.* **Sociétés d'ouvriers.**)

---

**AFFICHAGE.** (*V.* **Presse.**)

---

## ALLUMETTES CHIMIQUES.

**Loi du 2 août 1872,** *qui attribue à l'État le monopole de la fabrication et de la vente des allumettes chimiques.*

Art. **1**er. A partir de la promulgation de la présente loi, l'achat, la fabrication et la vente des allumettes chimiques sont attribués exclusivement à l'État dans toute l'étendue du territoire.

**2.** Le ministre des finances est autorisé, soit à faire exploiter directement par les administrations des manufactures de l'État et des contributions indirectes, soit à concéder par voie d'adjudication publique ou à l'amiable, le monopole des allumettes (1).

. . . . . . . . . . . . . . . .

**6.** Quel que soit le mode adopté pour l'exploitation du monopole, l'importation, la circulation et la vente des allumettes demeurent assujetties au régime et aux pénalités établis par les lois des 4 septembre 1871 et 29 janvier 1872.

---

**Loi du 28 juillet 1875,** *relative à la répression de la fraude dans la fabrication et la vente des allumettes chimiques.*

Art. **1**er. Les articles 217, 218 et 237 (2) de la loi du 28 avril 1816 sont applicables à la détention des allumettes chimiques. Toutefois la quantité admise à titre de provision ne peut excéder un kilogramme, à moins que les allumettes chimiques ne soient revêtues des marques légales.

Cette limite d'un kilogramme n'est pas applicable aux débitants de boissons, cafetiers, aubergistes, hôteliers, ni aux commerçants mettant gratuitement des allumettes chimiques à la disposition de leurs clients, à l'égard des produits tenus ostensiblement à la disposition du consommateur ; mais ceux qui sont trouvés détenteurs d'allumettes chimiques de provenance frauduleuse sont passibles des peines édictées par l'article 222(3) de la loi du 28 avril 1816, rendu applicable à la vente et au colportage des allumettes chimiques par l'article 3 de la loi du 28 janvier 1875.

**2.** Tout individu convaincu de fabrication frauduleuse d'allumettes chimiques est puni d'une amende de 300 à 1,000 fr.

Les allumettes, ainsi que les instruments, ustensiles et matières servant à la fabrication, seront saisis et confisqués.

En cas de récidive, le contre-

---

(1) Après avoir été affermé à une compagnie concessionnaire par voie d'adjudication à partir du 1er janvier 1875, ce monopole est aujourd'hui directement exploité par l'État depuis le 1er janvier 1890 (L. du 27 déc. 1889 et Décr. du 30 du même mois).

(2 et 3) Voy. ces articles, *infrà*, vo *Tabac*.

venant sera condamné à un emprisonnement de six jours à six mois.

**3.** La détention des ustensiles, instruments ou mécaniques affectés à la fabrication des allumettes chimiques, et, en même temps, des matières nécessaires pour cette fabrication, ou la détention des pâtes phosphorées propres à la fabrication des allumettes chimiques, est punie des mêmes peines.

---

**APPAREILS A VAPEUR.** (*V.* **Bateaux à vapeur** *et* **Machines à vapeur.**)

---

## APPRENTISSAGE.

### Loi du 22 février 1851, *relative aux contrats d'apprentissage* (1).

#### TITRE I. — DU CONTRAT D'APPRENTISSAGE.

##### *Sect. 1. — De la nature et de la forme du contrat.*

Art. **1er.** Le contrat d'apprentissage est celui par lequel un fabricant, un chef d'atelier ou un ouvrier s'oblige à enseigner la pratique de sa profession à une autre personne, qui s'oblige, en retour, à travailler avec lui ; le tout à des conditions et pendant un temps convenu.

**2.** Le contrat d'apprentissage est fait par acte public ou par acte sous seing privé.

Il peut aussi être fait verbalement ; mais la preuve testimoniale n'en est reçue que conformément au titre du Code civil des Contrats ou des Obligations conventionnelles en général.

Les notaires, les secrétaires des conseils de prud'hommes et les greffiers de justice de paix peuvent recevoir l'acte d'apprentissage.

Cet acte est soumis pour l'enregistrement au droit fixe d'un franc (2), lors même qu'il contiendrait des obligations de sommes ou valeurs mobilières, ou des quittances.

Les honoraires dus aux officiers publics sont fixés à deux francs.

**3.** L'acte d'apprentissage contiendra :

1° Les nom, prénoms, âge, profession et domicile du maître ;

2° Les nom, prénoms, âge et domicile de l'apprenti ;

3° Les noms, prénoms, professions et domicile de ses père et mère, de son tuteur, ou de la personne autorisée par les parents, et, à leur défaut, par le juge de paix ;

4° La date et la durée du contrat ;

5° Les conditions de logement, de nourriture, de prix, et toutes autres arrêtées entre les parties.

---

(1) Parmi les États étrangers, les uns ont, comme la France, une loi qui règle le contrat d'apprentissage : ce sont l'*Allemagne* (L. du 17 juill. 1878, art. 126 à 133 ; *Ann. de lég. étr.*, 1879, p. 102), le *Danemark* (L. du 30 mars 1889 ; *ibid.*, 1890, p. 731), la *Hongrie* (L. du 21 mai 1884, art. 59 à 79 ; *ibid.*, 1885, p. 329), et certains cantons de la *Suisse* (voy. pour le canton de *Neuchâtel* la L. du 21 nov. 1890 ; *ibid.*, 1891, p. 649). — En *Autriche*, la L. du 15 mars 1883 sur l'industrie (*ibid.*, 1884, p. 932) accorde aux corporations, dans son art. 114, le droit de pourvoir aux règlements concernant l'apprentissage. — Les autres États, *Angleterre*, *Belgique*, *Espagne* et *Italie*, n'ont point de loi spéciale sur la matière.

(2) Aujourd'hui 1 fr. 50 c. (L. du 28 févr. 1872, art. 4).

Il devra être signé par le maître et par les représentants de l'apprenti.

*Sect. 2. — Des conditions du contrat.*

**4.** Nul ne peut recevoir des apprentis mineurs, s'il n'est âgé de vingt et un ans au moins.

**5.** Aucun maître, s'il est célibataire ou en état de veuvage, ne peut loger, comme apprenti, des jeunes filles mineures.

**6.** Sont incapables de recevoir des apprentis :

Les individus qui ont subi une condamnation pour crime ;

Ceux qui ont été condamnés pour attentat aux mœurs ;

Ceux qui ont été condamnés à plus de trois mois d'emprisonnement pour les délits prévus par les articles 388, 401, 405, 406, 407, 408, 423 du Code pénal.

**7.** L'incapacité résultant de l'article 6 pourra être levée par le préfet, sur l'avis du maire, quand le condamné, après l'expiration de sa peine, aura résidé pendant trois ans dans la même commune.

A Paris, les incapacités seront levées par le préfet de police.

*Sect. 3. — Devoirs des maîtres et des apprentis.*

**8.** Le maître doit se conduire envers l'apprenti en bon père de famille, surveiller sa conduite et ses mœurs, soit dans la maison, soit au dehors, et avertir ses parents ou leurs représentants des fautes graves qu'il pourrait commettre ou des penchants vicieux qu'il pourrait manifester.

Il doit aussi les prévenir, sans retard, en cas de maladie, d'absence, ou de tout fait de nature à motiver leur intervention.

Il n'emploiera l'apprenti, sauf conventions contraires, qu'aux travaux et services qui se rattachent à l'exercice de sa profession. Il ne l'emploiera jamais à ceux qui seraient insalubres ou au-dessus de ses forces.

**9.** La durée du travail effectif des apprentis âgés de moins de quatorze ans ne pourra dépasser dix heures par jour.

Pour les apprentis âgés de quatorze à seize ans, elle ne pourra dépasser douze heures.

Aucun travail de nuit ne peut être imposé aux apprentis âgés de moins de seize ans.

Est considéré comme travail de nuit tout travail fait entre neuf heures du soir et cinq heures du matin.

Les dimanches et jours de fêtes reconnues ou légales, les apprentis, dans aucun cas, ne peuvent être tenus, vis-à-vis de leurs maîtres, à aucun travail de leur profession.

Dans le cas où l'apprenti serait obligé, par suite des conventions ou conformément à l'usage, de ranger l'atelier aux jours ci-dessus marqués, ce travail ne pourra se prolonger au delà de dix heures du matin.

Il ne pourra être dérogé aux dispositions contenues dans les trois premiers paragraphes du présent article que par un arrêté rendu par le préfet, sur l'avis du maire [1].

**10.** Si l'apprenti âgé de moins de seize ans ne sait pas lire, écrire et compter, ou s'il n'a pas

(1) Voy. les modifications apportées à cet article par la L. du 2 nov. 1892. (Voy. *infrà*, v° *Travail des enfants et des femmes dans l'industrie.*)

encore terminé sa première éducation religieuse, le maître est tenu de lui laisser prendre, sur la journée de travail, le temps et la liberté nécessaires pour son instruction.

Néanmoins, ce temps ne pourra pas excéder deux heures par jour.

**11.** L'apprenti doit à son maître fidélité, obéissance et respect; il doit l'aider, par son travail, dans la mesure de son aptitude et de ses forces.

Il est tenu de remplacer, à la fin de l'apprentissage, le temps qu'il n'a pu employer par suite de maladie ou d'absence ayant duré plus de quinze jours.

**12.** Le maître doit enseigner à l'apprenti, progressivement et complètement, l'art, le métier ou la profession spéciale qui fait l'objet du contrat.

Il lui délivrera, à la fin de l'apprentissage, un congé d'acquit, ou certificat constatant l'exécution du contrat [1].

**13.** Tout fabricant, chef d'atelier ou ouvrier, convaincu d'avoir détourné un apprenti de chez son maître, pour l'employer en qualité d'apprenti ou d'ouvrier, pourra être passible de tout ou partie de l'indemnité à prononcer au profit du maître abandonné.

*Sect. 4. — De la résolution du contrat.*

**14.** Les deux premiers mois de l'apprentissage sont considérés comme un temps d'essai pendant lequel le contrat peut être annulé par la seule volonté de l'une des parties. Dans ce cas, aucune indemnité ne sera allouée à l'une ou à l'autre partie, à moins de conventions expresses.

**15.** Le contrat d'apprentissage sera résolu de plein droit :

1° Par la mort du maître ou de l'apprenti;

2° Si l'apprenti ou le maître est appelé au service militaire ;

3° Si le maître ou l'apprenti vient à être frappé d'une des condamnations prévues en l'article 6 de la présente loi ;

4° Pour les filles mineures, dans le cas de décès de l'épouse du maître, ou de toute autre femme de la famille qui dirigeait la maison à l'époque du contrat.

**16.** Le contrat peut être résolu sur la demande des parties ou de l'une d'elles :

1° Dans le cas où l'une des parties manquerait aux stipulations du contrat ;

2° Pour cause d'infraction grave ou habituelle aux prescriptions de la présente loi ;

3° Dans le cas d'inconduite habituelle de la part de l'apprenti;

4° Si le maître transporte sa résidence dans une autre commune que celle qu'il habitait lors de la convention. Néanmoins, la demande en résolution de contrat fondée sur ce motif ne sera recevable que pendant trois mois à compter du jour où le maître aura changé de résidence ;

5° Si le maître ou l'apprenti encourait une condamnation emportant un emprisonnement de plus d'un mois ;

6° Dans le cas où l'apprenti viendrait à contracter mariage.

---

(1) Comp. l'art. 10 de la même L. du 2 nov. 1892 et l'art. 1er, § 2, de la L. du 2 juill. 1890 sur les livrets d'ouvriers (Voy. *infrà*, v° *Livrets d'ouvriers*).

**17.** *Si le temps convenu pour* la durée de l'apprentissage dépasse le maximum de la durée consacrée par les usages locaux, ce temps peut être réduit ou le contrat résolu.

TITRE II. — DE LA COMPÉTENCE.

**18.** Toute demande à fin d'exécution ou de résolution de contrat sera jugée par le conseil des prud'hommes dont le maître est justiciable, et, à défaut, par le juge de paix du canton.

Les réclamations qui pourraient être dirigées contre les tiers, *en vertu de l'article 13 de* la présente loi, seront portées devant le conseil des prud'hommes ou devant le juge de paix du lieu de leur domicile.

**19.** Dans les divers cas de résolution prévus en la section 4 du titre Ier, les indemnités ou les restitutions qui pourraient être dues à l'une ou à l'autre des parties seront, à défaut de stipulations expresses, réglées par le conseil des prud'hommes, ou par le juge de paix dans les cantons qui ne ressortissent point à la juridiction d'un conseil de prud'hommes.

**20.** Toute contravention aux articles 4, 5, 6, 9 et 10 de la présente loi sera poursuivie devant le tribunal de police et punie d'une amende de cinq à quinze francs (1).

Pour les contraventions aux articles 4, 5, 9 et 10, le tribunal de police pourra, dans le cas de récidive, prononcer, outre l'a*mende, un emprisonnement d'un* à cinq jours.

En cas de récidive, la contravention à l'article 6 sera poursuivie devant les tribunaux correctionnels, et punie d'un emprisonnement de quinze jours à trois mois, sans préjudice d'une amende qui pourra s'élever de cinquante francs à trois cents francs.

**21.** Les dispositions de l'article 463 du Code pénal sont applicables aux faits prévus par la présente loi.

**22.** Sont abrogés les articles *9, 10 et 11 de la loi du 22 germinal an XI.*

---

**ARGENT.** (*V.* **Matières d'or et d'argent.**)

---

## ARMES.

**Loi du 24 mai 1834,** *sur les détenteurs d'armes ou de munitions de guerre* (2).

. . . . . . . . . . . . . . .

Art. **2.** Tout individu qui, sans y être légalement autorisé, aura fabriqué, débité ou distribué de la poudre, ou sera détenteur d'une quantité quelconque de poudre de guerre, ou de plus de deux kilogrammes de toute autre poudre (3), sera puni d'un emprisonnement d'un mois à deux ans, sans préjudice des autres peines portées par les lois.

**3.** Tout individu qui, sans y être légalement autorisé, aura fabriqué ou confectionné, débité

---

(1) Voy. *infrà*, v° *Travail des enfants et des femmes dans l'industrie*, la L. du 2 nov. 1892, art. 26 à 29, qui modifie la juridiction et la pénalité pour les enfants placés en apprentissage et employés à un **travail industriel.**

(2) L'industrie armurière est libre dans la plupart des pays étrangers.

(3) Sur la conservation de la poudre dynamite, voy. *infrà*, v° *Explosifs*, le D. du 24 août 1875, art. 16.

ou distribué *des armes de guerre*, des cartouches ou autres munitions de guerre, ou sera détenteur d'armes de guerre, cartouches ou munitions de guerre, ou d'un dépôt d'armes quelconques, sera puni d'un emprisonnement d'un mois à deux ans, et d'une amende de seize francs à mille francs.

La présente disposition n'est point applicable aux professions d'armurier et de fabricant d'armes de commerce, lesquelles resteront seulement assujetties aux lois et règlements particuliers qui les concernent [1].

**4.** Les infractions prévues par les articles précédents seront jugées par les tribunaux de police correctionnelle.

Les armes et munitions fabriquées, débitées, distribuées ou possédées sans autorisation, seront confisquées.

Les condamnés pourront, en outre, être placés sous la surveillance de la haute police pendant un temps qui ne pourra excéder deux ans.

En cas de récidive, les peines pourront être élevées jusqu'au double.

. . . . . . . . . . . . . . .

---

**Loi du 14 août 1885,** *sur la fabrication et le commerce des armes et des munitions non chargées.*

TITRE I. — DE LA FABRICATION ET DU COMMERCE DES ARMES ET DES MUNITIONS NON CHARGÉES.

Art. **1er.** La fabrication et le commerce des armes de toutes espèces non réglementaires en France, y compris les armes d'affûts (canons, mitrailleuses, etc.), et des munitions non chargées, employées pour ces armes (douilles de cartouches, projectiles, fusées, etc.), sont entièrement libres.

**2.** La fabrication et le commerce des armes de toutes espèces des modèles réglementaires en France et des munitions non chargées employées pour ces armes sont libres, sous la réserve des conditions énoncées ci-après, articles 3 et 4.

Les armes de modèles réglementaires, en France, sont celles qui sont en service dans les armées de terre et de mer; elles sont définies par les tables de construction approuvées par le ministre de la guerre et par le ministre de la marine.

**3.** Toute personne qui veut se livrer à la fabrication et au commerce des armes, pièces d'armes ou munitions non chargées des modèles réglementaires en France, doit adresser au préfet du département, dans lequel elle se propose de créer son établissement, une déclaration dans laquelle elle indique :

Ses nom, prénoms et domicile ;

La commune et l'emplacement où elle se propose de former son établissement ;

La nature du matériel qu'elle a l'intention de fabriquer ou dont elle veut faire le commerce.

---

(1) Voy. *infrà*, même mot, la L. du 14 août 1885 sur la fabrication et le commerce des armes et des munitions non chargées.

Il lui est délivré un récépissé de cette déclaration.

**4.** Tout commerçant ou fabricant qui a fait cette déclaration est tenu d'avoir un registre coté et parafé à chaque feuille par le préfet ou le sous-préfet, sur lequel sont inscrits, jour par jour, dans des colonnes distinctes, l'espèce et le nombre des armes, pièces d'armes ou munitions non chargées des modèles réglementaires en France, qu'il fabrique, achète ou vend, avec indication de leur destination et des noms et domiciles des vendeurs ou acheteurs.

Le préfet ou le sous-préfet arrête et vise ce registre toutes les fois qu'il le juge convenable ; en cas d'absence ou d'empêchement, ils peuvent se faire suppléer par le maire ou le commissaire de police.

Tout fabricant ou commerçant qui ferme son établissement, ou qui veut le déplacer et le transférer sur un autre point, doit en faire la déclaration à la préfecture, où il lui en est donné récépissé.

**5.** Les dispositions indiquées ci-dessus ne sont pas applicables aux armes blanches et aux revolvers dont la fabrication et le commerce sont complètement libres.

**6.** Le ministre de l'intérieur et, en cas d'urgence, les préfets sont autorisés à prescrire ou à requérir auprès de l'autorité militaire, relativement aux armes et aux munitions qui existent dans les magasins des fabricants ou commerçants, ou chez les personnes qui en sont détenteurs, les mesures qu'ils estiment nécessaires dans l'intérêt de la sécurité publique.

TITRE II. — DE L'IMPORTATION, DE L'EXPORTATION ET DU TRANSIT DES ARMES ET PIÈCES D'ARMES.

**7.** L'importation, l'exportation et le transit des armes de toutes espèces, y compris les armes d'affût et les munitions non chargées correspondantes, sont libres, sous réserve de l'application des droits de douane.

Il n'est fait d'exception que pour l'importation et l'exportation des armes réglementaires en France et leurs munitions. Cette exception ne s'applique pas aux armes blanches et aux revolvers des modèles réglementaires en France.

**8.** L'importation des armes des modèles réglementaires et des munitions correspondantes non chargées a lieu sur la déclaration qui en est faite par le fabricant ou le commerçant à la préfecture de laquelle ressort la localité où ces objets doivent parvenir après importation.

La déclaration énonce le nombre, l'espèce et le poids des armes, pièces d'armes ou munitions non chargées qui font l'objet de l'expédition.

Le préfet délivre un récépissé sur lequel sont reproduites les énonciations de la déclaration ; un duplicata de ce récépissé sert de permis d'importation.

L'exportation des armes et des munitions non chargées des modèles réglementaires a lieu également sur la déclaration qui en est faite dans la même forme par le fabricant ou le commerçant à la préfecture de laquelle ressortit le déclarant.

Un duplicata du récépissé délivré par la préfecture en

échange de cette déclaration sert de permis d'exportation.

**9**. En cas de doute sur la catégorie dans laquelle une arme doit être classée, il en est référé à l'autorité militaire la plus voisine. En cas de contestation, la question est soumise au ministre de la guerre ou au ministre de la marine qui statue.

**10**. L'importation, l'exportation et le transit des armes, pièces d'armes et munitions non chargées, peuvent avoir lieu par tous les bureaux de douane, sans exception.

**11**. En cas de guerre nationale et continentale, un décret rendu sur la proposition du ministre de la guerre peut interdire l'exportation des armes, pièces d'armes et munitions de toutes espèces.

TITRE III. — DISPOSITIONS PÉNALES.

**12**. Quiconque, sans avoir fait la déclaration voulue par l'article 3, se livre à la fabrication ou au commerce des armes, pièces d'armes ou munitions non chargées des modèles réglementaires, est puni d'une amende de seize à mille francs et d'un emprisonnement d'un mois à deux ans.

Les armes, pièces d'armes ou munitions non chargées ainsi fabriquées ou mises en vente sont confisquées.

En cas de récidive, ces peines peuvent être portées jusqu'au double.

**13**. Le commerçant ou le fabricant d'armes, de pièces d'armes ou de munitions non chargées des modèles réglementaires en France, qui ne s'est pas conformé aux dispositions de l'article 4 de la présente loi, est puni d'une amende de seize francs à trois cents francs; il peut, en outre, être puni d'un emprisonnement de six jours à trois mois.

En cas de récidive, la peine peut être portée au double.

**14**. Dans tous les cas prévus par la présente loi, il peut être fait application de l'article 463 du Code pénal.

TITRE IV. — DISPOSITIONS GÉNÉRALES.

**15**. Il n'est pas dérogé aux lois et règlements concernant les munitions confectionnées de toute espèce et les substances explosives.

**16**. Sont abrogées toutes les dispositions qui seraient contraires à la présente loi.

---

## ASSURANCES (ACCIDENTS, DÉCÈS).

**Loi du 11 juillet 1868,** *portant création de deux caisses d'assurances, l'une en cas de décès et l'autre en cas d'accidents résultant de travaux agricoles et industriels* (1).

Art. **1er**. Il est créé, sous la garantie de l'État :

---

(1) Au point de vue de l'assurance des ouvriers et autres employés, les pays étrangers se divisent en 2 groupes.

A. — *Système de l'assurance facultative*. — Ce système est actuellement suivi par la grande majorité des États européens et par tous les États de l'Amérique. Parmi ces États, il en est qui, comme la France, ont créé, à côté des compagnies d'assurance privées, des caisses nationales d'assurances contre les accidents du travail : voy., pour l'*Italie*, la L. du 8 juill. 1883 (*Ann. de lég. étr.*, 1884, p. 439).

B. — *Système de l'assurance obliga-*

1° Une caisse d'assurance ayant pour objet de payer, au décès de chaque assuré, à ses héritiers ou ayants droit, une somme déterminée suivant les bases fixées à l'article 2 ci-après;

---

*toire.* — Ce système a été récemment consacré par l'*Allemagne* et par l'*Autriche* non seulement en matière d'assurance contre les accidents, mais aussi en matière d'assurances contre les maladies, l'invalidité et la vieillesse. En *Suisse*, le principe de l'assurance obligatoire a été voté par le peuple le 26 octobre 1890.

a. *Assurance obligatoire contre les accidents.* — En *Allemagne*, cette assurance est établie par la L. du 6 juill. 1884 (*op. cit.*, 1885, p. 121), complétée par les L. du 28 mai 1885 (*op. cit.*, 1886, p. 97), du 15 mars 1886 (*op. cit.*, 1887, p. 90), du 5 mai 1886 (*op. cit.*, 1887, p. 110) et des 11 et 13 juill. 1887 (*op. cit.*, 1888, p. 207 et 232). D'après ces diverses lois, toutes les industries, manufacturières, agricoles et forestières sont divisées en catégories ou associations professionnelles qui comprennent tous les industriels exerçant la même profession ou une profession similaire sur tout le territoire de l'Empire, et qui fonctionnent sous la surveillance de l'office impérial de l'assurance. Chacune de ces associations a sa caisse d'assurance qui est exclusivement alimentée par les patrons qui en font partie dans des proportions fixées par la loi : c'est cette caisse qui, en cas d'accident et quelle que soit d'ailleurs la cause de cet accident, est chargée de payer des indemnités déterminées aux ouvriers et employés dont les salaires ne dépassent pas 2,500 fr. En cas d'insolvabilité de la caisse, l'État est garant du paiement. — En *Autriche*, l'assurance obligatoire contre les accidents a été établie sur les mêmes bases et sauf quelques différences de détail par la L. du 28 déc. 1887 (*op. cit.*, 1888, p. 443).

b. *Assurance obligatoire contre les maladies des ouvriers.* — En *Allemagne*, cette assurance est établie par la L. du 15 juin 1883 (*op. cit.*, 1884, p. 119), complétée par la L. du 28 mai 1885 (*op. cit.*, 1886, p. 97). Elle est organisée au moyen de 3 caisses principales qui sont : 1° les caisses de fabriques et de constructions, qui doivent être créées, sur la demande des intéressés, par tout entrepreneur ou chef d'industrie occupant au moins 50 ouvriers; 2° les caisses locales qui doivent être établies par les communes quand celles-ci comptent au moins 100 personnes astreintes à l'assurance, et qui sont administrées par les patrons et par les ouvriers; 3° les caisses communales qui sont établies et gérées par les communes et à leurs frais pour toutes les personnes ne faisant pas partie des autres caisses. Ces diverses caisses sont alimentées par une prime de 3 p. 100 du salaire des personnes qui en font partie, et qui sont les ouvriers et employés de l'industrie dont les gains annuels ne dépassent pas 2,500 fr. : 1 p. 100 est versé par le patron et 2 p. 100 par l'employé ou l'ouvrier. Moyennant ces cotisations, lesdites caisses sont tenues, mais sans garantie de l'État, de fournir à l'employé ou à l'ouvrier malade des secours et des soins pendant 13 semaines, même si la maladie est la conséquence d'un accident. — Cette même assurance obligatoire contre les maladies a été également introduite en *Autriche*, conformément aux mêmes principes, par la L. du 30 mars 1888 (*op. cit.*, 1889, p. 437), modifiée par la L. du 11 avril 1889 (*op. cit.*, 1890, p. 339).

c. *Assurance obligatoire contre l'invalidité et la vieillesse.* — Cette assurance n'existe pas encore en *Autriche*. Elle a été introduite en *Allemagne* par la L. du 22 juin 1889 (*op. cit.*, 1890, p. 182). D'après cette loi, sont obligées de s'assurer toutes les personnes de 16 à 70 ans qui reçoivent un salaire ou appointement inférieur à 2,500 fr. En faveur de ces personnes, la loi établit 2 catégories de pensions : 1° la pension d'invalidité, qui est servie à toute personne, quel que soit son âge, atteinte d'incapacité permanente de travail; 2° la pension de vieillesse, qui est servie à toute personne, même encore valide, du jour où elle entre dans sa 71e année. Les charges de ces pensions sont supportées d'une part par les patrons et les ouvriers qui paient chacun par moitié, chaque semaine, une cotisation variable suivant le salaire, et d'autre part par l'État qui doit payer supplémentairement et annuellement 50 marks à chaque pensionné de 70 ans et 60 marks à chaque pensionné invalide. La gestion de l'assurance est confiée, sous la haute direction de l'office impérial, à 26 établissements d'assurances constitués spécialement à cet effet.

2° Une caisse d'assurance en cas d'accidents, ayant pour objet de servir des pensions viagères aux personnes assurées qui, dans l'exécution de travaux agricoles ou industriels, seront atteintes de blessures entraînant une incapacité permanente de travail, et de donner des secours aux veuves et aux enfants mineurs des personnes assurées qui auront péri par suite d'accidents survenus dans l'exécution desdits travaux.

TITRE I. — DE LA CAISSE D'ASSURANCE EN CAS DE DÉCÈS.

**2.** La participation à l'assurance est acquise par le versement de primes uniques ou de primes annuelles.

La somme à payer au décès de l'assuré est fixée conformément à des tarifs tenant compte:

1° De l'intérêt composé à quatre pour cent par an des versements effectués ;

2° Des chances de mortalité, à raison de l'âge des déposants, calculée d'après la table dite de Deparcieux.

Les primes établies d'après les tarifs sus-énoncés seront augmentées de 6 p. 100.

**3.** Toute assurance faite moins de deux ans avant le décès de l'assuré demeure sans effet. Dans ce cas, les versements effectués sont restitués aux ayants droit, avec les intérêts simples à quatre pour cent.

Il en est de même lorsque le décès de l'assuré, quelle qu'en soit l'époque, résulte de causes exceptionnelles qui seront définies dans les polices d'assurances.

**4.** Les sommes assurées sur une tête ne peuvent excéder 3,000 fr. Elles sont insaisissables et incessibles jusqu'à concurrence de la moitié, sans toutefois que la partie incessible ou insaisissable puisse descendre au-dessous de 600 fr.

**5.** Nul ne peut s'assurer s'il n'est âgé de seize ans au moins et de soixante ans au plus.

**6.** A défaut de paiement de la prime annuelle dans l'année qui suivra l'échéance, le contrat est résolu de plein droit. Dans ce cas, les versements effectués, déduction faite de la part afférente aux risques courus, sont ramenés à un versement unique donnant lieu, au profit de l'assuré, à la liquidation d'un capital au décès. La déduction est calculée d'après les bases du tarif.

**7.** Les sociétés de secours mutuels approuvées conformément au décret du 26 mars 1852 sont admises à contracter des assurances collectives sur une liste indiquant le nom et l'âge de tous les membres qui les composent, pour assurer au décès de chacun d'eux une somme fixe qui, dans aucun cas, ne pourra excéder 1,000 fr.

Ces assurances seront faites pour une année seulement et d'après des tarifs spéciaux déduits des règles générales arrêtées à l'article 2.

Elles pourront se cumuler avec les assurances individuelles.

TITRE II. — DE LA CAISSE D'ASSURANCE EN CAS D'ACCIDENTS.

**8.** Les assurances en cas d'accidents ont lieu par année. L'assuré verse, à son choix et pour chaque année, 8 fr., 5 fr. ou 3 fr.

**9.** Les ressources de la caisse en cas d'accidents se composent :

1° Du montant des cotisations versées par les assurés, comme il est dit ci-dessus ;

2° D'une subvention de l'État à inscrire annuellement au budget, et qui, pour la première année, est fixée à un million ;

3° Des dons et legs faits à la caisse.

**10.** Pour le règlement des pensions viagères à concéder, les accidents sont distingués en deux classes :

1° Accidents ayant occasionné une incapacité absolue de travail ;

2° Accidents ayant entraîné une incapacité permanente du travail de la profession.

La pension accordée pour les accidents de la seconde classe n'est que la moitié de la pension afférente aux accidents de la première.

**11.** La pension viagère due aux assurés, suivant la distinction de l'article précédent, est servie par la Caisse des retraites, moyennant la remise qui lui est faite par la caisse des assurances en cas d'accidents du capital nécessaire à la constitution de ladite pension d'après les tarifs de la Caisse des retraites.

Ce capital se compose, pour la pension en cas d'accidents de la première classe :

1° D'une somme égale à trois cent vingt fois le montant de la cotisation versée par l'assuré ;

2° D'une seconde somme égale à la précédente et qui est prélevée sur les ressources indiquées aux paragraphes 2 et 3 de l'article 9.

Le montant de la pension correspondant aux cotisations de 5 fr. et de 3 fr. ne peut être inférieur à 200 fr. pour la première et à 150 fr. pour la seconde. La seconde partie du capital ci-dessus est élevée de manière à atteindre ces minima, lorsqu'il y a lieu.

**12.** Le secours à allouer, en cas de mort par suite d'accident, à la veuve de l'assuré, et, s'il est célibataire ou veuf sans enfants, à son père ou à sa mère sexagénaire, est égal à deux années de la pension à laquelle elle aurait eu droit aux termes de l'article précédent.

L'enfant ou les enfants mineurs reçoivent un secours égal à celui qui est attribué à la veuve.

Les secours se paieront en deux annuités.

**13.** Les rentes viagères constituées en vertu de l'article 9 ci-dessus sont incessibles et insaisissables.

**14.** Nul ne peut s'assurer s'il n'est âgé de douze ans au moins.

**15.** Les administrations publiques, les établissements industriels, les compagnies de chemins de fer, les sociétés de secours mutuels autorisées peuvent assurer collectivement leurs ouvriers ou leurs membres par listes nominatives, comme il a été dit à l'article 7.

Les administrations municipales peuvent assurer de la même manière les compagnies ou subdivisions de sapeurs-pompiers contre les risques inhérents soit à leur service spécial, soit aux professions individuelles des ouvriers qui les composent.

Chaque assuré ne peut obtenir qu'une seule pension viagère. Si, dans le cas d'assurances collectives, plusieurs cotisations ont été versées sur la même tête, elles seront réunies sans que la cotisation ainsi formée pour la liquidation de la pension puisse dépasser le chiffre de 8 fr. ou de 5 fr. fixé par la présente loi.

*Dispositions générales.*

**16.** Les tarifs des deux caisses seront revisés tous les cinq ans, à partir de 1870. Ils seront, s'il y a lieu, modifiés par une loi.

**17.** Les caisses d'assurance créées par la présente loi sont gérées par la Caisse des dépôts et consignations.

Toutes les recettes disponibles provenant soit des versements des assurés, soit des intérêts perçus par les caisses, sont successivement, et dans les huit jours au plus tard, employées en achat de rentes sur l'État. Ces rentes sont inscrites au nom de chacune des caisses qu'elles concernent.

Une commission supérieure, instituée sur les bases de la loi du 12 juin 1861, est chargée de l'examen des questions relatives aux deux caisses.

Cette commission présente chaque année à l'*Empereur* un rapport sur la situation morale et matérielle des deux caisses d'assurance, lequel est communiqué au Sénat et au *Corps législatif*.

**18.** A dater de la promulgation de la présente loi, le Gouvernement fera préparer de nouvelles tables de mortalité, d'après les données de l'expérience.

Il fera également dresser une statistique annuelle indiquant le nombre, la nature, les causes des accidents qui se produisent dans les différentes professions.

**19.** Un règlement d'administration publique déterminera, d'après les bases posées dans la présente loi, les conditions spéciales des polices et la forme des assurances ; il désignera les agents de l'État par l'intermédiaire desquels les assurances pourront être contractées.

Les certificats, actes de notoriété et autres pièces exclusivement relatives à l'exécution de la présente loi seront délivrés gratuitement et dispensés des droits de timbre et d'enregistrement.

---

**Décret du 10 août 1868,** *portant règlement d'administration publique pour l'exécution de la loi du* 11 *juillet* 1868, *qui crée deux caisses d'assurance, l'une en cas de décès et l'autre en cas d'accidents résultant de travaux agricoles et industriels.*

TITRE I. — DE LA CAISSE D'ASSURANCE EN CAS DE DÉCÈS.

Art. 1er. Toute personne qui veut contracter une assurance fait une proposition à l'administration de la Caisse des dépôts et consignations.

Cette proposition contient les noms et prénoms de l'assuré, sa profession, son domicile, le lieu et la date de sa naissance, la somme qu'il veut assurer, ainsi que les conditions spéciales de son assurance. Elle est signée par l'assuré ou par son mandataire spécial. Cette signature est légalisée par le maire de la résidence du signataire.

**2**. Les propositions d'assurance sont reçues, à Paris, à la Caisse des dépôts et consignations, et, dans les départements, par les trésoriers-payeurs généraux et par les receveurs particuliers des finances.

Elles sont également reçues par les percepteurs des contributions directes et les receveurs des postes.

Elles sont toujours accompagnées d'un versement qui comprend la prime entière, si l'assurance a lieu par prime unique, et la première annuité, si elle a lieu par primes annuelles.

**3**. Les propositions faites à Paris, à la Caisse des dépôts et consignations, lorsqu'elles sont reconnues régulières, sont immédiatement suivies de la délivrance d'un livret formant police d'assurance.

Celles qui ont lieu dans les départements sont transmises sans délai, avec le montant du versement, par le comptable qui les a reçues, à la Direction générale, qui, après les vérifications nécessaires, fait remettre le livret-police à l'assuré en échange du récépissé provisoire qui lui a été donné au moment du versement.

**4**. Le livret-police est revêtu du timbre de la Caisse des dépôts et consignations. Il porte un numéro d'ordre et reproduit les mentions indiquées dans la proposition d'assurance.

Il contient également par extrait les lois, décrets, instructions et tarifs concernant la caisse des assurances en cas de décès.

**5**. Les primes annuelles autres que la première peuvent être versées par toute personne munie du livret, dans toute localité, entre les mains des comptables indiqués à l'article 2.

**6**. Chaque versement est constaté sur le livret-police par un enregistrement signé du comptable entre les mains duquel il a été opéré.

Cet enregistrement ne fait titre envers l'État qu'à la charge par l'assuré de le faire viser, dans les vingt-quatre heures, à Paris, pour les versements faits à la Caisse des dépôts et consignations, par le contrôleur près de cette caisse, et, dans les départements, pour les versements faits chez les trésoriers-payeurs généraux ou chez les receveurs particuliers des finances, par le préfet ou le sous-préfet.

Quant aux versements faits, à Paris ou dans les départements, entre les mains des percepteurs et des receveurs des postes, leur enregistrement sur le livret-police est visé, dans le même délai que ci-dessus, par le maire du lieu où le versement a été opéré.

**7**. Les registres matricules et les comptes individuels des assurés sont tenus à la Direction générale de la Caisse des dépôts et consignations, qui conserve les propositions d'assurances et les pièces produites à l'appui.

**8**. Les assurés peuvent, à toute époque, adresser leur livret-police à la Direction générale, pour faire vérifier l'exactitude des mentions qui y sont inscrites et leur conformité avec celles qui sont portées aux comptes individuels.

**9.** (Décret du 13 août 1877.) Les propositions d'assurance et les premiers versements, lorsqu'ils sont faits par un même mandataire pour plusieurs assurés, sont accompagnés d'un bordereau en double expédition, indiquant la prime afférente à chaque assuré.

Les versements subséquents doivent toujours figurer dans un bordereau distinct.

Le comptable délivre, dans la même forme que pour les versements individuels, un reçu provisoire collectif des versements effectués par le mandataire spécial.

Ce reçu doit être rendu au comptable en échange soit des livrets nouveaux transmis par la direction générale, soit des livrets anciens qui lui ont été remis lors du versement des primes ultérieures, et sur lesquels il doit enregistrer la somme versée applicable à chaque titulaire. Cet enregistrement est soumis, dans les vingt-quatre heures, au visa prescrit à l'article 6.

**10.** Les préfets et sous-préfets relèvent, sur un registre spécial, les sommes enregistrées au bordereau et sur chacun des livrets-polices et adressent, dans le mois, un extrait dudit registre à la Caisse des dépôts et consignations pour servir d'élément de contrôle.

Les maires transmettent également à la Caisse des dépôts et consignations avis des visas par eux donnés, dans les délais et suivant les formes déterminés par le ministre des finances.

**11.** Les primes annuelles sont acquittées, chaque année, à l'échéance indiquée par la date du premier versement.

A défaut de paiement dans les trente jours, il est dû des intérêts à 4 p. 100, à partir de l'échéance jusqu'à l'expiration du délai d'un an, fixé à l'article 6 de la loi du 11 juillet 1868.

**12.** A toute époque, l'assuré peut anticiper la libération de sa police.

Sa proposition, à cet effet, est remise à l'un des comptables désignés dans l'article 2 ; elle est adressée par ce comptable à la Caisse des dépôts et consignations, avec le livret sur lequel cette caisse mentionne la modification du contrat.

**13.** (Décret du 13 août 1877.) Dans l'application des tarifs, la prime est fixée d'après l'âge de l'assuré au moment où il contracte l'assurance, sans tenir compte du temps qui le sépare du prochain anniversaire de sa naissance.

**14.** (Décret du 13 août 1877.) Les sommes dues par la caisse des assurances au décès de l'assuré sont payables aux héritiers ou ayants droit, à Paris, à la caisse générale, et dans les départements, à la caisse de ses préposés. Le paiement a lieu sur une autorisation donnée par le directeur général de la Caisse des dépôts et consignations, auquel les demandes doivent être adressées, soit directement, soit par l'intermédiaire des préposés ou agents désignés à l'article 2.

Ces demandes doivent être accompagnées du livret-police et de l'acte de décès de l'assuré, ainsi que d'un certificat de propriété délivré dans les formes et suivant les règles prescrites par la loi du 28 floréal an VII, constatant les droits des réclamants.

Si la personne assurée a disparu en mer et qu'il ne soit pas possible de rapporter d'extrait mortuaire rédigé dans les termes du droit commun, il pourra y être suppléé par la production d'un certificat délivré par le ministère de la marine et constatant que le ministre a admis la preuve administrative du décès.

**15**. Les oppositions au paiement des sommes assurées ou les cessions desdites sommes dans les limites déterminées par l'article 4 de la loi du 11 juillet 1868 doivent être signifiées au directeur général de la Caisse des dépôts et consignations.

**16**. Dans le cas où le décès résulte de suicide, de duel ou de condamnation judiciaire, l'assurance demeure sans effet, conformément à l'article 3 de la loi du 11 juillet 1868.

**17**. (Décret du 13 août 1877.) Les propositions d'assurances collectives pour une année au profit des sociétés de secours mutuels approuvées sont faites par les présidents de ces sociétés et déposées, avec les versements correspondants, chez les comptables désignés à l'article 2.

Ces propositions sont accompagnées de listes nominatives comprenant les personnes assurées et indiquant la date de la naissance de chacune d'elles.

Les assurances collectives ont leur effet à partir du premier jour du mois qui suit la date du versement de la prime.

**18**. Le paiement des sommes dues aux sociétés de secours mutuels après décès d'un de leurs membres se fait entre les mains du trésorier desdites sociétés, dûment autorisé.

Ce paiement a lieu sur une autorisation donnée par le directeur général de la Caisse des dépôts et consignations, auquel la demande doit être adressée avec l'acte de décès du sociétaire.

**19**. En cas de perte du livret-police, il est pourvu à son remplacement dans les formes prescrites pour les titres de rentes sur l'État, sur la production d'une déclaration faite devant le maire de la commune où l'assuré a sa résidence.

## TITRE II. — DE LA CAISSE D'ASSURANCE EN CAS D'ACCIDENTS.

**20**. (Décret du 13 août 1877.) Toute personne qui veut contracter une assurance en cas d'accidents, sur sa tête ou sur celle d'un tiers, fait une proposition à l'administration de la Caisse des dépôts et consignations. Cette proposition contient les nom et prénoms de l'assuré, sa profession, son domicile, le lieu et la date de sa naissance et le taux de cotisation adopté. Elle est signée par l'assuré ou par la personne qui contracte au profit de celui-ci ; dans ce dernier cas, elle doit contenir les nom, profession et domicile du souscripteur.

**21**. (Décret du 13 août 1877.) Les articles 2, 3, 4, 7 et 9 sont applicables aux assurances en cas d'accidents.

**22**. (Décret du 13 août 1877.) Les propositions d'assurances collectives par les administrations publiques, les établissements industriels, les compagnies de chemins de fer, les sociétés de secours mutuels autorisées, sont faites par les chefs directeurs ou présidents desdites administrations, établissements, compagnies ou sociétés, et déposées chez les comptables désignés à l'article 2.

Ces propositions sont accompagnées de listes nominatives comprenant les personnes assurées et indiquant la date de la naissance de chacune d'elles.

Les assurances collectives peuvent être conclues sans clause de substitution ou avec clause de substitution.

Dans le premier cas, la liste produite ne peut être modifiée, et il est délivré à chaque assuré un livret individuel.

Dans le second cas, au contraire, il n'est pas délivré de livret individuel, et le souscripteur de l'assurance, après avoir payé la prime calculée sur le nombre moyen d'ouvriers qu'il compte occuper pendant l'année, peut, pendant toute sa durée, faire mentionner sur la liste qu'il a produite les changements survenus dans le personnel assuré. A la fin de l'année, le montant définitif de la prime est arrêté d'après le nombre moyen des ouvriers occupés chaque jour, et donne lieu, soit à un versement complémentaire, soit à un remboursement, ledit versement ou remboursement augmenté des intérêts à 4 p. 100.

Les assurances collectives en cas d'accidents ont leur effet à partir du jour où elles sont contractées, à moins que le souscripteur n'ait désigné, dans la proposition d'assurance, une époque ultérieure.

**23.** Un comité institué au chef-lieu de chaque arrondissement donne son avis sur les demandes de pensions viagères ou de secours présentées par les assurés domiciliés dans l'arrondissement ou par leurs ayants droit.

**24.** (Décret du 13 août 1877.) Ce comité est composé, sous la présidence du préfet ou du sous-préfet ou de leur délégué, de quatre membres désignés par le préfet, savoir : l'ingénieur des ponts et chaussées ou des mines chargé du service de l'arrondissement, ou, à son défaut, un agent désigné par lui, un médecin et deux membres de sociétés de secours mutuels, s'il en existe dans l'arrondissement.

A défaut de sociétés de secours mutuels, le préfet nomme deux membres pris parmi les chefs d'industrie, les contremaîtres ou les ouvriers des professions les plus répandues dans l'arrondissement.

A Paris et à Lyon, il est institué un comité par arrondissement municipal. Le maire en est président, les autres membres sont désignés par le préfet, qui, à défaut d'ingénieur, choisit parmi les architectes voyers.

**25.** Lorsqu'un assuré est atteint par un accident grave, le maire, sur l'avis qui lui en est donné, constate les circonstances, les causes et la nature de cet accident.

Il consigne sur son procès-verbal les déclarations des personnes présentes et ses observations personnelles.

**26.** Le maire charge un médecin de constater l'état du blessé, d'indiquer les suites probables de l'accident, et, s'il y a lieu, l'époque à laquelle il sera possible d'en déterminer le résultat définitif.

**27.** Le certificat dressé par le médecin est remis au maire, qui, après l'avoir dûment légalisé, le transmet au préfet ou au sous-préfet avec son procès-verbal.

**28.** Les pièces ci-dessus sont transmises, dans le plus bref délai, avec la demande de la partie intéressée, au comité institué par l'article 23 ci-dessus.

**29.** Ce comité donne son avis, dans les huit jours, sur les affaires susceptibles de recevoir une solution définitive.

Pour les autres, le comité surseoit jusqu'à production d'un nouveau certificat médical.

Ce certificat est dressé, après serment prêté devant le juge de paix, soit par le médecin membre du comité, soit par tout autre médecin désigné par le préfet ou le sous-préfet, sur la demande du comité.

Avis de la visite du médecin est donné, huit jours à l'avance, au maire de la commune, qui lui-même en avertit le blessé. Celui-ci peut demander l'ajournement de la visite.

**30.** Les avis du comité sont adressés sans délai au préfet du département.

Le préfet les transmet, avec les pièces à l'appui, au directeur général de la caisse, qui statue.

---

**BALANCES.** (*V.* Poids et mesures.)

---

**BASCULES.** (*V.* Poids et mesures.)

---

## BATEAUX A VAPEUR [1].

### Ordonnance du 17 janvier 1846, *relative aux bateaux à vapeur français qui naviguent sur mer* [2].

Art. **1er**. La construction et l'emploi des bateaux à vapeur français qui naviguent sur mer sont assujettis aux dispositions suivantes.

#### TITRE I. — DES PERMIS DE NAVIGATION.

*Sect. 1. — Formalités préliminaires.*

**2.** Aucun bateau à vapeur ne pourra naviguer sur mer sans un permis de navigation, et ce, indépendamment de l'exécution des conditions imposées à tous les navires de commerce français, tant par le Code de commerce que par les lois et règlements sur la navigation.

**3.** Toute demande en permis de navigation sera adressée par le propriétaire du bateau au préfet du département où se trouvera le port d'armement.

**4.** Dans sa demande, le propriétaire fera connaître :

1° Le nom du bateau ;

2° Ses principales dimensions, son tirant d'eau à vide et sa charge maximum, exprimée en tonneaux de mille kilogrammes;

3° La force de l'appareil moteur, exprimée en chevaux, le cheval-vapeur étant la force capable d'élever un poids de soixante et quinze kilogrammes à un mètre de hauteur dans une seconde de temps;

---

(1) Voy. la L. du 21 juill. 1856, *infrà*, vº *Machines à vapeur*.

(2) Voy. pour les bateaux naviguant sur les fleuves, rivières, canaux, lacs ou étangs d'eau douce, le décret du 9 avril 1883. (G. Paulet, *Code du commerce et de l'industrie*, p. 682.)

4° La pression, évaluée en nombre d'atmosphères, sous laquelle cet appareil fonctionnera ;

5° La forme de la chaudière ;

6° Le service auquel le bateau sera destiné ;

7° Le nombre maximum des passagers qui pourront être reçus dans le bateau.

Un dessin géométrique de la chaudière sera joint à la demande.

Cette demande sera renvoyée par le préfet à la commission de surveillance instituée conformément à l'article 17 de la présente ordonnance.

*Sect. 2. — Visites et essais des bateaux à vapeur.*

**5.** La commission de surveillance visitera le bateau à vapeur, à l'effet de s'assurer :

1° S'il est construit avec solidité, s'il réunit les conditions de stabilité nécessaires pour la navigation maritime, et si l'on a pris toutes les précautions requises pour le cas où il serait destiné à un service de passagers ;

2° Si l'appareil moteur a été soumis aux épreuves voulues, et s'il est pourvu des moyens de sûreté prescrits par la présente ordonnance ;

3° Si la chaudière, en raison de sa forme, du mode de jonction de ses diverses parties, de la nature des matériaux avec lesquels elle est construite, ne présente aucune cause particulière de danger ;

4° Si l'on a pris toutes les précautions nécessaires pour prévenir les chances d'incendie.

**6.** Après la visite, la commission assistera à un essai du bateau à vapeur. Elle vérifiera si l'appareil moteur a une force suffisante pour le service auquel ce bateau sera destiné, et elle constatera :

1° Le tirant d'eau du bateau ;

2° La vitesse du bateau dans les différentes circonstances de l'essai ;

3° Les divers degrés de tension de la vapeur dans l'appareil moteur, pendant la marche du bateau.

**7.** La commission dressera un procès-verbal de la visite et de l'essai du bateau à vapeur, et adressera ce procès-verbal au préfet du département.

**8.** Si la commission est d'avis que le permis de navigation peut être accordé, elle proposera les conditions auxquelles ce permis pourra être délivré ; elle indiquera notamment les agrès et instruments et le nombre des embarcations dont le bateau devra être pourvu. Dans le cas contraire, elle exposera les motifs pour lesquels elle jugera qu'il est convenable de surseoir à la délivrance du permis, ou même de le refuser.

*Sect. 3. — Délivrance des permis de navigation.*

**9.** Si, après avoir reçu le procès-verbal de la commission de surveillance, le préfet reconnaît que le propriétaire du bateau à vapeur a satisfait à toutes les conditions exigées par la présente ordonnance, il délivrera le permis de navigation.

**10.** Dans le permis de navigation seront énoncés :

1° Le nom du bateau et le nom du propriétaire ;

2° La hauteur de la ligne de flottaison, rapportée à des points de repère invariablement établis à l'avant, à l'arrière et au milieu du bateau ;

3° Le service auquel le bateau est destiné ;

4° Le nombre maximum des passagers qui pourront être reçus à bord ;

5° La tension maximum de la vapeur, exprimée en atmosphères, et en fractions décimales d'atmosphère, sous laquelle l'appareil moteur pourra fonctionner ;

6° Les numéros des timbres dont les chaudières, tubes, bouilleurs, cylindres et enveloppes de cylindre auront été frappés, ainsi qu'il est prescrit à l'article 21 ;

7° Le diamètre des soupapes de sûreté et leur charge, telle qu'elle aura été réglée, conformément aux articles 26 et 27 ;

8° Le nombre des embarcations ainsi que les agrès et instruments nécessaires à la navigation maritime, dont le bateau devra être pourvu.

Le préfet prescrira, en outre, dans le permis, toutes les mesures d'ordre et de police locale nécessaires. Il enverra copie de son arrêté à notre ministre des travaux publics.

**11**. Si le préfet reconnaît, d'après le procès-verbal dressé par la commission de surveillance, qu'il y a lieu de surseoir à la délivrance du permis, ou même de le refuser, il notifiera sa décision au propriétaire du bateau, sauf recours devant notre ministre des travaux publics.

*Sect. 4. — Des autorisations provisoires de navigation.*

**12.** Si le bateau a été muni de son appareil moteur dans un département autre que celui où il doit entrer en service, le propriétaire devra obtenir du préfet du premier de ces départements une autorisation provisoire de navigation, pour faire arriver le bateau au lieu de sa destination. La commission de surveillance sera consultée sur la demande.

*Sect. 5. — Dispositions transitoires.*

. . . . . . . . . . . . . . . .

TITRE II. — DES MACHINES A VAPEUR SERVANT DE MOTEURS AUX BATEAUX.

*Sect. 1. — Dispositions relatives à la fabrication et au commerce des machines employées sur les bateaux.*

**14**. Aucune machine à vapeur destinée à un service de navigation ne pourra être livrée par un fabricant, si elle n'a subi les épreuves prescrites ci-après.

**15**. Les épreuves seront faites à la fabrique, par ordre du préfet, sur la déclaration du fabricant.

**16**. Les machines venant de l'étranger devront être pourvues des mêmes appareils de sûreté que les machines d'origine française, et subir les mêmes épreuves. Ces épreuves seront faites au lieu désigné par le destinataire dans la déclaration qu'il devra faire à l'importation.

*Sect. 2. — Épreuves des chaudières et des autres pièces contenant la vapeur.*

**17**. Les chaudières à vapeur, leurs tubes bouilleurs et les réservoirs à vapeur, les cylindres en fonte des machines à vapeur et les enveloppes en fonte de ces cylindres, ne pourront, sauf l'exception portée à l'article 25, être établis à bord des bateaux sans avoir été préalablement soumis, par les ingénieurs des mines, ou, à leur défaut, par les ingénieurs des ponts et chaussées, à une épreuve opérée à l'aide d'une pompe de pression. L'usage des chaudières et les tubes bouilleurs en fonte est prohibé dans les bateaux à vapeur.

**18**. La pression d'épreuve prescrite par l'article précédent sera triple de la pression effective, ou, autrement, de la plus grande tension que la vapeur pourra avoir dans les chaudières, leurs tubes bouilleurs et autres pièces contenant la vapeur, diminuée de la pression extérieure de l'atmosphère.

**19**. On procédera aux épreuves en chargeant les soupapes de sûreté des chaudières de poids proportionnels à la pression effective, et déterminés suivant la règle indiquée à l'article 28.

A l'égard des autres pièces, la charge d'épreuve sera appliquée sur la soupape de la pompe de pression.

**20**. L'épaisseur des parois des chaudières cylindriques, en tôle ou en cuivre laminé, sera réglée conformément à la table nº 1, annexée à la présente ordonnance.

L'épaisseur de celles de ces chaudières qui, par leurs dimensions et par la pression de la vapeur, ne se trouveraient pas comprises dans la table, sera déterminée d'après la règle énoncée à la suite de ladite table ; toutefois, cette épaisseur ne pourra dépasser quinze millimètres.

Les épaisseurs de la tôle devront être augmentées, s'il s'agit de chaudières formées, en partie ou en totalité, de faces planes ou bien de conduits intérieurs, cylindriques ou autres, traversant l'eau ou la vapeur, et servant soit de foyers, soit à la circulation de la flamme. Ces chaudières et conduits devront, de plus, être, suivant les cas, renforcées par des armatures suffisantes.

**21**. Après qu'il aura été constaté que les parois des chaudières ont les épaisseurs voulues, et après l'épreuve, on appliquera aux chaudières, à leurs tubes bouilleurs et aux réservoirs de vapeur, aux cylindres en fonte des machines à vapeur et aux enveloppes en fonte de ces cylindres, des timbres indiquant, en nombre d'atmosphères, le degré de tension intérieure que la vapeur ne devra pas dépasser. Ces timbres seront placés de manière qu'ils soient toujours apparents.

**22**. L'épreuve sera renouvelée après l'installation de la machine dans le bateau : 1º si le propriétaire la réclame ; 2º s'il y a eu, pendant le transport ou lors de la mise en place, quelques avaries ; 3º s'il a été fait à la chaudière des modifications ou réparations quelconques depuis la première épreuve ; 4º si la commission de surveillance le juge utile.

**23**. Les chaudières à vapeur, leurs tubes bouilleurs et autres pièces contenant la vapeur, devront être éprouvés de nouveau toutes les fois qu'il sera jugé nécessaire par les commissions de surveillance.

Quand il aura été fait aux

chaudières et autres pièces des changements ou réparations notables, les propriétaires des bateaux à vapeur seront tenus d'en donner connaissance au préfet. Il sera nécessairement procédé, dans ce cas, à de nouvelles épreuves.

**24.** L'appareil et la main-d'œuvre nécessaires pour les épreuves seront fournis par les propriétaires des machines et des chaudières à vapeur.

**25.** Les chaudières qui auront des faces planes seront dispensées de l'épreuve, mais sous la condition que la force élastique ou la tension de la vapeur ne devra pas s'élever, dans l'intérieur des chaudières, à plus d'une atmosphère et demie.

*Sect. 3. — Des appareils de sûreté dont les chaudières à vapeur doivent être munies.*

§ 1. — Des soupapes de sûreté.

**26.** Il sera adapté, à la partie supérieure de chaque chaudière, deux soupapes de sûreté. Ces soupapes seront placées vers chaque extrémité de la chaudière et à la plus grande distance possible l'une de l'autre. Le diamètre des orifices de ces soupapes sera réglé d'après la surface de chauffe de la chaudière et la tension de la vapeur dans son intérieur, conformément à la table n° 2 annexée à la présente ordonnance.

**27.** Chaque soupape sera chargée d'un poids unique, agissant, soit directement, soit par l'intermédiaire d'un levier.

Chaque poids recevra l'empreinte d'un poinçon, apposée par la commission de surveillance. Les leviers seront également poinçonnés, s'il en est fait usage. La quotité du poids et la longueur du levier seront énoncées dans le permis de navigation.

**28.** La charge maximum de chaque soupape de sûreté sera déterminée en multipliant un kilogramme trente-trois milligrammes par le nombre d'atmosphères mesurant la pression effective, et par le nombre de centimètres carrés mesurant l'orifice de la soupape.

La largeur de la surface annulaire de recouvrement ne devra pas dépasser la trentième partie du diamètre de la surface circulaire exposée directement à la pression de la vapeur, et cette largeur, dans aucun cas, ne devra excéder deux millimètres.

**29.** Il sera, de plus, adapté à la partie supérieure des chaudières à faces planes, dont il est fait mention à l'article 25, une soupape atmosphérique, c'est-à-dire ouvrant du dehors au dedans.

§ 2. — Des manomètres.

**30.** Chaque chaudière sera munie d'un manomètre à mercure, gradué en atmosphères et en fractions décimales d'atmosphères, de manière à faire connaître immédiatement la tension de la vapeur dans la chaudière.

Le tuyau qui amènera la vapeur au manomètre sera adapté directement sur la chaudière, et non sur le tuyau de prise de vapeur ou sur tout autre tuyau dans lequel la vapeur serait en mouvement.

Le manomètre sera placé en vue du chauffeur.

**31.** On fera usage du manomètre à air libre, c'est-à-dire ouvert à sa partie supérieure, toutes les fois que la pression effective de la vapeur ne dépassera pas deux atmosphères.

**32**. On tracera sur l'échelle de chaque manomètre, d'une manière très apparente, une ligne qui répondra au numéro de cette échelle, que le mercure ne devra pas habituellement dépasser.

§ 3. — De l'alimentation et des indicateurs du niveau de l'eau dans les chaudières.

**33**. Chaque chaudière sera munie d'une pompe alimentaire, bien construite et en bon état d'entretien.

Indépendamment de cette pompe, mise en mouvement par la machine motrice du bateau, chaque chaudière sera pourvue d'une autre pompe, pouvant fonctionner, soit à l'aide d'une machine particulière, soit à bras d'homme, et destinée à alimenter la chaudière, s'il en est besoin, lorsque la machine motrice du bateau ne fonctionnera pas.

**34**. Le niveau que l'eau doit avoir habituellement dans la chaudière sera indiqué, à l'extérieur, par une ligne tracée d'une manière très apparente sur le corps de la chaudière ou sur le parement du fourneau.

Cette ligne sera d'un décimètre au moins au-dessus de la partie la plus élevée des carneaux, tubes ou conduits de la flamme et de la fumée dans le fourneau.

**35**. Il sera adapté à chaque chaudière : 1° deux tubes indicateurs en verre, qui seront placés un à chaque côté de la face antérieure de la chaudière ; 2° l'un des deux appareils suivants, savoir : un flotteur d'une mobilité suffisante ; des robinets indicateurs convenablement placés à des niveaux différents. Les appareils indicateurs seront, dans tous les cas, disposés de manière à être en vue du chauffeur.

*Sect. 4. — Des chaudières multiples.*

**36**. Si plusieurs chaudières sont établies dans un bateau, elles ne pourront être mises en communication que par les parties toujours occupées par la vapeur, et cette communication sera disposée de manière que les chaudières puissent, au besoin, être rendues indépendantes les unes des autres.

Dans tous les cas, chaque chaudière sera alimentée séparément et devra être munie de tous les appareils de sûreté prescrits par la présente ordonnance.

*Sect. 5. — De l'emplacement des appareils moteurs.*

**37**. L'emplacement des appareils moteurs devra être assez grand pour qu'on puisse facilement faire le service des chaudières et visiter toutes les parties des appareils.

Cet emplacement sera séparé des salles des passagers par des cloisons en planches, très solidement construites et entièrement revêtues d'une doublure en feuilles de tôle à recouvrement, d'un millimètre d'épaisseur au moins.

## TITRE III. — DES ÉQUIPAGES ET DU SERVICE DES BATEAUX A VAPEUR.

**38**. Indépendamment du capitaine, maître ou timonier, et

des matelots formant l'équipage, il y aura à bord de chaque bateau au moins un mécanicien, et autant de chauffeurs que le service de l'appareil moteur l'exigera.

**39**. Le capitaine, indépendamment du brevet, soit de capitaine au long cours, soit de maître au cabotage, dont il devra être pourvu, en raison de la destination du bâtiment, devra, conformément au mode qui sera déterminé par notre ministre des travaux publics, justifier qu'il possède les connaissances nécessaires pour diriger la marche d'un bâtiment à vapeur et surveiller les opérations du mécanicien.

**40.** Nul ne pourra être employé en qualité de mécanicien, s'il ne produit des certificats de capacité délivrés dans les formes qui seront déterminées par notre ministre des travaux publics.

**41**. Le mécanicien, sous l'autorité du capitaine, présidera à la mise en feu avant le départ ; il entretiendra toutes les parties de l'appareil moteur ; il s'assurera qu'elles fonctionnent bien, et que les chauffeurs sont en état de bien faire leur service. Pendant le voyage, il dirigera les chauffeurs et s'occupera constamment de la conduite de la machine.

**42**. Le capitaine inscrira sur le journal du bord toutes les circonstances relatives à la marche de l'appareil moteur qui seront dignes de remarque.

**43**. Il est défendu aux propriétaires de bateaux à vapeur et à leurs agents de faire fonctionner les appareils moteurs sous une pression supérieure à la pression déterminée dans le permis de navigation, et de rien faire qui puisse détruire ou diminuer l'efficacité des moyens de sûreté dont ces appareils seront pourvus.

**44**. Il est interdit de laisser aucun passager s'introduire dans l'emplacement de l'appareil moteur.

**45**. Il sera ouvert dans chaque bateau un registre dont toutes les pages seront cotées et paraphées par le maire de la commune où est situé le port d'armement et sur lequel les passagers auront la faculté de consigner leurs observations, en ce qui pourrait concerner le départ, la marche du bateau, les avaries ou accidents quelconques, et la conduite de l'équipage ; ces observations devront etre signées par les passagers qui les auront faites. Le capitaine pourra également consigner sur ce registre les observations qu'il jugerait convenables, ainsi que tous les faits qu'il lui paraîtrait important de faire attester par les passagers.

**46**. Dans chaque salle où se tiennent les passagers, il sera affiché une copie du permis de navigation et un tableau indiquant :

1° La durée moyenne des voyages ;

2° La durée des relâches ;

3° Le nombre maximum des passagers ;

4° La faculté qu'ils ont de consigner leurs observations sur le registre ouvert à cet effet ;

5° Le tarif des places.

### TITRE IV. — DE LA SURVEILLANCE ADMINISTRATIVE DES BATEAUX A VAPEUR.

**47**. Une commission de surveillance sera instituée par le préfet du département, dans chaque port où la navigation à la vapeur est en usage.

Les ingénieurs des mines et les ingénieurs des ponts et chaussées en résidence dans les ports, les officiers du génie maritime, le commissaire ou préposé à l'inscription maritime, et le capitaine, lieutenant ou maître de port résidant sur les lieux, feront nécessairement partie de ces commissions.

**48.** Les commissions de surveillance, indépendamment des fonctions qui leur sont attribuées par les articles 5, 6, 7 et 8 ci-dessus, visiteront les bateaux à vapeur au moins tous les trois mois, et chaque fois que le préfet le jugera convenable.

Les membres de commissions pourront, en outre, faire individuellement des visites plus fréquentes.

**49.** La commission de surveillance s'assurera, dans ses visites, que les mesures prescrites par la présente ordonnance et par le permis de navigation sont exécutées.

Elle constatera l'état de l'appareil moteur et celui du bateau; elle se fera représenter le journal de bord et le registre destiné à recevoir les observations des passagers.

**50.** La commission adressera au préfet le procès-verbal de chacune de ces visites. Dans ce procès-verbal, elle consignera ses propositions sur les mesures à prendre si l'appareil moteur ou le bateau ne présente plus des garanties suffisantes de sûreté.

**51.** Sur les propositions de la commission de surveillance, le préfet ordonnera, s'il y a lieu, la réparation ou le remplacement de toutes les pièces de l'appareil moteur ou du bateau dont un plus long usage présenterait des dangers. Il pourra suspendre le permis de navigation jusqu'à l'entière exécution de ces mesures; il révoquera le permis si la machine ou le bateau sont déclarés hors de service par la commission.

**52.** Dans tous les autres cas où, par suite de l'inexécution des dispositions de la présente ordonnance, la sûreté publique serait compromise, le préfet suspendra et, au besoin, révoquera le permis de navigation.

**53.** Les préfets prescriront, dans chaque port de commerce, les dispositions nécessaires pour éviter les accidents auxquels le stationnement, le départ et l'arrivée des bateaux à vapeur pourraient donner lieu.

Dans les ports militaires, il sera pourvu à ces dispositions par les préfets maritimes.

**54.** Les maires, adjoints ou commissaires de police, les officiers et maîtres de ports, les inspecteurs de la navigation, exerceront une surveillance de police journalière sur les bateaux à vapeur, tant aux points de départ et d'arrivée, qu'aux lieux de relâche intermédiaires.

**55.** Si, avant le départ ou après l'arrivée, il était survenu des avaries de nature à compromettre la sûreté de la navigation, l'autorité chargée de la police locale pourra suspendre la marche du bateau; elle devra sur-le-champ en informer le préfet.

En cas d'accident, elle se transportera immédiatement sur les lieux, et le procès-verbal qu'elle dressera de sa visite sera transmis au préfet, et, s'il y a lieu, au procureur *du roi*.

La commission de surveillance se rendra aussi sur les lieux sans délai, pour visiter les appareils moteurs, en constater l'état, et rechercher la cause de l'accident ; elle adressera sur le tout un rapport au préfet.

**56**. Dans chaque port des colonies françaises, la surveillance dont les articles ci-dessus font mention sera exercée par une commission spéciale, nommée à cet effet par le gouverneur ou le commandant de la colonie.

**57**. La même surveillance sera exercée dans les ports étrangers par les soins des consuls et agents consulaires français, assistés de tels hommes de l'art qu'ils jugeront à propos de désigner. Le capitaine devra représenter au consul, en même temps qu'il lui fera le rapport exigé par l'article 244 du Code de commerce, le permis de navigation qui lui aura été délivré.

Les hommes de l'art qui seront chargés, dans les ports étrangers, de procéder aux visites et vérifications prescrites par la présente ordonnance, recevront des frais de vacation. Les dispositions qu'il serait nécessaire d'ajouter, à cet égard, au tarif des chancelleries, fixé par notre ordonnance du 6 novembre 1842, seront, pour chaque port, arrêtées par notre ministre des affaires étrangères, sur la proposition du consul, conformément à l'article 3 de ladite ordonnance.

TITRE V. — DISPOSITIONS GÉNÉRALES.

**58**. Si, à raison du mode particulier de construction de certaines machines ou chaudières à vapeur, l'application à ces machines ou chaudières d'une partie des mesures de sûreté prescrites par la présente ordonnance devenait inutile, le préfet, sur le rapport de la commission de surveillance, déterminera les conditions sous lesquelles ces appareils seront autorisés. Dans ce cas, les permis de navigation ne seront délivrés par le préfet que lorsqu'ils auront reçu l'approbation du ministre des travaux publics (1).

**59**. Les propriétaires des bateaux à vapeur seront tenus d'adapter aux machines et chaudières employées dans ces bateaux les appareils de sûreté qui pourraient être découverts dans la suite, et qui seraient prescrits par des règlements d'administration publique.

**60**. Il sera publié par notre ministre secrétaire d'État au département des travaux publics une instruction sur les mesures de précaution habituelles à observer dans l'emploi des machines et des chaudières à vapeur établies sur des bateaux.

Cette instruction devra être affichée à demeure dans l'emplacement où se trouvent ces machines et chaudières.

**61**. La navigation et la surveillance des bateaux à vapeur de l'État sont régies par des dispositions spéciales.

---

(1) Par exception à cette disposition, des circulaires ministérielles des 10 août 1880 et 21 février 1888 ont autorisé les préfets à « admettre directement, sur la proposition de la commission de surveillance », diverses dérogations aux prescriptions de l'ordonnance du 17 janvier 1846.

**62.** Les ordonnances royales des 2 avril 1823 et 25 mai 1828, concernant les bateaux à vapeur et les machines et les chaudières à vapeur employées sur les bateaux, sont rapportées.

---

## BILLETS DE BANQUE.

**Loi du 11 juillet 1885,** *qui interdit de fabriquer, vendre, colporter ou distribuer tous imprimés ou formules simulant les billets de banque et autres valeurs fiduciaires.*

Art. **1er.** Sont interdits la fabrication, la vente, le colportage et la distribution de tous imprimés ou formules obtenus par un procédé quelconque qui, par leur forme extérieure, présenteraient avec les billets de banque, les titres de rente, vignettes et timbres du service des postes et télégraphes ou des régies de l'État, actions, obligations, parts d'intérêts, coupons de dividende ou intérêts y afférents, et généralement avec les valeurs fiduciaires émises par l'État, les départements, les communes et établissements publics ainsi que par des sociétés, compagnies ou entreprises privées, une ressemblance de nature à faciliter l'acceptation desdits imprimés ou formules, au lieu et place des valeurs imitées.

**2.** Toute infraction à l'article qui précède sera punie d'un emprisonnement de cinq jours à six mois et d'une amende de seize francs à deux mille francs.

L'article 463 du Code pénal, sur les circonstances atténuantes, pourra être appliqué.

**3.** Les imprimés ou formules, ainsi que les planches ou matrices ayant servi à leur confection, seront confisqués.

---

## BOISSONS. (*V.* Débits de boissons.)

---

## BOUCHERIE.

**Décret du 19 juillet 1791,** *relatif à l'organisation d'une police municipale et correctionnelle.*

. . . . . . . . . . . . . . . .

Art. **30.** La taxe des subsistances ne pourra, provisoirement, avoir lieu dans aucune ville ou commune du royaume, que sur le pain et la viande de boucherie, sans qu'il soit permis, en aucun cas, de l'étendre sur le vin, sur le blé, les autres grains, ni autres espèces de denrées, et ce, sous peine de destitution des officiers municipaux.

---

**Décret du 24 février 1858,** *sur l'exercice de la profession de boucher dans la ville de Paris.*

Art. **1er.** L'ordonnance du 18 octobre 1829, relative à l'exercice de la profession de boucher dans Paris, est abrogée.

**2.** Tout individu qui veut exercer à Paris la profession de boucher doit préalablement faire à la préfecture (*de police*) de la Seine une déclaration où il fait connaître la rue ou la place et le numéro de la maison ou des maisons où la boucherie et ses dépendances doivent être établies.

Cette déclaration doit être renouvelée chaque fois que la

boucherie change de propriétaire ou de locaux.

**3.** La viande est inspectée à l'abattoir et à l'entrée dans Paris conformément aux règlements de police, sans préjudice de tous autres droits appartenant à l'administration pour assurer la fidélité du débit et la salubrité des viandes vendues dans les étaux ou sur les marchés.

. . . . . . . . . . . . . . . .

---

## BOULANGERIE [1].

**Décret du 22 juin 1863,** *qui abroge diverses dispositions de décrets, ordonnances ou règlements généraux concernant la boulangerie.*

Art. **1er**. Sont abrogés, à dater du 1er septembre 1863, les dispositions de décrets, ordonnances ou règlements généraux ayant pour objet de limiter le nombre des boulangers, de les placer sous l'autorité des syndicats, de les soumettre aux formalités des autorisations préalables pour la fondation ou la fermeture de leurs établissements, de leur imposer des réserves de farine ou de grains, des dépôts de garantie ou des cautionnements en argent, de réglementer la fabrication, le transport ou la vente du pain, autres que les dispositions relatives à la salubrité et à la fidélité du débit du pain mis en vente.

**2.** Les décrets des 27 décembre 1853 et 7 janvier 1854, relatifs à la caisse de service de la boulangerie du département de la Seine, seront modifiés et mis en harmonie avec les dispositions du présent décret.

---

## BREVETS D'INVENTION [2].

**Loi du 5 juillet 1844,** *sur les brevets d'invention* [3].

### TITRE I. — DISPOSITIONS GÉNÉRALES.

Art. **1er**. Toute nouvelle dé-

---

(1) Voy. *suprà*, vº *Boucherie*, le Décr. du 19 juill. 1791, art. 30.

(2) Voy. *infrà*, les mots *Expositions publiques* et *Traités internationaux*.

(3) Les principales législations étrangères sur les brevets sont les suivantes :

1º *Allemagne* : L. du 7 avril 1891 ;

2º *Angleterre* : L. du 25 août 1883 (*Ann. de lég. étr.*, 1884, p. 87), modifiée par les L. du 25 juin 1885 (*ibid.*, 18 7, p. 52) et du 24 déc. 1888 (*ibid.*, 1889, p. 202) ;

3º *Autriche-Hongrie* : L. du 15 août 1852 ;

4º *Belgique* : L. du 25 mai 1854, modifiée par la L. du 27 mai 1857 ;

5º *Brésil* : L. du 14 octobre 1882 (*ibid.*, 1883, p. 1068) ;

6º *Danemark* : droit coutumier ;

7º *Espagne* : L. du 30 juill. 1878 (*ibid.*, 1879, p. 339) ;

8º *États-Unis d'Amérique* : L. du 22 mars 1874, art. 4883 à 4937 ;

9º *Italie* : L. du 31 janv. 1864 et du 13 nov. 1870 ;

10º *Japon* : L. du 18 avril 1885 ;

11º *Luxembourg* : L. du 30 juin 1880 (*ibid.*, 1881, p. 405) ;

12º *Mexique* : L. du 7 juin 1890 (*ibid.*, 1891, p. 838) ;

13º *Norvége* : L. du 15 juin 1885 (*ibid.*, 1886, p. 508) ;

14º *Portugal* : L. du 31 déc. 18 2 ; C. civ. de 1 6 , art. 613 et suiv. ;

15º *Russie* : divers actes législatifs rendus de 1833 à 1870 ;

16º *Suède* : L. du 16 mai 18 4 (*ibid.*, 1885, p. 641) ;

17º *Suisse* : L. fédérale du 29 juin 1888 et règlement du 12 oct. 1888 (*ibid.*, 1889, p. 133).

La *Hollande*, la *Roumanie* et la *Serbie* sont les seuls pays qui ne protègent pas spécialement les inventeurs : la loi hollandaise du 15 juill. 1869 décide qu'à l'avenir il ne sera plus accordé de brevets.

couverte ou invention dans tous les genres d'industrie confère à son auteur, sous les conditions et pour le temps ci-après déterminés, le droit exclusif d'exploiter à son profit ladite découverte ou invention.

Ce droit est constaté par des titres délivrés par le Gouvernement, sous le nom de brevets d'invention.

**2**. Seront considérées comme inventions ou découvertes nouvelles (1) ;

L'invention de nouveaux produits industriels (2) ;

L'invention de nouveaux moyens ou l'application nouvelle de moyens connus, pour l'obtention d'un résultat ou d'un produit industriel (3).

**3**. Ne sont pas susceptibles d'être brevetés (4) :

1° Les compositions pharmaceutiques ou remèdes de toute espèce, lesdits objets demeurant soumis aux lois et règlements spéciaux sur la matière, et notamment au décret du 18 août 1810, relatif aux remèdes secrets;

2° Les plans et combinaisons de crédit ou de finances.

**4**. La durée des brevets sera de cinq, dix ou quinze années (5).

Chaque brevet donnera lieu au paiement d'une taxe, qui est fixée ainsi qu'il suit, savoir :

Cinq cents francs pour un brevet de cinq ans ;

Mille francs pour un brevet de dix ans ;

Quinze cents francs pour un brevet de quinze ans ;

Cette taxe sera payée par annuités de cent francs, sous peine de déchéance, si le breveté laisse écouler un terme sans l'acquitter (6).

## TITRE II. — DES FORMALITÉS RELATIVES A LA DÉLIVRANCE DES BREVETS.

### *Sect. 1. — Des demandes de brevets.*

**5**. Quiconque voudra prendre un brevet d'invention devra (7)

---

(1) Voy. pour ce qui concerne la nouveauté, *infrà*, la note sous l'art. 31.

(2, 3 et 4) Règles analogues dans les législations étrangères.

(5) La durée des brevets varie suivant les pays : elle est de 10 ans en *Russie*, — de 14 ans en *Angleterre*, sauf faculté de prolongation pour 7 ans et même pour 14 ans dans des cas exceptionnels (L. de 1883, art. 17 et 25), — de 15 ans dans l'empire d'*Allemagne*, l'*Autriche-Hongrie*, l'*Italie*, le *Luxembourg*, la *Norvège*, le *Portugal*, la *Suède* et la *Suisse*, — de 17 ans aux *États-Unis*, — et enfin de 20 ans en *Belgique*, en *Espagne* et au *Mexique*.

(6) Les législations étrangères suivent, pour la plupart, un autre système, celui de la taxe progressive. Ainsi en *Allemagne*, la taxe, qui est de 50 marks lors du premier paiement, s'augmente ensuite de 50 marks à chaque annuité (L. de 1891, art. 1er). Il en est de même en *Belgique* (L. de 1854, art. 4) et en *Espagne* (L. de 1878, art. 13), où la taxe, qui est de 10 fr. pour la 1re année, s'augmente chaque année de cette même somme. Dans d'autres pays, l'organisation de la taxe progressive est un peu plus compliquée : ainsi en *Angleterre*, il est perçu une taxe unique de 4 livres sterling lors de la demande et pour les 4 premières années, 10 livres pour chacune des 4 années suivantes, 15 livres pour la 8e et la 9e année et enfin 20 livres pour chacune des 4 dernières années (L. de 1883, 2e annexe). Voy. encore, pour l'*Italie*, la L. de 1864, art. 14 et suiv. ; pour la *Norvège*, la L. de 1885, art. 6 ; pour la *Suède*, la L. de 1884, art. 11 ; et pour la *Suisse*, la L. de 1888, art. 6. — Le *Portugal* est le seul pays qui ait adopté le système français : la taxe annuelle est de 5,000 reis (35 fr.) pour toute la durée du brevet (L. de 1852, art. 17).

(7) Voy. pour plus de détails la notice explicative du ministère du commerce rapportée par G. Paulet, *Code du commerce et de l'industrie*, p. 222, n. 4.

déposer, sous cachet, au secrétariat de la préfecture, dans le département où il est domicilié, ou dans tout autre département, en y élisant domicile :

1° Sa demande au ministre *de l'agriculture et* du commerce ;

2° Une description de la découverte, invention ou application faisant l'objet du brevet demandé ;

3° Les dessins ou échantillons qui seraient nécessaires pour l'intelligence de la description ;

Et 4° un bordereau des pièces déposées (1).

**6**. La demande sera limitée à un seul objet principal, avec les objets de détail qui le constituent, et les applications qui auront été indiquées.

Elle mentionnera la durée que les demandeurs entendent assigner à leur brevet dans les limites fixées par l'article 4, et ne contiendra ni restrictions, ni conditions, ni réserves.

Elle indiquera un titre renfermant la désignation sommaire et précise de l'objet de l'invention.

La description ne pourra être écrite en langue étrangère. Elle devra être sans altération ni surcharges. Les mots rayés comme nuls seront comptés et constatés, les pages et les renvois paraphés. Elle ne devra contenir aucune dénomination de poids ou de mesures autres que celles qui sont portées au tableau annexé à la loi du 4 juillet 1837.

Les dessins seront tracés à l'encre et d'après une échelle métrique.

Un duplicata de la description et des dessins sera joint à la demande.

Toutes les pièces seront signées par le demandeur ou par un mandataire, dont le pouvoir restera annexé à la demande.

**7**. Aucun dépôt ne sera reçu que sur la production d'un récépissé constatant le versement d'une somme de cent francs à valoir sur le montant de la taxe du brevet.

Un procès-verbal, dressé sans frais par le secrétaire général de la préfecture, sur un registre à ce destiné, et signé par le demandeur, constatera chaque dépôt, en énonçant le jour et l'heure de la remise des pièces.

Une expédition dudit procès-verbal sera remise au déposant, moyennant le remboursement des frais de timbre.

**8**. La durée du brevet courra du jour du dépôt prescrit par l'article 5.

*Sect. 2. — De la délivrance des brevets.*

**9**. Aussitôt après l'enregistrement des demandes, et dans les cinq jours de la date du dépôt, les préfets transmettront les pièces, sous le cachet de l'inventeur, au ministre *de l'agriculture et* du commerce, en y joignant une copie certifiée du procès-verbal de dépôt, le récépissé constatant le versement de la taxe, et, s'il y a lieu, le pouvoir mentionné dans l'article 6.

**10**. A l'arrivée des pièces au

(1) La L. *suisse* de 1888, art. 1er, exige en outre que l'invention soit représentée par un modèle ou que l'objet inventé existe et qu'on en fournisse la preuve au bureau fédéral au moment de la demande.

ministère *de l'agriculture et* du commerce, il sera procédé à l'ouverture, à l'enregistrement des demandes et à l'expédition des brevets, dans l'ordre de la réception desdites demandes.

**11.** Les brevets dont la demande aura été régulièrement formée seront délivrés, sans examen préalable, aux risques et périls des demandeurs, et sans garantie, soit de la réalité, de la nouveauté ou du mérite de l'invention, soit de la fidélité ou de l'exactitude de la description (1).

Un arrêté du ministre, constatant la régularité de la demande, sera délivré au demandeur, et constituera le brevet d'invention.

A cet arrêté sera joint le duplicata certifié de la description et des dessins, mentionné dans l'article 6, après que la conformité avec l'expédition originale en aura été reconnue et établie au besoin.

La première expédition des brevets sera délivrée sans frais.

Toute expédition ultérieure, demandée par le breveté ou ses ayants cause, donnera lieu au paiement d'une taxe de vingt-cinq francs.

Les frais de dessin, s'il y a lieu, demeureront à la charge de l'impétrant.

**12.** Toute demande dans laquelle n'auraient pas été observées les formalités prescrites par les n^os 2 et 3 de l'article 5, et par l'article 6, sera rejetée. La moitié de la somme versée restera acquise au Trésor, mais il sera tenu compte de la totalité de cette somme au demandeur, s'il reproduit sa demande dans un délai de trois mois à compter de la date de la notification du rejet de sa requête.

**13.** Lorsque, par application

(1) Les pays étrangers se divisent à cet égard en 3 groupes.

A. Les uns suivent le système français et accordent les brevets sans examen préalable de sa nouveauté ou de son utilité : ce sont l'*Autriche-Hongrie* (L. de 1852, art. 17), la *Belgique* (L. de 1854, art. 2), l'*Espagne* (L. de 1878, art. 11), l'*Italie* (L. de 1864, art. 7), le *Luxembourg* (L. de 1880, art. 11) et le *Mexique* (L. de 1890, art. 5).

B. Les autres, au contraire, n'accordent un brevet à l'inventeur qu'après qu'une commission spéciale a examiné préalablement la nouveauté de l'invention : il en est ainsi en *Allemagne* (L. de 1891, art. 1er, § 20 et suiv.), en *Angleterre* (L. de 1883, art. 7, et L. de 1888, art. 2), aux *États-Unis*, en *Norvège* (L. de 1885, art. 15), en *Russie* et en *Suède* (L. de 1884, art. 6 et suiv.). La plupart de ces États, l'*Allemagne*, l'*Angleterre*, la *Norvège* et la *Suède* combinent ce système avec celui de la *procédure provocatoire :* quand le brevet demandé a été examiné par la commission spéciale et si cet examen est favorable au postulant, la demande est alors portée à la connaissance du public, et un certain délai est imparti aux tiers pour leur permettre de former opposition. Si ce délai expire sans opposition, le brevet est alors délivré au postulant ; si au contraire il se produit une opposition dans ce délai, l'autorité judiciaire est appelée à trancher la contestation. Ces législations accordent une *protection provisoire* à l'inventeur pendant l'accomplissement de ces formalités.

C. La *Suisse* a établi un système intermédiaire entre le système français et le système de l'examen préalable : c'est celui de l'*avis préalable*. D'après les art. 13 et suiv. du règlement du 12 octobre 1888, le bureau fédéral examine les demandes de brevet qui lui sont soumises, et si elles lui paraissent non brevetables, il en donne un avis préalable et secret au postulant. Celui-ci, ainsi averti, peut retirer sa demande ; mais il peut aussi la maintenir, et, dans ce cas, le brevet qu'il a demandé doit lui être accordé.

de l'article 3, il n'y aura pas lieu à délivrer un brevet, la taxe sera restituée.

**14**. Une *ordonnance royale*, insérée au Bulletin des lois, proclamera, tous les trois mois, les brevets délivrés.

**15**. La durée des brevets ne pourra être prolongée que par une loi.

*Sect. 3. — Des certificats d'addition* (1).

**16**. Le breveté ou les ayants droit au brevet auront, pendant toute la durée du brevet, le droit d'apporter à l'invention des changements, perfectionnements ou additions, en remplissant, pour le dépôt de la demande, les formalités déterminées par les articles 5, 6 et 7.

Ces changements, perfectionnements ou additions seront constatés par des certificats délivrés dans la même forme que le brevet principal, et qui produiront, à partir des dates respectives des demandes et de leur expédition, les mêmes effets que ledit brevet principal, avec lequel ils prendront fin.

Chaque demande de certificat d'addition donnera lieu au paiement d'une taxe de vingt francs.

Les certificats d'addition pris par un des ayants droit profiteront à tous les autres.

**17**. Tout breveté qui, pour un changement, perfectionnement ou addition, voudra prendre un brevet principal de cinq, dix ou quinze années, au lieu d'un certificat d'addition expirant avec le brevet primitif, devra remplir les formalités prescrites par les articles 5, 6 et 7, et acquitter la taxe mentionnée dans l'article 4.

**18**. Nul autre que le breveté ou ses ayants droit, agissant comme il est dit ci-dessus, ne pourra, pendant une année, prendre valablement un brevet pour un changement, perfectionnement ou addition à l'invention qui fait l'objet du brevet primitif.

Néanmoins, toute personne qui voudra prendre un brevet pour changement, addition ou perfectionnement à une découverte déjà brevetée, pourra, dans le cours de ladite année, former une demande qui sera transmise, et restera déposée, sous cachet, au ministère *de l'agriculture et* du commerce.

L'année expirée, le cachet sera brisé et le brevet délivré.

Toutefois, le breveté principal aura la préférence pour les changements, perfectionnements et additions pour lesquels il aurait lui-même, pendant l'année, demandé un certificat d'addition ou un brevet.

(1) Les législations étrangères sont en général moins favorables à l'inventeur que la législation française. Elles autorisent bien l'inventeur à prendre des certificats d'addition ou des brevets de perfectionnement; mais elles ne lui donnent pour la plupart aucun délai de préférence à l'encontre des tiers en ce qui concerne ces brevets. Au *Mexique* cependant, l'inventeur jouit d'un droit de préférence pendant un an (L. de 1890, art. 12), et en *Norvège* pendant deux ans (L. de 1885, art. 4). En *Angleterre*, la loi de 1883 a cherché à remédier aux inconvénients de ce système au moyen des *spécifications provisoires* : d'après l'art. 5 de la loi, l'inventeur peut demander une protection provisoire qui lui assure la priorité de son brevet et qui dure au maximum 12 mois, de telle sorte que, pendant ce délai, il pourra réaliser les perfectionnements qu'il découvrira et les faire incorporer dans sa demande définitive.

**19.** Quiconque aura pris un brevet pour une découverte, invention ou application se rattachant à l'objet d'un autre brevet, n'aura aucun droit d'exploiter l'invention déjà brevetée, et réciproquement, le titulaire du brevet primitif ne pourra exploiter l'invention objet du nouveau brevet (1).

*Sect. 4. — De la transmission et de la cession des brevets.*

**20.** Tout breveté pourra céder (2) la totalité ou partie de la propriété de son brevet.

La cession totale ou partielle d'un brevet, soit à titre gratuit, soit à titre onéreux, ne pourra être faite que par acte notarié et après le paiement de la totalité de la taxe déterminée par l'article 4.

Aucune cession ne sera valable, à l'égard des tiers, qu'après avoir été enregistrée au secrétariat de la préfecture du département dans lequel l'acte aura été passé.

L'enregistrement des cessions et de tous autres actes emportant mutation sera fait sur la production et le dépôt d'un extrait authentique de l'acte de cession ou de mutation.

Une expédition de chaque procès-verbal d'enregistrement, accompagnée de l'extrait de l'acte ci-dessus mentionné, sera transmise par les préfets au ministre *de l'agriculture et* du commerce, dans les cinq jours de la date du procès-verbal.

**21.** Il sera tenu, au ministère *de l'agriculture et* du commerce un registre sur lequel seront inscrites les mutations intervenues sur chaque brevet, et, tous les trois mois, une *ordonnance royale* proclamera, dans la forme déterminée par l'article 14, les mutations enregistrées pendant le trimestre expiré.

**22.** Les cessionnaires d'un brevet, et ceux qui auront acquis d'un breveté ou de ses ayants droits la faculté d'exploiter (3) la découverte ou l'invention profiteront, de plein droit, des certificats d'addition qui

(1) En *Angleterre*, le *Board of Trade* peut obliger le breveté à accorder des licences d'exploiter à celui qui a inventé un perfectionnement et qui se trouve dans l'impossibilité de l'exploiter par suite du brevet primitif (L. de 1883, art. 22). Ce système des *licences obligatoires* est également consacré en *Suisse* (L. de 1888, art. 12).

(2) Les législations étrangères exigent également que la cession des brevets soit enregistrée : voy. pour l'*Espagne*, la L. de 1878, art. 33 ; pour la *Suisse*, la L. de 1888, art. 5, etc. Quelques législations, à l'inverse, n'exigent pas un acte notarié : voy. la L. *suisse* de 1888, art. 5.

(3) D'après notre législation, le breveté est libre d'accorder ou de refuser aux tiers la licence d'exploiter son invention. Certains pays, au contraire, admettent, dans certains cas du moins, des licences obligatoires. En *Allemagne*, l'office impérial des brevets peut obliger le breveté à accorder la licence d'exploiter à un tiers lorsque l'intérêt public l'exige et qu'il s'est écoulé trois années depuis la concession du brevet ; si le titulaire refuse, le brevet peut lui être retiré (L. de 1891, art. 1er, § 11). En *Angleterre*, le *Board of Trade* peut également imposer des licences au breveté, lorsque le brevet n'est pas exploité, ou que les besoins du public ne sont pas satisfaits, ou enfin lorsque le brevet primitif empêche un tiers inventeur d'exploiter le perfectionnement qu'il a réalisé (L. de 1883, art. 22). En *Suisse*, des licences obligatoires peuvent être imposées au breveté dans ce dernier cas, à condition que trois ans se soient écoulés depuis la demande du brevet primitif, et que la nouvelle invention ait une réelle importance industrielle (L. de 1888, art. 12).

seront ultérieurement délivrés au breveté ou à ses ayants droit. Réciproquement, le breveté ou ses ayants droit profiteront des certificats d'addition qui seront ultérieurement délivrés aux cessionnaires.

Tous ceux qui auront droit de profiter des certificats d'addition pourront en lever une expédition au ministère *de l'agriculture et* du commerce, moyennant un droit de vingt francs.

*Sect. 5. — De la communication et de la publication des descriptions et dessins de brevets.*

**23.** Les descriptions, dessins, échantillons et modèles de brevets délivrés, resteront, jusqu'à l'expiration des brevets, déposés au ministère *de l'agriculture et* du commerce, où ils seront communiqués sans frais, à toute réquisition.

Toute personne pourra obtenir, à ses frais, copie desdites descriptions et dessins, suivant les formes qui seront déterminées dans le règlement rendu en exécution de l'article 50.

**24.** Après le paiement de la deuxième annuité, les descriptions et dessins seront publiés soit textuellement, soit par extrait.

Il sera en outre publié, au commencement de chaque année un catalogue contenant les titres des brevets délivrés dans le courant de l'année précédente.

**25.** Le recueil des descriptions et dessins et le catalogue publié en exécution de l'article précédent seront déposés au ministère *de l'agriculture et* du commerce, et au secrétariat de la préfecture de chaque département, où ils pourront être consultés sans frais.

**26.** A l'expiration des brevets, les originaux des descriptions et dessins seront déposés au Conservatoire *royal* des arts et métiers.

TITRE III. — DES DROITS DES ÉTRANGERS.

**27.** Les étrangers pourront obtenir en France des brevets d'invention (1).

**28.** Les formalités et conditions déterminées par la présente loi seront applicables aux brevets demandés ou délivrés en exécution de l'article précédent.

**29.** L'auteur d'une invention ou découverte déjà brevetée à l'étranger pourra obtenir un brevet en France ; mais la durée de ce brevet ne pourra excéder celle des brevets antérieurement pris à l'étranger.

TITRE IV. — DES NULLITÉS ET DÉCHÉANCES, ET DES ACTIONS Y RELATIVES.

*Sect. 1. — Des nullités et déchéances.*

**30.** Seront nuls, et de nul effet, les brevets délivrés dans les cas suivants, savoir :

1° Si la découverte, invention ou application n'est pas nouvelle (2) ;

2° Si la découverte, invention, ou application n'est pas, aux termes de l'article 3, susceptible d'être brevetée ;

(1) Il en est ainsi dans tous les pays étrangers : les étrangers sont partout assimilés aux nationaux au point de vue des brevets d'invention. Voy. *infrà*, pour les questions de droit international, le traité du 20 mars 1883, v° *Traités internationaux*.

(2) Voy. la note suivante.

3° Si les brevets portent sur des principes, méthodes, systèmes, découvertes et conceptions théoriques ou purement scientifiques, dont on n'a pas indiqué les applications industrielles ;

4° Si la découverte, invention ou application est reconnue contraire à l'ordre ou à la sûreté publique, aux bonnes mœurs ou aux lois *du royaume*, sans préjudice, dans ce cas et dans celui du paragraphe précédent, des peines qui pourraient être encourues pour la fabrication ou le débit d'objets prohibés ;

5° Si le titre sous lequel le brevet a été demandé indique frauduleusement un objet autre que le véritable objet de l'invention ;

6° Si la description jointe au brevet n'est pas suffisante pour l'exécution de l'invention, ou si elle n'indique pas, d'une manière complète et loyale, les véritables moyens de l'inventeur ;

7° Si le brevet a été obtenu contrairement aux dispositions de l'article 18.

Seront également nuls, et de nul effet, les certificats comprenant des changements, perfectionnements ou additions qui ne se rattacheraient pas au brevet principal.

**31.** Ne sera pas réputée nouvelle toute découverte, invention ou application qui, en France ou à l'étranger, et antérieurement à la date du dépôt de la demande, aura reçu une publicité suffisante pour pouvoir être exécutée (1).

**32.** (Loi du 31 mai 1856.) Sera déchu de tous ses droits :

1° Le breveté qui n'aura pas acquitté son annuité avant le commencement de chacune des années de la durée de son brevet (2) ;

2° Le breveté qui n'aura pas mis en exploitation sa découverte ou invention en France dans le délai de deux ans à dater du jour de la signature du brevet, ou qui aura cessé de l'exploiter pendant deux années consécutives, à moins que, dans l'un ou l'autre cas, il ne justifie des causes de son inaction (3) ;

3° Le breveté qui aura introduit en France des objets fabri-

---

(1) Cette disposition est également admise dans la plupart des pays étrangers : voy. en *Espagne*, la L. de 1878, art. 5 ; en *Norvège*, la L. de 1885, art. 2 ; en *Suède*, la L. de 1884, art. 3 ; en *Suisse*, la L. de 1888, art. 2. En *Angleterre*, on ne tient compte que des publications qui ont figuré dans une bibliothèque publique anglaise, et en *Allemagne* que des publications ne remontant pas à plus d'un siècle (L. de 1891, art. 1er, § 2).

(2) Les législations étrangères sont en général moins rigoureuses que la loi française, en ce sens qu'elles accordent à l'inventeur un délai de grâce après l'échéance pour se libérer : ce délai est de 6 semaines en *Allemagne* (L. de 1891, art. 1er, § 9), de 3 mois moyennant le paiement d'une amende de 10 livres sterling au maximum en *Angleterre* (L. de 1883, art. 17 et 24), de 6 mois moyennant une redevance complémentaire de 10 fr. en *Belgique* (L. de 1854, art. 4), de 3 mois en *Italie* (L. de 1864, art. 58) et en *Suisse* (L. de 1888, art. 9-2°). La législation *espagnole*, au contraire, refuse tout délai au breveté (L. de 1878, art. 46).

(3) La plupart des législations étrangères consacrent la même déchéance, sauf différence dans le délai. En *Angleterre*, au contraire, le breveté n'encourt pas de déchéance absolue par la seule expiration d'un délai préfix ; mais en cas de négligence, le *Board of Trade* peut lui imposer l'obligation d'accorder des licences d'exploiter à des tiers (L. de 1883, art. 22).

qués en pays étranger et semblables à ceux qui sont garantis par son brevet (1).

Néanmoins, le ministre *de l'agriculture*, du commerce *et des travaux publics* pourra autoriser l'introduction :

1° Des modèles de machines ;

2° Des objets fabriqués à l'étranger, destinés à des expositions publiques ou à des essais faits avec l'assentiment du Gouvernement.

**33.** Quiconque dans des enseignes, annonces, prospectus, affiches, marques ou estampilles, prendra la qualité de breveté sans posséder un brevet délivré conformément aux lois, ou après l'expiration d'un brevet antérieur ; ou qui, étant breveté, mentionnera sa qualité de breveté ou son brevet sans y ajouter ces mots, SANS GARANTIE DU GOUVERNEMENT, sera puni d'une amende de cinquante francs à mille francs.

En cas de récidive, l'amende pourra être portée au double.

*Sect. 2. — Des actions en nullité et en déchéance.*

**34.** L'action en nullité et l'action en déchéance pourront être exercées par toute personne y ayant intérêt.

Ces actions, ainsi que toutes contestations relatives à la propriété des brevets, seront portées devant les tribunaux civils de première instance (2).

**35.** Si la demande est dirigée en même temps contre le titulaire du brevet et contre un ou plusieurs concessionnaires partiels, elle sera portée devant le tribunal du domicile du titulaire du brevet.

**36.** L'affaire sera instruite et jugée dans la forme prescrite pour les matières sommaires par les articles 405 et suivants du Code de procédure civile. Elle sera communiquée au procureur *du Roi*.

**37.** Dans toute instance tendant à faire prononcer la nullité ou la déchéance d'un brevet, le ministère public pourra se rendre partie intervenante et prendre des réquisitions pour faire prononcer la nullité ou la déchéance absolue du brevet.

Il pourra même se pourvoir directement par action principale pour faire prononcer la nullité, dans les cas prévus aux nos 2, 4 et 5 de l'article 30.

**38.** Dans les cas prévus par l'article 37, tous les ayants droit au brevet dont les titres auront été enregistrés au ministère *de l'agriculture et* du commerce, conformément à l'article 21, devront être mis en cause.

**39.** Lorsque la nullité ou la

(1) Cette cause de déchéance n'existe pas dans les pays étrangers.

(2) Parmi les législations étrangères, les unes attribuent compétence aux tribunaux ordinaires : il en est ainsi en *Belgique*, en *Italie*, dans le *Luxembourg*, en *Suisse*. Les autres, au contraire, attribuent compétence à un tribunal spécial. En *Allemagne*, toutes les actions en nullité ou en déchéance doivent être portées en première instance devant la section de l'*Office des patentes* qui s'occupe des nullités et retraits de brevets, et en appel devant la Cour suprême de Leipzig (L. de 1891, art. 1er, §§ 2 et suiv.). En *Angleterre*, ces actions sont centralisées devant la haute Cour royale; en *Suède* et en *Norvège* devant les tribunaux de Stockholm (L. de 1884, art. 20) et de Christiania (L. de 1885, art. 28.)

Dans quelques pays (*Autriche, Espagne*), la déchéance est prononcée par les autorités administratives : voy. pour l'*Espagne* la L. de 1878, art. 47.

déchéance absolue d'un brevet aura été prononcée par jugement ou arrêt ayant acquis force de chose jugée, il en sera donné avis au ministre *de l'agriculture et* du commerce, et la nullité ou la déchéance sera publiée dans la forme déterminée par l'article 14 pour la proclamation des brevets.

## TITRE V. — DE LA CONTREFAÇON, DES POURSUITES ET DES PEINES.

**40**. Toute atteinte[1] portée aux droits du breveté, soit par la fabrication de produits, soit par l'emploi de moyens faisant l'objet de son brevet, constitue le délit de contrefaçon[2].

Ce délit sera puni d'une amende de cent à deux mille francs.

**41**. Ceux qui auront sciemment recélé, vendu ou exposé en vente, ou introduit sur le territoire français, un ou plusieurs objets contrefaits, seront punis des mêmes peines que les contrefacteurs.

**42**. Les peines établies par la présente loi ne pourront être cumulées.

La peine la plus forte sera seule prononcée pour tous les faits antérieurs au premier acte de poursuite.

**43**. Dans le cas de récidive, il sera prononcé, outre l'amende portée aux articles 40 et 41, un emprisonnement d'un mois à six mois.

Il y a récidive lorsqu'il a été rendu contre le prévenu, dans les cinq années antérieures, une première condamnation pour un des délits prévus par la présente loi.

Un emprisonnement d'un mois à six mois pourra aussi être prononcé, si le contrefacteur est un ouvrier ou un employé ayant travaillé dans les ateliers ou dans l'établissement du breveté, ou si le contrefacteur, s'étant associé avec un ouvrier ou un employé du breveté, a eu connaissance, par ce dernier, des procédés décrits au brevet.

Dans ce dernier cas, l'ouvrier ou l'employé pourra être poursuivi comme complice.

**44**. L'article 463 du Code pénal pourra être appliqué aux délits prévus par les dispositions qui précèdent.

**45**. L'action correctionnelle, pour l'application des peines ci-dessus, ne pourra être exercée

(1) En droit français, la mauvaise foi du contrefacteur n'est pas nécessaire pour qu'il y ait délit de contrefaçon. Il en est autrement dans la plupart des pays étrangers : voy. en *Allemagne* la L. de 1891, art. 35 et 36 ; en *Espagne*, la L. de 1878, art. 49 ; en *Suède*, la L. de 1884, art. 22 ; en *Suisse*, la L. de 1888, art. 25, 3e alin.

(2) La grande majorité des législations étrangères considèrent également la contrefaçon comme un délit pénal, tout en décidant, comme la loi française, que l'action publique ne peut être mise en mouvement que sur la plainte de la partie lésée. Les peines qui frappent ce délit consistent en général dans une amende, dont le chiffre varie suivant les législations : en cas de récidive, certaines législations se contentent de doubler l'amende (L. *espagnole* de 1878, art. 50) ; d'autres y ajoutent un emprisonnement (L. *luxembourgeoise* de 1880, art. 20). En *Suisse*, un emprisonnement de 3 jours à un an peut être prononcé, indépendamment de l'amende, pour un premier délit : en cas de récidive, la peine est portée au double (L. de 1888, art. 25). — L'*Angleterre* est le seul pays où la contrefaçon ne constitue pas un délit pénal : d'après la L. de 1883, le breveté ne peut que poursuivre conformément au droit commun la réparation du préjudice que lui a causé le contrefacteur.

par le ministère public que sur la plainte de la partie lésée.

**46.** Le tribunal correctionnel, saisi d'une action pour délit de contrefaçon, statuera sur les exceptions qui seraient tirées par le prévenu, soit de la nullité ou de la déchéance du brevet, soit des questions relatives à la propriété dudit brevet.

**47.** Les propriétaires de brevet pourront, en vertu d'une ordonnance du président du tribunal de première instance, faire procéder, par tous huissiers, à la désignation et à la description détaillées, avec ou sans saisie, des objets prétendus contrefaits.

L'ordonnance sera rendue sur simple requête, et sur la représentation du brevet; elle contiendra, s'il y a lieu, la nomination d'un expert pour aider l'huissier dans sa description.

Lorsqu'il y aura lieu à la saisie, ladite ordonnance pourra imposer au requérant un cautionnement qu'il sera tenu de consigner avant d'y faire procéder.

Le cautionnement sera toujours imposé à l'étranger breveté qui requerra la saisie.

Il sera laissé copie au détenteur des objets décrits ou saisis, tant de l'ordonnance que de l'acte constatant le dépôt du cautionnement, le cas échéant ; le tout, à peine de nullité et de dommages-intérêts contre l'huissier.

**48.** A défaut, par le requérant, de s'être pourvu, soit par la voie civile, soit par la voie correctionnelle, dans le délai de huitaine, outre un jour par trois myriamètres de distance entre le lieu où se trouvent les objets saisis ou décrits, et le domicile du contrefacteur, recéleur, introducteur ou débitant, la saisie ou description sera nulle de plein droit, sans préjudice des dommages-intérêts qui pourront être réclamés, s'il y a lieu, dans la forme prescrite par l'article 36.

**49.** La confiscation des objets reconnus contrefaits, et, le cas échéant, celle des instruments ou ustensiles destinés spécialement à leur fabrication, seront, même en cas d'acquittement, prononcées contre le contrefacteur, le recéleur, l'introducteur ou le débitant.

Les objets confisqués seront remis au propriétaire du brevet, sans préjudice de plus amples dommages-intérêts et de l'affiche du jugement, s'il y a lieu.

## TITRE VI. — DISPOSITIONS PARTICULIÈRES ET TRANSITOIRES.

**50.** Des *ordonnances royales*, portant règlement d'administration publique, arrêteront les dispositions nécessaires pour l'exécution de la présente loi, qui n'aura effet que trois mois après sa promulgation.

**51.** Des ordonnances rendues dans la même forme pourront régler l'application de la présente loi dans les colonies, avec les modifications qui seront jugées nécessaires.

**52.** Seront abrogés, à compter du jour où la présente loi sera devenue exécutoire, les lois des 7 janvier et 25 mai 1791, celle du 20 septembre 1792, l'arrêté du 17 vendémiaire an VII, l'arrêté du 5 vendémiaire an IX, les décrets des 25 novembre 1806 et 25 janvier 1807, et toutes dispositions antérieures à la présente loi relatives aux brevets d'invention, d'importation et de perfectionnement.

---

## BUREAUX DE PLACEMENT.

### Décret du 25 mars 1852, *sur les bureaux de placement.*

Art. 1er. A l'avenir, nul ne pourra tenir un bureau de placement, sous quelque titre et pour quelques professions, places ou emplois que ce soit, sans une permission spéciale délivrée par l'autorité municipale, et qui ne pourra être accordée qu'à des personnes d'une moralité reconnue.

*Les possesseurs actuels de bureaux de placement ont un délai de trois mois pour se pourvoir de ladite permission.*

**2.** La demande à fin de permission doit contenir les conditions auxquelles le requérant se propose d'exercer son industrie.

Il est tenu de se conformer à ces conditions et aux dispositions réglementaires qui seraient prises en vertu de l'article 3.

**3.** L'autorité municipale surveille les bureaux de placement pour y assurer le maintien de l'ordre et la loyauté de la gestion.

Elle prend les arrêtés nécessaires à cet effet et règle le tarif des droits qui pourront être perçus par le gérant.

**4.** Toute contravention à l'article 1er, au second paragraphe de l'article 2 ou aux règlements faits en vertu de l'article 3, sera punie d'une amende de un franc à quinze francs et d'un emprisonnement de cinq jours au plus, ou de l'une de ces deux peines seulement.

Le maximum des deux peines sera toujours appliqué au contrevenant, lorsqu'il aura été prononcé contre lui, dans les douze mois précédents, une première condamnation pour contravention au présent décret ou aux règlements de police précités. Ces peines sont indépendantes des restitutions et dommages-intérêts auxquels pourraient donner lieu les faits imputables au gérant.

L'article 463 du Code pénal est applicable aux contraventions indiquées ci-dessus.

**5.** L'autorité municipale peut retirer la permission :

1° Aux individus qui auraient encouru ou viendraient à encourir une des condamnations prévues par l'article 15, §§ 1er, 3, 4, 5, 6, 14 et 15, et par l'article 16 du décret du 2 février 1852 ;

2° *Aux individus qui auraient été ou qui seraient condamnés pour coalition ;*

3° A ceux qui seraient condamnés à l'emprisonnement pour contravention au présent décret ou aux arrêtés pris en vertu de l'article 3.

**6.** Les pouvoirs ci-dessus conférés à l'autorité municipale seront exercés par le préfet de police pour Paris et le ressort de sa préfecture, et par le préfet du Rhône pour Lyon et les autres communes dans lesquelles il remplit les fonctions qui lui sont attribuées par la loi du 24 juin 1851.

**7.** Les retraits de permission et les règlements émanés de l'autorité municipale, en vertu des dispositions qui précèdent, ne sont exécutoires qu'après l'approbation du préfet.

---

**CABARETS.** (*V.* **Débits de boissons.**)

**CAFÉS.** (*V.* **Débits de boissons.**)

**CAISSE D'ASSURANCE EN CAS DE DÉCÈS ET EN CAS D'ACCIDENTS.** (*V.* **Assurances.**)

**CAISSE DES RETRAITES POUR LA VIEILLESSE.** (*V.* **Retraites pour la vieillesse.**)

## CARTES A JOUER.

**Arrêté du 3 pluviôse an VI,** *qui détermine le mode de perception et fixe le montant du droit de timbre sur les cartes à jouer* (1).

. . . . . . . . . . . . . . .

Art. **3**. Le papier filigrané destiné à former le devant des cartes sera fabriqué et fourni par la régie ; les fabricants ne pourront en employer d'autres.

**4**. Les droits de timbre seront acquittés par les fabricants, au moment qu'ils feront la levée du papier filigrané au bureau de distribution de la régie.

**5**. Après l'emploi du papier filigrané et la formation des jeux, les fabricants les présenteront au bureau de la direction du timbre : les jeux y seront vérifiés et revêtus d'une bande sur laquelle sera apposé le timbre de la régie ; cette formalité sera remplie sans frais.

**6**. Le nombre des cartes formant le jeu, et le nom du fabricant, seront inscrits à côté de l'empreinte du timbre (2).

. . . . . . . . . . . . . . . . .

**8**. Nul ne pourra vendre des cartes, même frappées du filigrane de la régie, que sous la bande timbrée.

**9**. Nul citoyen ne pourra fabriquer des cartes qu'après avoir fait inscrire ses nom, prénoms, surnom et domicile, à la régie, et en avoir reçu une commission qu'elle ne pourra refuser ; les particuliers qui voudront vendre des cartes seront soumis à la même obligation.

**10**. Chaque fabricant de cartes tiendra trois registres cotés et parafés par le directeur de la régie et timbrés conformément à la loi : le premier pour inscrire jour par jour les achats des feuilles timbrées en filigrane qu'il aura levées au bureau de la régie ; le second pour y porter les fabrications à mesure qu'elles seront parachevées ; et le troisième pour les ventes qu'il fera, soit en détail, soit aux marchands commissionnés.

**11**. Le marchand non fabricant tiendra deux registres également cotés et parafés par le directeur de la régie, et en papier timbré : sur l'un seront portés ses achats ; il ne pourra les faire que chez le fabricant directement ; l'autre servira pour la vente journalière.

**12**. Les entrepreneurs et directeurs de bals, fêtes cham-

(1) Ce droit est aujourd'hui fixé par la L. du 21 juin 1873, art. 19, à 50 et 70 cent. par jeu, double décime en sus.

(2) Le décret du 12 avril 1890 prescrit en outre un timbre spécial sur l'as de trèfle de chaque jeu.

pêtres, réunions, clubs, billards, cafés et autres maisons où l'on donne à jouer, auront également un registre coté et parafé, sur lequel seront inscrits tous les achats des jeux de cartes, avec indication des noms et domicile des vendeurs.

**13**. Les préposés de la régie de l'enregistrement sont autorisés à se présenter, toutes les fois qu'ils le jugeront convenable, chez les fabricants et marchands de cartes, et dans les lieux désignés dans l'article précédent, pour s'y assurer de l'exécution du présent arrêté, et prendre communication des registres dont l'exhibition leur sera faite, et en retirer telles notes ou extraits qu'ils aviseront.

. . . . . . . . . . . . . . . .

---

### Loi du 28 avril 1816, *sur les finances.*

. . . . . . . . . . . . . . . .

Art. **162**. La régie des contributions indirectes continuera de fournir aux fabricants de cartes les feuilles de moulage, ainsi que le papier filigrané qu'ils seront tenus d'employer à la fabrication.

. . . . . . . . . . . . . . . .

**164**. Les fabricants de cartes seront soumis au paiement annuel d'un droit de licence, conformément au tarif annexé à la présente loi (1).

. . . . . . . . . . . . . . . .

**166**. Tout individu qui fabriquera des cartes à jouer, ou qui en introduira dans le royaume, ou qui en distribuera, vendra ou colportera sans y être autorisé par la régie, sera puni de la confiscation des objets de fraude, d'une amende de 1,000 à 3,000 fr. et d'un mois d'emprisonnement; en cas de récidive, l'amende sera toujours de 3,000 fr.

**167**. Les mêmes peines seront appliquées à ceux qui tiennent des cafés, des auberges, des *débits de boissons et, en général*, des établissements où le public est admis, s'ils permettent que l'on se serve chez eux de cartes prohibées, lors même qu'elles auraient été apportées par les joueurs.

**168**. Ceux qui auront contrefait ou imité les moules, timbres et marques employés par la régie pour distinguer les cartes légalement fabriquées, et ceux qui se serviront des véritables moules, timbres ou marques, en les employant d'une manière nuisible aux intérêts de l'État, seront punis, indépendamment de l'amende fixée par l'article 166, des peines portées par les articles 142 et 143 du Code pénal.

. . . . . . . . . . . . . . . .

---

**CHAMBRES CONSULTATIVES DES ARTS ET MANUFACTURES.** (*V.* **Corps consultatifs de l'industrie.**)

---

**CHAMBRES DE COMMERCE.** (*V. notre Code de commerce, p. 134.*)

---

(1) Le droit de licence est aujourd'hui de 100 fr. (L. du 1er sept. 1871, art. 6).

## CHEMINS DE FER [1].

**Loi du 11 juin 1842,** *relative à l'établissement de grandes lignes de chemins de fer.*

TITRE I. — DISPOSITIONS GÉNÉRALES.

. . . . . . . . . . . . . . . . .

Art. **2.** L'exécution des grandes lignes de chemins de fer définies par l'article précédent aura lieu par le concours,

De l'État,

Des départements traversés et des communes intéressées,

De l'industrie privée,

Dans les proportions et suivant les formes établies par les articles ci-après.

Néanmoins, ces lignes pourront être concédées en totalité ou en partie à l'industrie privée, en vertu de lois spéciales et aux conditions qui seront alors déterminées.

**3.** *(Abrogé par la loi du 19 juillet 1849). Les indemnités dues pour les terrains et bâtiments dont l'occupation sera nécessaire à l'établissement des chemins de fer et de leurs dépendances seront avancées par l'État, et remboursées à l'État, jusqu'à concurrence des deux tiers, par les départements et les communes.*

Il n'y aura pas lieu à indemnité pour l'occupation des terrains ou bâtiments appartenant à l'État.

Le Gouvernement pourra accepter les subventions qui lui seraient offertes par les localités ou les particuliers, soit en terrain, soit en argent.

. . . . . . . . . . . . . . . . .

**6.** La voie de fer, y compris la fourniture du sable,

Le matériel et les frais d'exploitation,

Les frais d'entretien et de réparation du chemin, de ses dépendances et de son matériel,

Resteront à la charge des compagnies auxquelles l'exploitation du chemin sera donnée à bail.

Ce bail réglera la durée et les conditions de l'exploitation, ainsi que le tarif des droits à percevoir sur le parcours ; il sera passé provisoirement par le ministre des travaux publics, et définitivement approuvé par une loi.

---

(1) Les législations étrangères sur les chemins de fer peuvent se diviser en 4 groupes :

A. *Système français des compagnies concessionnaires.* Ce système a été adopté par l'*Autriche-Hongrie*, la *Belgique*, l'*Espagne*, la *Grèce*, le *Portugal*, la *Russie* et la *Suisse* ; quelques-uns de ces pays, l'*Autriche-Hongrie*, la *Belgique*, ont aussi un réseau d'État à côté des réseaux concédés.

B. *Système des compagnies fermières,* dans lequel l'État, après avoir construit ou racheté le réseau, en afferme l'exploitation à des compagnies privées. Ce système est suivi en *Hollande* et en *Italie*.

C. *Système de l'exploitation directe par l'État,* qui est suivi en *Allemagne*, dans les *Pays scandinaves* et dans les *États des Balkans*.

D. *Système de la libre concurrence,* adopté en *Angleterre* et dans les *États-Unis d'Amérique*. Ce dernier système n'est cependant pas celui de la liberté absolue, et, en *Angleterre* surtout, l'État a une tendance de plus en plus prononcée à intervenir dans l'exploitation des chemins de fer : l'État peut notamment intervenir pour modifier les tarifs. (Voy. L. du 10 août 1888 et L. du 30 août 1889 *sur le tarif des chemins de fer et des canaux*, *Ann. de lég. étr.*, 1889, p. 25, et 1890, p. 153. Voy. aussi pour les *États-Unis* la L. du 4 févr. 1887 *sur les tarifs des chemins de fer*, *ibid.*, 1888, p. 847.)

7. A l'expiration du bail, la valeur de la voie de fer et du matériel sera remboursée, à dire d'experts, à la compagnie par celle qui lui succédera, ou par l'État.

8. Des *ordonnances royales* régleront les mesures à prendre pour concilier l'exploitation des chemins de fer avec l'exécution des lois et règlements sur les douanes.

9. Des règlements d'administration publique détermineront les mesures et les dispositions nécessaires pour garantir la police, la sûreté, l'usage et la conservation des chemins de fer et de leurs dépendances.

. . . . . . . . . . . . . . . .

---

## Loi du 15 juillet 1845, *sur la police des chemins de fer* (1).

### TITRE I. — MESURES RELATIVES A LA CONSERVATION DES CHEMINS DE FER.

Art. 1er. Les chemins de fer construits et concédés par l'État font partie de la grande voirie.

2. Sont applicales aux chemins de fer les lois et règlements sur la grande voirie qui ont pour objet d'assurer la conservation des fossés, talus, levées et ouvrages d'art dépendant des routes, et d'interdire, sur toute leur étendue, le pacage des bestiaux et les dépots de terre et autres objets quelconques.

3. Sont applicables aux propriétés riveraines des chemins de fer les servitudes imposées par les lois et règlements sur la grande voirie et qui concernent :

L'alignement,

L'écoulement des eaux,

L'occupation temporaire des terrains en cas de réparation,

La distance à observer pour les plantations et l'élagage des arbres plantés,

Le mode d'exploitation des mines, minières, tourbières, carrières et sablières, dans la zone déterminée à cet effet.

Sont également applicables à la confection et à l'entretien des chemins de fer, les lois et règlements sur l'extraction des materiaux nécessaires aux travaux publics.

4. Tout chemin de fer sera clos des deux côtés et sur toute l'étendue de la voie.

L'administration déterminera, pour chaque ligne, le mode de cette clôture, et, pour ceux des chemins qui n'y ont pas été assujettis, l'époque à laquelle elle devra être effectuée.

Partout où les chemins de fer croiseront de niveau les routes de terre, des barrières seront établies et tenues fermées, conformément aux règlements (2).

5. A l'avenir, aucune construction autre qu'un mur de clôture ne pourra être établie dans une distance de deux mètres d'un chemin de fer.

Cette distance sera mesurée soit de l'arête supérieure du déblai, soit de l'arête inférieure

---

(1) Cette loi, à l'exception des art. 4 à 10, est applicable aux tramways (voy. *infrà*, même mot, la L. du 11 juin 1880, art. 37).

(2) La L. du 27 déc. 1880 autorise le ministre des travaux publics à déroger aux prescriptions de l'art. 4. Lorsqu'il s'agit de chemins de fer d'intérêt local, les dispenses peuvent être accordées par le préfet (voy. *infrà*, même mot, la L. du 11 juin 1880, art. 20).

du talus du remblai, soit du bord extérieur des fossés du chemin, et, à défaut d'une ligne tracée, à un mètre cinquante centimètres à partir des rails extérieurs de la voie de fer.

Les constructions existantes au moment de la promulgation de la présente loi, ou lors de l'établissement d'un nouveau chemin de fer, pourront être entretenues dans l'état où elles se trouveront à cette époque.

Un règlement d'administration publique déterminera les formalités à remplir par les propriétaires pour faire constater l'état desdites constructions, et fixera le délai dans lequel ces formalités devront être remplies.

**6.** Dans les localités où le chemin de fer se trouvera en remblai de plus de trois mètres au-dessus du terrain naturel, il est interdit aux riverains de pratiquer, sans autorisation préalable, des excavations dans une zone de largeur égale à la hauteur verticale du remblai, mesurée à partir du pied du talus.

Cette autorisation ne pourra être accordée sans que les concessionnaires ou fermiers de l'exploitation du chemin de fer aient été entendus ou dûment appelés.

**7.** Il est défendu d'établir, à une distance de moins de vingt mètres d'un chemin de fer desservi par des machines à feu, des couvertures en chaume, des meules de paille, de foin, et aucun autre dépôt de matières inflammables.

Cette prohibition ne s'étend pas aux dépôts de récoltes faits seulement pour le temps de la moisson.

**8.** Dans une distance de moins de cinq mètres d'un chemin de fer, aucun dépôt de pierres, ou objets non inflammables, ne peut être établi sans l'autorisation préalable du préfet.

Cette autorisation sera toujours révocable.

L'autorisation n'est pas nécessaire :

1° Pour former, dans les localités où le chemin de fer est en remblai, des dépôts de matières non inflammables, dont la hauteur n'excède pas celle du remblai du chemin ;

2° Pour former des dépôts temporaires d'engrais et autres objets nécessaires à la culture des terres.

**9.** Lorsque la sûreté publique, la conservation du chemin et la disposition des lieux le permettront, les distances déterminées par les articles précédents pourront être diminuées en vertu d'*ordonnances royales* rendues après enquêtes.

**10.** Si, hors des cas d'urgence prévus par la loi des 16-24 août 1790, la sûreté publique ou la conservation du chemin de fer l'exige, l'administration pourra faire supprimer, moyennant une juste indemnité, les constructions, plantations, excavations, couvertures en chaume, amas de matériaux combustibles ou autres, existant, dans les zones ci-dessus spécifiées, au moment de la promulgation de la présente loi, et, pour l'avenir, lors de l'établissement du chemin de fer.

L'indemnité sera réglée, pour la suppression des constructions, conformément aux titres IV et suivants de la loi du 3 mai 1841, et, pour tous les autres cas, conformément à la loi du 16 septembre 1807.

**11.** Les contraventions aux dispositions du présent titre seront constatées, poursuivies et réprimées comme en matière de grande voirie.

Elles seront punies d'une amende de seize à trois cents francs, sans préjudice, s'il y a lieu, des peines portées au Code pénal et au titre III de la présente loi. Les contrevenants seront, en outre, condamnés à supprimer, dans le délai déterminé par l'arrêté du conseil de préfecture, les excavations, couvertures, meules ou dépôts faits contrairement aux dispositions précédentes.

A défaut, par eux, de satisfaire à cette condamnation dans le délai fixé, la suppression aura lieu d'office, et le montant de la dépense sera recouvré contre eux par voie de contrainte, comme en matière de contributions publiques.

## TITRE II. — DES CONTRAVENTIONS DE VOIRIE COMMISES PAR LES CONCESSIONNAIRES OU FERMIERS DE CHEMINS DE FER.

**12.** Lorsque le concessionnaire ou le fermier de l'exploitation d'un chemin de fer contreviendra aux clauses du cahier des charges, ou aux décisions rendues en exécution de ces clauses, en ce qui concerne le service de la navigation, la viabilité des routes *royales*, départementales et vicinales, ou le libre écoulement des eaux, procès-verbal sera dressé de la contravention, soit par les ingénieurs des ponts et chaussées ou des mines, soit par les conducteurs, gardes-mines et piqueurs, dûment assermentés.

**13.** Les procès-verbaux, dans les quinze jours de leur date, seront notifiés administrativement au domicile élu par le concessionnaire ou le fermier, à la diligence du préfet, et transmis dans le même délai au conseil de préfecture du lieu de la contravention.

**14.** Les contraventions prévues à l'article 12 seront punies d'une amende de trois cents à trois mille francs.

**15.** L'administration pourra, d'ailleurs, prendre immédiatement toutes mesures provisoires pour faire cesser le dommage, ainsi qu'il est procédé en matière de grande voirie.

Les frais qu'entraînera l'exécution de ces mesures seront recouvrés, contre le concessionnaire ou fermier, par voie de contrainte, comme en matière de contributions publiques.

## TITRE III. — DES MESURES RELATIVES A LA SURETÉ DE LA CIRCULATION SUR LES CHEMINS DE FER.

**16.** Quiconque aura volontairement détruit ou dérangé la voie de fer, placé sur la voie un objet faisant obstacle à la circulation, ou employé un moyen quelconque pour entraver la marche des convois ou les faire sortir des rails, sera puni de la réclusion. S'il y a eu homicide ou blessures, le coupable sera, dans le premier cas, puni de mort, et, dans le second, de la peine des travaux forcés à temps.

**17.** Si le crime prévu par l'article 16 a été commis en réunion séditieuse, avec rébellion ou pillage, il sera imputable aux chefs, auteurs, instigateurs et provocateurs de ces réunions, qui seront punis comme coupables du crime et condamnés aux mêmes peines que ceux qui l'auront personnellement commis, lors même que la réunion séditieuse n'aurait pas eu pour but direct et principal la destruction de la voie de fer.

Toutefois, dans ce dernier cas, lorsque la peine de mort sera applicable aux auteurs du crime, elle sera remplacée, à l'égard des chefs auteurs, instigateurs et provocateurs de ces réunions, par la peine des travaux forcés à perpétuité.

**18**. Quiconque aura menacé, par écrit anonyme ou signé, de commettre un des crimes prévus en l'article 16, sera puni d'un emprisonnement de trois à cinq ans, dans le cas où la menace aurait été faite avec ordre de déposer une somme d'argent dans un lieu indiqué, ou de remplir toute autre condition.

Si la menace n'a été accompagnée d'aucun ordre ou condition, la peine sera d'un emprisonnement de trois mois à deux ans et d'une amende de cent à cinq cents francs.

Si la menace avec ordre ou condition a été verbale, le coupable sera puni d'un emprisonnement de quinze jours à six mois, et d'une amende de vingt-cinq à trois cents francs.

Dans tous les cas, le coupable pourra être mis par le jugement sous la surveillance de la haute police, pour un temps qui ne pourra être moindre de deux ans ni excéder cinq ans.

**19**. Quiconque, par maladresse, imprudence, inattention, négligence ou inobservation des lois ou règlements, aura involontairement causé sur un chemin de fer, ou dans les gares ou stations, un accident qui aura occasionné des blessures, sera puni de huit jours à six mois d'emprisonnement, et d'une amende de cinquante à mille fr.

Si l'accident a occasionné la mort d'une ou plusieurs personnes, l'emprisonnement sera de six mois à cinq ans, et l'amende de trois cents à trois mille francs.

**20**. Sera puni d'un emprisonnement de six mois à deux ans, tout mécanicien ou conducteur, garde-frein qui aura abandonné son poste pendant la marche du convoi.

**21**. Toute contravention aux *ordonnances royales* portant règlement d'administration publique sur la police, la sûreté et l'exploitation du chemin de fer, et aux arrêtés pris par les préfets, sous l'approbation du ministre des travaux publics, pour l'exécution desdites *ordonnances*, sera punie d'une amende de seize à trois mille fr.

En cas de récidive dans l'année, l'amende sera portée au double, et le tribunal pourra, selon les circonstances, prononcer, en outre, un emprisonnement de trois jours à un mois.

**22**. Les concessionnaires ou fermiers d'un chemin de fer seront responsables, soit envers l'État, soit envers les particuliers, du dommage causé par les administrateurs, directeurs ou employés à un titre quelconque au service de l'exploitation du chemin de fer.

L'État sera soumis à la même responsabilité envers les particuliers, si le chemin de fer est exploité à ses frais et pour son compte.

**23**. Les crimes, délits ou contraventions prévus dans les titres Ier et III de la présente loi, pourront être constatés par des procès-verbaux dressés concurremment par les officiers de police judiciaire, les ingénieurs des ponts et chaussées et des mines, les conducteurs, gardes-mines, agents de surveillance et gardes nommés ou agréés par l'administration et dûment assermentés.

Les procès-verbaux des délits et contraventions feront foi jusqu'à preuve contraire.

Au moyen du serment prêté devant le tribunal de première instance de leur domicile, les agents de surveillance de l'administration et des concessionnaires ou fermiers, pourront verbaliser sur toute la ligne du chemin de fer auquel ils seront attachés.

**24**. Les procès-verbaux dressés en vertu de l'article précédent seront visés pour timbre et enregistrés en débet.

Ceux qui auront été dressés par des agents de surveillance et gardes assermentés devront être affirmés dans les trois jours, à peine de nullité, devant le juge de paix ou le maire, soit du lieu du délit ou de la contravention, soit de la résidence de l'agent.

**25**. Toute attaque, toute résistance avec violences et voies de faits envers les agents des chemins de fer, dans l'exercice de leurs fonctions, sera punie des peines appliquées à la rébellion, suivant les distinctions faites par le Code pénal.

**26**. L'article 463 du Code pénal est applicable aux condamnations qui seront prononcées en exécution de la présente loi.

**27**. En cas de conviction de plusieurs crimes ou délits prévus par la présente loi ou par le Code pénal, la peine la plus forte sera seule prononcée.

Les peines encourues pour des faits postérieurs à la poursuite pourront être cumulées, sans préjudice des peines de la récidive.

---

**Ordonnance du 15 novembre 1846**, *portant règlement sur la police, la sûreté et l'exploitation des chemins de fer.*

TITRE I. — DES STATIONS ET DE LA VOIE DES CHEMINS DE FER.

*Sect. 1. — Des stations.*

Art. 1er. L'entrée, le stationnement et la circulation des voitures publiques ou particulières destinées, soit au transport des personnes, soit au transport des marchandises, dans les cours dépendant des stations des chemins de fer, seront réglés par des arrêtés du préfet du département. Ces arrêtés ne seront exécutoires qu'en vertu de l'approbation du ministre des travaux publics.

*Sect. 2. — De la voie.*

**2**. Le chemin de fer et les ouvrages qui en dépendent seront constamment entretenus en bon état.

La compagnie devra faire connaître au ministre des travaux publics les mesures qu'elle aura prises pour cet entretien.

Dans le cas où ces mesures seraient insuffisantes, le ministre des travaux publics, après avoir entendu la compagnie, prescrira celles qu'il jugera nécessaires.

**3**. Il sera placé, partout où besoin sera, des gardiens, en nombre suffisant, pour assurer la surveillance et la manœuvre des aiguilles des croisements et changements de voie; en cas d'insuffisance, le nombre de ces gardiens sera fixé par le ministre des travaux publics, la compagnie entendue.

**4**. Partout où un chemin de fer est traversé à niveau, soit par une route à voitures, soit par un chemin destiné au passage des piétons, il sera établi des barrières (1).

Le mode, la garde et les conditions de service des barrières seront réglés par le ministre des travaux publics, sur la proposition de la compagnie.

**5**. Si l'établissement de contre-rails est jugé nécessaire dans l'intérêt de la sûreté publique, la compagnie sera tenue d'en placer sur les points qui seront désignés par le ministre des travaux publics.

**6**. Aussitôt après le coucher du soleil et jusqu'après le passage du dernier train, les stations et leurs abords devront être éclairés.

Il en sera de même des passages à niveau pour lesquels l'administration jugera cette mesure nécessaire.

### TITRE II. — DU MATÉRIEL EMPLOYÉ A L'EXPLOITATION.

**7**. Les machines locomotives ne pourront être mises en service qu'en vertu de l'autorisation de l'administration, et après avoir été soumises à toutes les épreuves prescrites par les règlements en vigueur.

Lorsque, par suite de détérioration ou pour toute autre cause, l'interdiction d'une machine aura été prononcée, cette machine ne pourra être remise en service qu'en vertu d'une nouvelle autorisation.

**8**. Les essieux des locomotives, des tenders et des voitures de toute espèce, entrant dans la composition des convois de voyageurs ou dans celle des trains mixtes de voyageurs et de marchandises, allant à grande vitesse, devront être en fer martelé de premier choix.

**9**. Il sera tenu des états de service pour toutes les locomotives. Ces états seront inscrits sur des registres qui devront être constamment à jour, et indiquer, à l'article de chaque machine, la date de sa mise en service, le travail qu'elle a accompli, les réparations ou modifications qu'elle a reçues, et le renouvellement de ses diverses pièces.

Il sera tenu, en outre, pour les essieux de locomotives, tenders et voitures de toute espèce, des registres spéciaux sur lesquels à côté du numéro d'ordre de chaque essieu, seront inscrits sa provenance, la date de sa mise en service, l'épreuve qu'il peut avoir subie, son travail, ses accidents et ses réparations; à cet effet, le numéro d'ordre sera poinçonné sur chaque essieu.

Les registres mentionnés aux deux paragraphes ci-dessus seront représentés, à toute réquisition, aux ingénieurs et agents

(1) Voy. *suprà*, même mot, la note sous l'art. 4 de la L. du 15 juill. 1845.

chargés de la surveillance du matériel d'exploitation.

**10.** (Décret du 23 janvier 1889.) Il est interdit d'affecter au transport des voyageurs aucune locomotive, tender ou voiture montés sur des roues en fonte cerclées ou non en fer ou en acier.

Les wagons de marchandises non munis de freins et montés sur roues en fonte coulées en coquilles ou cerclées en fer ou en acier pourront être placés dans les trains mixtes dont la vitesse normale de marche ne dépassera pas, à moins d'autorisation spéciale du ministre des travaux publics, quarante-cinq kilomètres à l'heure.

**11.** Les locomotives devront être pourvues d'appareils ayant pour objet d'arrêter les fragments de coke tombant de la grille et d'empêcher la sortie des flammèches par la cheminée.

**12.** Les voitures destinées au transport des voyageurs seront d'une construction solide ; elles devront être commodes et pourvues de ce qui est nécessaire à la sûreté des voyageurs.

Les dimensions de la place affectée à chaque voyageur devront être d'au moins quarante-cinq centimètres en largeur, soixante-cinq centimètres en profondeur et un mètre quarante-cinq centimètres en hauteur ; cette disposition sera appliquée aux chemins de fer existants, dans un délai qui sera fixé pour chaque chemin par le ministre des travaux publics.

**13.** Aucune voiture pour les voyageurs ne sera mise en service sans une autorisation du préfet, donnée sur le rapport d'une commission constatant que la voiture satisfait aux conditions de l'article précédent.

L'autorisation de mise en service n'aura d'effet qu'après que l'estampille prescrite pour les voitures publiques par l'article 117 de la loi du 25 mars 1817 aura été délivrée par le directeur des contributions indirectes.

**14.** Toute voiture de voyageurs portera, dans l'intérieur, l'indication apparente du nombre des places.

**15.** Les locomotives, tenders et voitures de toute espèce, devront porter : 1° le nom ou les initiales du nom du chemin de fer auquel ils appartiennent ; 2° un numéro d'ordre. Les voitures de voyageurs porteront, en outre, l'estampille délivrée par l'administration des contributions indirectes. Ces diverses indications seront placées d'une manière apparente sur la caisse ou sur les côtés des châssis.

**16.** Les machines, locomotives, tenders et voitures de toute espèce, et tout le matériel d'exploitation, seront constamment maintenus dans un bon état d'entretien.

La compagnie devra faire connaître au ministre des travaux publics les mesures adoptées par elle à cet égard, et, en cas d'insuffisance, le ministre, après avoir entendu les observations de la compagnie, prescrira les dispositions qu'il jugera nécessaires à la sûreté de la circulation.

## TITRE III. — DE LA COMPOSITION DES CONVOIS.

**17.** Tout convoi ordinaire de voyageurs devra contenir, en nombre suffisant, des voitures de chaque classe, à moins d'une autorisation spéciale du ministre des travaux publics.

**18.** Chaque train de voyageurs devra être accompagné :

1° D'un mécanicien et d'un chauffeur (1) par machine ; le chauffeur devra être capable d'arrêter la machine en cas de besoin ;

2° Du nombre de conducteurs gardes-freins qui sera déterminé pour chaque chemin, suivant les pentes et suivant le nombre de voitures, par le ministre des travaux publics, sur la proposition de la compagnie.

Sur la dernière voiture de chaque convoi ou sur l'une des voitures placées à l'arrière, il y aura toujours un frein, et un conducteur chargé de le manœuvrer (2).

Lorsqu'il y aura plusieurs conducteurs dans un convoi, l'un d'entre eux devra toujours avoir autorité sur les autres.

Un train de voyageurs ne pourra se composer de plus de vingt-quatre voitures à quatre roues. S'il entre des voitures à six roues dans la composition du convoi, le maximum du nombre des voitures sera déterminé par le ministre.

Les dispositions des paragraphes précédents sont applicables aux trains mixtes de voyageurs et de marchandises marchant à la vitesse des voyageurs.

Quant aux convois de marchandises qui transportent en même temps des voyageurs et des marchandises, et qui ne marchent pas à la vitesse ordinaire des voyageurs, les mesures spéciales et les conditions de sûreté auxquelles ils devront être assujettis seront déterminées par le ministre, sur la proposition de la compagnie.

**19.** Les locomotives devront être en tête des trains.

Il ne pourra être dérogé à cette disposition que pour les manœuvres à exécuter dans le voisinage des stations ou pour le cas de secours. Dans ces cas spéciaux, la vitesse ne devra pas dépasser vingt-cinq kilomètres par heure.

**20.** Les convois de voyageurs ne devront être remorqués que par une seule locomotive, sauf les cas où l'emploi d'une machine de renfort deviendrait nécessaire, soit pour la montée d'une rampe de forte inclinaison, soit par suite d'une affluence extraordinaire de voyageurs, de l'état de l'atmosphère, d'un accident ou d'un retard exigeant l'emploi de secours, ou de tout autre cas analogue ou spécial préalablement déterminé par le ministre des travaux publics.

Il est, dans tous les cas, interdit d'atteler simultanément plus de deux locomotives à un convoi de voyageurs.

La machine placée en tête devra régler la marche du train.

Il devra toujours y avoir en tête de chaque train, entre le tender et la première voiture de voyageurs, autant de voitures ne portant pas de voyageurs qu'il y aura de locomotives attelées (3).

(1) Dans les trains légers, le ministre des travaux publics peut autoriser la suppression du chauffeur (Décr. du 9 mars 1889, art. 4).

(2) Les trains légers sont dispensés de ces prescriptions (Décr. du 9 mars 1889, art. 3 et 4).

(3) Les trains légers sont dispensés de ces prescriptions (Décr. du 9 mars 1889, art. 3 et 4).

Dans tous les cas où il sera attelé plus d'une locomotive à un train, mention en sera faite sur un registre à ce destiné, avec indication du motif de la mesure, de la station où elle aura été jugée nécessaire, et de l'heure à laquelle le train aura quitté cette station.

Ce registre sera représenté à toute réquisition aux fonctionnaires et agents de l'administration publique chargés de la surveillance de l'exploitation.

**21.** Il est défendu d'admettre, dans les convois qui portent des voyageurs, aucune matière pouvant donner lieu soit à des explosions, soit à des incendies.

**22.** Les voitures entrant dans la composition des trains de voyageurs seront liées entre elles par des moyens d'attache tels que les tampons à ressort de ces voitures soient toujours en contact.

Les voitures des entrepreneurs de messageries ne pourront être admises dans la composition des trains qu'avec l'autorisation du ministre des travaux publics, et que moyennant les conditions indiquées dans l'acte d'autorisation.

**23.** Les conducteurs gardes-freins seront mis en communication avec le mécanicien, pour donner, en cas d'accident, le signal d'alarme par tel moyen qui sera autorisé par le ministre des travaux publics, sur la proposition de la compagnie.

**24.** Les trains devront être éclairés extérieurement pendant la nuit. En cas d'insuffisance du système d'éclairage, le ministre des travaux publics prescrira, la compagnie entendue, les dispositions qu'il jugera nécessaires.

Les voitures fermées, destinées aux voyageurs, devront être éclairées intérieurement pendant la nuit et au passage des souterrains qui seront désignés par le ministre.

## TITRE IV. — DU DÉPART, DE LA CIRCULATION ET DE L'ARRIVÉE DES CONVOIS.

**25.** Pour chaque chemin de fer, le ministre des travaux publics déterminera, sur la proposition de la compagnie, le sens du mouvement des trains et des machines isolées sur chaque voie, quand il y a plusieurs voies, ou les points de croisement quand il n'y en a qu'une.

Il ne pourra être dérogé, sous aucun prétexte, aux dispositions qui auront été prescrites par le ministre, si ce n'est dans le cas où la voie serait interceptée ; et, dans ce cas, le changement devra être fait avec les précautions indiquées en l'article 34 ci-après.

**26.** Avant le départ du train, le mécanicien s'assurera si toutes les parties de la locomotive et du tender sont en bon état, si le frein de ce tender fonctionne convenablement.

La même vérification sera faite par les conducteurs gardes-freins, en ce qui concerne les voitures et les freins de ces voitures.

Le signal du départ ne sera donné que lorsque les portières seront fermées.

Le train ne devra être mis en marche qu'après le signal du départ.

**27.** Aucun convoi ne pourra partir d'une station avant l'heure déterminée par le règlement de service.

Aucun convoi ne pourra également partir d'une station avant qu'il se soit écoulé, depuis le départ ou le passage du convoi précédent, le laps de temps qui aura été fixé par le ministre des travaux publics, sur la proposition de la compagnie.

Des signaux seront placés à l'entrée de la station pour indiquer aux mécaniciens des trains qui pourraient survenir si le délai déterminé en vertu du paragraphe précédent est écoulé.

Dans l'intervalle des stations, des signaux seront établis, afin de donner le même avertissement au mécanicien sur les points où il ne peut pas voir devant lui à une distance suffisante. Dès que l'avertissement lui sera donné, le mécanicien devra ralentir la marche du train. En cas d'insuffisance des signaux établis par la compagnie, le ministre prescrira, la compagnie entendue, l'établissement de ceux qu'il jugera nécessaires.

**28**. Sauf le cas de force majeure ou de réparation de la voie, les trains ne pourront s'arrêter qu'aux gares ou lieux de stationnement autorisés pour le service des voyageurs ou des marchandises.

Les locomotives ou les voitures ne pourront stationner sur les voies du chemin de fer affectées à la circulation des trains.

**29**. Le ministre des travaux publics déterminera, sur la proposition de la compagnie, les mesures spéciales de précaution relatives à la circulation des trains sur les plans inclinés et dans les souterrains à une ou à deux voies, à raison de leur longueur et de leur tracé.

Il déterminera également, sur la proposition de la compagnie, la vitesse maximum que les trains de voyageurs pourront prendre sur les diverses parties de chaque ligne, et la durée du trajet.

**30**. Le ministre des travaux publics prescrira, sur la proposition de la compagnie, les mesures spéciales de précaution à prendre pour l'expédition et la marche des convois extraordinaires.

Dès que l'expédition d'un convoi extraordinaire aura été décidée, déclaration devra en être faite immédiatement au commissaire spécial de police, avec indication du motif de l'expédition du convoi et de l'heure du départ.

**31**. Il sera placé le long du chemin, pendant le jour et pendant la nuit, soit pour l'entretien, soit pour la surveillance de la voie, des agents en nombre assez grand pour assurer la libre circulation des trains et la transmission des signaux; en cas d'insuffisance, le ministre des travaux publics en règlera le nombre, la compagnie entendue.

Ces agents seront pourvus de signaux de jour et de nuit à l'aide desquels ils annonceront si la voie est libre et en bon état, si le mécanicien doit ralentir sa marche ou s'il doit arrêter immédiatement le train.

Ils devront, en outre, signaler de proche en proche l'arrivée des convois.

**32**. Dans le cas où, soit un train, soit une machine isolée s'arrêterait sur la voie pour cause d'accident, le signal d'arrêt indiqué en l'article précédent devra être fait à cinq cents mètres au moins à l'arrière.

Les conducteurs principaux des convois et les mécaniciens conducteurs des machines isolées devront être munis d'un signal d'arrêt.

**33**. Lorsque les ateliers de réparation seront établis sur une voie, des signaux devront indiquer si l'état de la voie ne permet pas le passage des trains, ou s'il suffit de ralentir la marche de la machine.

**34**. Lorsque, par suite d'un accident, de réparation ou de toute autre cause, la circulation devra s'effectuer momentanément sur une voie, il devra être placé un garde auprès des aiguilles de chaque changement de voie.

Les gardes ne laisseront les trains s'engager dans la voie unique réservée à la circulation, qu'après s'être assurés qu'ils ne seront pas rencontrés par un train venant dans un sens opposé.

Il sera donné connaissance au commissaire spécial de police du signal ou de l'ordre de service adopté pour assurer la circulation sur la voie unique.

**35**. La compagnie sera tenue de faire connaître au ministre des travaux publics le système de signaux qu'elle a adopté ou qu'elle se propose d'adopter pour les cas prévus par le présent titre. Le ministre prescrira les modifications qu'il jugera nécessaires (1).

**36**. Le mécanicien devra porter constamment son attention sur l'état de la voie, arrêter ou ralentir la marche en cas d'obstacles, suivant les circonstances, et se conformer aux signaux qui lui seront transmis ; il surveillera toutes les parties de la machine, la tension de la vapeur et le niveau d'eau de la chaudière. Il veillera à ce que rien n'embarrasse la manœuvre du frein du tender.

**37**. A cinq cents mètres au moins avant d'arriver au point où une ligne d'embranchement vient croiser la ligne principale, le mécanicien devra modérer la vitesse de telle manière que le train puisse être complètement arrêté avant d'atteindre ce croisement, si les circonstances l'exigent.

Au point d'embranchement ci-dessus désigné, des signaux devront indiquer le sens dans lequel les aiguilles sont placées.

A l'approche des stations d'arrivée, le mécanicien devra faire les dispositions convenables pour que la vitesse acquise du train soit complètement amortie avant le point où les voyageurs doivent descendre, et de telle sorte qu'il soit nécessaire de remettre la machine en action pour atteindre ce point.

**38**. A l'approche des stations, des passages à niveau, des courbes, des tranchées et des souterrains, le mécanicien devra faire jouer le sifflet à vapeur, pour avertir de l'approche du train.

Il se servira également du sifflet comme moyen d'avertissement, toutes les fois que la voie ne lui paraîtra pas complètement libre.

**39**. Aucune personne autre que le mécanicien et le chauffeur ne pourra monter sur la locomo-

(1) Voy. l'arr. min. du 15 nov. 1885, établissant un code uniforme des signaux (G. Paulet, *Code du commerce et de l'industrie*, p. 750).

tive ou sur le tender, à moins d'une permission spéciale et écrite du directeur de l'exploitation du chemin de fer.

Sont exceptés de cette interdiction les ingénieurs des ponts et chaussées, les ingénieurs des mines chargés de la surveillance, et les commissaires spéciaux de police. Toutefois, ces derniers devront remettre au chef de la station ou au conducteur principal du convoi une réquisition écrite et motivée.

**40**. Des machines dites de secours ou de réserve devront être entretenues constamment en feu et prêtes à partir, sur les points de chaque ligne qui seront désignés par le ministre des travaux publics, sur la proposition de la compagnie.

Les règles relatives au service de ces machines seront également déterminées par le ministre, sur la proposition de la compagnie.

**41**. Il y aura constamment, au lieu de dépôt des machines, un wagon chargé de tous les agrès et outils nécessaires en cas d'accident.

Chaque train devra, d'ailleurs, être muni des outils les plus indispensables.

**42**. Aux stations qui seront désignées par le ministre des travaux publics, il sera tenu des registres sur lesquels on mentionnera les retards excédant dix minutes pour les parcours dont la longueur est inférieure à cinquante kilomètres, et quinze minutes pour les parcours de cinquante kilomètres et au delà. Ces registres indiqueront la nature et la composition des trains, le nom des locomotives qui les ont remorqués, les heures de départ et d'arrivée, la cause et la durée du retard.

Ces registres seront représentés à toute réquisition aux ingénieurs, fonctionnaires et agents de l'administration publique chargés de la surveillance du matériel et de l'exploitation.

**43**. Des affiches placées dans les stations feront connaître au public les heures de départ des convois ordinaires de toute sorte, les stations qu'ils doivent desservir, les heures auxquelles ils doivent arriver à chacune des stations et en partir.

Quinze jours au moins avant d'être mis à exécution, ces ordres de service seront communiqués en même temps aux *commissaires royaux*, au préfet du département et au ministre des travaux publics, qui pourra prescrire les modifications nécessaires pour la sûreté de la circulation ou pour les besoins du public.

## TITRE V. — DE LA PERCEPTION DES TAXES ET DES FRAIS ACCESSOIRES.

**44**. Aucune taxe, de quelque nature qu'elle soit, ne pourra être perçue par la compagnie qu'en vertu d'une homologation du ministre des travaux publics.

Les taxes perçues actuellement sur les chemins dont les concessions sont antérieures à 1835, et qui ne sont pas encore régularisées, devront l'être avant le 1er avril 1847.

**45**. Pour l'exécution du paragraphe 1er de l'article qui précède, la compagnie devra dresser un tableau des prix qu'elle a l'intention de percevoir, dans la limite du maximum autorisé par le cahier des charges, pour le transport des voyageurs, des bestiaux, marchandises et objets divers, et en transmettre en même temps des expéditions au ministre des travaux publics, aux préfets des départements traversés par le chemin de fer et aux *commissaires royaux*.

**46.** La compagnie devra, en outre, dans le plus court délai et dans les formes énoncées en l'article précédent, soumettre ses propositions au ministre des travaux publics pour les prix de transports non déterminés par le cahier des charges et à l'égard desquels le ministre est appelé à statuer.

**47.** Quant aux frais accessoires, tels que ceux de chargement, de déchargement et d'entrepôt dans les gares et magasins du chemin de fer, et quant à toutes les taxes qui doivent être réglées annuellement, la compagnie devra en soumettre le règlement à l'approbation du ministre des travaux publics, dans le dixième mois de chaque année. Jusqu'à décision, les anciens tarifs continueront à être perçus.

**48.** Les tableaux des taxes et des frais accessoires approuvés seront constamment affichés dans les lieux les plus apparents des gares et stations des chemins de fer.

**49.** Lorsque la compagnie voudra apporter quelques changements aux prix autorisés, elle en donnera avis au ministre des travaux publics, aux préfets des départements traversés et aux *commissaires royaux*.

Le public sera en même temps informé par des affiches des changements soumis à l'approbation du ministre.

A l'expiration du mois à partir de la date de l'affiche, lesdites taxes pourront être perçues, si, dans cet intervalle, le ministre des travaux publics les a homologuées.

Si des modifications à quelques-uns des prix affichés étaient prescrites par le ministre, les prix modifiés devront être affichés de nouveau et ne pourront être mis en perception qu'un mois après la date de ces affiches.

**50.** La compagnie sera tenue d'effectuer avec soin, exactitude et célérité, et sans tour de faveur, les transports des marchandises, bestiaux et objets de toute nature qui lui seront confiés.

Au fur et à mesure que des colis, des bestiaux ou des objets quelconques, arriveront au chemin de fer, enregistrement en sera fait immédiatement, avec mention du prix total dû pour le transport. Le transport s'effectuera dans l'ordre des inscriptions, à moins de délais demandés ou consentis par l'expéditeur, et qui seront mentionnés dans l'enregistrement.

Un récépissé devra être délivré à l'expéditeur, s'il le demande, sans préjudice, s'il y a lieu, de la lettre de voiture. Le récépissé énoncera la nature et le poids des colis, le prix total du transport et le délai dans lequel ce transport devra être effectué.

Les registres mentionnés au présent article seront représentés à toute réquisition des fonctionnaires et agents chargés de veiller à l'exécution du présent règlement.

## TITRE VI. — DE LA SURVEILLANCE DE L'EXPLOITATION.

**51.** La surveillance de l'exploitation des chemins de fer s'exercera concurremment :

Par les *commissaires royaux*(1);

Par les ingénieurs des ponts et chaussées, les ingénieurs des mines, et par les conducteurs, les gardes-mines et autres agents sous leurs ordres ;

Par les commissaires spéciaux de police et les agents sous leurs ordres.

**52**. Les *commissaires royaux* seront chargés :

De surveiller le mode d'application des tarifs approuvés et l'exécution des mesures prescrites pour la réception et l'enregistrement des colis, leur transport et leur remise aux destinataires ;

De veiller à l'exécution des mesures approuvées ou prescrites pour que le service des transports ne soit pas interrompu aux points extrêmes de lignes en communication l'une avec l'autre ;

De vérifier les conditions des traités qui seraient passés par les compagnies avec les entreprises de transport par terre ou par eau, en correspondance avec les chemins de fer, et de signaler toutes les infractions au principe de l'égalité des taxes ;

De constater le mouvement de la circulation des voyageurs et des marchandises sur les chemins de fer, les dépenses d'entretien et d'exploitation, et les recettes.

**53**. Pour l'exécution de l'article ci-dessus, les compagnies seront tenues de représenter, à toute réquisition, aux *commissaires royaux* leurs registres de dépenses et de recettes, et les registres mentionnés à l'article 50 ci-dessus.

**54**. A l'égard des chemins de fer pour lesquels les compagnies auraient obtenu de l'État soit un prêt avec intérêt privilégié, soit la garantie d'un minimum d'intérêt, ou pour lesquels l'État devrait entrer en partage des produits nets, les *commissaires royaux* exerceront toutes les autres attributions qui seront déterminées par les règlements spéciaux à intervenir dans chaque cas particulier.

**55**. Les ingénieurs, les conducteurs et autres agents du service des ponts et chaussées seront spécialement chargés de surveiller l'état de la voie de fer, des terrassements et des ouvrages d'art et des clôtures.

**56**. Les ingénieurs des mines, les gardes-mines et autres agents du service des mines seront spécialement chargés de surveiller l'état des machines fixes et locomotives employées à la traction des convois, et, en général, de tout le matériel roulant servant à l'exploitation.

Ils pourront être suppléés par les ingénieurs, conducteurs et autres agents du service des ponts et chaussés, et réciproquement.

**57**. Les commissaires spéciaux de police et les agents sous leurs ordres sont chargés particulièrement de surveiller la composition, le départ, l'arrivée, la marche et les stationnements des trains, l'entrée, le stationnement

(1) Voy. pour la surveillance et le contrôle de l'exploitation des chemins de fer, la L. du 27 févr. 1850, le décr. du 26 juill. 1852 et différents arrêtés minist. du 1er mars 1878, du 20 juill. 1886, etc. (G. Paulet, *loc. cit.*, p. 915).

et la circulation des voitures dans les cours et stations, l'admission du public dans les gares et sur les quais des chemins de fer.

**58.** Les compagnies sont tenues de fournir des locaux convenables pour les commissaires spéciaux de police et les agents de surveillance.

**59.** *Toutes les fois qu'il arrivera* un accident sur le chemin de fer, il en sera fait immédiatement déclaration à l'autorité locale et au commissaire spécial de police, à la diligence du chef du convoi. Le préfet du département, l'ingénieur des ponts et chaussées et l'ingénieur des mines chargés de la surveillance, et le *commissaire royal*, en seront immédiatement informés par les soins de la compagnie.

**60.** Les compagnies devront soumettre à l'approbation du ministre des travaux publics leurs règlements relatifs au service et à l'*exploitation* des chemins de fer.

TITRE VII. — DES MESURES CONCERNANT LES VOYAGEURS ET LES PERSONNES ÉTRANGÈRES AU SERVICE DU CHEMIN DE FER.

**61.** Il est défendu à toute personne étrangère au service du chemin de fer :

1° De s'introduire dans l'enceinte du chemin de fer, d'y circuler ou stationner ;

2° D'y jeter ou déposer aucuns matériaux ni objets quelconques ;

3° D'y introduire des chevaux, bestiaux ou animaux d'aucune espèce ;

4° D'y faire circuler ou stationner aucunes voitures, wagons ou machines étrangères au service.

**62.** Sont exceptés de la défense portée au premier paragraphe de l'article précédent, les maires et adjoints, les commissaires de police, les officiers de gendarmerie, les gendarmes et autres agents de la force publique, les préposés aux douanes, aux contributions indirectes et aux octrois, les gardes champêtres et forestiers dans l'exercice de leurs fonctions et revêtus de leurs uniformes ou de leurs insignes.

Dans tous les cas, les fonctionnaires et les agents désignés au paragraphe précédent seront tenus de se conformer aux mesures spéciales de précaution qui auront été déterminées par le ministre, la compagnie entendue.

**63.** *Il est défendu :*

1° D'entrer dans les voitures sans avoir pris un billet, et de se placer dans une voiture d'une autre classe que celle qui est indiquée par le billet ;

2° D'entrer dans les voitures ou d'en sortir autrement que par la portière qui fait face au côté extérieur de la ligne du chemin de fer ;

3° De passer d'une voiture dans une autre, de se pencher au dehors ;

4° (Décr. du 11 août 1883.) De se servir, sans motif plausible, du signal d'alarme mis à la disposition des voyageurs pour faire appel aux agents de la compagnie.

Les voyageurs ne doivent sortir des voitures qu'aux stations, et lorsque le train est complètement arrêté.

Il est défendu de fumer dans les voitures ou sur les voitures et dans les gares : toutefois, à la demande de la compagnie et moyennant des mesures spéciales de précaution, des dérogations à cette disposition pourront être autorisées.

Les voyageurs sont tenus d'obtempérer aux injonctions des agents de la compagnie pour l'observation des dispositions mentionnées aux paragraphes ci-dessus.

**64**. Il est interdit d'admettre dans les voitures plus de voyageurs que ne le comporte le nombre de places indiqué conformément à l'article 14 ci-dessus.

**65**. L'entrée des voitures est interdite :

1° A toute personne en état d'ivresse ;

2° A tous individus porteurs d'armes à feu chargées ou de paquets qui, par leur nature, leur volume ou leur odeur, pourraient gêner ou incommoder les voyageurs.

Tout individu porteur d'une arme à feu devra, avant son admission sur les quais d'embarquement, faire constater que son arme n'est point chargée.

**66**. Les personnes qui voudront expédier des marchandises de la nature de celles qui sont mentionnées à l'article 21 devront les déclarer au moment où elles les apporteront dans les stations du chemin de fer.

Des mesures spéciales de précaution seront prescrites, s'il y a lieu, pour le transport desdites marchandises, la compagnie entendue.

**67**. Aucun chien ne sera admis dans les voitures servant au transport des voyageurs ; toutefois, la compagnie pourra placer dans des caisses de voitures spéciales les voyageurs qui ne voudraient pas se séparer de leurs chiens, pourvu que ces animaux soient muselés, en quelque saison que ce soit.

**68**. Les cantonniers, gardes-barrières et autres agents du chemin de fer devront faire sortir immédiatement toutes personnes qui se seraient introduites dans l'enceinte du chemin, ou dans quelque portion que ce soit de ses dépendances où elles n'auraient pas le droit d'entrer.

En cas de résistance de la part des contrevenants, tout employé du chemin de fer pourra requérir l'assistance des agents de l'administration et de la force publique.

Les chevaux ou bestiaux abandonnés qui seront trouvés dans l'enceinte du chemin de fer seront saisis et mis en fourrière.

### TITRE VIII. — DISPOSITIONS DIVERSES.

**69**. Dans tous les cas où, conformément aux dispositions du présent règlement, le ministre des travaux publics devra statuer sur la proposition d'une compagnie, la compagnie sera tenue de lui soumettre cette proposition dans le délai qu'il aura déterminé, faute de quoi le ministre pourra statuer directement.

Si le ministre pense qu'il y a lieu de modifier la proposition de la compagnie, il devra, sauf le cas d'urgence, entendre la compagnie avant de prescrire les modifications.

**70**. Aucun crieur, vendeur ou distributeur d'objets quelconques ne pourra être admis par les compagnies à exercer sa profession dans les cours ou bâtiments des stations et dans les salles d'attente destinées aux voyageurs, qu'en vertu d'une autorisation spéciale du préfet du département.

**71**. Lorsqu'un chemin de fer traverse plusieurs départements, les attributions conférées aux préfets par le présent règlement pourront être centralisées en tout ou en partie dans les mains de l'un des préfets des départements traversés.

**72**. Les attributions données aux préfets des départements par la présente ordonnance seront, conformément à l'arrêté du 3 brumaire an IX, exercées par le préfet de police dans toute l'étendue du département de la Seine, et dans les communes de Saint-Cloud, Meudon et Sèvres, département de Seine-et-Oise.

**73**. Tout agent employé sur les chemins de fer sera revêtu d'un uniforme ou porteur d'un signe distinctif; les cantonniers, gardes-barrières et surveillants pourront être armés d'un sabre.

**74**. Nul ne pourra être employé en qualité de mécanicien conducteur de train, s'il ne produit des certificats de capacité délivrés dans les formes qui seront déterminées par le ministre des travaux publics.

**75**. Aux stations désignées par le ministre, les compagnies entretiendront les médicaments et moyens de secours nécessaires en cas d'accident.

**76**. Il sera tenu dans chaque station un registre coté et parafé, à Paris, par le préfet de police, ailleurs par le maire du lieu, lequel sera destiné à recevoir les réclamations des voyageurs qui auraient des plaintes à former, soit contre la compagnie, soit contre ses agents. Ce registre sera présenté à toute réquisition des voyageurs.

**77**. Les registres mentionnés aux articles 9, 20 et 42 ci-dessus seront cotés et parafés par le commissaire de police.

**78**. Des exemplaires du présent règlement seront constamment affichés, à la diligence des compagnies, aux abords des bureaux des chemins de fer et dans les salles d'attente.

Le conducteur principal d'un train en marche devra également être muni d'un exemplaire du règlement.

Des extraits devront être délivrés, chacun pour ce qui le concerne, aux mécaniciens, chauffeurs, gardes-freins, cantonniers, gardes-barrières et autres agents employés sur le chemin de fer.

Des extraits en ce qui concerne les règles à observer par les voyageurs pendant le trajet devront être placés dans chaque caisse de voiture.

**79**. Seront constatées, poursuivies et réprimées, conformément au titre III de la loi du 15 juillet 1845, sur la police des chemins de fer, les contraventions au présent règlement, aux décisions rendues par le ministre des travaux publics, et aux arrêtés pris, sous son approbation, par les préfets, pour l'exécution dudit règlement.

---

**Décret du 25 mai 1878,** *portant organisation administrative des chemins de fer rachetés et provisoirement exploités par l'Etat.*

TITRE I. — DISPOSITIONS GÉNÉRALES.

**Art. 1er**. Les lignes de chemins

de fer déjà exploitées ou à construire, qui sont comprises dans la loi du 18 mai 1878, seront, au fur et à mesure de leur remise à l'État, considérées provisoirement comme formant un seul et même réseau, sous la dénomination de Chemins de fer de l'État.

**2**. Ce réseau provisoire, à l'exception des lignes ou portions de lignes dont les travaux d'infrastructure ne sont pas terminés, formera un service distinct, qui sera confié, sous l'autorité du ministre des travaux publics, à un conseil d'administration de neuf membres, nommés par décret du Président de la République.

**3**. Les lignes ou portions de lignes dont l'infrastructure est à terminer resteront dans les attributions de l'administration centrale des travaux publics, chargée d'en poursuivre l'exécution.

Ces lignes, au fur et à mesure de l'achèvement des travaux d'infrastructure, seront remises par section à l'administration du réseau provisoire. La remise s'effectuera suivant les règles adoptées, dans les cas semblables, pour les chemins de fer concédés.

Il sera pourvu à l'exécution des travaux de superstructure et des travaux complémentaires de premier établissement par les soins de l'administration du réseau provisoire, au moyen des ressources accordées par le ministre des travaux publics et conformément à ses décisions.

## TITRE II. — EXPLOITATION PROVISOIRE.

**4**. Le conseil d'administration prévu à l'article 2 exercera, pour l'exploitation provisoire des lignes et sous les réserves contenues au présent décret, des attributions analogues à celles des conseils d'administration des chemins de fer concédés. Il aura notamment le pouvoir :

1° De nommer et révoquer, sur la proposition du directeur, tous les agents et employés ;

2° De fixer ou modifier les tarifs de toute nature, sous réserve de l'homologation ministérielle ;

3° D'approuver les règlements relatifs à l'organisation du service, à la marche des trains, à la police et à l'exploitation des chemins de fer et de leurs dépendances ;

4° D'approuver les marchés et traités relatifs aux divers services ;

5° De diriger l'administration financière conformément aux règles posées par le décret spécial à ce service ;

6° D'autoriser toutes actions judiciaires.

Un arrêté ministériel fixera le mode de fonctionnement de ce conseil et réglera ses rapports avec l'administration centrale des travaux publics, ainsi que les justifications qu'il aura à lui fournir.

**5**. Le conseil d'administration pourra, avec l'autorisation du ministre des travaux publics, passer des traités pour l'exploitation d'une partie ou de la totalité des lignes du réseau.

Ces traités seront soumis par le ministre à l'examen du comité consultatif des chemins de fer.

**6**. La direction des services administratifs et techniques sera donnée à un directeur relevant immédiatement du conseil d'administration et nommé par décret, sur la proposition du ministre des travaux publics, après avis de ce conseil.

Le directeur sera choisi parmi les membres des corps des ponts et chaussées ou des mines.

Il assistera aux séances du conseil d'administration, avec voix consultative.

Il aura sous ses ordres le personnel des divers services, à l'exception de ceux qui relèvent directement du conseil.

Il exercera, en matière financière, les attributions déterminées par le décret spécial prévu à l'article 10. Il passera les marchés et les traités, consentira les transactions et suivra les actions judiciaires, en exécution des délibérations du conseil d'administration. Il fera tous actes conservatoires. Il signera la correspondance.

**7.** L'organisation des services comprendra :

Un chef de l'exploitation, ayant dans ses attributions le service commercial ;

Un ingénieur en chef du matériel et de la traction ;

Un ingénieur en chef de la voie et des bâtiments, chargé également des travaux de superstructure, pour les lignes à mettre en exploitation, ainsi qu'il est dit à l'article 3.

Ces trois chefs de service seront nommés par le ministre des travaux publics, après avis du conseil d'administration.

**8.** L'exploitation provisoire par l'État s'effectuera en conformité des lois et règlements en vigueur. Elle sera régie, sans distinction de lignes, par le cahier des charges des chemins de fer d'intérêt général, annexé à la loi du 4 décembre 1875.

Toutefois, les tarifs actuellement adoptés sur les diverses lignes, en vertu de leurs cahiers des charges primitifs, continueront d'être appliqués jusqu'à ce qu'ils aient été régulièrement modifiés, selon les dispositions du titre V de l'ordonnance du 15 novembre 1846.

**9.** Les recettes brutes, relevées par ligne ou par groupe de lignes, suivant les instructions qui seront données par le ministre des travaux publics, devront être régulièrement publiées par semaine.

**10.** L'organisation du service financier de l'exploitation provisoire par l'État sera réglée par un décret spécial, rendu sur la proposition des ministres des travaux publics et des finances.

**11.** Les divers agents actuellement employés sur les lignes rachetées seront, sauf le cas de mauvais service ou de suppression d'emploi, conservés dans la situation qu'ils occupent ou dans une situation analogue, compatible avec la présente organisation.

Ces agents, ainsi que ceux qui pourraient être ultérieurement attachés au service des lignes rachetées, seront, pendant la durée de leur service, considérés comme agents temporaires de l'État.

Les fonctionnaires et agents appartenant aux administrations publiques qui seront employés sur le réseau des chemins de fer de l'État seront considérés comme étant en service détaché.

. . . . . . . . . . . . . . . .

TITRE III. — CONTRÔLE DE L'ADMINISTRATION CENTRALE DES TRAVAUX PUBLICS.

**13.** Le contrôle de l'État

s'exercera sur le réseau des lignes rachetées, comme sur les autres réseaux d'intérêt général, conformément à l'ordonnance du 15 novembre 1846, par les fonctionnaires et agents du contrôle relevant directement de l'administration centrale des travaux publics.

. . . . . . . . . . . . . . . .

---

**Loi du 11 juin 1880,** *relative aux chemins de fer d'intérêt local et aux tramways.*

CHAP. I. — CHEMINS DE FER D'INTÉRÊT LOCAL.

Art. **1**er. L'établissement des chemins de fer d'intérêt local par les départements ou par les communes, avec ou sans le concours des propriétaires intéressés, est soumis aux dispositions suivantes :

**2**. S'il s'agit de chemins à établir par un département sur le territoire d'une ou de plusieurs communes, le conseil général arrête, après instruction préalable par le préfet et après enquête, la direction de ces chemins, le mode et les conditions de leur construction, ainsi que les traités et les dispositions nécessaires pour en assurer l'exploitation, en se conformant aux clauses et conditions du cahier des charges type approuvé par le Conseil d'État, sauf les modifications qui seraient apportées par la convention et la loi d'approbation.

Si la ligne doit s'étendre sur plusieurs départements, il y aura lieu à l'application des articles 89 et 90 de la la loi du 10 août 1871.

S'il s'agit de chemins de fer d'intérêt local à établir par une commune sur son territoire, les attributions confiées au conseil général par le § 1er du présent article seront exercées par le conseil municipal, dans les mêmes conditions et sans qu'il soit besoin de l'approbation du préfet.

Les projets de chemins de fer d'intérêt local départementaux ou communaux, ainsi arrêtés, sont soumis à l'examen du conseil général des ponts et chaussées et du Conseil d'État. Si le projet a été arrêté par un conseil municipal, il est accompagné de l'avis du conseil général.

L'utilité publique est déclarée et l'exécution est autorisée par une loi.

**3**. L'autorisation obtenue, s'il s'agit d'un chemin de fer concédé par le conseil général, le préfet, après avoir pris l'avis de l'ingénieur en chef du département, soumet les projets d'exécution au conseil général, qui statue définitivement.

Néanmoins, dans les deux mois qui suivent la délibération, le ministre des travaux publics, sur la proposition du préfet, peut, après avoir pris l'avis du conseil général des ponts et chaussées, appeler le conseil général du département à délibérer de nouveau sur lesdits projets.

Si la ligne doit s'étendre sur plusieurs départements, et s'il y a désaccord entre les conseils généraux, le ministre statue.

S'il s'agit d'un chemin concédé par un conseil municipal, les attributions exercées par le conseil général, aux termes du § 1er du présent article, appartiennent au conseil municipal, dont la délibération est soumise à l'approbation du préfet.

Si un chemin de fer d'intérêt local doit emprunter le sol d'une voie publique, les projets d'exécution sont précédés de l'enquête prévue par l'article 29 de la présente loi.

Dans ce cas sont également applicables les articles 34, 35, 37 et 38 ci-après.

Les projets de détail des ouvrages sont approuvés par le préfet, sur l'avis de l'ingénieur en chef.

**4.** L'acte de concession détermine les droits de péage et les prix de transport que le concessionnaire est autorisé à percevoir pendant toute la durée de sa concession.

**5.** Les taxes perçues dans les limites du maximum fixé par le cahier des charges sont homologuées par le ministre des travaux publics, dans le cas où la ligne s'étend sur plusieurs départements et dans le cas de tarifs communs à plusieurs lignes. Elles sont homologuées par le préfet dans les autres cas.

**6.** L'autorité qui fait la concession a toujours le droit :

1o D'autoriser d'autres voies ferrées à s'embrancher sur des lignes concédées ou à s'y raccorder ;

2o D'accorder à ces entreprises nouvelles, moyennant le paiement des droits de péage fixés par le cahier des charges, la faculté de faire circuler leurs voitures sur les lignes concédées ;

3o De racheter la concession aux conditions qui seront fixées par le cahier des charges ;

4o De supprimer ou de modifier une partie du tracé, lorsque la nécessité en aura été reconnue après enquête.

Dans ces deux derniers cas, si les droits du concessionnaire ne sont pas réglés par un accord préalable ou par un arbitrage établi soit par le cahier des charges, soit par une convention postérieure, l'indemnité qui peut lui être due est liquidée par une commission spéciale formée comme il est dit au § 3 de l'article 11 de la présente loi.

**7.** Le cahier des charges détermine :

1o Les droits et les obligations du concessionnaire pendant la durée de la concession ;

2o Les droits et les obligations du concessionnaire à l'expiration de la concession ;

3o Les cas dans lesquels l'inexécution des conditions de la concession peut entraîner la déchéance du concessionnaire, ainsi que les mesures à prendre à l'égard du concessionnaire déchu.

La déchéance est prononcée, dans tous les cas, par le ministre des travaux publics, sauf recours au Conseil d'État par la voie contentieuse.

**8.** Aucune concession ne pourra faire obstacle à ce qu'il soit accordé des concessions concurrentes, à moins de stipulation contraire dans l'acte de concession.

**9.** A l'expiration de la concession, le concédant est substitué à tous les droits du concessionnaire sur les voies ferrées, qui doivent lui être remises en bon état d'entretien.

Le cahier des charges règle les droits et les obligations du concessionnaire en ce qui concerne les autres objets mobiliers ou immobiliers servant à l'exploitation de la voie ferrée.

**10.** Toute cession totale ou partielle de la concession, la fusion des concessions ou des administrations, tout changement de concessionnaire, la substitution de l'exploitation directe à l'exploitation par concession, l'élévation des tarifs au-dessus du maximum fixé, ne pourront avoir lieu qu'en vertu d'un décret délibéré en Conseil d'État, rendu sur l'avis conforme du conseil général, s'il s'agit de lignes concédées par les départements, ou du conseil municipal, s'il s'agit de lignes concédées par les communes.

Les autres modifications pourront être faites par l'autorité qui a consenti la concession. S'il s'agit de lignes concédées par les départements, elles seront faites par le conseil général, statuant conformément aux articles 48 et 49 de la loi du 10 août 1871 ; s'il s'agit de lignes concédées par les communes, elles seront faites par le conseil municipal, dont la délibération devra être approuvée par le préfet.

En cas de cession, l'inobservation des conditions qui précèdent entraine la nullité et peut donner lieu à la déchéance.

**11.** A toute époque, une voie ferrée peut être distraite du domaine public départemental ou communal et classée par une loi dans le domaine de l'État.

Dans ce cas, l'État est substitué aux droits et obligations du département ou de la commune, à l'égard des entrepreneurs ou concessionnaires, tels que ces droits et obligations résultent des conventions légalement autorisées.

En cas d'éviction du concessionnaire, si ses droits ne sont pas réglés par un accord préalable ou par un arbitrage établi soit par le cahier des charges, soit par une convention postérieure, l'indemnité qui peut lui être due est liquidée par une commission spéciale qui fonctionne dans les conditions réglées par la loi du 29 mai 1845. Cette commission sera instituée par un décret et composée de neuf membres, dont trois désignés par le ministre des travaux publics, trois par le concessionnaire et trois par l'unanimité des six membres déjà désignés ; faute par ceux-ci de s'entendre dans le mois de la notification à eux faite de leur nomination, le choix de ceux des trois membres qui n'auront pas été désignés à l'unanimité sera fait par le premier président et les présidents réunis de la cour d'appel de Paris.

En cas de désaccord entre l'État et le département ou la commune, les indemnités ou dédommagements qui peuvent être dus par l'État sont déterminés par un décret delibéré en Conseil d'État.

**12.** Les ressources créées en vertu de la loi du 21 mai 1836 peuvent être appliquées, en partie, à la dépense des voies ferrées, par les communes qui ont assuré l'exécution de leur réseau subventionné et l'entretien de tous les chemins classés.

**13.** Lors de l'établissement d'un chemin de fer d'intérêt local, l'État peut s'engager, en cas d'insuffisance du produit brut pour couvrir les dépenses de l'exploitation et cinq pour cent

(5 p. 100) par an du capital de premier établissement, tel qu'il a été prévu par l'acte de concession, augmenté, s'il y a lieu, des insuffisances constatées pendant la période assignée à la construction par ledit acte, à subvenir pour partie au paiement de cette insuffisance, à la condition qu'une partie au moins équivalente sera payée par le département ou par la commune, avec ou sans le concours des intéressés.

La subvention de l'État sera formée : 1° d'une somme fixe de cinq cents francs (500 fr.) par kilomètre exploité ; 2° du quart de la somme nécessaire pour élever la recette brute annuelle (impôts déduits) au chiffre de dix mille francs (10,000 fr.) par kilomètre pour les lignes établies de manière à recevoir les véhicules des grands réseaux, huit mille francs (8,000 fr.) pour les lignes qui ne peuvent recevoir ces véhicules.

En aucun cas, la subvention de l'État ne pourra élever la recette brute au-dessus de dix mille cinq cents francs (10,500 fr.) et de huit mille cinq cents francs (8,500 fr.) suivant les cas, ni attribuer au capital de premier établissement plus de cinq pour cent (5 p. 100) par an.

La participation de l'État sera suspendue quand la recette brute annuelle atteindra les limites ci-dessus fixées.

**14.** La subvention de l'État ne peut être accordée que dans les limites fixées, pour chaque année, par la loi de finances.

La charge annuelle imposée au Trésor en exécution de la présente loi ne peut, en aucun cas, dépasser quatre cent mille francs (400,000 fr.) pour l'ensemble des lignes situées dans un même département.

**15.** Dans le cas où le produit brut de la ligne pour laquelle une subvention a été payée devient suffisant pour couvrir les dépenses d'exploitation et six pour cent (6 p. 100) par an du capital de premier établissement, tel qu'il est prévu par l'article 13, la moitié du surplus de la recette est partagée entre l'État, le département ou, s'il y a lieu, la commune et les autres intéressés, dans la proportion des avances faites par chacun d'eux, jusqu'à concurrence du complet remboursement de ces avances, sans intérêts.

**16.** Un règlement d'administration publique [1] déterminera :

1° Les justifications à fournir par les concessionnaires pour établir les recettes et les dépenses annuelles ;

2° Les conditions dans lesquelles seront fixés, en exécution de la présente loi, le chiffre de la subvention due par l'État, le département ou les communes, et, lorsqu'il y aura lieu, la part revenant à l'État, au département, aux communes ou aux intéressés, à titre de remboursement de leurs avances sur le produit net de l'exploitation.

**17.** Les chemins de fer d'intérêt local qui reçoivent ou ont reçu une subvention du Trésor peuvent seuls être assujettis envers l'État à un service gratuit ou à une réduction du prix des places.

(1) Voy. les décr. du 20 mars 1882 et du 23 déc. 1885 (G. Paulet, *op. cit.*, p. 650 et 753).

**18.** Aucune émission d'obligations, pour les entreprises prévues par la présente loi, ne pourra avoir lieu qu'en vertu d'une autorisation donnée par le ministre des travaux publics, après avis du ministre des finances.

Il ne pourra être émis d'obligations pour une somme supérieure au montant du capital-actions, qui sera fixé à la moitié au moins de la dépense jugée nécessaire pour le complet établissement et la mise en exploitation de la voie ferrée. Le capital-actions devra être effectivement versé, sans qu'il puisse être tenu compte des actions libérées ou à libérer autrement qu'en argent.

Aucune émission d'obligations ne doit être autorisée avant que les quatre cinquièmes du capital-actions aient été versés et employés en achat de terrains, approvisionnements sur place ou en dépôt de cautionnement.

Toutefois, les concessionnaires pourront être autorisés à émettre des obligations lorsque la totalité du capital-actions aura été versée, et s'il est dûment justifié que plus de la moitié de ce capital-actions a été employée dans les termes du paragraphe précédent; mais les fonds provenant de ces émissions anticipées devront être déposés à la Caisse des dépôts et consignations et ne pourront être mis à la disposition des concessionnaires que sur l'autorisation formelle du ministre des travaux publics.

Les dispositions des §§ 2, 3 et 4 du présent article ne seront pas applicables dans le cas où la concession serait faite à une compagnie déjà concessionnaire d'autres chemins de fer en exploitation, si le ministre des travaux publics reconnaît que les revenus nets de ces chemins sont suffisants pour assurer l'acquittement des charges résultant des obligations à émettre.

**19.** Le compte rendu détaillé des résultats de l'exploitation, comprenant les dépenses d'établissement et d'exploitation et les recettes brutes, sera remis tous les trois mois, pour être publié, au préfet, au président de la commission départementale et au ministre des travaux publics.

Le modèle des documents à fournir sera arrêté par le ministre des travaux publics.

**20.** Par dérogation aux dispositions de la loi du 15 juillet 1845, sur la police des chemins de fer, le préfet peut dispenser de poser des clôtures sur tout ou partie de la voie ferrée; il peut également dispenser de poser des barrières au croisement des chemins peu fréquentés.

**21.** La construction, l'entretien et les réparations des voies ferrées avec leurs dépendances, l'entretien du matériel et le service de l'exploitation sont soumis au contrôle et à la surveillance des préfets, sous l'autorité du ministre des travaux publics.

Les frais de contrôle sont à la charge des concessionnaires. Ils seront réglés par le cahier des charges, ou, à défaut, par le préfet, sur l'avis du conseil général, et approuvés par le ministre des travaux publics.

**22.** Les dispositions de l'article 20 de la présente loi sont également applicables aux concessions de chemins de fer industriels destinés à desservir des exploitations particulières.

**23.** Sur la proposition des conseils généraux ou municipaux intéressés, et après adhésion des concessionnaires, la substitution aux subventions en capital, promises en exécution de l'article 5 de la loi de 1865, de la subvention en annuités stipulée par la présente loi, pourra, par décret délibéré en Conseil d'État, être autorisée en faveur des lignes d'intérêt local actuellement déclarées d'utilité publique et non encore exécutées.

Ces lignes seront soumises, dès lors, à toutes les obligations résultant de la présente loi.

Il n'y aura pas lieu de renouveler les concessions consenties ou les mesures d'instruction accomplies avant la promulgation de la présente loi, si toutes les formalités qu'elle prescrit ont été observées par avance.

**24.** Toutes les conventions relatives aux concessions et rétrocessions de chemins de fer d'intérêt local, ainsi que les cahiers des charges annexés, ne seront passibles que du droit d'enregistrement fixe de un franc.

**25.** La loi du 12 juillet 1865 est abrogée.

CHAP. II. — TRAMWAYS.

**26.** Il peut être établi sur les voies dépendant du domaine public de l'État, des départements ou des communes, des tramways ou voies ferrées à traction de chevaux ou de moteurs mécaniques.

Ces voies ferrées, ainsi que les déviations accessoires construites en dehors du sol des routes et chemins et classées comme annexes, sont soumises aux dispositions suivantes.

**27.** La concession est accordée par l'État lorsque la ligne doit être établie, en tout ou en partie, sur une voie dépendant du domaine public de l'État.

Cette concession peut être faite aux villes ou aux départements intéressés, avec faculté de rétrocession.

La concession est accordée par le conseil général, au nom du département, lorsque la voie ferrée, sans emprunter une route nationale, doit être établie, en tout ou en partie, soit sur une route départementale, soit sur un chemin de grande communication ou d'intérêt commun, ou doit s'étendre sur le territoire de plusieurs communes.

Si la ligne doit s'étendre sur plusieurs départements, il y aura lieu à l'application des articles 89 et 90 de la loi du 10 août 1871.

La concession est accordée par le conseil municipal, lorsque la voie ferrée est établie entièrement sur le territoire de la commune et sur un chemin vicinal ordinaire ou sur un chemin rural.

**28.** Le département peut accorder la concession à l'État ou à une commune, avec faculté de rétrocession ; une commune peut agir de même à l'égard de l'État ou du département.

**29.** Aucune concession ne peut être faite qu'après une enquête dans les formes déterminées par un règlement d'administration publique (1) et dans

(1) Voy. le décr. du 18 mai 1881 (G. Paulet, *op. cit.*, p. 509).

laquelle les conseils généraux des départements et les conseils municipaux des communes dont la voie doit traverser le territoire seront entendus, lorsqu'il ne leur appartiendra pas de statuer sur la concession.

L'utilité publique est déclarée et l'exécution est autorisée par décret délibéré en Conseil d'État, sur le rapport du ministre des travaux publics, après avis du ministre de l'intérieur.

**30**. Toute dérogation ou modification apportée aux clauses du cahier des charges type, approuvé par le Conseil d'État, devra être expressément formulée dans les traités passés au sujet de la concession, lesquels seront soumis au Conseil d'État et annexés au décret.

**31**. Lorsque, pour l'établissement d'un tramway, il y aura lieu à l'expropriation, soit pour l'élargissement d'un chemin vicinal, soit pour l'une des déviations prévues à l'article 26 de la présente loi, cette expropriation pourra être opérée conformément à l'article 16 de la loi du 21 mai 1836, sur les chemins vicinaux, et à l'article 2 de la loi du 8 juin 1864.

**32**. Les projets d'exécution sont approuvés par le ministre des travaux publics, lorsque la concession est accordée par l'État.

Les dispositions de l'article 3 sont applicables, lorsque la concession est accordée par un département ou par une commune.

**33**. Les taxes perçues dans les limites du maximum fixé par l'acte de concession sont homologuées par le ministre des travaux publics, dans le cas où la concession est faite par l'État, et par le préfet dans les autres cas.

**34**. Les concessionnaires de tramways ne sont pas soumis à l'impôt des prestations établi par l'article 3 de la loi du 21 mai 1836, à raison des voitures et des bêtes de trait exclusivement employées à l'exploitation des tramways.

Les départements ou les communes ne peuvent exiger des concessionnaires une redevance ou un droit de stationnement qui n'aurait pas été stipulé expressément dans l'acte de concession.

**35**. A l'expiration de la concession, l'administration peut exiger que les voies ferrées qu'elle avait concédées soient supprimées en tout ou en partie, et que les voies publiques et leurs déviations lui soient remises en bon état de viabilité, aux frais du concessionnaire.

**36**. Lors de l'établissement d'un tramway desservi par des locomotives et destiné au transport des marchandises en même temps qu'au transport des voyageurs, l'État peut s'engager, en cas d'insuffisance du produit brut pour couvrir les dépenses d'exploitation et cinq pour cent (5 p. 100) par an du capital d'établissement tel qu'il a été prévu par l'acte de concession et augmenté, s'il y a lieu, des insuffisances constatées pendant la période assignée à la construction par ledit acte, à subvenir, pour partie, au paiement de cette insuffisance, à condition qu'une partie au moins équivalente sera payée par le département ou par la commune, avec ou sans le concours des intéressés.

La subvention de l'État sera

formée : 1° d'une somme fixe de cinq cents francs (500 fr.) par kilomètre exploité ; 2° du quart de la somme nécessaire pour élever la recette brute annuelle (*impôts déduits*) au chiffre de six mille francs (6,000 fr.) par kilomètre.

En aucun cas, la subvention de l'État ne pourra élever la recette brute au-dessus de six mille cinq cents francs (6,500 fr.), ni attribuer au capital de premier établissement plus de cinq pour cent (5 p. 100) par an.

La participation de l'État sera suspendue de plein droit quand les recettes brutes annuelles atteindront la limite ci-dessus fixée.

**37**. La loi du 15 juillet 1845, sur la police des chemins de fer, est applicable aux tramways, à l'exception des articles 4, 5, 6, 7, 8, 9 et 10.

**38**. Un règlement d'administration publique [1] déterminera les mesures nécessaires à l'exécution des dispositions qui précèdent, et notamment :

1° Les conditions spéciales auxquelles doivent satisfaire, tant pour leur construction que pour la circulation des voitures et des trains, les voies ferrées dont l'établissement sur le sol des voies publiques aura été autorisé ;

2° Les rapports entre le service de ces voies ferrées et les autres services intéressés.

**39**. Sont applicables aux tramways les dispositions des articles 4, 6 à 12, 14 à 19, 21 et 24 de la présente loi.

---

## COALITIONS [2].

Code pénal, liv. III, tit. 2.

Art. **414**. (Loi du 25 mai 1864.) Sera puni d'un emprisonnement de six jours à trois ans et d'une amende de seize francs à trois mille francs, ou de l'une de ces deux peines seulement, quiconque, à l'aide de violences, voies de fait, menaces ou manœuvres frauduleuses, aura amené ou maintenu, tenté d'amener ou de maintenir une cessation concertée de travail, dans le but de forcer la hausse ou la baisse des salaires ou de porter atteinte au libre exercice de l'industrie ou du travail [3].

**415**. (Loi du 25 mai 1864.) Lorsque les faits punis par l'ar-

---

(1) Voy. le décr. du 6 août 1881, « portant règlement d'administration publique *pour l'exécution de l'art.* 38 *de la L.* du 11 juin 1880 » (G. Paulet, *op. cit.*, p. 603).

(2) On peut admettre qu'aujourd'hui la coalition simple et sans violence n'est prohibée par aucune législation : dès 1826, l'*Angleterre* autorisait les coalitions de patrons ou d'ouvriers ; voy. aussi pour l'*Allemagne* la L. du 21 juin 1869, art. 152, et pour l'*Autriche* la L. du 7 avril 1870, art. 2 et suiv.

(3) Ancien art. 414 : *Sera punie d'un emprisonnement de six jours à trois mois, et d'une amende de seize francs à dix mille francs : — 1° Toute coalition entre ceux qui font travailler des ouvriers, tendant à forcer l'abaissement des salaires, s'il y a eu tentative ou commencement d'exécution ; — 2° Toute coalition de la part des ouvriers pour faire cesser en même temps de travailler, interdire le travail dans un atelier, empêcher de s'y rendre avant ou après certaines heures, et, en général, pour suspendre, empêcher, enchérir les travaux, s'il y a eu tentative ou commencement d'exécution. — Dans les cas prévus par les deux paragraphes précédents, les chefs ou moteurs seront punis d'un emprisonnement de deux ans à cinq ans.*

ticle précédent auront été commis par suite d'un plan concerté, les coupables pourront être mis, par l'arrêt ou le jugement, sous la surveillance de la haute police pendant deux ans au moins et cinq ans au plus (1).

**416.** (*Loi du 25 mai 1864.*) *Seront punis d'un emprisonnement de six jours à trois mois et d'une amende de seize francs à trois cents francs, ou de l'une de ces deux peines seulement, tous ouvriers, patrons et entrepreneurs d'ouvrage qui, à l'aide d'amendes, défenses, proscriptions, interdictions prononcées par suite d'un plan concerté, auront porté atteinte au libre exercice de l'industrie ou du travail* (2).

---

## COLPORTAGE. (*V.* Presse.)

---

## COMITÉ CONSULTATIF DES ARTS ET MANUFACTURES. (*V.* Corps consultatifs de l'industrie.)

---

## CONCILIATION ET ARBITRAGE.

**Loi du 27 décembre 1892,** *sur la conciliation et l'arbitrage facultatifs en matière de différends collectifs entre patrons et ouvriers ou employés.*

Art. **1er.** Les patrons, ouvriers ou employés entre lesquels s'est produit un différend d'ordre collectif portant sur les conditions du travail, peuvent soumettre les questions qui les divisent à un comité de conciliation, et, à défaut d'entente dans ce comité, à un conseil d'arbitrage, lesquels seront constitués dans les formes suivantes.

**2.** Les patrons, ouvriers ou employés adressent, soit ensemble, soit séparément, en personne ou par mandataires, au juge de paix du canton ou de l'un des cantons où existe le différend, une déclaration écrite contenant :

1° Les noms, qualités et domiciles des demandeurs ou de ceux qui les représentent;

2° L'objet du différend, avec l'exposé succinct des motifs allégués par la partie;

3° Les noms, qualités et domiciles des personnes auxquelles la proposition de conciliation ou d'arbitrage doit être notifiée;

4° Les noms, qualités et domiciles des délégués choisis parmi les intéressés par les demandeurs, pour les assister ou les représenter, sans que le nombre des personnes désignées puisse être supérieur à cinq.

**3.** Le juge de paix délivre récépissé de cette déclaration, avec indication de la date et de l'heure du dépôt, et la notifie sans frais,

---

(1) Ancien art. 415 : *Seront aussi punis des peines portées par l'article précédent, et d'après les mêmes distinctions, les directeurs d'ateliers ou entrepreneurs d'ouvrages et les ouvriers qui, de concert, auront prononcé des amendes autres que celles qui ont pour objet la discipline intérieure de l'atelier, des défenses, des interdictions, ou toutes proscriptions sous le nom de damnations ou sous quelque qualification que ce puisse être, soit de la part des directeurs d'atelier ou entrepreneurs contre les ouvriers, soit de la part de ceux-ci contre les directeurs d'atelier ou entrepreneurs, soit les uns contre les autres.*

(2) Abrogé par la L. du 21 mars 1884, art. 1er : voy. *infrà*, v° *Syndicats professionnels.*

dans les 24 heures, à la partie adverse ou à ses représentants, par lettre recommandée ou, au besoin, par affiches apposées aux portes de la justice de paix des cantons et à celles de la mairie des communes sur le territoire desquelles s'est produit le différend.

**4.** Au reçu de cette notification, et, au plus tard, dans les 3 jours, les intéressés doivent faire parvenir leur réponse au juge de paix. Passé ce délai, leur silence est tenu pour refus.

S'ils acceptent, ils désignent dans leur réponse les noms, qualités et domiciles des délégués choisis pour les assister ou les représenter, sans que le nombre des personnes désignées puisse être supérieur à cinq.

Si l'éloignement ou l'absence des personnes auxquelles la proposition est notifiée, ou la nécessité de consulter des mandants, des associés ou un conseil d'administration, ne permettent pas de donner une réponse dans les trois jours, les représentants desdites personnes doivent, dans ce délai de trois jours, déclarer quel est le délai nécessaire pour donner cette réponse.

Cette déclaration est transmise par le juge de paix aux demandeurs dans les 24 heures.

**5.** Si la proposition est acceptée, le juge de paix invite d'urgence les parties ou les délégués désignés par elles à se réunir en comité de conciliation.

Les réunions ont lieu en présence du juge de paix, qui est à la disposition du comité pour diriger les débats.

**6.** Si l'accord s'établit, dans ce comité, sur les conditions de la conciliation, ces conditions sont consignées dans un procès-verbal dressé par le juge de paix et signé par les parties ou leurs délégués.

**7.** Si l'accord ne s'établit pas, le juge de paix invite les parties à désigner, soit chacune un ou plusieurs arbitres, soit un arbitre commun.

Si les arbitres ne s'entendent pas sur la solution à donner au différend, ils pourront choisir un nouvel arbitre pour les départager.

**8.** Si les arbitres n'arrivent à s'entendre ni sur la solution à donner au différend, ni pour le choix de l'arbitre départiteur, ils le déclareront sur le procès-verbal, et cet arbitre sera nommé par le président du tribunal civil, sur le vu du procès-verbal qui lui sera transmis d'urgence par le juge de paix.

**9.** La décision sur le fond, prise, rédigée et signée par les arbitres, est remise au juge de paix.

**10.** En cas de grève, à défaut d'initiative de la part des intéressés, le juge de paix invite d'office, et par les moyens indiqués à l'article 3, les patrons, ouvriers ou employés, ou leurs représentants, à lui faire connaître dans les trois jours :

1° L'objet du différend avec l'exposé succinct des motifs allégués ;

2° Leur acceptation ou refus de recourir à la conciliation et à l'arbitrage ;

3° Les noms, qualités et domiciles des délégués choisis, le cas échéant, par les parties, sans que le nombre des personnes désignées de chaque côté puisse être supérieur à cinq.

Le délai de trois jours pourra

être augmenté pour les causes et dans les conditions indiquées à l'article 4.

Si la proposition est acceptée, il sera procédé conformément aux articles 5 et suivants.

**11.** Les procès-verbaux et décisions mentionnés aux articles 6, 8 et 9 ci-dessus sont conservés en minutes au greffe de la justice de paix, qui en délivre gratuitement une expédition à chacune des parties et en adresse une autre au ministre du commerce et de l'industrie par l'entremise du préfet.

**12.** La demande de conciliation et d'arbitrage, le refus ou l'absence de réponse de la partie adverse, la décision du comité de conciliation ou celle des arbitres, notifiés par le juge de paix au maire de chacune des communes où s'étendait le différend, sont, par chacun de ces maires, rendus publics par affichage à la place réservée aux publications officielles.

L'affichage de ces décisions pourra en outre se faire par des parties intéressées. Les affiches seront dispensées du timbre.

**13.** Les locaux nécessaires à la tenue des comités de conciliation et aux réunions des arbitres sont fournis, chauffés et éclairés par les communes où ils siégent.

Les frais qui en résultent sont compris dans les dépenses obligatoires des communes.

Les dépenses des comités de conciliation et d'arbitrage seront fixées par arrêté du préfet du département et portées au budget départemental comme dépenses obligatoires.

**14.** Tous actes faits en exécution de la présente loi seront dispensés du timbre et enregistrés gratis.

**15.** Les arbitres et les délégués nommés en exécution de la présente loi devront être citoyens français.

Dans les professions ou industries où les femmes sont employées, elles pourront être désignées comme déléguées, à la condition d'appartenir à la nationalité française.

**16.** La présente loi est applicable aux colonies de la Guadeloupe, de la Martinique et de la Réunion.

---

## CONSEILS DE PRUD'HOMMES (1).

### Loi du 18 mars 1806, *portant établissement d'un conseil de prud'hommes à Lyon.*

Article 1er. Il sera établi à

---

(1) L'institution des conseils de prud'hommes existe dans certains États de l'*Allemagne* (*Alsace*, L. du 23 mars 1880 ; *Hambourg*, L. du 10 oct. 1887 ; *Prusse*, Ord. du 7 août 1846, et *Saxe*, L. du 15 oct. 1851), en *Autriche-Hongrie* (L. du 14 mai 1869), en *Belgique* (L. du 31 juill. 1889, *Ann. de lég. étr.*, 1890, p. 522), en *Espagne* (L. du 24 juill. 1873), en *Portugal* (L. du 14 juill. 1889, *op. cit.*, 1890, p. 478) et dans certains cantons de la *Suisse* (Voy. pour *Neuchâtel* la L. du 20 nov. 1885, et pour *Genève* les L. du 1er févr. et du 29 oct. 1890, *op. cit.*, 1891, p. 606).

En outre de ces conseils de prud'hommes, l'*Allemagne* et l'*Autriche-Hongrie* ont établi d'autres juridictions qui sont également compétentes pour juger les contestations entre patrons et ouvriers. Ce sont d'abord les *tribunaux de corporations*, institués en *Allemagne* par les L. du 18 juill. 1881 (*op. cit.*, 1882, p. 148) et du 7 juin 1887 (*op. cit.*, 1888, p. 187), en *Autriche* par la L. du 15 mars 1883 (*op. cit.*, 1884, p. 932), et en *Hongrie* par la L. du 21 mai 1884 (*op. cit.*, 1885, p. 329). Ces tribunaux sont institués par les membres de la corporation et ils sont

Lyon[1] un conseil de prud'hommes[2] *composé de neuf membres, dont cinq négociants-fabricants et quatre chefs d'atelier.*

2. *Le mode de nomination sera déterminé par un règlement d'administration publique* [3].

3. Les négociants-fabricants ne pourront être élus prud'hommes, s'ils n'exercent depuis *six ans* [4] dans cet état, ou s'ils ont fait faillite.

Les chefs d'atelier [5] ne pourront être élus prud'hommes, s'ils ne savent lire et écrire, s'ils n'ont au moins *six ans* d'exercice de leur état, ou s'ils sont rétentionnaires de matières données à employer par les ouvriers.

4. . . . . . [6].

5. Les membres du conseil de prud'hommes sont toujours rééligibles.

TITRE II. — DES FONCTIONS DES PRUD'HOMMES.

Sect. 1. — *De la conciliation et du jugement des contestations entre les fabricants, ouvriers, chefs d'ateliers, compagnons et apprentis.*

6. Le conseil de prud'hommes est institué pour terminer, par la voie de conciliation, les petits différends qui s'élèvent journellement, soit entre des fabricants et des ouvriers, soit entre des chefs d'atelier et des compagnons ou apprentis.

Il est également autorisé à juger jusqu'à la somme *de 60 fr.* [7], sans forme ni frais de procédure, et sans appel, les différends à l'égard desquels la voie de conciliation aura été sans effet.

7. A cet effet, il sera tenu, *chaque jour, depuis onze heures du matin jusqu'à une heure,* un bureau de conciliation, composé d'un prud'homme fabricant et d'un prud'homme chef d'atelier, devant lesquels se présenteront *en personne* les parties en contestation [8].

8. Il se tiendra *une fois par*

---

compétents pour juger les contestations entre les patrons et les ouvriers ou apprentis de la corporation. Ce sont ensuite les *tribunaux industriels ou arbitraux*, institués en *Allemagne* par la L. du 29 juill. 1890 (*op. cit.*, 1891, p. 183) et antérieurement en *Autriche* par la L. du 8 mars 1885 (*op. cit.*, 1886, p. 184). Ces tribunaux sont établis par les communes, et ils ont pour fonctions d'une part de concilier et juger les contestations entre patrons et ouvriers, à quelque industrie qu'ils appartiennent, et d'autre part de donner leur avis, quand ils en sont requis, sur les questions industrielles.

(1) Cette loi, primitivement applicable au seul *conseil des prud'hommes* de Lyon, a été étendue, dans ses dispositions générales, à toute la France (Voy. *infrà* le Décr. du 11 juin 1809, art. 2).

(2) En France, la juridiction des conseils de prud'hommes ne s'applique qu'aux contestations entre patrons et ouvriers relativement à l'exercice de leur industrie. Dans certains pays étrangers, cette juridiction est plus étendue. En *Belgique*, la L. de 1889 établit des prud'hommes mineurs (art. 1 et 2). A *Genève*, la juridiction des prud'hommes s'étend à toutes « les contestations qui s'élèvent entre maîtres et ouvriers, patrons et employés, patrons et apprentis, maîtres et domestiques, pour tout ce qui concerne le louage de services, l'exécution du travail et le contrat d'apprentissage ». (L. de 1890, art. 1er.)

(3) Voy. *infrà*, la L. du 1er juin 1853, art. 2 et suiv.

(4 et 5) Ces dispositions ont été modifiées par les art. 4 et 5 de la L. du 1er juin 1853.

(6) Abrogé par l'art. 10 de la L. du 1er juin 1853.

(7) Modifié par l'art. 13 de la L. du 1er juin 1853.

(8) Modifié par les art. 22 et 23 du décr. du 27 mai 1848.

*semaine, au moins*, un bureau général ou conseil de prud'hommes, lequel pourra prononcer, *au nombre de cinq membres au moins* (1), ainsi qu'il est dit dans l'article précédent, sur tous les différends qui lui auront été renvoyés par le bureau de conciliation (2).

**9**. *Tout différend portant une somme supérieure à celle* de 60 fr. (3), *qui n'aura pu être terminé par la voie de conciliation, sera porté devant le tribunal de commerce ou devant les tribunaux compétents*.

*Sect. 2. — Des contraventions aux lois et règlements.*

**10**. Le conseil de prud'hommes sera spécialement chargé de constater, d'après les plaintes qui pourraient lui être adressées, les contraventions aux lois et règlements nouveaux ou remis en vigueur.

**11**. Les procès-verbaux dressés par les prud'hommes pour constater ces contraventions seront renvoyés aux tribunaux compétents, ainsi que les objets saisis.

**12**. Le conseil de prud'hommes constatera également, sur les plaintes qui lui seront portées, les soustractions de matières premières qui pourraient être faites par les ouvriers au préjudice des fabricants, et les infidélités commises *par les teinturiers*.

**13**. Les prud'hommes, dans les cas ci-dessus et sur la réquisition verbale ou écrite des parties, pourront, au nombre de deux au moins, assistés d'un officier public, dont un fabricant et un *chef d'atelier*, faire des visites chez les fabricants, chefs d'atelier, ouvriers et compagnons.

Les procès-verbaux constatant les soustractions ou infidélités seront adressés au bureau général des prud'hommes et envoyés, ainsi que les objets formant pièces de conviction, aux tribunaux compétents.

*Sect. 3e. — De la conservation de la propriété des dessins* (4).

. . . . . . . . . . . . . . .

TITRE III. — DES RÈGLEMENTS DE COMPTE ET DE LA POLICE ENTRE LES MAITRES D'ATELIER ET LES NÉGOCIANTS (5).

. . . . . . . . . . . . . . .

TITRE IV. — DISPOSITIONS DIVERSES.

**29**. Le conseil de prud'hommes tiendra un registre exact du nombre de métiers existant et du nombre d'ouvriers de tout genre employés dans la fabrique, pour lesdits renseignements être communiqués à la chambre de commerce toutes les fois qu'il en sera requis (6).

A cet effet, les prud'hommes sont autorisés à faire dans les ateliers une ou deux inspections

(1) Modifié par les art. 22 et 23 du décret du 27 mai 1848.

(2) Cette double mission de conciliateur et de juge que la loi française attribue aux prud'hommes se retrouve dans toutes les législations étrangères : voy., en *Allemagne*, la L. de 1890, art. 61 et suiv. ; en *Belgique*, la L. de 1889, art. 1er ; à *Genève*, la L. de 1890, art. 18 et suiv. ; en *Portugal*, la L. de 1889, art. 7.

(3) Abrogé par l'art. 13 de la L. du 1er juin 1853.

(4) V. *infrà*, sous le mot *Dessins et modèles de fabrique*.

(5) V. *infrà*, le mot *Livrets d'ouvriers*.

(6) Voy. *infrà*, le Décr. du 11 juin 1809, art. 64 à 66.

par an, pour recueillir les informations nécessaires.

30. *Les fonctions des prud'hommes négociants-fabricants sont purement gratuites* (1).

31. Il sera attaché au conseil de prud'hommes un secrétaire et un commis avec 1,000 fr.

32. Toutes les fonctions des prud'hommes et de leur bureau seront entièrement gratuites vis-à-vis des parties ; ils ne pourront réclamer, pour les formalités remplies par eux, d'autres frais que le remboursement du papier et du timbre.

33. En cas de plaintes en prévarication portées contre les membres du conseil de prud'hommes, il sera procédé contre eux suivant la forme établie à l'égard des juges.

34. Il pourra être établi par un règlement d'administration publique, délibéré en Conseil d'État, un conseil de prud'hommes dans les villes de fabriques où le Gouvernement le jugera convenable.

35. Sa composition pourra être différente selon les lieux ; mais ses attributions seront les mêmes.

---

## Décret du 11 juin 1809, *contenant règlement sur les conseils de prud'hommes.*

### TITRE I. — COMPOSITION DES CONSEILS DE PRUD'HOMMES ; MODE ET ÉPOQUE DU RENOUVELLEMENT DE LEURS MEMBRES.

Art. 1er. *Les conseils de prud'hommes ne seront composés que de marchands-fabricants, de chefs d'ateliers, de contremaîtres, de teinturiers, ou d'ouvriers patentés. Le nombre de ceux qui en feront partie pourra être plus ou moins considérable ; mais, en aucun cas, les chefs d'ateliers, les contremaîtres, les teinturiers ou les ouvriers ne seront égaux en nombre aux marchands-fabricants ; ceux-ci auront toujours dans le conseil un membre de plus que les chefs d'ateliers, les contremaîtres, les teinturiers ou les ouvriers* (2).

2. Les conseils de prud'hommes seront établis sur la demande motivée des chambres de commerce ou des chambres consultatives des manufactures. Cette demande sera d'abord communiquée au préfet, qui examinera si elle est de nature à être accueillie. Il la transmettra ensuite à notre ministre *de l'intérieur* qui, avant de nous en rendre compte, s'assurera si l'industrie qui s'exerce dans la ville est assez importante pour faire autoriser la création du conseil de prud'hommes.

. . . . . . . . . . . . . . . .

### TITRE II. — ATTRIBUTIONS ET JURIDICTION DES CONSEILS DE PRUD'HOMMES.

*Sect. 1. — Des attributions des conseils de prud'hommes* (3).

. . . . . . . . . . . . . . . .

*Sect. 2. — De la juridiction des conseils de prud'hommes.*

10. Nul ne sera justiciable

---

(1) Abrogé par l'art. 6 de la L. du 7 févr. 1880.

(2) Abrogé par les art. 4 et 5 de la L. du 1er juin 1853.

(3) Les dispositions de cette section qui accordaient aux prud'hommes certaines attributions en matière de marques ont été virtuellement abrogées par la L. du 23 juin 1857 (Voy. *infrà*, vo *Marques de fabrique et de commerce*).

des conseils de prud'hommes, s'il n'est marchand-fabricant, chef d'atelier, contremaître, teinturier, ouvrier, compagnon ou apprenti : ceux-ci cesseront de l'être, dès que les contestations porteront sur des affaires autres que celles qui sont relatives à la branche d'industrie qu'ils cultivent et aux conventions dont cette industrie aura été l'objet. Dans ce cas, ils s'adresseront aux juges ordinaires.

**11.** La juridiction des conseils de prud'hommes s'étend sur tous les marchands-fabricants, les chefs d'atelier, contremaîtres, teinturiers, ouvriers, compagnons et apprentis travaillant pour la fabrique du lieu ou du canton de la situation de la fabrique, suivant qu'il sera exprimé dans les décrets particuliers d'établissement de chacun de ces conseils, à raison des localités, quel que soit l'endroit de la résidence desdits ouvriers.

**12.** Les conseils de prud'hommes ne connaîtront que comme arbitres des contestations *entre fabricants ou marchands pour les marques, comme il est dit article* 6 ; *et* entre un fabricant et ses ouvriers, contremaîtres, des difficultés relatives aux opérations de la fabrique.

### TITRE III. — MODE DE NOMINATION ET D'INSTALLATION DES PRUD'HOMMES.

**13.** *Les prud'hommes seront élus dans une assemblée générale tenue à cet effet* (1) : cette assemblée sera convoquée huit jours à l'avance par le préfet, présidée par lui ou par celui des fonctionnaires publics de l'arrondissement qu'il désignera.

**14.** Tout marchand-fabricant, tout chef d'atelier, tout contremaître, tout teinturier, tout ouvrier désigné dans la loi du 18 mars 1806, qui voudra voter dans l'assemblée, sera tenu de se faire inscrire sur un registre à ce destiné, qui sera ouvert à l'hôtel de ville. *Nul ne sera inscrit que sur la présentation de sa patente* (2) : les faillis seront exclus.

. . . . . . . . . . . . . . .

**17.** Il sera nommé par le préfet ou par celui des fonctionnaires publics qu'il aura désigné pour présider l'assemblée, un secrétaire et deux scrutateurs. L'élection des prud'hommes sera faite au scrutin individuel, à la majorité absolue des suffrages : nul ne peut être élu s'il n'a trente ans accomplis.

**18.** *Afin de remplacer les prud'hommes qui viendraient à mourir ou à donner leur démission pendant l'exercice de leurs fonctions, il sera nommé deux suppléants, dont l'un sera choisi parmi les marchands-fabricants, et l'autre parmi les chefs d'atelier, les contremaîtres, les teinturiers ou les ouvriers patentés* (3).

**19.** L'élection terminée, il en sera dressé procès-verbal, qui sera déposé à la mairie. L'assemblée ne pourra délibérer, ni s'occuper d'aucune autre chose que de l'élection.

**20.** Les prud'hommes prêteront, entre les mains du préfet

(1) Abrogé par l'art. 9 de la L. du 1er juin 1853.
(2) Abrogé par l'art. 4 de la L. du 1er juin 1853.
(3) Abrogé par l'art. 15 du Décr. du 27 mai 1848.

ou du fonctionnaire public qui le remplacera, serment d'obéissance aux lois, *de fidélité à l'Empereur*, et de remplir leurs devoirs avec zèle et intégrité.

TITRE IV. — DU BUREAU PARTICULIER ET DU BUREAU GÉNÉRAL DES PRUD'HOMMES.

**21**. Le bureau particulier des prud'hommes sera composé de deux membres, dont l'un sera marchand-fabricant, et l'autre *chef d'atelier, contremaître*, teinturier ou ouvrier *patenté* (1).

. . . . . . . . . . . . . . . .

**22**. Les fonctions du bureau particulier sont de concilier les parties : s'il ne le peut, il les renverra devant le bureau général.

**23**. Le bureau général se réunira *une fois par semaine au moins* (2). Il prendra connaissance de toutes les affaires qui n'auraient pu être terminées par la voie de conciliation, quelle que soit la quotité de la somme dont elle serait l'objet ; mais ses jugements ne seront définitifs qu'autant qu'ils porteront sur des différends qui n'excéderont pas 60 *fr.* (3) en principal et en accessoires. Dans tous autres cas, il sera libre d'en appeler.

**24**. Le bureau général ne pourra prendre de délibérations que dans une séance où les deux tiers au moins de ses membres se trouveront présents.

Ses délibérations seront formées par l'avis de la majorité absolue des membres présents (de la moitié plus un).

**25**. Il sera nommé *par le bureau général des prud'hommes* un président et un vice-président (4). Ce président et ce vice-président ne seront en exercice que pendant une année, à l'expiration *de laquelle il sera procédé* à une nouvelle élection ; l'un et l'autre sont toujours rééligibles (5).

**26**. Il sera attaché au bureau général des prud'hommes un secrétaire pour avoir soin des papiers et tenir la plume pendant leurs séances ; il sera nommé à la majorité absolue des suffrages ; il pourra être révoqué à volonté ; mais, dans ce cas, la délibération devra être signée par les deux tiers des prud'hommes.

**27**. Les jugements rendus par le bureau général des prud'hommes, lorsque les parties n'auront pu être conciliées par le bureau particulier, seront mis à exécution vingt-quatre heures après la signification, et provisoirement (6), sauf l'appel devant le tribunal de commerce, ou, à défaut de tribunal de commerce, devant le tribunal de première instance. Ils seront signés par le président ou le vice-président, et contresignés par le secrétaire. Ils seront signifiés à la partie condamnée par un huissier, qui sera attaché au conseil des prud'hommes.

**28**. Dans les cas urgents, les conseils de prud'hommes, de même les bureaux particuliers, pourront ordonner telles mesures qui seront jugées néces-

(1 et 2) Voy. *infrà*, le Décr. du 27 mai 1848, art. 22 et 23.

(3) Voy. *infrà*, la L. du 1er juin 1853, art. 13, qui porte la compétence en dernier ressort à la somme de 200 fr.

(4 et 5) Voy. *infrà*, l'art. 1er de la L. du 7 févr. 1880.

(6) Voy. sur l'exécution provisoire des jugements, *infrà*, l'art. 14 de la L. du 1er juin 1853

saires, pour empêcher que les objets qui donnent lieu à une réclamation ne soient enlevés, ou déplacés, ou détériorés.

TITRE V. — DES CITATIONS.

**29**. Tout marchand-fabricant, tout chef d'atelier, tout contremaître, tout teinturier, tout ouvrier, compagnon ou apprenti, appelé devant les prud'hommes, sera tenu, sur une simple lettre de leur secrétaire, de s'y rendre en personne au jour et à l'heure fixés, sans pouvoir se faire remplacer, hors le cas d'absence ou de maladie : alors seulement il sera admis à se faire représenter par l'un de ses parents, négociant ou marchand exclusivement, porteur de sa procuration.

**30**. Si le particulier qui aurait été invité par le secrétaire à se rendre au bureau particulier ou au bureau général des prud'hommes ne paraît point, il lui sera envoyé une citation, qui lui sera remise par l'huissier attaché au conseil. Cette citation, qui contiendra la date des jour, mois et an, les noms, profession et domicile du demandeur, les noms et demeure du défendeur, énoncera sommairement les motifs qui le font appeler.

**31**. La citation sera notifiée au domicile du défendeur ; et il y aura un jour au moins entre celui où elle aura été remise et le jour indiqué pour la comparution, si la partie est domiciliée dans la distance de *trois* myriamètres ; si elle est domiciliée au delà de cette distance, il sera ajouté un jour pour *trois* myriamètres (1).

Dans le cas où les délais n'auraient pas été observés, si le défendeur ne paraît point, les prud'hommes ordonneront qu'il lui soit envoyé une nouvelle citation : alors les frais de la première citation seront à la charge du demandeur.

TITRE VI. — DES SÉANCES DU BUREAU PARTICULIER ET DU BUREAU GÉNÉRAL DES PRUD'HOMMES, ET DE LA COMPARUTION DES PARTIES.

**32**. Au jour fixé par la lettre du secrétaire ou par la citation de l'huissier, les parties comparaîtront devant le bureau particulier des prud'hommes, sans pouvoir être admises à faire signifier aucunes défenses.

**33**. Elles seront tenues de s'expliquer avec modération et de se conduire avec respect : si elles ne le font point, elles seront d'abord rappelées à leurs devoirs par un avertissement du *prud'homme marchand-fabricant* (2). En cas de récidive, le bureau particulier pourra les condamner à une amende qui n'excédera pas 10 fr., avec affiches du jugement dans la ville où siège le conseil.

**34**. Dans le cas d'insulte ou d'irrévérence grave, le bureau particulier en dressera procès-verbal et pourra condamner celui qui s'en sera rendu coupable à un emprisonnement dont la durée ne pourra excéder trois jours.

**35**. Les jugements, dans les cas prévus par les deux articles précédents, seront exécutoires par provision.

(1) Aujourd'hui un jour par cinq myriamètres de distance (L. du 3 mai 1862).

(2) Aujourd'hui le président, patron ou ouvrier (Voy. *infrà*, L. du 7 févr. 1880, art. 1).

**36**. Les parties seront d'abord entendues contradictoirement. Le bureau particulier ne négligera rien pour les concilier ; s'il ne peut y parvenir, il les renverra, ainsi qu'il est dit à l'article 22, devant le bureau général, qui statuera sur-le-champ.

**37**. Lorsque l'une des parties déclarera vouloir s'inscrire en faux, déniera l'écriture ou déclarera ne pas la reconnaître, le président du bureau général lui en donnera acte : il paraphera la pièce et renverra la cause devant les juges auxquels en appartient la connaissance.

**38**. L'appel des jugements des conseils de prud'hommes ne sera pas recevable après les trois mois de la signification faite par l'huissier attaché à ces conseils.

**39**. *Les jugements des conseils de prud'hommes, jusqu'à concurrence de 300 fr., seront exécutoires par provision, nonobstant l'appel, et sans qu'il soit besoin, par la partie qui aura obtenu gain de cause, de fournir caution* (1).

**40**. Les minutes de tout jugement seront portées par le secrétaire sur la feuille de la séance, *signées par les prud'hommes qui auront été présents* (2), et contresignées par lui.

TITRE VII. — DES JUGEMENTS PAR DÉFAUT ET DES OPPOSITIONS A CES JUGEMENTS.

**41**. Si, au jour indiqué par la lettre du secrétaire, ou par la citation de l'huissier, l'une des parties ne comparaît pas, la cause sera jugée par défaut, sauf l'envoi d'une nouvelle citation dans le cas prévu au dernier paragraphe de l'article 31.

**42**. La partie condamnée par défaut pourra former opposition dans les trois jours de la signification faite par l'huissier du conseil : cette opposition contiendra sommairement les moyens de la partie, et assignation au premier jour de séance du conseil des prud'hommes, en observant toutefois les délais prescrits pour les citations ; elle indiquera en même temps les jour et heure de la comparution, et sera notifiée ainsi qu'il est dit ci-dessus.

**43**. Si le conseil de prud'hommes sait par lui-même, ou par les représentations qui lui seront faites par les proches voisins ou amis du défendeur, que celui-ci n'a pu être instruit de la contestation, il pourra, en adjugeant le défaut, fixer, pour le délai de l'opposition, le temps qui lui paraîtra convenable ; et dans le cas où la prorogation n'aurait été ni accordée d'office, ni demandée, le défaillant pourra être relevé de la rigueur du délai et admis à opposition, en justifiant qu'à raison d'absence ou de maladie grave, il n'a pu être instruit de la contestation.

**44**. La partie opposante qui se laisserait juger une seconde fois par défaut ne sera plus admise à former une nouvelle opposition.

TITRE VIII. — DES JUGEMENTS QUI NE SONT PAS DÉFINITIFS ET DE LEUR EXÉCUTION.

**45**. Les jugements qui ne seront pas définitifs ne seront point expédiés quand ils auront

(1) Abrogé par l'art. 11 de la L. du 1er juin 1853.

(2) Voy. *infrà*, l'art. 12 de la L. du 1er juin 1853.

été rendus contradictoirement et prononcés en présence des parties.

Dans le cas où le jugement ordonnerait une opération à laquelle les parties devraient assister, il indiquera le lieu, le jour et l'heure ; et la prononciation vaudra citation.

**46**. Toutes les fois qu'un ou plusieurs prud'hommes jugeront devoir se transporter dans une manufacture ou dans des ateliers, pour apprécier, par leurs propres yeux, l'exactitude de quelques faits qui auraient été allégués, ils seront accompagnés de leur secrétaire, qui apportera la minute du jugement préparatoire.

**47**. Il n'y aura lieu à l'appel des jugements préparatoires qu'après le jugement définitif, et conjointement avec l'appel de ce jugement ; mais l'exécution des jugements préparatoires ne portera aucun préjudice aux droits des parties sur l'appel, sans qu'elles soient obligées de faire à cet égard aucune protestation ni réserve.

## TITRE IX. — DES ENQUÊTES.

**48**. Si les parties sont contraires en faits de nature à être constatés par témoins, et dont le conseil de prud'hommes trouve la vérification utile et admissible, il ordonnera la preuve et en fixera précisément l'objet.

**49**. Au jour indiqué, les témoins, après avoir dit leurs noms, profession, âge et demeure, feront le serment de dire la vérité, et déclareront s'ils sont parents ou alliés des parties, et à quel degré, et s'ils sont leurs serviteurs ou leurs domestiques.

**50**. Ils seront entendus séparément, hors comme en la présence des parties, ainsi que le conseil l'avisera bien : les parties seront tenues de fournir leurs reproches avant la déposition, et de les signer ; si elles ne le savent ou ne le peuvent, il en sera fait mention.

**51**. Les parties n'interrompront point les témoins. Après la déposition, le président du conseil des prud'hommes pourra, sur la réquisition des parties, et même d'office, faire aux témoins les interpellations qu'il jugera convenables.

**52**. Dans les causes sujettes à l'appel, le secrétaire du conseil dressera procès-verbal de l'audition des témoins : cet acte contiendra leurs nom, prénoms, âge, profession et demeure, leur serment de dire la vérité, leur déclaration s'ils sont parents, alliés, serviteurs ou domestiques des parties, et les reproches qui auraient été fournis contre eux. Lecture de ce procès-verbal sera faite à chaque témoin, pour la partie qui le concerne ; il signera sa déposition, ou mention sera faite qu'il ne sait ou ne peut signer. Le procès-verbal sera, en outre, signé par le président du conseil et contresigné par le secrétaire. Il sera procédé immédiatement au jugement, ou au plus tard à la première séance.

**53**. Dans les causes de nature à être jugées en dernier ressort, il ne sera point dressé de procès-verbal ; mais le jugement énoncera les noms, âge, profession et demeure des témoins, leur serment, leur déclaration s'ils sont parents, alliés, serviteurs ou domestiques des parties, les reproches et le résultat des dépositions.

### TITRE X. — DE LA RÉCUSATION DES PRUD'HOMMES.

**54.** Un ou plusieurs prud'hommes pourront être récusés :

1° Quand ils auront un intérêt personnel à la contestation ;

2° Quand ils seront parents ou alliés de l'une des parties jusqu'au degré de cousin germain inclusivement ;

3° Si, dans l'année qui a précédé la récusation, il y a eu procès criminel entre eux et l'une des parties ou son conjoint, ou ses parents et alliés en ligne directe ;

4° S'il y a procès civil existant entre eux et l'une des parties ou son conjoint ;

5° S'ils ont donné un avis écrit dans l'affaire.

**55.** La partie qui voudra récuser un ou plusieurs prud'hommes sera tenue de former la récusation et d'en exposer les motifs par un acte qu'elle fera signifier au secrétaire du conseil par le premier huissier requis. L'exploit sera signé, sur l'original et la copie, par la partie ou son fondé de pouvoir. La copie sera déposée sur le bureau du conseil et communiquée immédiatement au prud'homme qui sera récusé.

**56.** Le prud'homme sera tenu de donner au bas de cet acte, dans le délai de deux jours, sa déclaration par écrit, portant ou son acquiescement à la récusation, ou son refus de s'abstenir, avec ses réponses aux moyens de récusation.

**57.** Dans les trois jours de la réponse du prud'homme qui refuse de s'abstenir, ou faute par lui de répondre, une expédition de l'acte de récusation et de la déclaration du prud'homme, s'il y en a, sera envoyée par le président du conseil au président du tribunal de commerce dans le ressort duquel le conseil est situé. La récusation y sera jugée en dernier ressort dans la huitaine, sans qu'il soit besoin d'appeler les parties.

### TITRE XI. — DES SOMMES QUI SERONT PAYÉES AUX SECRÉTAIRES DES CONSEILS DE PRUD'HOMMES, AUX GREFFIERS DES TRIBUNAUX DE COMMERCE ET AUX HUISSIERS.

**58.** Les parties pourront toujours se présenter volontairement devant les prud'hommes pour être conciliées par eux : dans ce cas, elles seront tenues de déclarer qu'elles demandent leurs bons offices. Cette déclaration sera signée par elles, ou mention en sera faite, si elles ne savent signer. Il ne sera rien payé pour cet objet.

**59.** Il sera payé aux secrétaires des conseils de prud'hommes les sommes suivantes :

Pour la lettre d'invitation de se rendre au conseil, trente centimes, ci . . . . . . . . . 0f 30c

Pour chaque rôle d'expédition qu'ils délivreront, et qui contiendra vingt lignes à la page et dix syllabes à la ligne, quarante centimes, ci . . . . . . . . 0f 40c

Pour l'expédition du procès-verbal qui constatera que les parties n'ont pu être conciliées, et qui ne doit contenir qu'une mention sommaire qu'elles n'ont pu s'accorder, quatre-vingts centimes, ci . . . . . . . . . 0f 80c

*Pour l'expédition du procès-verbal qui constatera le dépôt*

*du modèle d'une marque* (1), *trois francs*, ci . . . . . 3f 00c

**60**. Il est alloué les sommes suivantes au greffier du tribunal de commerce, pour l'expédition du procès-verbal qui constatera le dépôt du modèle d'une marque (2), *trois francs*, ci. . 3f 00c

A l'huissier attaché au conseil des prud'hommes, pour chaque citation, un franc vingt-cinq centimes, ci. . . . . . . . . 1f 25c

Au même pour la signification d'un jugement, un franc soixante-quinze centimes, ci. 1f75c

S'il y a une distance de plus d'un demi-myriamètre entre la demeure de l'huissier et le lieu où devront être remises la citation et la signification, il sera payé par myriamètre, aller et retour :

Pour la citation, un franc soixante-quinze centimes, ci. 1f75c

Pour la signification, deux francs, ci. . . . . . . . . 2f 00c

Pour la copie des pièces qui pourra être donnée avec les jugements rendus, il sera payé à l'huissier, par chaque rôle d'expédition de vingt lignes à la page et de dix syllabes à la ligne, vingt centimes, ci. 0f 20c

**61**. Il sera taxé aux témoins entendus par les conseils de prud'hommes une somme équivalente à une journée de travail, même à une double journée, si le témoin a été obligé de se faire remplacer dans sa profession. Cette taxation est laissée à la prudence des conseils *et des maires*.

Si le témoin n'a pas de profession, il lui sera taxé deux francs.

Il ne lui sera pas payé de frais de voyage, s'il est domicilié dans le canton où il est entendu ; s'il est domicilié hors du canton et à une distance de plus de deux myriamètres et demi du lieu où il fera sa déposition, il lui sera alloué autant de fois une somme double de journée de travail, ou une somme de quatre francs, qu'il y aura de fois cinq myriamètres de distance entre son domicile et le lieu où il aura déposé.

**62**. Au moyen de la taxation dont il est question dans les articles 59, 60 et 61, les frais de papier, de registre et d'expédition seront à la charge des secrétaires des conseils de prud'hommes et des greffiers des tribunaux de commerce.

**63**. Tout secrétaire de conseils de prud'hommes, tout greffier de tribunaux de commerce, tout huissier, convaincu d'avoir exigé une taxe plus forte que celle qui leur est allouée, sera puni comme concussionnaire.

### TITRE XII. — DISPOSITIONS GÉNÉRALES.

*Sect. 1. — De l'inspection des prud'hommes dans les ateliers et du livret dont les ouvriers doivent être pourvus.*

**64**. L'inspection dans les ateliers, autorisée par l'article 29, titre IV, de la loi du 18 mars 1806, n'aura lieu qu'après que le propriétaire de l'atelier aura été prévenu deux jours avant celui où les prud'hommes devront se rendre dans son domicile ; celui-ci est tenu de leur

(1) Aujourd'hui le dépôt des marques doit être fait au greffe du tribunal de commerce (voy. *infrà*, la L. du 23 juin 1857, vº *Marques de fabrique et de commerce*).

(2) Aujourd'hui un franc (Décr. du 18 juin 1880, art. 8, § 10).

donner un état exact du nombre de métiers qu'il a en activité et des ouvriers qu'il occupe.

**65.** L'inspection des prud'hommes a pour objet unique d'obtenir des informations sur le nombre de métiers et d'ouvriers ; et, en aucun cas, ils ne peuvent en profiter pour exiger la communication des livres d'affaires et des procédés nouveaux de fabrication que l'on voudrait tenir secrets.

**66.** Si, pour effectuer leur inspection, les prud'hommes ont besoin du concours de la police municipale, cette police est tenue de leur fournir tous les renseignements et toutes les facilités qui sont en son pouvoir.

**67.** *Les conseils de prud'hommes ne peuvent s'immiscer dans la délivrance des livrets dont les ouvriers doivent être pourvus aux termes de la loi du 22 germinal de l'an XI. Cette attribution est exclusivement réservée aux maires ou à leurs adjoints* (1).

*Sect. 2. — Du local où seront placés les conseils de prud'hommes et des frais qu'entraînera la tenue de leurs séances.*

**68.** Le local nécessaire aux conseils de prud'hommes, pour la tenue de leurs séances, sera fourni par les villes *où ils seront établis* (2).

**69.** Les dépenses de premier établissement seront pareillement acquittées par ces villes : il en sera de même des dépenses ayant pour objet le chauffage, l'éclairage et les autres menus frais (3).

**70.** Le président du conseil des prud'hommes présentera chaque année, au maire, l'état des dépenses désignées dans l'article ci-dessus ; celui-ci les comprendra dans son budget ; et, lorsqu'elles auront été approuvées, il en ordonnancera le paiement d'après les demandes particulières qui lui seront faites.

---

**Décret du 3 août 1810,** *concernant la juridiction des prud'hommes.*

. . . . . . . . . . . . . . . .

TITRE II. — ATTRIBUTIONS DES PRUD'HOMMES EN MATIÈRE DE POLICE.

Art. 4. Tout délit tendant à troubler l'ordre et la discipline de l'atelier, tout manquement grave des apprentis envers leurs maîtres, pourront être punis, par les prud'hommes, d'un emprisonnement qui n'excédera pas trois jours, sans préjudice *de l'exécution de l'article 19, titre Ier, de la loi du 22 germinal an XI, et* de la concurrence des officiers de police et des tribunaux.

L'expédition du prononcé des prud'hommes, certifiée par leur secrétaire, sera mise à exécution par le premier agent de police, ou de la force publique, sur ce requis.

---

(1) Les livrets d'ouvriers ont été supprimés par la L. du 2 juill. 1890 (voy. *infrà*, vo *Livrets d'ouvriers*).

(2 et 3) Aujourd'hui ces dépenses sont obligatoires « pour les communes comprises dans le territoire de la juridiction des prud'hommes et proportionnellement au nombre des électeurs inscrits sur les listes électorales spéciales à l'élection » (L. du 5 avril 1884, art. 136, § 15).

**Décret du 27 mai 1848,** *relatif aux conseils de prud'hommes.*

Art. 1er. Les conseils de prud'hommes actuellement existants seront réorganisés d'après les bases suivantes :

2.... Le nombre des prud'hommes ouvriers sera toujours égal à celui des prud'hommes patrons.

. . . . . . . . . . . . . . .

4. Les patrons et les ouvriers seront convoqués séparément par le préfet, *pour procéder, par scrutin de liste, à la majorité relative, à la désignation, dans leurs catégories respectives, d'un nombre de candidats triple de celui des membres à nommer.*

*L'assemblée des ouvriers sera présidée par le juge de paix, et l'assemblée des patrons par le suppléant du juge de paix* (1).

5. *La liste des candidats ainsi nommés sera transmise par le président de chaque assemblée aux maires de la circonscription du tribunal des prud'hommes, pour être publiée et affichée.*

6. *Dans les huit jours qui suivront cette publication, les patrons et les ouvriers seront convoqués de nouveau pour procéder séparément, et sur la liste de candidats dressée conformément à l'article 3, les patrons, à l'élection des prud'hommes ouvriers, et les ouvriers, à l'élection d'un même nombre de prud'hommes patrons. Cette élection sera faite à la majorité absolue.*

7. Il sera dressé procès-verbal des opérations électorales. Si ces opérations n'ont donné lieu à aucune protestation, le président de chaque assemblée proclamera prud'hommes ceux qui auront obtenu le plus de suffrages.

En cas d'égalité de suffrages, le plus âgé sera préféré.

8. En cas de protestation, le procès-verbal, avec les pièces à l'appui, sera envoyé au préfet par qui il sera transmis au conseil de préfecture, qui statuera dans le délai de huit jours.

9. *Sont électeurs tous les patrons, chefs d'ateliers, contremaîtres, ouvriers, compagnons, âgés de vingt et un ans et résidant, depuis six mois au moins, dans la circonscription du conseil de prud'hommes.*

10. *Sont éligibles tous les patrons, chefs d'ateliers, contremaîtres, ouvriers, compagnons, âgés de vingt-cinq ans, sachant lire et écrire, et domiciliés, depuis un an au moins, dans la circonscription du conseil.*

11. *Ne pourront être électeurs ni éligibles, les étrangers, les faillis non réhabilités, toute personne, enfin, qui aurait subi une condamnation pour un acte contraire à la probité.*

12. Tous ceux qui, *depuis plus d'un an*, paient la patente et occupent un ou plusieurs ouvriers seront considérés comme patrons et voteront dans l'assemblée des patrons.

*Les contremaîtres et chefs d'atelier voteront également dans l'assemblée des patrons.*

13. *Les chefs d'atelier et les contremaîtres pourront être élus à la prud'homie, sans toutefois qu'ils puissent former plus du quart des membres du conseil.*

---

(1) Tout ce système électoral a été supprimé par la L. du 1er juin 1853 (voy. *infrà*).

**14**. *Les conseils seront renouvelés par tiers tous les ans. Le sort désignera ceux des prud'hommes qui seront renouvelés la première et la seconde année.*

Les prud'hommes seront rééligibles.

**15**. Les prud'hommes rempliront désormais leurs fonctions au même titre. Toute distinction entre les titulaires et les suppléants est en conséquence supprimée.

**16**. *La présidence des conseils sera alternativement déférée, par voie d'élection, à un patron et à un ouvrier titulaire* (1).

La présidence donnera voix prépondérante.

**17**. *La durée de la présidence sera de trois mois.*

**18**. *Les patrons éliront, à la majorité absolue, le président ouvrier; et les ouvriers éliront à leur tour et en la même forme le président patron.*

*Le sort décide de la première présidence.*

**19**. *En cas de partage, le plus âgé sera élu.*

**20**. L'article 15 est applicable, dans toutes ses dispositions, à l'élection du vice-président, *lequel sera pris dans la même catégorie que le président.*

**21**. Le président et le vice-président seront rééligibles.

**22**. Une audience au moins par semaine sera consacrée aux conciliations. Cette audience sera tenue par deux membres, l'un patron, l'autre ouvrier.

**23**. Le conseil se réunira au moins deux fois par mois, pour juger les contestations qui n'auraient pu être terminées par voie de conciliation.

Le conseil sera composé de *quatre prud'hommes patrons et de quatre prud'hommes ouvriers* (2).

---

## Loi du 1er juin 1853, *sur les conseils de prud'hommes.*

Art. **1er**. Les conseils de prud'hommes sont établis par décrets rendus dans la forme des règlements d'administration publique, après avis des chambres de commerce ou des chambres consultatives des arts et manufactures.

Les décrets d'institution déterminent le nombre des membres de chaque conseil.

Ce nombre est de six au moins, non compris le président et le vice-président.

**2**. Les membres des conseils de prud'hommes sont élus par les patrons, chefs d'atelier, contremaîtres et ouvriers, appartenant aux industries dénommées dans les décrets d'institution, suivant les conditions déterminées par les articles ci-après.

**3**. *Les présidents et les vice-présidents des conseils de prud'hommes sont nommés par l'Empereur. Ils peuvent être pris en dehors des éligibles. Leurs fonctions durent trois années. Ils peuvent être nommés de nouveau* (3).

*Les secrétaires des mêmes conseils sont nommés et révoqués par le préfet sur la proposition du président* (4).

---

(1) Voy. pour la présidence et la vice-présidence des conseils de prud'hommes, *infrà*, la L. du 7 févr. 1880.

(2) Modifié par l'art. 11 de la L. du 1er juin 1853.

(3 et 4) Abrogés par la L. du 7 févr. 1880, art. 1er et suiv.

**4.** Sont électeurs [1] :

1° (Complété par la loi du 24 novembre 1883.) Les patrons âgés de vingt-cinq ans accomplis et patentés depuis cinq années au moins et depuis trois ans dans la circonscription du conseil ; les associés en nom collectif patentés ou non, âgés de vingt-cinq ans accomplis, exerçant depuis cinq ans une profession assujettie à la contribution des patentes et domiciliés depuis trois ans dans la circonscription du conseil ;

2° Les chefs d'atelier, contremaîtres et ouvriers, âgés de vingt-cinq ans accomplis, exerçant leur industrie depuis cinq ans au moins et domiciliés depuis trois ans dans la circonscription du conseil.

**5.** Sont éligibles les électeurs [2] âgés de trente ans accomplis et sachant lire et écrire.

**6.** Ne peuvent être éligibles ni électeurs les étrangers, ni aucun des individus désignés dans l'article 15 de la loi du 2 février 1852.

**7.** Dans chaque commune de la circonscription, le maire, assisté de deux assesseurs, qu'il choisit, l'un parmi les électeurs patrons, l'autre parmi les électeurs ouvriers, inscrit les électeurs sur un tableau qu'il adresse au préfet.

La liste électorale est dressée et arrêtée par le préfet.

**8.** En cas de réclamation, le recours est ouvert devant le conseil de préfecture ou devant les tribunaux civils, suivant les distinctions établies par la loi sur les élections municipales.

**9.** Les patrons, réunis en assemblées particulières, nomment directement les prud'hommes patrons [3].

Les contremaîtres, chefs d'ateliers et les ouvriers, également réunis en assemblées particulières, nomment les prud'hommes ouvriers en nombre égal à celui des patrons [4].

Au premier tour de scrutin, la majorité absolue des suffrages est nécessaire, la majorité relative suffit au second tour.

**10.** Les conseils de prud'hommes sont renouvelés par moitié tous les trois ans. Le sort désigne ceux des prud'hommes qui sont remplacés la première fois [5].

---

(1 et 2) En général, les législations étrangères sont moins rigoureuses pour les conditions d'électorat. Sont électeurs, en *Allemagne*, les individus âgés de 25 ans qui habitent ou travaillent depuis un an dans le ressort du tribunal industriel (L. du 29 juill. 1890, art. 13) ; en *Belgique* les individus âgés de 25 ans, domiciliés depuis un an dans le ressort du conseil, et exerçant effectivement depuis quatre ans (L. du 31 juill. 1889, art. 7) ; à *Genève* les individus domiciliés dans le canton et y jouissant de leurs droits politiques (L. du 1er févr. 1890, art. 5). Même observation pour les conditions d'éligibilité : en *Allemagne*, il faut être âgé de 30 ans et habiter ou travailler depuis deux ans dans le ressort (L. de 1890, art. 10). A *Genève*, on applique encore ici le droit commun (L. de 1890, art. 5). En *Belgique*, sont éligibles tous les électeurs âgés de 30 ans (L. de 1889, art. 38) ; mais, de plus, peuvent être élus les chefs d'industrie retirés et les anciens ouvriers, pourvu qu'ils réunissent les autres conditions de capacité et qu'ils ne forment pas plus du quart du nombre total des membres du conseil.

(3 et 4) Mêmes règles dans les législations étrangères : voy. en *Allemagne*, la L. de 1890, art. 12 ; en *Belgique*, la L. de 1889, art. 44 ; à *Genève*, la L. de 1890, art. 10 ; en *Portugal*, la L. de 1889, art. 6, § 2.

(5) Même règle en *Belgique* (L. de 1889 art. 65). En *Portugal* (L. de 1889, art. 6

Les prud'hommes sont rééligibles.

Lorsque, par un motif quelconque, il y a lieu de procéder au remplacement d'un ou de plusieurs membres d'un conseil de prud'hommes, le préfet convoque les électeurs.

Tout membre élu en remplacement d'un autre ne demeure en fonctions que pendant la durée du mandat confié à son prédécesseur.

**11.** Le bureau général est composé, indépendamment du président ou du vice-président, d'un nombre égal de prud'hommes patrons et de prud'hommes ouvriers. Ce nombre est au moins de deux prud'hommes patrons et de deux prud'hommes ouvriers, quel que soit celui des membres dont se compose le conseil (1).

**12.** Les jugements des conseils de prud'hommes sont signés par le président et par le secrétaire.

**13.** Les jugements des conseils *de prud'hommes sont* définitifs et sans appel, lorsque le chiffre de la demande n'excède pas 200 fr. en capital (2).

Au-dessus de 200 fr., les jugements sont sujets à l'appel devant le tribunal de commerce (3).

**14.** Lorsque le chiffre de la demande excède 200 fr., le jugement de condamnation peut ordonner l'exécution immédiate et à titre de provision jusqu'à concurrence de cette somme, sans qu'il soit besoin de fournir caution.

Pour le surplus, l'exécution provisoire ne peut être ordonnée qu'à la charge de fournir caution.

**15.** Les jugements par défaut qui n'ont pas été exécutés dans le délai de six mois sont réputés non avenus.

**16.** *Les conseils de prud'hommes* peuvent être dissous par un décret *de l'Empereur*, sur la proposition du ministre compétent.

**17.** L'autorité administrative peut toujours, lorsqu'elle le juge *convenable*, *réunir* les conseils de prud'hommes, qui doivent donner leur avis sur les questions qui leur sont posées.

---

§ 4) et à *Genève* (L. de 1890, art. 9), les prud'hommes ne sont élus que pour deux ans. En *Allemagne*, la durée des fonctions des membres des tribunaux industriels varient d'un an à six ans, suivant le statut local (L. de 1890, art. 12, § 3).

(1) L'égalité entre l'élément patron et l'élément ouvrier est aussi assurée par les législations étrangères : voy. en *Allemagne*, la L. de 1890, art. 22 ; en *Belgique*, la L. de 1889, art. 76 ; à *Genève*, la L. de 1890, art. 28.

(2) Même règle en *Belgique* (L. de 1889, art. 86). En *Allemagne*, l'appel peut être interjeté au-dessus de 100 marks (L. de 1890, art. 55) ; en *Portugal*, au-dessus de 30 milreis (168 fr.) (L. de 1890, art. 8) ; à *Genève*, au-dessus de 500 fr. (L. de 1890, art. 42).

(3) La compétence des tribunaux de commerce comme juges d'appel est également admise en *Belgique* (L. de 1889, art. 86, § 3) et en *Portugal* (L. de 1889, art. 9). A *Genève*, les appels sont portés devant une chambre d'appel qui est composée d'un président, de cinq prud'hommes patrons et de cinq prud'hommes ouvriers, lesquels ne doivent pas avoir déjà connu de l'affaire en conciliation ou en première instance (L. de 1890, art. 46 à 50). De plus, en matière de compétence et de litispendance, les parties peuvent se pourvoir contre les arrets de la chambre d'appel devant une cour mixte qui est composée de deux juges de la Cour de justice nommés par elle et de trois prud'hommes pris dans les chambres d'appel et désignés par celles-ci (L. de 1890, art. 51 et suiv.).

## Loi du 4 juin 1864, *sur le régime disciplinaire des conseils de prud'hommes.*

Art. 1er. Tout membre d'un conseil de prud'hommes qui, sans motifs légitimes et après mise en demeure, se refuserait à remplir le service auquel il est appelé, pourra être déclaré démissionnaire.

Le président constate le refus de service par un procès-verbal contenant l'avis motivé du conseil, le prud'homme préalablement entendu ou dûment appelé.

Si le conseil n'émet pas son avis dans le délai d'un mois à dater de la convocation, il est passé outre.

Sur le vu du procès-verbal, la démission est déclarée par arrêté du préfet.

En cas de réclamation, il est statué définitivement par le ministre *de l'agriculture*, du commerce *et des travaux publics*, sauf recours au Conseil d'État pour cause d'excès de pouvoir.

**2.** Tout membre d'un conseil de prud'hommes qui aura manqué gravement à ses devoirs, dans l'exercice de ses fonctions, sera appelé par le président devant le conseil pour s'expliquer sur les faits qui lui sont reprochés.

Si le conseil n'émet pas son avis motivé dans le délai d'un mois à dater de la convocation, il est passé outre.

Un procès-verbal est dressé par le président.

**3.** Le procès-verbal est transmis par le préfet, avec son avis, au ministre.

Les peines suivantes peuvent être prononcées, suivant les cas :

La censure,

La suspension pour un temps qui ne peut excéder six mois,

La déchéance.

La censure et la suspension sont prononcées par arrêté ministériel ; la déchéance est prononcée par décret *impérial*.

**4.** Le prud'homme contre lequel la déchéance a été prononcée ne peut être élu aux mêmes fonctions pendant six ans, à dater du décret *impérial*.

---

## Loi du 7 février 1880, *concernant : 1° la présidence et le secrétariat du conseil des prud'hommes : 2° l'abrogation de l'article* 30 *du décret du* 18 *mars* 1806.

Art. 1er. Les membres des conseils de prud'hommes, réunis en assemblée générale, éliront parmi eux, à la majorité absolue des membres présents, un président et un vice-président [1].

---

(1) Il en est de même à *Genève* (L. de 1890, art. 16). Les autres législations diffèrent au contraire de la législation française : en *Allemagne*, les président et vice-présidents ne peuvent être pris ni parmi les patrons, ni parmi les ouvriers, et ils sont nommés par le maire ou par la représentation municipale (L. de 1890, art. 11). En *Portugal*, ils sont nommés par le Gouvernement sur une liste de sept citoyens étrangers aux professions composant le conseil, et élus au scrutin secret par la chambre municipale de la commune ou siège ledit conseil (L. de 1889, art. 6, § 1er). En *Belgique*, le président et le vice-président sont également nommés par arrêté royal, soit dans le sein du conseil, soit en dehors, sur une liste double de candidats choisis les uns par les prud'hommes patrons, les autres par les prud'hommes ouvriers : le président et le vice-président ne peuvent être pris sur la même liste (L. de 1889, art. 69).

En cas de partage des voix et après deux tours de scrutin, le conseiller le plus ancien en fonctions sera élu. Si les deux candidats avaient un temps de service égal, la préférence serait accordée au plus âgé. Il en sera de même dans le cas de la création d'un nouveau conseil.

**2.** Lorsque le président sera choisi parmi les prud'hommes patrons, le vice-président ne pourra l'être que parmi les prud'hommes ouvriers, et réciproquement.

**3.** La durée des fonctions du président et du vice-président est d'une année.

Ils seront rééligibles.

**4.** Le bureau particulier des conseils de prud'hommes, institué par l'article 21 du décret du 11 juin 1809, sera présidé alternativement par un patron et un ouvrier, suivant un roulement établi par le règlement particulier de chaque conseil.

**5.** Le secrétaire attaché aux conseils de prud'hommes sera nommé à la majorité absolue des suffrages ; il pourra être révoqué à volonté ; mais, dans ce cas, la délibération devra être signée par les deux tiers des prud'hommes.

**6.** L'article 30 du décret du 18 mars 1806 est abrogé.

**7.** Sont abrogées toutes les dispositions antérieures contraires à celles de la présente loi.

---

## Loi du 11 décembre 1884, *sur les conseils de prud'hommes.*

Art. **1er.** Dans le cas où, dans les élections pour les conseils de prud'hommes, se produirait l'abstention collective, soit des patrons, soit des ouvriers ; dans le cas où ils porteraient leurs suffrages sur les noms d'un candidat notoirement inéligible ; dans le cas où les candidats élus par les patrons ou par les ouvriers refuseraient d'accepter le mandat ;

Dans celui où les membres élus s'abstiendraient systématiquement de siéger,

Il sera procédé, dans la quinzaine, à des élections nouvelles pour compléter le conseil. Si, après ces nouvelles élections, les mêmes obstacles empêchent encore la constitution ou le fonctionnement du conseil, les prud'hommes, régulièrement élus, acceptant le mandat et se rendant aux convocations, constitueront le conseil et procéderont, pourvu que leur nombre soit au moins égal à la moitié du nombre total des membres dont le conseil est composé.

**2.** Sont modifiés ou complétés ainsi qu'il suit les articles 22 du décret du 27 mai 1848, 11 de la loi du 1er juin 1853, 2 et 4 de la loi du 7 février 1880.

Décret du 27 mai 1848, art. 22.

Une audience au moins par semaine sera consacrée aux conciliations. Cette audience sera tenue par deux membres, l'un patron, l'autre ouvrier.

Exceptionnellement et dans les cas prévus par l'article 1er de la présente loi, les deux membres composant le bureau peuvent être pris soit parmi les prud'hommes patrons, soit parmi les prud'hommes ouvriers.

Loi du 1er juin 1853, art. 11.

Le bureau général est composé, indépendamment du président ou du vice-président, d'un nombre égal de prud'hommes patrons et de prud'hommes ouvriers. Ce nombre est au moins de deux prud'hommes patrons et de deux prud'hommes ouvriers, quel que soit celui des membres dont se compose le conseil.

Par exception et dans les cas prévus par l'article 1er de la présente loi, les quatre membres seront pris, sans distinction de qualité, parmi les prud'hommes installés.

Loi du 8 février 1880, art. 2.

Lorsque le président sera choisi parmi les prud'hommes patrons, le vice-président ne pourra l'être que parmi les prud'hommes ouvriers, et réciproquement.

Dans les cas exceptionnels prévus par l'article 1er de la présente loi, le président, le vice-président pourront être pris tous deux parmi les prud'hommes ouvriers ou les prud'hommes patrons.

Loi du 7 février 1880, art. 4.

Le bureau particulier des conseils de prud'hommes institué par l'article 21 du décret du 11 juin 1809 sera présidé alternativement par un patron et un ouvrier, suivant un roulement établi par le règlement particulier de chaque conseil, sauf dans les cas prévus par l'article 1er de la présente loi.

---

**CONSEIL SUPÉRIEUR DU COMMERCE ET DE L'INDUSTRIE.** (*V.* **Corps consultatifs de l'industrie.**)

**CONSEIL SUPÉRIEUR DU TRAVAIL.** (*V.* **Corps consultatifs de l'industrie.**)

---

## CORPS CONSULTATIFS DE L'INDUSTRIE (1).

**Loi du 22 germinal an XI,** *relative aux manufactures, fabriques et ateliers.*

TITRE I. — DISPOSITIONS GÉNÉRALES.

Art. **1er**. Il pourra être établi dans les lieux où le Gouvernement le jugera convenable, des chambres consultatives de manufactures, fabriques, arts et métiers.

**2.** Leur organisation sera faite par un règlement d'administration publique.

**3.** Leurs fonctions seront de faire connaître les besoins et les moyens d'amélioration des manufactures, fabriques, arts et métiers.

. . . . . . . . . . . . . . .

---

**Arrêté du 10 thermidor an XI,** *relatif à l'organisation des chambres consultatives des manufactures, fabriques, arts et métiers.*

. . . . . . . . . . . . . . .

Art. **3.** Les fonctions desdites chambres seront uniquement de faire connaître, conformément aux dispositions de l'article 3 de la loi du 22 germinal, les besoins et les moyens d'amélioration des manufactures, fabriques, arts et métiers.

**4.** Les chambres de commerce rempliront les fonctions précitées dans les communes où le

---

(1) Voy. pour les chambres de commerce, notre *Code de commerce*, p. 134.

Gouvernement n'aura pas établi de chambres consultatives de manufactures, fabriques, arts et métiers.

. . . . . . . . . . . . . . . .

8. Les maires des lieux où il sera établi des chambres consultatives de manufactures fourniront un local convenable pour la tenue de leurs séances.

9. Les menus frais de bureau auxquels cette tenue donnera lieu feront partie des dépenses des communes, seront portés dans leurs budgets et acquittés sur leurs revenus.

---

**Arrêté de la Commission du Pouvoir exécutif du 19 juin 1848,** *relatif aux chambres consultatives des arts et manufactures.*

. . . . . . . . . . . . . . . .

Art. 7. Le nombre des membres à élire pour chaque chambre consultative est fixé à douze.

. . . . . . . . . . . . . . . .

10. Les chambres consultatives nommeront leur président : en cas de partage, la voix du président sera prépondérante.

Le préfet ou le sous-préfet dans le lieu de sa résidence, le maire dans les autres villes, est membre-né et président d'honneur de la chambre. Il préside effectivement les séances où il assiste en personne.

. . . . . . . . . . . . . . . .

---

**Décret du 24 octobre 1863,** *relatif au renouvellement des chambres consultatives des arts et manufactures.*

Art. 1er. Les fonctions des membres des chambres consultatives des arts et manufactures durent six années ; le renouvellement a lieu par tiers tous les deux ans. Pour les deux premiers renouvellements partiels qui suivent une élection générale, l'ordre de sortie est réglé par le sort.

Les vacances accidentelles sont remplies à la plus prochaine élection, mais seulement pour le temps qui reste à courir sur l'exercice du membre remplacé.

Les membres sortants sont rééligibles.

---

**Décret du 22 janvier 1872,** *qui détermine le mode d'élection des membres des chambres de commerce et des chambres consultatives des arts et manufactures.*

Art. 1er. Les membres des chambres de commerce, lorsque la circonscription de ces chambres est la même que le ressort d'un tribunal de commerce, sont nommés par les électeurs désignés conformément aux articles 618 et 619 du Code de commerce, modifiés par la loi du 21 décembre 1871 susvisée (1).

Quand une chambre de commerce comprend dans sa circonscription plusieurs tribunaux de commerce, il est procédé à l'élection de ses membres d'a-

---

(1) Ces articles sont toujours en vigueur en ce qui concerne les chambres de commerce et les chambres consultatives des arts et manufactures (voy. art. 20, L. du 8 déc. 1883).

près les listes dressées pour ces tribunaux.

A défaut de tribunal de commerce dans les arrondissements ou cantons compris dans la circonscription d'une chambre, il est dressé pour lesdits arrondissements des listes d'électeurs d'après les bases déterminées par les articles 618 et 619 ci-dessus mentionnés.

**2.** Les assemblées électorales se tiennent dans la ville où siège la chambre de commerce, et, s'il y a lieu, dans les autres localités de la circonscription désignées par le préfet du département.

Il est procédé à la convocation des électeurs et aux opérations électorales conformément aux dispositions de l'article 621 du Code de commerce, modifié par la loi susvisée, relatives à l'élection des juges des tribunaux de commerce.

Le recensement général des votes a lieu dans la ville où siège la chambre de commerce. Le président de l'assemblée proclame le résultat de l'élection. Le procès-verbal est rédigé en triple original. Le président transmet immédiatement les trois originaux au préfet, qui en adresse un au ministre *de l'agriculture et* du commerce et un au président de la chambre.

**3.** L'élection des membres des chambres consultatives des arts et manufactures est faite par les électeurs domiciliés dans la circonscription de chacune des chambres et inscrits sur les listes dressées d'après les bases indiquées ci-dessus.

Il sera procédé aux opérations électorales comme il est prescrit à l'article 2.

**4.** Les conditions d'éligibilité déterminées par l'article 620 du Code de commerce, modifié par la loi susvisée, en ce qui concerne les juges des tribunaux de commerce, sont applicables aux élections des membres des chambres de commerce et des chambres consultatives des arts et manufactures.

**5.** Sont abrogés le décret du 30 août 1852 et les autres dispositions contraires aux dispositions du présent décret.

---

**Décret du 18 octobre 1880,** *qui réorganise le comité consultatif des arts et manufactures.*

Art. **1**er. Le comité consultatif des arts et manufactures, institué près le ministère *de l'agriculture et* du commerce, est chargé de l'étude et de l'examen de toutes les questions intéressant le commerce et l'industrie qui lui sont renvoyées par le ministre, en vertu des lois et règlements, ou sur lesquelles le ministre juge utile de le consulter, notamment en ce qui concerne :

Les établissements insalubres ou incommodes ;

Les brevets d'invention ;

L'application ou la modification, au point de vue technique, des tarifs et des lois de douane.

Il peut être chargé de procéder aux enquêtes ou informations qui sont jugées nécessaires par le ministre pour l'étude des questions ci-dessus énoncées.

**2.** Le comité consultatif des arts et manufactures est composé de *vingt membres* (1) pris dans le Conseil d'État, l'Académie des sciences, les corps des ponts et chaussées et des mines, le commerce et l'industrie.

Un secrétaire, ayant voix délibérative, est attaché au comité.

**3.** Les membres du comité sont nommés par décret, sur la proposition du ministre *de l'agriculture et* du commerce.

**4.** Le ministre désigne chaque année celui des membres du comité qui sera chargé de le présider.

Il nomme le secrétaire du comité et règle son traitement.

**5.** Le comité se réunit au moins une fois par semaine.

Les membres présents ont droit, pour chaque séance, à des jetons dont la valeur est fixée par arrêté ministériel.

**6.** Les membres titulaires, après dix années d'exercice, peuvent être nommés membres honoraires.

Les membres honoraires assistent aux délibérations du comité, lorsqu'ils y sont appelés par des décisions spéciales du ministre.

**7.** Le directeur général des douanes et les directeurs du commerce intérieur et du commerce extérieur sont membres de droit du comité.

**8.** Les décrets en date des 5 janvier 1861 et 29 septembre 1869 sont rapportés.

---

**Décret du 13 octobre 1882,** *relatif au conseil supérieur du commerce et de l'industrie.*

Art. **1er**. Il est établi près du ministère du commerce un conseil supérieur du commerce et de l'industrie.

Ce conseil, placé sous la présidence du ministre, est composé de *deux* (2) vice-présidents et de quarante-huit membres; il est divisé en deux sections, savoir :

1° La section du commerce;
2° La section de l'industrie.

Chacune de ces sections comprend vingt-quatre membres choisis parmi les sénateurs, les députés, les présidents des principales chambres de commerce et les hommes notoirement les plus versés dans les matières commerciales, industrielles et financières.

Sont, en outre, membres de droit du conseil supérieur, avec voix délibérative : Le directeur du commerce extérieur; le directeur du commerce intérieur; le directeur général des douanes; le directeur général des contributions indirectes; le directeur des affaires commerciales au ministère des affaires étrangères; le *directeur* des colonies.

Les membres de droit participent indistinctement aux travaux des deux sections, soit séparées, soit réunies.

**2.** Les vice-présidents et les membres du conseil supérieur sont nommés par le Président

---

(1) D'après le Décr. du 8 mars 1884, le comité consultatif est composé de dix-huit membres, non compris les membres de droit déterminés par l'art. 7 ci-dessus.

(2) Le nombre des vice-présidents a été porté de deux à quatre par l'art. 1er du Décr. du 29 mai 1890.

de la République, sur la proposition du ministre du commerce et de l'industrie.

**3.** Le conseil supérieur du commerce et de l'industrie se réunit sur la convocation du ministre du commerce ; il peut être appelé à donner son avis sur les projets de loi concernant le tarif des douanes, ainsi que sur les diverses mesures relatives à l'application dudit tarif, sur les projets de traités de commerce et de navigation, sur la législation commerciale des colonies et de l'Algérie, sur le système des encouragements aux grandes pêches maritimes et à la marine marchande, sur les questions de colonisation et d'émigration, et généralement sur toutes les affaires au sujet desquelles le Gouvernement juge à propos de le consulter.

Le conseil supérieur peut, s'il y a lieu, appeler dans son sein et entendre les personnes qu'il croira susceptibles de l'éclairer sur une question particulière, et il peut même, le cas échéant et avec l'autorisation du ministre, procéder à des enquêtes.

**4.** Tous les ministres ont entrée au conseil supérieur et peuvent, à propos d'affaires spéciales, déléguer des commissaires avec voix consultative.

**5.** Le décret qui nommera les vice-présidents et les membres du conseil supérieur désignera un secrétaire qui sera attaché audit conseil avec voix consultative.

**6.** Les dispositions des décrets et ordonnances antérieurs, relatives à la formation du conseil supérieur du commerce, sont et demeurent abrogées.

---

**Décret du 22 janvier 1891,** *relatif à la création d'un conseil supérieur du travail.*

Art. **1**er. Il est établi près du ministre du commerce, de l'industrie et des colonies, et sous sa présidence, un conseil supérieur du travail.

**2.** Ce conseil est composé de cinquante membres nommés par décret, sur la proposition du ministre du commerce et de l'industrie, et choisis parmi les membres du Parlement, les industriels, les ouvriers, les membres des chambres syndicales, des associations patronales ou ouvrières, des groupes corporatifs, des conseils de prud'hommes, et, d'une manière générale, parmi les hommes spécialement versés dans les questions économiques et sociales.

Sont, en outre, membres de droit : Le directeur du commerce intérieur ; le directeur de l'enseignement technique ; le directeur des chemins de fer au ministère des travaux publics ; le directeur des routes, de la navigation et des mines au ministère des travaux publics ; le directeur chargé du service des sociétés de secours mutuels au ministère de l'intérieur ; le directeur général de la Caisse des dépôts et consignations ; le président du conseil municipal de Paris ; le directeur général des travaux de la ville de Paris ; le président de la chambre de commerce de Paris ; le président du tribunal de commerce de Paris.

Les vice-présidents et les secrétaires du conseil supérieur seront désignés par le ministre et nommés par arrêté ministériel.

**3.** Les membres du conseil sont nommés pour deux ans.

Le renouvellement a lieu par moitié tous les ans ; à la première réunion du conseil, l'ordre de sortie sera réglé par voie de tirage au sort.

Les membres sortants peuvent être renommés.

**4.** Le conseil se réunit sur la convocation du ministre du commerce et de l'industrie, qui fixe l'époque, la durée et l'objet de chaque session. Le ministre peut également former une commission permanente, prise dans le sein du conseil supérieur.

**5.** Le conseil peut, avec l'autorisation du ministre, procéder à des enquêtes et entendre toutes les personnes qu'il jugerait en état de l'éclairer sur les questions qui lui sont soumises.

**6.** Il peut être alloué aux membres du conseil, par une décision spéciale du ministre, des jetons de présence et une indemnité de déplacement.

---

**Loi du 20 juillet 1891,** *tendant à la création d'un office du travail.*

Art. **1**er. Il est créé au ministère du commerce, de l'industrie et des colonies un office du travail destiné à rassembler, coordonner et vulgariser tous les renseignements concernant la statistique du travail.

**2.** Un règlement d'administration publique déterminera les attributions et le fonctionnement de l'office du travail.

. . . . . . . . . . . . . . . .

---

**Décret du 19 août 1891,** *organisant l'office du travail.*

Art. **1**er. L'office du travail a pour mission :

De recueillir, de coordonner et de publier, dans les limites et conditions indiquées au présent décret, toutes informations relatives au travail, notamment en ce qui concerne l'état et le développement de la production, l'organisation et la rémunération du travail, ses rapports avec le capital, la condition des ouvriers, la situation comparée du travail en France et à l'étranger ;

Et d'effectuer tous travaux se rattachant à cet ordre d'idées, qui lui seraient demandés par le ministre du commerce, de l'industrie et des colonies.

**2.** L'office du travail constitue au ministère du commerce, de l'industrie et des colonies, un service distinct placé sous l'autorité immédiate du ministre.

Il se divise en service central et service extérieur.

. . . . . . . . . . . . . . . .

**7.** Le service central recueille, soit par correspondance avec des administrations publiques, des fonctionnaires, des collectivités ou des particuliers, soit par voie de recherches dans les publications françaises ou étrangères, les renseignements utiles aux travaux de l'office. Il les coordonne avec ceux qui lui sont fournis par le service extérieur, et met le tout en œuvre, pour la rédaction des documents à publier ou à fournir au ministre...

**8.** Les délégués permanents et les délégués temporaires, qui composent le service extérieur, sont chargés de faire des enquêtes sur place, de recueillir des informations, etc.

Ils sont placés sous l'autorité immédiate du directeur et effectuent leurs enquêtes ou travaux sur son ordre et suivant ses instructions.

Les enquêtes à faire et les informations à recueillir dans les établissements ou industries placés sous la direction ou le contrôle de l'État restent exclusivement confiées à l'administration compétente, à moins qu'elle ne réclame elle-même le concours de l'office du travail.

**9.** Les renseignements recueillis et élaborés par l'office du travail servent d'éléments à une publication périodique intitulée : *Bulletin de l'office du travail.*

Ils peuvent aussi donner lieu à des publications spéciales sur des questions déterminées.

---

## DÉBITS DE BOISSONS.

**Loi du 17 juillet 1880,** *qui abroge le décret du* 29 *décembre* 1851 *sur les cafés, cabarets et débits de boissons* (1).

Art. **1**er. Le décret du 29 décembre 1851 sur les cafés, cabarets et débits de boissons à consommer sur place, est abrogé.

**2.** A l'avenir, toute personne qui voudra ouvrir un café, cabaret ou autre débit de boissons à consommer sur place, sera tenue de faire, quinze jours au moins à l'avance et par écrit, une déclaration indiquant :

1o Ses nom, prénoms, lieu de naissance, profession et domicile ;

2o La situation du débit ;

3o A quel titre elle doit gérer le débit et les nom, prénoms, profession et domicile du propriétaire, s'il y a lieu.

Cette déclaration sera faite à la mairie de la commune où le débit doit être établi.

A Paris, elle sera faite à la préfecture de police.

Il en sera donné immédiatement récépissé.

Dans les trois jours de cette déclaration, le maire de la commune où elle aura été faite en transmettra copie intégrale au procureur de la République de l'arrondissement.

**3.** Toute mutation dans la personne du propriétaire ou du gérant devra être déclarée dans les quinze jours qui suivront.

La translation du débit d'un lieu à un autre devra être déclarée huit jours au moins à l'avance.

La transmission de ces déclarations sera faite aussi au procureur de la République de l'arrondissement, conformément aux dispositions édictées dans le précédent article 2.

**4.** L'infraction aux dispositions des deux précédents articles sera punie d'une amende de seize à cent francs.

**5.** Les mineurs non émancipés

(1) La plupart des pays étrangers ont maintenu la nécessité d'une autorisation pour l'ouverture des débits de boissons : il en est ainsi en *Allemagne* (L. sur l'industrie du 21 juin 1869, art. 33), en *Angleterre* (*Licencing act* de 1872), en *Autriche* (L. du 1er mai 1860, art. 16, 28 et 29), en *Italie* (L. du 20 mars 1865, art. 35) et en *Suisse* (voy. notamment pour le canton de Fribourg, la L. du 28 sept. 1888).

et les interdits ne peuvent exercer par eux-mêmes la profession de débitant de boissons.

**6.** Ne peuvent non plus exploiter des débits de boissons à consommer sur place ;

1° Tous les individus condamnés pour crimes de droit commun ; 2° ceux qui auront été condamnés à un emprisonnement d'un mois au moins, pour vol, recel, escroquerie, filouterie, abus de confiance, recel de malfaiteurs, outrage public à la pudeur, excitation de mineurs à la débauche, tenue d'une maison de jeu, vente de marchandises falsifiées et nuisibles à la santé, conformément aux articles 379, 401, 405, 406, 407, 408, 248, 330, 331, 410 du Code pénal, et à l'article 2 de la loi du 27 mars 1851.

L'incapacité sera perpétuelle à l'égard de tous les individus condamnés pour crimes. Elle cessera cinq ans après l'expiration de leur peine, à l'égard des condamnés pour délits, si, pendant ces cinq années, ils n'ont encouru aucune condamnation correctionnelle à l'emprisonnement.

**7.** Les mêmes condamnations, lorsqu'elles seront prononcées contre un débitant de boissons à consommer sur place, entraîneront de plein droit contre lui, et pendant le même délai, l'interdiction d'exploiter un débit, à partir du jour où lesdites condamnations seront devenues définitives.

La même interdiction atteindra aussi tout débitant qui viendrait à être condamné à un mois au moins d'emprisonnement, en vertu des articles 1er et 2 de la loi du 23 janvier 1873, pour la répression de l'ivresse publique.

Le débitant interdit ne pourra être employé, à quelque titre que ce soit, dans l'établissement qu'il exploitait, comme attaché au service de celui auquel il aurait vendu ou loué, ou par qui il ferait gérer ledit établissement, ni dans l'établissement qui serait exploité par son conjoint, même séparé.

**8.** Toute infraction aux dispositions des articles 5, 6 et 7 sera punie d'une amende de seize à deux cents francs.

En cas de récidive, l'amende pourra être portée jusqu'au double, et le coupable pourra, en outre, être condamné à un emprisonnement de six jours à un mois.

**9.** Les maires pourront, les conseils municipaux entendus, prendre des arrêtés pour déterminer, sans préjudice des droits acquis, les distances auxquelles les cafés et débits de boissons ne pourront être établis autour des édifices consacrés à un culte quelconque, des cimetières, des hospices, des écoles primaires, collèges ou autres établissements d'instruction publique.

**10.** Les individus qui, à l'occasion d'une foire, d'une vente ou d'une fête publique, établiraient des cafés ou débits de boissons, ne seront pas tenus à la déclaration prescrite par l'article 2, mais ils devront obtenir l'autorisation de l'autorité municipale.

En cas d'infraction à la présente disposition, le débit sera immédiatement fermé, et le contrevenant puni de la peine portée en l'article 4.

**11.** Les infractions ou contraventions aux règlements de police continueront à être punies des peines de simple police.

**12.** L'article 463 du Code pénal sera applicable à tous les délits et contraventions prévus par les articles ci-dessus.

---

**DÉLÉGUÉS A LA SÉCURITÉ DES OUVRIERS MINEURS.** (*V.* Mines.)

---

## DESSINS ET MODÈLES DE FABRIQUE (1).

**Loi du 18 mars 1806**, *portant établissement d'un conseil de prud'hommes à Lyon* (2).

. . . . . . . . . . . . . . . .

### TITRE II. — DES FONCTIONS DES PRUD'HOMMES.

*Sect. 3. — De la conservation de la propriété des dessins.*

**Art. 14.** Le conseil de prud'hommes est chargé des mesures conservatrices de la propriété des dessins.

**15.** Tout fabricant qui voudra pouvoir revendiquer par la suite, devant le tribunal de commerce, la propriété d'un dessin de son invention (3), sera tenu d'en déposer aux archives du conseil de prud'hommes, un échantillon plié sous enveloppe revêtue de ses cachet et signature, sur laquelle sera également apposé le cachet du conseil de prud'hommes (4).

**16.** Les dépôts des dessins seront inscrits sur un registre tenu *ad hoc* par le conseil de prud'hommes, lequel délivrera aux fabricants un certificat rappelant le numéro d'ordre du paquet déposé, et constatant la date du dépôt (5).

**17.** En cas de contestation entre deux ou plusieurs fabricants sur la propriété d'un des-

---

(1) Voy. *infrà*, v[is] *Expositions publiques* et *Traités internationaux*.

(2) Les législations étrangères sur les dessins et modèles de fabrique sont les suivantes :

1° *Allemagne :* L. du 11 janv. 1876 (*Ann. de lég. étr.*, 1877, p. 114) et L. du 1er juin 1891 sur les modèles d'utilité;

2° *Angleterre :* L. du 25 août 1883 (*ibid.*, 1884, p. 87);

3° *Autriche-Hongrie :* L. du 7 déc. 1858 (*Ann. de la propr. industr.*, 1859, p. 197), modifiée par la L. du 23 mai 1865;

4° *Belgique :* L. française du 18 mars 1806, et L. du 22 mars 1886 sur le droit d'auteur, art. 21 (*Ann. de lég. étr.*, 1887, p. 462);

5° *États-Unis d'Amérique :* L. du 8 juill. 1870;

6° *Italie :* L. du 30 août 1868 et Décr. du 7 févr. 1869;

7° *Portugal :* Code pénal;

8° *Russie :* L. du 11 juill. 1864;

9° *Serbie :* L. du 30 mai 1884 (*ibid.*, 1885, p. 705);

10° *Suisse :* L. du 21 déc. 1888 et Règlem. du 24 mai 1889 (*ibid.*, 1889, p. 662 et 670).

Les autres pays n'ont point de législation spéciale sur la matière.

(3) Les législations étrangères exigent formellement que l'invention soit nouvelle et définissent ce qu'il faut entendre par nouveauté. En *Allemagne*, la production doit être nouvelle et originale (L. de 1876, art. 1er). En *Suisse*, la production n'est pas considérée comme nouvelle si elle n'est que la copie d'une œuvre préexistante, ou si, antérieurement au dépôt, elle a reçu une publicité industrielle (L. de 1888, art. 7, 1° et 2°). En *Angleterre*, d'après la L. de 1883, il suffit que la production n'ait pas encore été publiée dans le royaume.

(4 et 5) Toutes les législations qui protègent les dessins et modèles exigent l'enregistrement et le dépôt (voy. en *Allemagne* la L. de 1876, art. 7; en *Suisse*, la L. de 1888, art. 9 et suiv.). En *Angleterre*, d'après la L. de 1883, le contrôleur chargé de recevoir le dépôt a le droit d'examen préalable et peut le refuser, sauf

sin, le conseil des prud'hommes procédera à l'ouverture des paquets, qui auront été déposés par les parties, il fournira un certificat indiquant le nom du fabricant qui aura la priorité de date.

**18.** En déposant son échantillon, le fabricant déclarera s'il entend se réserver la propriété exclusive pendant une, trois ou cinq années, ou à perpétuité : il sera tenu note de cette déclaration (1).

A l'expiration du délai fixé par ladite déclaration, si la réserve est temporaire, tout paquet d'échantillon déposé sous cachet dans les archives du conseil, devra être transmis au conservatoire des arts de la ville de Lyon, et les échantillons y contenus être joints à la collection du conservatoire.

**19.** En déposant son échantillon, le fabricant acquittera entre les mains du receveur de la commune, une indemnité qui sera réglée par le conseil des prud'hommes, et ne pourra excéder un franc pour chacune des années pendant lesquelles il voudra conserver la propriété exclusive de son dessin, et sera de dix francs pour la propriété perpétuelle (2).

---

Code pénal, liv. III, tit. 2.

. . . . . . . . . . . . . . . . .

Art. **425**. Toute édition d'écrits, de composition musicale, de dessin, de peinture ou de toute autre production, imprimée ou gravée en entier ou en partie, au mépris des lois et règlements relatifs à la propriété des auteurs est une contrefaçon ; et toute contrefaçon est un délit.

**426**. Le débit d'ouvrages contrefaits, l'introduction sur le territoire français d'ouvrages qui, après avoir été imprimés en France, ont été contrefaits chez l'étranger, sont un délit de la même espèce.

**427**. La peine contre le contrefacteur ou contre l'introducteur sera une amende de cent

---

appel devant le *Board of Trade*. En *Suisse*, le bureau fédéral de la propriété industrielle est chargé de recevoir les dépôts, et il peut aussi les refuser, sauf recours devant l'administration supérieure, mais seulement dans le cas où les formalités légales n'auraient pas été remplies, ou encore si le dessin ou modèle était d'une nature scandaleuse (L. de 1888, art. 11). En *Allemagne*, le système de l'examen préalable n'existe pas en matière de dessins et modèles : le postulant doit faire le dépôt au tribunal de son principal établissement s'il est inscrit sur le registre du commerce, sinon au tribunal de son domicile, et, s'il n'a pas de domicile en Allemagne, au tribunal de Leipsig (L. de 1876, art. 9).

(1) Les législations étrangères admettent toutes un simple droit temporaire qui varie suivant les pays : en *Allemagne* (L. de 1876, art. 8) et en *Suisse* (L. de 1888, art. 5), sa durée peut aller jusqu'à 15 ans.

(2) Ici, comme en matière de brevets, les législations étrangères admettent le système de la taxe progressive : en *Allemagne*, la taxe annuelle est de 1 mark pour les trois premières années, 2 marks pour les sept années suivantes, 3 marks pour les cinq dernières années (L. de 1876, art. 12) ; voy. aussi en *Suisse* le règlement du 21 déc. 1888, art. 8. La taxe doit être payée à peine de déchéance.

Certaines législations établissent d'autres causes de déchéance : ainsi en *Suisse*, est frappé de déchéance celui qui n'exploite pas dans le pays le dessin ou le modèle dans une mesure convenable, alors que des produits munis dudit dessin ou modèle sont fabriqués à l'étranger et introduits en Suisse (L. de 1888, art. 6, 2°).

francs au moins et de deux mille francs au plus ; et contre le débitant, une amende de vingt-cinq francs au moins et de cinq cents francs au plus [1].

La confiscation de l'édition contrefaite sera prononcée tant contre le contrefacteur que contre l'introducteur et le débitant.

Les planches, moules ou matrices des objets contrefaits, seront aussi confisqués.

. . . . . . . . . . . . . . . .

**429**. Dans les cas prévus par les quatre articles précédents, le produit des confiscations, ou les recettes confisquées, seront remis au propriétaire, pour l'indemniser d'autant du préjudice qu'il aura souffert ; le surplus de son indemnité, ou l'entière indemnité, s'il n'y a eu ni vente d'objets confisqués, ni saisie de recettes, sera réglé par les voies ordinaires.

---

**Ordonnance du 17 août 1825,** *qui, sur la réclamation des manufacturiers dont les fabriques sont situées hors du ressort d'un conseil de prud'hommes, fixe le lieu de dépôt légal des dessins de leur invention.*

Art. 1er. Le dépôt des échantillons de dessins qui doit être fait, conformément à l'article 15 de la loi du 18 mars 1806, aux archives des conseils de prud'hommes, pour les fabriques situées dans le ressort de ces conseils, sera reçu, pour toutes les fabriques situées hors du ressort d'un conseil de prud'hommes, au greffe du tribunal de commerce, ou au greffe du tribunal de première instance, dans les arrondissements où les tribunaux civils exerceront la juridiction des tribunaux de commerce.

**2**. Ce dépôt se fera dans les formes prescrites pour le même dépôt aux archives des conseils de prud'hommes par les articles 15, 16 et 18, section III, titre II, de la loi du 18 mars 1806. Il sera reçu gratuitement, sauf le droit du greffier pour la délivrance du certificat constatant ledit dépôt.

---

**Décret du 5 juin 1861,** *relatif au dépôt des dessins et des modèles de fabrique provenant des pays où des conventions diplomatiques ont établi une garantie réciproque pour la propriété des dessins et modèles de cette nature.*

Art. 1er. Le dépôt des dessins et des modèles de fabrique provenant des pays où des conventions diplomatiques ont établi une garantie réciproque pour la propriété des dessins et modèles de cette nature doit se faire aux secrétariats des conseils de prud'hommes de Paris, suivant la nature des industries.

---

(1) Les législations étrangères en général ne punissent également le contrefacteur que d'une amende qui varie suivant les pays. La législation *suisse* est plus sévère : l'art. 20 de la L. de 1888 décide que le contrefacteur sera condamné, outre la confiscation et les réparations civiles, à une amende de 30 à 2,000 fr., ou à un emprisonnement de trois jours à une année, ou à ces deux peines réunies.

DYNAMITE. (V. Explosifs.)

---

## EAUX MINÉRALES.

**Ordonnance du 18 juin 1823,** *portant règlement sur la police des eaux minérales.*

### TITRE I. — DISPOSITIONS GÉNÉRALES.

Art. **1er**. Toute entreprise ayant pour effet de livrer ou d'administrer au public des eaux minérales naturelles ou artificielles demeure soumise à une autorisation préalable et à l'inspection d'hommes de l'art, ainsi qu'il sera réglé ci-après.

Sont seuls exceptés de ces conditions les débits desdites eaux qui ont lieu dans des pharmacies.

**2.** Les autorisations exigées par l'article précédent continueront à être délivrées par notre ministre secrétaire d'État de l'intérieur, sur l'avis des autorités locales, accompagné, pour les eaux minérales naturelles, de leur analyse, et, pour les eaux minérales artificielles, des formules de leur préparation.

Elles ne pourront être révoquées qu'en cas de résistance aux règles prescrites par la présente ordonnance ou d'abus qui seraient de nature à compromettre la santé publique.

**3.** L'inspection ordonnée par le même article 1er continuera à être confiée à des docteurs en médecine ou en chirurgie; la nomination en sera faite par notre ministre secrétaire d'État de l'intérieur, de manière qu'il n'y ait qu'un inspecteur par établissement, et qu'un même inspecteur en inspecte plusieurs, lorsque le service le permettra.

Il pourra néanmoins, là où ce sera jugé nécessaire, être nommé des inspecteurs adjoints, à l'effet de remplacer les inspecteurs titulaires en cas d'absence, de maladie ou de tout autre empêchement.

**4.** L'inspection a pour objet tout ce qui, dans chaque établissement, importe à la santé publique.

Les inspecteurs font, dans ce but, aux propriétaires, régisseurs ou fermiers, les propositions et observations qu'ils jugent nécessaires; ils portent, au besoin, leurs plaintes à l'autorité, et sont tenus de lui signaler les abus venus à leur connaissance.

**5.** Ils veillent particulièrement à la conservation des sources, à leur amélioration, à ce que les eaux minérales artificielles soient toujours conformes aux formules approuvées, et à ce que les unes et les autres eaux ne soient ni falsifiées ni altérées. Lorsqu'ils s'aperçoivent qu'elles le sont, ils prennent ou requièrent les précautions nécessaires pour empêcher qu'elles ne puissent être livrées au public, et provoquent, s'il y a lieu, telles poursuites que de droit.

**6.** Ils surveillent, dans l'intérieur des établissements, la distribution des eaux, l'usage qui en est fait par les malades; sans néanmoins pouvoir mettre obstacle à la liberté qu'ont ces derniers de suivre les prescriptions de leurs propres médecins ou chirurgiens, et même d'être accompagnés par eux, s'ils le demandent.

**7.** *Les traitements des inspecteurs étant une charge des* *établissements inspectés, les propriétaires, régisseurs ou fermiers seront nécessairement entendus pour leur fixation, laquelle continuera à être faite par les préfets et confirmée par notre ministre secrétaire d'État de l'intérieur* (1).

Il n'est point dû de traitement aux inspecteurs adjoints.

**8**. Partout où l'affluence du public l'exigera, les préfets, après avoir entendu les propriétaires et les inspecteurs, feront des règlements particuliers qui auront en vue l'ordre intérieur, la salubrité des eaux, leur libre usage, l'exclusion de toute préférence dans les heures à assigner aux malades pour les bains ou douches, et la protection particulière due à ces derniers dans tout établissement placé sous la surveillance spéciale de l'autorité.

Lorsque l'établissement appartiendra à l'État, à un département, à une commune ou une institution charitable, le règlement aura aussi en vue les autres branches de son administration.

**9**. Les règlements prescrits par l'article précédent seront transmis à notre ministre secrétaire d'État de l'intérteur, qui pourra y faire telles modifications qu'il jugera nécessaires.

Ils resteront affichés dans les établissements, et seront obligatoires pour les personnes qui les fréquenteront, comme pour les individus attachés à leur service. Les inspecteurs pourront requérir le renvoi de ceux de ces derniers qui refuseraient de s'y conformer.

**10**. Resteront pareillement affichés dans ces établissements et dans tous les bureaux destinés à la vente d'eaux minérales, les tarifs ordonnés par l'article 10 de l'arrêté du Gouvernement du 27 décembre 1802.

Lorsque ces tarifs concerneront des entreprises particulières, l'approbation des préfets ne pourra porter aucune modification dans les prix et servira seulement à les constater.

**11**. Il ne sera, sous aucun prétexte, exigé ni perçu des prix supérieurs à ces tarifs.

Les inspecteurs ne pourront également rien exiger des malades dont ils ne dirigeront pas le traitement, ou auxquels ils ne donneront pas des soins particuliers.

Ils continueront à soigner gratuitement les indigents admis dans les hospices dépendant des établissements thermaux et seront tenus de les visiter au moins une fois par jour.

**12**. Les divers inspecteurs rempliront et adresseront, chaque année, à notre ministre de l'intérieur des tableaux dont il leur sera fourni des modèles ; ils y joindront les observations qu'ils auront recueillies, et les mémoires qu'ils auront rédigés sur la nature, la composition et l'efficacité des eaux, ainsi que sur le mode de leur application.

TITRE II. — DISPOSITIONS PARTICULIÈRES A LA FABRICATION DES EAUX MINÉRALES ARTIFICIELLES, AUX DÉPÔTS ET A LA VENTE DE CES EAUX ET DES EAUX MINÉRALES NATURELLES.

**13**. Tous individus fabricant

(1) Les traitements des inspecteurs ont été supprimés par la L. du 12 févr. 1883.

des eaux minérales artificielles ne pourront obtenir ou conserver l'autorisation exigée par l'article 1er qu'à la condition de se soumettre aux dispositions qui les concernent dans la présente ordonnance, de subvenir aux frais d'inspection, de justifier des connaissances nécessaires pour de telles entreprises, ou de présenter pour garant un pharmacien légalement reçu.

**14.** Ils ne pourront s'écarter, dans leurs préparations, des formules approuvées par notre ministre secrétaire d'État de l'intérieur, et dont copie restera dans les mains des inspecteurs chargés de veiller à ce qu'elles soient exactement suivies.

Ils auront néanmoins, pour des cas particuliers, la faculté d'exécuter des formules magistrales sur la prescription écrite et signée d'un docteur en médecine ou en chirurgie.

Ces prescriptions seront conservées pour être représentées à l'inspecteur, s'il le requiert.

**15.** Les autorisations nécessaires pour tous dépôts d'eaux minérales et artificielles, ailleurs que dans des pharmacies ou dans les lieux où elles sont puisées ou fabriquées, ne seront pareillement accordées qu'à la condition expresse de se soumettre aux présentes règles et de subvenir aux frais d'inspection.

Il n'est néanmoins rien innové à la faculté que les précédents règlements donnent à tout particulier de faire venir des eaux minérales pour son usage et pour celui de sa famille.

**16.** Il ne peut être fait d'expédition d'eaux minérales naturelles hors de la commune où elles sont puisées que sous la surveillance de l'inspecteur ; les envois doivent être accompagnés d'un certificat d'origine, par lui délivré, constatant les quantités expédiées, la date de l'expédition et la manière dont les vases ou bouteilles ont été scellés au moment même où l'eau a été puisée à la source.

Les expéditions d'eaux minérales artificielles seront pareillement surveillées par l'inspecteur et accompagnées d'un certificat d'origine délivré par lui.

**17.** Lors de l'arrivée desdites eaux aux lieux de leur destination, ailleurs que dans des pharmacies ou chez des particuliers, les vérifications nécessaires pour s'assurer que les précautions prescrites ont été observées et qu'elles peuvent être livrées au public seront faites par les inspecteurs. Les caisses ne seront ouvertes qu'en leur présence, et les débitants devront tenir registre des quantités reçues ainsi que des ventes successives.

**18.** Là où il n'aura point été nommé d'inspecteur, tous établissements d'eaux minérales naturelles ou artificielles seront soumis aux visites ordonnées par les articles 29, 30 et 31 de la loi du 11 avril 1803 (21 germinal an XI) (1).

TITRE III. — DE L'ADMINISTRATION DES SOURCES MINÉRALES APPARTENANT A L'ÉTAT, AUX COMMUNES ET AUX ÉTABLISSEMENTS CHARITABLES.

. . . . . . . . . . . . . . .

(1) Voy. le décr. du 9 mai 1887, G. Paulet, *Code du commerce et de l'industrie*, p. 788.

**Loi du 14 juillet 1856,** *sur la conservation et l'aménagement des sources d'eaux minérales.*

TITRE I. — DE LA DÉCLARATION D'INTÉRÊT PUBLIC DES SOURCES, DES SERVITUDES ET DES DROITS QUI EN RÉSULTENT.

Art. **1**er. Les sources d'eaux minérales peuvent être déclarées d'intérêt public, après enquête, par un décret impérial délibéré en Conseil d'État.

**2**. Un périmètre de protection peut être assigné, par un décret rendu dans les formes établies en l'article précédent, à une source déclarée d'intérêt public.

Ce périmètre peut être modifié si de nouvelles circonstances en font connaître la nécessité.

**3**. Aucun sondage, aucun travail souterrain ne peuvent être pratiqués dans le périmètre de protection d'une source minérale déclarée d'intérêt public, sans autorisation préalable.

A l'égard des fouilles, tranchées, pour extraction de matériaux ou pour un autre objet, fondation de maisons, caves ou autres travaux à ciel ouvert, le décret qui fixe le périmètre de protection peut exceptionnellement imposer aux propriétaires l'obligation de faire, au moins un mois à l'avance, une déclaration au préfet, qui en délivre récépissé.

**4**. Les travaux énoncés dans l'article précédent et entrepris, soit en vertu d'une autorisation régulière, soit après une déclaration préalable, peuvent, sur la demande du propriétaire de la source, être interdits par le préfet, si leur résultat constaté est d'altérer ou de diminuer la source. Le propriétaire du terrain est préalablement entendu.

L'arrêté du préfet est exécutoire par provision, sauf recours au conseil de préfecture et au Conseil d'État par la voie contentieuse.

**5**. Lorsque, à raison de sondages ou de travaux souterrains entrepris en dehors du périmètre, et jugés de nature à altérer ou diminuer une source minérale déclarée d'intérêt public, l'extension du périmètre paraît nécessaire, le préfet peut, sur la demande du propriétaire de la source, ordonner provisoirement la suspension des travaux.

Les travaux peuvent être repris, si, dans le délai de six mois, il n'a pas été statué sur l'extension du périmètre.

**6**. Les dispositions de l'article précédent s'appliquent à une source minérale déclarée d'intérêt public, à laquelle aucun périmètre n'a été assigné.

**7**. Dans l'intérieur du périmètre de protection, le propriétaire d'une source déclarée d'intérêt public a le droit de faire, dans le terrain d'autrui, à l'exception des maisons d'habitation et des cours attenantes, tous les travaux de captage et d'aménagement nécessaires pour la conservation, la conduite et la distribution de cette source, lorsque ces travaux ont été autorisés par un arrêté du ministre *de l'agriculture, du commerce et des travaux publics.*

Le propriétaire du terrain est entendu dans l'instruction.

**8**. Le propriétaire d'une source d'eau minérale déclarée d'intérêt public peut exécuter, sur son terrain, tous les travaux de captage et d'aménagement nécessaires pour la conservation, la conduite et la distribution de cette source, un mois après la communication faite de ses projets au préfet.

En cas d'opposition par le préfet, le propriétaire ne peut commencer ou continuer les travaux qu'après autorisation *du ministre de l'agriculture, du commerce et des travaux publics.*

A défaut de décision dans le délai de trois mois, le propriétaire peut exécuter les travaux.

**9.** L'occupation d'un terrain compris dans le périmètre de protection pour l'exécution des travaux prévus par l'article 7 ne peut avoir lieu qu'en vertu d'un arrêté du préfet qui en fixe la durée.

Lorsque l'occupation d'un terrain compris dans le périmètre prive le propriétaire de la jouissance du revenu au delà du temps d'une année, ou lorsque, après les travaux, le terrain n'est plus propre à l'usage auquel il était employé, le propriétaire dudit terrain peut exiger du propriétaire de la source l'acquisition du terrain occupé ou dénaturé. Dans ce cas, l'indemnité est réglée suivant les formes prescrites par la loi du 3 mai 1841. Dans aucun cas, l'expropriation ne peut être provoquée par le propriétaire de la source.

**10.** Les dommages dus par suite de suspension, interdiction ou destruction de travaux dans les cas prévus aux articles 4, 5 et 6, ainsi que ceux dus à raison de travaux exécutés en vertu des articles 7 et 9, sont à la charge du propriétaire de la source. L'indemnité est réglée à l'amiable ou par les tribunaux.

Dans les cas prévus par les articles 4, 5 et 6, l'indemnité due par le propriétaire de la source ne peut excéder le montant des pertes matérielles qu'a éprouvées le propriétaire du terrain, et le prix des travaux devenus inutiles, augmenté de la somme nécessaire pour le rétablissement des lieux dans leur état primitif.

**11.** Les décisions concernant l'exécution ou la destruction des travaux sur le terrain d'autrui ne peuvent être exécutées qu'après le dépôt d'un cautionnement dont l'importance est fixée par le tribunal, et qui sert de garantie au paiement de l'indemnité dans les cas énumérés en l'article précédent.

L'État, pour les sources dont il est propriétaire, est dispensé du cautionnement.

**12.** Si une source d'eau minérale, déclarée d'intérêt public, est exploitée d'une manière qui en compromette la conservation, ou si l'exploitation ne satisfait pas aux besoins de la santé publique, un décret *impérial*, délibéré en Conseil d'État, peut autoriser l'expropriation de la source et de ses dépendances nécessaires à l'exploitation, dans les formes réglées par la loi du 3 mai 1841.

### TITRE II. — DISPOSITIONS PÉNALES.

**13.** L'exécution, sans autorisation, ou sans déclaration préalable, dans le périmètre de protection, de l'un des travaux mentionnés dans l'article 3, la reprise des travaux interdits ou suspendus administrativement, en vertu des articles 4, 5 et 6, est punie d'une amende de cinquante francs à cinq cents francs.

**14**. Les infractions aux règlements d'administration publique prévus au dernier paragraphe de l'article 19 de la présente loi sont punies d'une amende de seize francs à cent francs.

**15**. Les infractions prévues par la présente loi sont constatées, concurremment, par les officiers de police judiciaire, les ingénieurs des mines et les agents sous leurs ordres ayant droit de verbaliser.

**16**. Les procès-verbaux dressés en vertu des articles 13 et 14 sont visés pour timbre et enregistrés en débet.

Les procès-verbaux dressés par des gardes-mines ou agents de surveillance assermentés doivent, à peine de nullité, être affirmés dans les trois jours devant le juge de paix ou le maire, soit du lieu du délit, soit de la résidence de l'agent.

Lesdits procès-verbaux font foi jusqu'à preuve contraire.

**17**. L'article 463 du Code pénal est applicable aux condamnations prononcées en vertu de la présente loi.

TITRE III. — DISPOSITIONS GÉNÉRALES ET TRANSITOIRES.

**18**. *La somme nécessaire pour couvrir les frais d'inspection médicale et de surveillance des établissements d'eaux minérales autorisés est perçue sur l'ensemble de ces établissements.*

*Le montant en est déterminé tous les ans par la loi de finances.*

*La répartition en est faite entre les établissements, au prorata de leurs revenus.*

*Le recouvrement a lieu, comme en matière de contributions directes, sur les propriétaires, régisseurs ou fermiers des établissements* (1).

**19**. Des règlements d'administration publique déterminent :

Les formes et les conditions de la déclaration d'intérêt public, de la fixation du périmètre de protection, de l'autorisation mentionnée à l'article 3, et de la constatation mentionnée à l'article 4 (2);

L'organisation de l'inspection médicale et de la surveillance des sources et des établissements d'eaux minérales naturelles; *les bases et le mode de la répartition énoncée en l'article* 18 (3);

Les conditions générales d'ordre, de police et de salubrité auxquelles tous les établissements d'eaux minérales naturelles doivent satisfaire (4).

**20**. L'article 9 de l'arrêté consulaire du 6 nivôse an XI est abrogé.

Sont également abrogées toutes dispositions des lois, décrets, ordonnances et règlements antérieurs, qui seraient contraires aux dispositions de la présente loi.

. . . . . . . . . . . . . . .

---

**ENFANTS ET FILLES MINEURES.** (*V.* **Travail des enfants dans l'industrie et dans les professions ambulantes.**)

---

(1) Cet article a été abrogé par la L. du 12 févr. 1883 qui supprime la rétribution des médecins inspecteurs des établissements d'eaux minérales naturelles.

(2) Voy. Décr. du 8 sept. 1856 et du 11 avril 1888, G. Paulet, *Code du commerce et de l'industrie*, p. 346 et 811.

(3 et 4) Voy. Décr. du 28 janv. 1860 et du 14 août 1869, G. Paulet, *loc. cit.*, p. 362 et 437.

## ÉLECTRICITÉ.

**Décret du 15 mai 1888,** *concernant les installations de conducteurs électriques destinés au transport de la force et à la production de la lumière.*

CHAP. I. — DE LA DÉCLARATION PRÉALABLE A L'ÉTABLISSEMENT DES CONDUCTEURS ÉLECTRIQUES.

Art. **1er**. Les conducteurs électriques destinés au transport de la force ou à la production de la lumière ne peuvent être établis qu'après une déclaration adressée deux mois à l'avance au préfet du département ou au préfet de police dans le ressort de sa juridiction. Cette déclaration est enregistrée à sa date ; il en est donné récépissé. Elle est communiquée sans délai au chef de service local des postes et télégraphes ; elle est transmise par ses soins à l'administration centrale chargée d'assurer l'exécution du décret du 27 décembre 1851.

En cas d'urgence et, en particulier, dans le cas d'installation temporaire, le délai de deux mois prévu au paragraphe précédent peut être abrégé par le préfet, sur la proposition du chef du service des postes et télégraphes.

**2**. Sont exemptées de la formalité de la déclaration préalable les installations faites à l'intérieur d'une même propriété, lorsque la force électromotrice des générateurs ne dépasse pas 60 volts pour les courants alternatifs et 500 volts pour les courants non alternatifs.

**3**. La déclaration prévue à l'article 1er doit être accompagnée d'un projet détaillé de l'installation indiquant la nature du générateur d'électricité, le maximum de la différence de potentiel aux bornes de la machine, le maximum de l'intensité à distribuer dans chaque branche de circuit, la spécification des conducteurs employés et les précautions prises pour les isoler et les mettre hors de portée du public.

Elle est également accompagnée d'un tracé de la ligne et, s'il y a lieu, d'un tracé du dispositif de la distribution ; les parties distinctes de la ligne et de la distribution sont désignées par une série régulière de lettres et de numéros d'ordre.

Toute modification d'une installation déclarée donne lieu à une nouvelle déclaration dans les conditions prévues à l'article 1er.

CHAP. II. — DES RÈGLES GÉNÉRALES SUR L'ÉTABLISSEMENT ET L'EXPLOITATION DES CONDUCTEURS ÉLECTRIQUES.

**4**. Les machines génératrices doivent être placées dans un local où les conducteurs soient bien en vue ; elles doivent être convenablement isolées.

Si les courants émis sont de nature à créer des dangers pour les personnes admises dans ce local, les conducteurs sont placés hors de la portée de la main ; dans les parties où cette condition ne peut être réalisée, ils sont garnis d'enveloppes isolantes. Dans les cas où, à raison de la nature des courants et de l'importance des forces électromotrices obtenues, ces dangers seraient particulièrement graves, il doit être prescrit par le règlement intérieur de l'exploitation, pour les ouvriers de service, des précautions particulières, telles que l'emploi de gants en caoutchouc.

Une affiche, apposée d'une manière très apparente dans la salle des machines, indique les consignes qui doivent être observées par les ouvriers en vue d'assurer leur sécurité.

**5**. L'usage de la terre et l'emploi des conduites d'eau ou de gaz pour compléter le circuit sont interdits.

**6**. Dans chacune des sections du circuit, le diamètre des conducteurs doit être en rapport avec l'intensité des courants transportés, de telle sorte qu'il ne puisse se produire, en aucun point, un échauffement dangereux pour l'isolement des conducteurs ou pour les objets voisins. Les raccords doivent être établis de façon à ne pas introduire dans le circuit des points faibles au point de vue mécanique ou présentant une résistance électrique dangereuse.

**7**. Les fils doivent être suffisamment éloignés des masses conductrices, en particulier des tuyaux d'eau ou de gaz, pour qu'il ne puisse se produtre de phénomènes dangereux d'induction.

Les fils employés peuvent être nus ou recouverts d'une enveloppe isolante ; dans le cas où les fils sont nus, ils ne doivent jamais être à la portée de la main, même sur les toits.

Aux points d'attache qui, par leur position, présentent quelque danger, les fils doivent être revêtus d'une enveloppe isolante. L'emploi des fils recouverts est également obligatoire toutes les fois que les conducteurs sont posés sur des appuis supportant des communications télégraphiques ou téléphoniques à fil nu. Il en est de même dans toutes les parties du tracé où les conducteurs croisent une ligne télégraphique ou téléphonique, ou passent à une distance de moins de deux mètres d'une de ces lignes, ou enfin passent à une distance de moins d'un mètre des masses conductrices, telles que tuyaux d'eau ou de gaz.

**8**. A l'intérieur des maisons, les conducteurs sont soumis aux dispositions suivantes : s'ils ne sont pas recouverts d'une enveloppe isolante, ils doivent être placés d'une façon bien apparente, hors de la portée de la main et posés sur des isolateurs; au passage des toits, planchers, murs et cloisons ou dans le voisinage de masses métalliques, ils sont toujours recouverts ; ils doivent, en outre, être encastrés dans une matière dure sur les points où ils sont exposés à des détériorations par le frottement ou toute autre cause destructive. Dans les parties de leur trajet où ils sont invisibles, ils doivent être disposés de façon à être à l'abri de toute détérioration ; leur position est repérée exactement.

**9**. Les appareils générateurs d'électricité doivent être munis d'organes permettant de les isoler du réseau général, soit par la mise en court circuit de leur conducteur propre, soit par l'introduction de résistances progressives ou par tout autre procédé agissant promptement. Les machines réceptrices ou les groupes d'appareils récepteurs doivent être pourvus d'organes analogues permettant de les séparer rapidement du centre de production.

Au siège des appareils générateurs, un indicateur, placé d'une façon très apparente, permet de connaître à tout instant la différence de potentiel aux bornes. Lorsqu'un appareil récepteur absorbe plus de dix chevaux-vapeur, il doit être pourvu d'indicateurs analogues.

**10.** Les lettres et numéros d'ordre prévus au premier paragraphe de l'article 3 sont reproduits sur les diverses parties de la distribution et, en particulier, aux points intéressants, tels qu'embranchements, commutateurs, instruments de mesure, coupe-circuits, etc.

**11.** Des arrêtés préfectoraux spéciaux pourront prescrire qu'il soit périodiquement procédé, par les soins des exploitants, à des vérifications de l'état des conducteurs et des machines, et que les résultats en soient consignés sur des registres dûment cotés et parafés par l'administration.

### CHAP. III. — DE LA SURVEILLANCE ADMINISTRATIVE DES CONDUCTEURS ÉLECTRIQUES.

**12.** En sus des attributions *qui leur sont conférées* par le titre V du décret du 27 décembre 1851, les ingénieurs et agents des postes et télégraphes sont chargés, sous l'autorité des préfets, de la surveillance des conducteurs électriques.

**13.** Ces ingénieurs et agents donnent leur avis sur les déclarations prévues aux articles 1er et 3 du présent décret. Ils s'assurent de la conformité des installations réalisées et de leur exploitation avec les déclarations déposées à la préfecture.

**14.** Ils s'assurent au moins une fois par an, et plus souvent lorsqu'ils en reçoivent l'ordre du préfet, si toutes les conditions de sûreté prescrites par le présent règlement sont exactement observées.

**15.** Les registres prévus à l'article 11 ci-dessus sont présentés à toute réquisition aux ingénieurs et agents; ils les revêtent de leur visa.

Les mêmes ingénieurs et agents peuvent prescrire que des expériences et épreuves de contrôle soient effectuées en leur présence.

**16.** Les contraventions aux *dispositions du présent décret* seront constatées, poursuivies et réprimées conformément à la loi.

---

## ÉTABLISSEMENTS DANGEREUX, INSALUBRES OU INCOMMODES.

**Décret du 15 octobre 1810,** *relatif aux manufactures et ateliers qui répandent une odeur insalubre ou incommode.*

Art. **1er**. A compter de la publication du présent décret, les *manufactures et ateliers* qui répandent une odeur insalubre ou incommode ne pourront être formés sans une permission de l'autorité administrative : ces établissements seront divisés en trois classes.

La première classe comprendra ceux qui doivent être éloignés des habitations particulières;

La seconde, les manufactures

et ateliers dont l'éloignement des habitations n'est pas rigoureusement nécessaire, mais dont il importe néanmoins de ne permettre la formation qu'après avoir acquis la certitude que les opérations qu'on y pratique sont exécutées de manière à ne pas incommoder les propriétaires du voisinage, ni à leur causer des dommages.

Dans la troisième classe seront placés les établissements qui peuvent rester sans inconvénient auprès des habitations, mais doivent rester soumis à la surveillance de la police.

**2.** La permission nécessaire pour la formation des manufactures et ateliers compris dans la première classe sera accordée, avec les formalités ci-après, par *un décret rendu en notre Conseil d'État* (1) ;

Celle qui exigera la mise en activité des établissements compris dans la seconde classe le sera par les préfets, sur l'avis des sous-préfets.

Les permissions pour l'exploitation des établissements placés dans la dernière classe seront délivrées par les sous-préfets, qui prendront préalablement l'avis des maires.

**3.** La permission pour les manufactures et fabriques de première classe ne sera accordée qu'avec les formalités suivantes :

La demande en autorisation sera présentée au préfet et affichée par son ordre dans toutes les communes à cinq kilomètres de rayon (2).

Dans ce délai, tout particulier sera admis à présenter ses moyens d'opposition.

Les maires des communes auront la même faculté.

**4.** S'il y a des oppositions, le conseil de préfecture donnera son avis, sauf la décision au Conseil d'État.

**5.** S'il n'y a pas d'opposition, la permission sera accordée, s'il y a lieu, *sur l'avis du préfet et le rapport de notre ministre de l'intérieur.*

**6.** S'il s'agit de fabriques de soude, ou si la fabrique doit être établie dans la ligne des douanes, notre directeur général des douanes sera consulté.

**7.** L'autorisation de former des manufactures et ateliers compris dans la seconde classe ne sera accordée qu'après que les formalités suivantes auront été remplies.

L'entrepreneur adressera d'abord sa demande au sous-préfet de son arrondissement, qui la transmettra au maire de la commune dans laquelle on projette de former l'établissement, en le chargeant de procéder à des informations *de commodo et incommodo.* Ces informations terminées, le sous-préfet prendra sur le tout un arrêté qu'il transmettra au préfet. Celui-ci statuera, sauf le recours à notre Conseil d'État par toutes parties intéressées.

S'il y a opposition, il y sera statué par le conseil de préfecture, sauf le recours au Conseil d'État.

**8.** Les manufactures et ateliers ou établissements portés

(1) Cette autorisation est aujourd'hui donnée par le préfet (Décr. du 25 mars 1852, tableau B, n° 8).

(2) Voy. *infrà*, même mot, l'Ord. du 14 janv. 1815, art. 2.

dans la troisième classe ne pourront se former que sur la permission du préfet de police, à Paris, et sur celle du *maire* [1] dans les autres villes.

S'il s'élève des réclamations contre la décision prise par le préfet de police ou les *maires* sur une demande en formation de manufacture ou d'atelier compris dans la troisième classe, elles seront jugées au conseil de préfecture.

**9.** L'autorité locale indiquera le lieu où les manufactures et ateliers compris dans la première classe pourront s'établir et exprimera sa distance des habitations particulières. Tout individu qui ferait des constructions dans le voisinage de ces manufactures et ateliers après que la formation en aura été permise, ne sera plus admis à en solliciter l'éloignement.

**10.** La division en trois classes des établissements qui répandent une odeur insalubre ou incommode aura lieu conformément au tableau annexé au présent décret *impérial* [2]. Elle servira de règle, toutes les fois qu'il sera question de prononcer sur des demandes en formation de ces établissements.

**11.** Les dispositions du présent décret n'auront point d'effet rétroactif: en conséquence, tous les établissements qui sont aujourd'hui en activité continueront à être exploités librement, sauf les dommages dont pourront être passibles les entrepreneurs de ceux qui préjudicient aux propriétés de leurs voisins ; les dommages seront arbitrés par les tribunaux.

**12.** Toutefois, en cas de graves inconvénients pour la salubrité publique, la culture, ou l'intérêt général, les fabriques et ateliers de 1re classe qui les causent pourront être supprimés, en vertu d'un décret rendu en notre Conseil d'État, après avoir entendu la police locale, pris l'avis des préfets, reçu la défense des manufacturiers ou fabricants.

**13.** Les établissements maintenus par l'article 11 cesseront de jouir de cet avantage dès qu'ils seront transférés dans un autre emplacement, ou qu'il y aura une interruption de six mois dans leurs travaux. Dans l'un et l'autre cas, ils rentreront dans la catégorie des établissements à former, et ils ne pourront être remis en activité qu'après avoir obtenu, s'il y a lieu, une nouvelle permission.

---

**Ordonnance du 14 janvier 1815,** *contenant règlement sur les manufactures, établissements et ateliers qui répandent une odeur insalubre ou incommode.*

Art. **1er**. A compter de ce jour, la nomenclature jointe à la présente ordonnance servira seule de règle pour la formation des établissements répandant une odeur insalubre ou incommode.

**2.** Le procès-verbal d'information *de commodo et incom-*

---

(1) Voy. *infrà*, même mot, l'Ord. du 14 janv. 1815, art. 2.

(2) Ce tableau, modifié à plusieurs reprises, est aujourd'hui fixé par le Décr. du 3 mai 1886, et par divers décrets additionnel du 5 mai 1888, du 15 mars 1890 (voy. G. Paulet, *Code du commerce et de l'industrie*, p. 755, 815 et 870).

*modo,* exigé par l'article 7 du décret du 15 octobre 1810, pour la formation des établissements compris dans la seconde classe de la *nomenclature*, sera pareillement exigible, en outre de l'affiche de demande, pour la formation de ceux compris dans la première classe.

Il n'est rien innové aux autres dispositions de ce décret.

**3.** Les permissions nécessaires pour la formation des établissements compris dans la troisième classe seront délivrées dans les départements, conformément aux articles 2 et 8 du décret du 15 octobre 1810, par les sous-préfets, après avoir pris préalablement l'avis des maires et de la police locale.

**4.** Les attributions données aux préfets et aux sous-préfets par le décret du 15 octobre 1810, relativement à la formation des établissements répandant une odeur insalubre ou incommode, seront exercées par notre *directeur général* de la police dans toute l'étendue du département de la Seine, et dans les communes de Saint-Cloud, de Meudon et de Sèvres du département de Seine-et-Oise.

**5.** Les préfets sont autorisés à faire suspendre la formation ou l'exercice des établissements nouveaux qui, n'ayant pu être compris dans la nomenclature précitée, seraient cependant de nature à y être placés. Ils pourront accorder l'autorisation d'établissement pour tous ceux qu'ils jugeront devoir appartenir aux deux dernières classes de la nomenclature, en remplissant les formalités prescrites par le décret du 15 octobre 1810, sauf, dans les deux cas, à en rendre compte à notre *directeur général des manufactures et du commerce.*

---

## EXPLOSIFS.

### Loi du 13 fructidor an V, *relative à l'exploitation, à la fabrication et à la vente des poudres et salpêtres* (1).

. . . . . . . . . . . . . . . .

TITRE II. — DE LA FABRICATION DES POUDRES ET DE LEUR DISTRIBUTION.

Art. **16.** Les poudres continueront d'être fabriquées pour le compte de la République, et ne pourront l'être que sous la direction et la surveillance de l'aministration chargée de cette partie (2). Le *Directoire exécutif* prescrira le dosage des matières et les procédés de fabrication.

. . . . . . . . . . . . . . . .

**21.** La loi du 11 mars 1793 (vieux style) est rapportée. En conséquence, il est défendu à qui que ce soit d'introduire aucunes poudres étrangères (3) dans la République, sous peine de confiscation de la poudre, des chevaux et voitures qui en seraient chargés, et d'une amende de 20 fr. 44 c. par kilogramme de poudre (ou 10 fr. par livre).

---

(1) Dans la plupart des pays étrangers, la fabrication et la vente des poudres sont permises aux particuliers moyennant une autorisation administrative : il en est ainsi en *Angleterre*, en *Italie*, en *Allemagne*, en *Autriche*, etc.

(2) Voy. *infrà*, même mot, la L. du 8 mars 1875 sur la dynamite et les explosifs à base de nitroglycérine.

(3) Voy. *infrà*, même mot, l'exception apportée à cette règle par la L. du 1er août 1874.

Si l'entrée en fraude est faite par la voie de la mer, l'amende sera double, en outre de la confiscation de la poudre.

. . . . . . . . . . . . . . .

**23.** Les poudres ou salpêtres saisis par les employés des douanes seront par eux déposés au magasin national le plus prochain affecté à ces matières; la moitié de la valeur de tous les objets confisqués et des amendes prononcées appartiendra aux saisissants et sera partagée entre eux.

**24.** La fabrication et la vente des poudres continueront d'être interdites à tous les citoyens autres que ceux qui y seront autorisés par une commission spéciale de l'administration nationale des poudres [1].

Il est également interdit aux citoyens qui n'y seraient pas autorisés de conserver chez eux de la poudre au delà de la quantité de 5 *kilogrammes* [*environ 10 livres un quart*] [2].

La surveillance de ces dispositions est confiée aux administrations départementales et municipales, *aux commissaires du Directoire exécutif près d'elles*, et aux officiers de police.

. . . . . . . . . . . . . . .

**27.** Ceux qui feront fabriquer illicitement de la poudre seront condamnés à 3,000 fr. d'amende. La poudre, les matières et ustensiles servant à sa confection seront confisqués, et les ouvriers employés à sa fabrication seront détenus pendant trois mois pour la première fois, et pendant un an en cas de récidive. Le tiers des amendes appartiendra au dénonciateur; le surplus, ainsi que les objets confisqués, seront versés au Trésor public et dans les magasins nationaux.

**28.** Tout citoyen qui vendrait de la poudre sans y être autorisé, conformément à l'article 24, sera condamné à une amende de 500 fr.; et celui qui en conserverait chez lui plus de 5 *kilogrammes* (*ou environ* 10 *livres un quart*), à une amende de 100 fr.

Dans l'un et l'autre cas, les poudres seront confisquées et déposées dans les magasins nationaux.

. . . . . . . . . . . . . . .

**30.** Tout voyageur ou conducteur de voitures qui transportera plus de 5 kilogrammes (ou 10 livres un quart) de poudre, sans pouvoir justifier leur destination par un passeport de l'autorité compétente, revêtu du visa de la municipalité du lieu du départ, sera arrêté et condamné à une amende de 20 fr. 44 c. par kilogramme de poudre saisie (ou 10 fr. par livre), avec confiscation de la poudre et des chevaux et voitures; mais si le conducteur n'a pas eu connaissance de la nature du chargement, il aura son recours contre le chargeur qui l'aurait trompé, et qui sera tenu de l'indemniser.

Néanmoins, dans la distance de deux lieues des frontières, les citoyens resteront soumis à tout ce qui est prescrit par les lois pour la circulation dans cette étendue.

. . . . . . . . . . . . . . .

(1) Voy. *infrà*, même mot, le Décr. du 23 pluv. an XIII.

(2) Voy. *suprà*, vº *Armes*, la L. du 24 mai 1834, art. 2.

TITRE III. — DISPOSITIONS GÉNÉRALES.

**33**. La vente des salpêtres et poudres se fera pour le compte de la République, soit dans les magasins nationaux, soit par des débitants pourvus de commissions de l'administration des poudres.

Le *Directoire exécutif* prescrira les conditions de détail relatives à ces ventes, afin d'en écarter les abus.

. . . . . . . . . . . . . . . . .

---

**Décret du 23 pluviôse an XIII,** *qui interdit la vente des poudres de guerre.*

Art. 1er. A dater de la publication du présent décret, toute vente de poudre de guerre est interdite : en conséquence, l'administration générale des poudres ne pourra en faire délivrer, même aux citoyens qui ont obtenu une commission spéciale de ladite administration pour la vente des poudres.

. . . . . . . . . . . . . . . . .

**4**. Après l'expiration du délai accordé par l'article précédent, tout individu qui aura conservé ou qui sera trouvé nanti d'une quantité quelconque de poudre de guerre sera dénoncé aux tribunaux, pour être poursuivi, aux termes de l'article 27 de la loi du 13 fructidor an V, comme ayant illicitement fabriqué de la poudre de guerre, et puni de 3,000 fr. d'amende, à moins qu'il ne prouve l'avoir achetée d'un marchand domicilié et patenté, ou qu'il n'en mette le vendeur sous la main des tribunaux.

**5**. L'administration des poudres pourra toutefois faire délivrer de ses magasins aux artificiers patentés la poudre de guerre qu'ils justifieront leur être nécessaire, en s'engageant à produire, toutes les fois qu'ils en seront requis, le certificat d'achat de ladite poudre.

---

**Ordonnance du 25 juin 1823,** *ayant pour objet de prévenir les dangers qui peuvent résulter de la fabrication et du débit des différentes sortes de poudre et matières détonantes et fulminantes.*

Art. 1er. Les fabriques de poudres ou matières détonantes et fulminantes, de quelque nature qu'elles soient, et les fabriques d'allumettes, d'étoupilles ou autres objets du même genre préparés avec ces sortes de poudres ou matières, feront partie de la première classe des établissements insalubres ou incommodes dont la nomenclature est annexée à notre ordonnance du 14 janvier 1815.

**2**. *Les préfets sont autorisés, conformément à l'article 5 de notre ordonnance précitée, à faire suspendre l'exploitation des fabriques désignées dans l'article 1er qui auraient été établies jusqu'à ce jour dans des emplacements non isolés des habitations.*

**3**. Les fabricants de poudres ou matières détonantes et fulminantes tiendront un registre légalement coté et parafé, sur lequel ils inscriront, jour par jour, de suite et sans aucun blanc, les quantités fabriquées et vendues, ainsi que les noms, qualités et demeures des personnes auxquelles ils les auront livrées.

4. Les fabricants d'allumettes, étoupilles et autres objets de la même espèce préparés avec des poudres ou matières détonantes et fulminantes, tiendront également un registre en bonne forme, sur lequel ils inscriront, au fur et à mesure de chaque achat, le nom et la demeure des fabricants qui leur auront vendu lesdites poudres ou matières.

5. Les marchands détaillants d'amorces pour les armes à feu à piston, et les marchands détaillants d'allumettes, d'étoupilles ou autres objets du même genre préparés avec des poudres détonantes et fulminantes, ne sont point soumis aux formalités prescrites par l'article 1er; mais ils seront tenus de renfermer ces différentes préparations dans des lieux sûrs et séparés dont ils auront seuls la clef.

Il leur est défendu de se livrer à ce commerce sans en avoir préalablement fait la déclaration par écrit, savoir : dans Paris, à la préfecture de police, et dans les communes, à la mairie, afin qu'il soit vérifié si leur local est convenablement disposé pour cet usage.

6. Les poudres et matières détonantes et fulminantes ne pourront être employées qu'à la fabrication des amorces propres aux armes à feu, des allumettes, des étoupilles et autres objets d'une utilité reconnue.

7. Les contrevenants aux dispositions prescrites par la présente ordonnance seront poursuivis devant les tribunaux de police sur les procès-verbaux ou rapports des agents de la police administrative et judiciaire.

**Ordonnance du 30 octobre 1836**, *portant règlement sur les fabriques de fulminate de mercure, amorces fulminantes et autres matières dans la préparation desquelles entre le fulminate de mercure.*

Art. 1er. Les fabriques de fulminate de mercure, amorces fulminantes et autres matières dans la préparation desquelles entre le fulminate de mercure, devront être closes de murs et éloignées de toute habitation, ainsi que des routes et chemins publics.

2. Toute demande en autorisation pour un établissement de cette nature devra être accompagnée d'un plan indiquant :

1° La position exacte de l'emplacement, par rapport aux habitations, routes et chemins les plus voisins ;

2° Celle de tous les bâtiments et ateliers, les uns par rapport aux autres ;

3° Le détail des distributions intérieures de chaque local. Le plan, visé dans l'ordonnance d'autorisation à laquelle il restera annexé, ne pourra plus être changé qu'en vertu d'une autorisation nouvelle.

La mise en activité de la fabrique sera toujours précédée d'une vérification faite par les soins de l'autorité locale, qui constatera l'exécution fidèle du plan. Il en sera dressé procès-verbal.

3. Les divers ateliers seront isolés les uns des autres. Le sol en sera recouvert d'une lame de plomb ou de plâtre ; la pierre siliceuse est prohibée dans la construction de ces ateliers.

4. Les tablettes dont il sera fait emploi dans ces ateliers seront en bois blanc ; la plus élevée, placée à 1m,60 au plus au-dessus du sol, devra toujours rester libre.

5. L'atelier spécialement affecté à la fabrication du fulminate devra être particulièrement éloigné de la poudrière et du dépôt des esprits. L'ordonnance d'autorisation fixera, dans chaque établissement particulier, la distance respective des autres bâtiments de la fabrique.

6. La poudrière ne renfermera qu'une seule rangée de tablettes, placée à 1m,30 du sol ; ce sol sera, comme celui des ateliers, recouvert en lames de plomb ou en plâtre. Ce bâtiment n'aura qu'une seule porte.

7. L'usage des tamis en fil métallique est interdit.

8. La poudre grainée et séchée sera renfermée dans des caisses en bois blanc, bien jointes, recouvertes d'une feuille de carton et placées sur des supports en liège.

Aucune de ces caisses ne devra contenir plus de 5 kilogrammes de poudre.

9. Aucun transvasement de poudre ne pourra s'effectuer dans la poudrière. Cette opération devra être faite dans un local isolé et fermé, qui n'aura pas d'autre destination. Il sera pris pour la construction de ce local, ainsi que pour l'établissement de son sol, les mêmes précautions que pour la construction et le sol des autres ateliers.

10. Il ne pourra être porté à la fois dans l'atelier de charge que la dixième partie au plus de la poudre qui doit être manipulée dans la journée.

11. Le directeur de l'établissement et le chef des ateliers auront seuls la clef de la poudrière et de l'atelier où se fera le transvasement de la poudre.

12. Aucun ouvrier ne pourra être employé dans cette sorte de fabrique s'il n'a dix-huit ans accomplis.

13. Les dispositions prescrites par l'ordonnance du 25 juin 1823 sont maintenues et continueront à être observées concurremment avec celles de la présente ordonnance, qui sera constamment affichée dans les fabriques qu'elles concernent.

14. En cas de contravention, l'autorité locale suspendra provisoirement les travaux de la fabrique, et en référera à l'administration supérieure. L'autorisation sera retirée, s'il y a lieu.

---

**Loi du 1er août 1874,** *relative à l'introduction en France des cartouches chargées pour l'usage spécial des sociétés de tir.*

Art. 1er. Nonobstant les dispositions de l'article 21 de la loi du 13 fructidor an V, les ministres de la guerre et des finances pourront autoriser l'admission en France de cartouches chargées utilisables pour des armes autres que celles dont se compose l'armement militaire de la France.

Ces munitions acquitteront, à leur entrée en France, un droit de douane de dix pour cent.

2. Les munitions introduites en vertu d'autorisations ministérielles devront rester en dépôt dans la poudrière la plus rapprochée des emplacements de

tir ou d'expérience, pour être délivrées aux ayants droit au fur et à mesure de leur consommation.

---

## Loi du 8 mars 1875, *relative à la poudre dynamite.*

Art. 1er. Par dérogation à la loi du 13 fructidor an V, la dynamite et les explosifs à base de nitroglycérine pourront être fabriqués dans des établissements particuliers, moyennant le paiement d'un impôt.

La perception de cet impôt sera assurée au moyen de l'exercice par les employés des contributions indirectes.

Les frais de cet exercice seront supportés par le fabricant, et réglés annuellement par le ministre des finances.

**2.** Le droit à percevoir ne pourra être supérieur à deux francs (2 fr.) par kilogramme de dynamite, quelles que soient la nature et la proportion des absorbants employés dans la composition.

**3.** Aucune fabrique de dynamite ou d'explosifs à base de nitroglycérine ne pourra s'établir sans l'autorisation du Gouvernement (1). L'autorisation spéciaera l'emplacement de l'usine et les conditions de toute nature auxquelles devront être soumises sa construction et son exploitation.

Les fabriques de dynamite seront d'ailleurs assujetties aux lois et règlements qui régissent les établissements dangereux et insalubres de première classe.

Tout fabricant de dynamite devra déposer entre les mains de l'État, avant de commencer son exploitation, un cautionnement de cinquante mille francs (50,000 fr.), qui sera productif d'intérêts à trois pour cent (3 p. 100) ou pourra être fourni en rentes sur l'État.

Si le même fabricant établit dans un autre lieu une nouvelle exploitation, il devra, pour chaque nouvel établissement, verser un nouveau cautionnement de cinquante mille francs.

**4.** Tous fabricants ou débitants de dynamite seront assimilés aux débitants de poudres. Les mêmes règlements leur seront applicables. Le Gouvernement pourra, en outre, soumettre la conservation (2), la vente et le transport de la dynamite à tels règlements nouveaux qui paraîtraient nécessités par les besoins de la sûreté générale.

**5.** L'importation des poudres dynamites ne pourra être effectuée qu'avec l'autorisation du Gouvernement.

Elles supporteront, à leur introduction en France, un droit de deux francs cinquante centimes et seront soumises aux mêmes formalités que les dynamites fabriquées à l'intérieur.

Les poudres dynamites fabriquées en France et destinées à l'exportation seront déchargées de l'impôt fixé à l'article 2.

**6.** Le Gouvernement autorisera, dans le cas où il le jugera convenable, la fabrication de la nitroglycérine sur le lieu d'emploi.

---

(1) Voy. le Décr. du 24 août 1875. (G. Paulet, *Code du commerce et de l'industrie*, p. 495.)

(2) Voy. les Décr. du 28 oct. 1882 et du 26 juill. 1890. (G. Paulet, *op. cit.*, p. 675 et 886.)

Les industriels qui voudront profiter de cette autorisation devront indiquer, dans leur demande, la nature et l'importance des travaux qu'ils comptent effectuer au moyen de la nitroglycérine.

Le règlement de la redevance à payer sera établi, à l'expiration de chaque trimestre, d'après les quantités de nytroglycérine employées aux travaux réellement effectués et à raison de quatre francs par kilogramme de nitroglycérine.

**7.** Des autorisations pourront également être accordées, après avis du conseil supérieur des arts et manufactures, pour la fabrication et l'emploi, aux travaux de mines, de composés chimiques explosibles nouveaux.

Les demandes d'autorisation devront être adressées au ministre *de l'agriculture et* du commerce.

L'impôt auquel ces composés seront soumis sera fixé par une loi.

**8.** Tout contrevenant aux dispositions de la présente loi et aux règlements rendus pour son exécution sera passible d'un emprisonnement d'un mois à un an et d'une amende de cent francs à dix mille francs, sous la réserve des effets de l'article 463 du Code pénal en ce qui touche la peine de l'emprisonnement.

Tout individu qui se sera soustrait, par une fausse déclaration, aux règlements fixant les conditions du transport et de l'emmagasinage de ces produits, sera passible des mêmes peines.

**9.** Dans le cas où, pour des motifs de sécurité publique, le Gouvernement jugerait nécessaire d'interdire d'une manière définitive ou temporaire la fabrication, dans une ou plusieurs usines, ou de supprimer des dépôts ou des débits de dynamite, ces interdictions et suppressions pourront être prononcées sur un avis rendu par le Conseil d'État, après avoir entendu les parties, sans que les fabricants, dépositaires ou débitants aient le droit de demander aucune indemnité pour les dommages directs ou indirects que ces mesures pourront leur causer.

---

## EXPOSITIONS PUBLIQUES.

**Loi du 23 mai 1868,** *relative à la garantie des inventions susceptibles d'être brevetées et des dessins de fabrique qui seront admis aux expositions publiques, autorisées par l'administration, dans toute l'étendue de l'Empire* (1).

**Art. 1er.** Tout Français ou étranger, auteur soit d'une découverte ou invention susceptible d'être brevetée aux termes de la loi du 5 juillet 1844, soit d'un dessin de fabrique qui doive être déposé conformément à la loi du 18 mars 1806, ou ses ayants droit, peuvent, s'ils sont admis dans une exposition publique, autorisée par l'administration, se faire délivrer par le préfet ou le sous-préfet dans le département ou l'arrondissement

(1) On retrouve des dispositions semblables en *Angleterre* (L. du 25 août **1883, art. 39 et 57), en *Belgique* (Ordon.** du 31 juill. 1884 et du 24 avril 1888), en *Espagne* (Décr. du 16 août 1888), en *Suisse* (L. du 29 juin 1888, art. 33).

duquel cette exposition est ouverte, un certificat descriptif de l'objet déposé.

2. Ce certificat assure à celui qui l'obtient les mêmes droits que lui conférerait un brevet d'invention ou un dépôt légal de dessin de fabrique, à dater du jour de l'admission jusqu'à la fin du troisième mois qui suivra la clôture de l'exposition, sans préjudice du brevet que l'exposant peut prendre ou du dépôt qu'il peut opérer avant l'expiration de ce terme.

3. La demande de ce certificat doit être faite dans le premier mois, au plus tard, de l'ouverture de l'exposition.

Elle est adressée à la préfecture ou à la sous-préfecture et accompagnée d'une description exacte de l'objet à garantir, et, s'il y a lieu, d'un plan ou d'un dessin dudit objet.

Les demandes ainsi que les décisions prises par le préfet ou par le sous-préfet sont inscrites sur un registre spécial, qui est ultérieurement transmis au ministère *de l'agriculture*, du commerce *et des travaux publics*, et communiqué, sans frais, à toute réquisition.

La délivrance du certificat est gratuite.

---

**Loi du 8 avril 1878,** *portant dérogation, pendant la durée de l'Exposition universelle de* 1878, *à l'article* 32, *paragraphes* 2 *et* 3, *de la loi du* 5 *juillet* 1844 *sur les brevets d'invention* (1).

Art. 1er. Tout breveté français ou étranger qui aura exposé à l'Exposition universelle de 1878, un objet semblable à celui qui est garanti par son brevet sera considéré comme ayant exploité sa découverte ou son invention en France depuis l'ouverture officielle de l'Exposition.

La déchéance prévue par l'article 32, paragraphe 2, de la loi du 5 juillet 1844, et non encore encourue, sera interrompue : le délai de la déchéance courra à nouveau à partir seulement de la clôture officielle de l'Exposition universelle.

2. L'autorisation du ministre *de l'agriculture* et du commerce, exigée par la loi des 20-31 mai 1856 (art. 32, § 4, L. de 1844), ne sera pas nécessaire pour l'introduction en France d'un spécimen unique, fabriqué en pays étranger, d'une invention brevetée en France et qui sera admis à l'Exposition universelle de 1878.

La déchéance prévue par l'article 32, paragraphe 3, de la loi du 5 juillet 1844 sera encourue si ce spécimen n'est pas réexporté dans le mois de la clôture officielle de l'Exposition.

L'autorisation ministérielle restera nécessaire pour l'introduction de plusieurs spécimens, conformément à la loi susvisée des 20-31 mai 1856.

3. Les dispositions qui précèdent seront applicables à tout breveté français ou étranger ayant pris part à l'Exposition ouvrière de Paris, s'il a d'ailleurs rempli les conditions qui seront ultérieurement indiquées dans un règlement d'administration publique.

(1) Une loi analogue a été rendue le 5 juillet 1881, à l'occasion de l'exposition internationale d'électricité.

**Loi du 30 octobre 1888,** *portant dérogation à la loi du* 5 *juillet* 1844 *sur les brevets d'invention et à la loi du* 23 *juin* 1857 *sur les marques de fabrique pour les produits admis à l'Exposition universelle de* 1889.

Art. 1er. Toute personne brevetée en France ou ses ayants droit, pourra, sans encourir de déchéance, y introduire les objets fabriqués à l'étranger et semblables à ceux garantis par son brevet, qu'elle aura été admise à faire figurer à l'Exposition universelle de 1889.

**2.** La déchéance sera encourue si ces objets ne sont pas réexportés dans le délai de trois mois à partir du jour de la clôture officielle de l'Exposition.

**3.** Toute personne brevetée en France qui aura fait figurer à l'Exposition universelle de 1889 un objet semblable à celui qui est garanti par son brevet, sera considérée comme ayant exploité sa découverte ou son invention en France, depuis la date de l'ouverture officielle de cette Exposition.

La déchéance prévue à l'article 32, § 2, de la loi du 5 juillet 1844, sera interrompue; le délai de déchéance courra de nouveau à partir de la clôture officielle de l'Exposition.

**4.** Les objets figurant à l'Exposition universelle de 1889 et pour lesquels il aura été pris, en France, un brevet d'invention, ou effectué un dépôt de dessin ou de modèle de fabrique conformément à la loi du 18 mars 1806, ou sur lesquels sera apposée une marque de fabrique ou de commerce déposée en France en vertu de la loi du 23 juin 1857, et qui seront argués de contrefaçon, ne pourront être saisis que par description dans l'intérieur de l'Exposition.

Les objets exposés par des étrangers ne pourront être saisis ni à l'intérieur, ni à l'extérieur de l'Exposition, si le saisissant n'est pas protégé dans le pays auquel appartient le saisi.

Toutefois, ces objets ne pourront être vendus en France, et ils devront être réexportés dans le délai fixé par l'article 2.

---

## FOIRES ET MARCHÉS.

**Loi du 16 septembre 1879,** *relative aux attributions des conseils généraux pour l'établissement, la suppression ou les changements des foires et marchés.*

Art. 1er. Les conseils généraux appelés à délibérer dans le cas prévu à l'article 46, § 24, de la loi du 10 août 1871, statuent souverainement et nonobstant toute opposition sur l'établissement, la suppression ou les changements des foires et marchés dans les communes de leurs départements respectifs.

Néanmoins, lorsqu'il s'agira de foires et marchés établis ou à établir dans des communes situées à moins de deux myriamètres d'un département voisin, le conseil général de ce département devra être préalablement consulté, conformément aux dispositions du décret du 13 août 1864.

Art. **2.** Sont abrogées toutes les dispositions de lois et de règlements contraires à la présente loi.

## GAZ D'ÉCLAIRAGE ET DE CHAUFFAGE.

**Décret du 9 février 1867,** *portant règlement sur les établissements d'éclairage et de chauffage par le gaz.*

Art. 1er. Les usines et ateliers de fabrication du gaz d'éclairage et de chauffage pour l'usage public et les gazomètres qui en dépendent, sont soumis aux conditions ci-après.

2. Les usines sont fermées par un mur d'enceinte ou une clôture solide en bois, de 3 mètres de hauteur au moins ; les ateliers de fabrication et les gazomètres sont à la distance de 30 mètres au moins des maisons d'habitation voisines.

3. Les ateliers de distillation et tous les bâtiments y attenants seront construits et couverts en matériaux incombustibles.

4. La ventilation desdits ateliers doit être assurée par des ouvertures suffisamment larges et nombreuses, ménagées dans les parois latérales et à la partie supérieure du toit.

5. Les appareils de condensation sont établis en plein air ou dans des bâtiments dont la ventilation est assurée comme celle des ateliers de distillation.

6. Les appareils d'épuration sont placés vers le centre de l'usine, en plein air, ou dans des bâtiments dont la ventilation est assurée, comme celle des ateliers de distillation et de condensation.

7. Les eaux ammoniacales et les goudrons produits par la distillation, qu'on n'enlèverait pas immédiatement, seront recueillis dans des citernes exactement closes et qui devront être parfaitement étanches.

8. L'épuration sera pratiquée et conduite avec les soins et précautions nécessaires pour qu'aucune odeur incommode ne se répande en dehors de l'enceinte de l'usine. La chaux ou les laits de chaux, s'il en est fait usage, seront enlevés, chaque jour, dans des vases ou tombereaux fermant hermétiquement, et transportés dans une voirie ou un local désigné par l'autorité municipale.

9. Les eaux de condensation peuvent être traitées dans l'usine elle-même, pour en extraire les sels ammoniacaux qu'elles contiennent, à la condition que les ateliers soient établis vers la partie centrale de l'usine et qu'il n'en sorte aucune exhalaison nuisible ou incommode pour les habitants du voisinage, et que l'écoulement des eaux perdues soit assuré sans inconvénient pour le voisinage.

10. Les goudrons ne pourront être brûlés dans les cendriers et dans les fourneaux qu'autant qu'il n'en résultera à l'extérieur ni fumée ni odeur.

11. Les bassins dans lesquels plongent les gazomètres seront complètement étanches ; ils seront construits en pierres ou briques à bains de mortier hydraulique, en tôle ou en fonte.

12. Les gazomètres seront établis à air libre ; la cloche de chacun d'eux sera maintenue entre des guides fixes, solidement établis, de manière que, dans son mouvement, son axe ne s'écarte pas de la verticale. La course ascendante en sera limitée de telle sorte que, lorsque la cloche atteindra cette limite, son bord inférieur soit encore à un niveau inférieur de 30 cen-

timètres au moins au bord du bassin ou cuve.

La force élastique du gaz dans l'intérieur du gazomètre sera toujours maintenue au-dessus de la pression atmosphérique. Elle sera indiquée par un manomètre très apparent.

**13**. Les usines et appareils mentionnés ci-dessus pourront, en outre, être assujettis aux mesures de précaution et dispositions qui seraient reconnues utiles dans l'intérêt de la sûreté et de la salubrité publiques, et qui seraient déterminées par un règlement d'administration publique.

**14**. Les usines et ateliers régis par le présent décret seront soumis à l'inspection de l'autorité municipale, chargée de veiller à ce que les conditions prescrites soient observées.

**15**. Les dispositions de l'ordonnance précitée du 27 janvier 1846 sont et demeurent rapportées.

---

## HUILES MINÉRALES.

**Décret du 19 mai 1873,** *relatif à la fabrication, à l'emmagasinage et à la vente en gros et au détail du pétrole et de ses dérivés.*

Art. **1**er. Le pétrole et ses dérivés, les huiles de schiste et de goudron, les essences et autres hydrocarbures liquides pour l'éclairage, le chauffage, la fabrication des couleurs et vernis, le dégraissage des étoffes, ou tout autre emploi, sont distingués en deux catégories, suivant leur degré d'inflammabilité.

La première catégorie comprend les substances très inflammables, c'est-à-dire celles qui émettent, à une température inférieure à 35 degrés du thermomètre centigrade, des vapeurs susceptibles de prendre feu au contact d'une allumette enflammée.

La seconde catégorie comprend les substances moins inflammables, c'est-à-dire celles qui n'émettent de vapeurs susceptibles de prendre feu au contact d'une allumette enflammée qu'à une température égale ou supérieure à 35 degrés.

Un arrêté du ministre *de l'agriculture et* du commerce déterminera, sur l'avis du comité consultatif des arts et manufactures, le mode d'expérience par lequel sera constaté le degré d'inflammabilité des liquides à classer dans chaque catégorie (1).

**2**. Les usines pour le traitement de ces substances, les entrepôts et magasins de vente en gros et les dépôts pour la vente au détail ne peuvent être établis et exploités que sous les conditions prescrites par le présent décret.

*Sect. 1. — Des usines.*

**3**. Les usines pour la fabrication, la distillation et le travail en grand des substances désignées à l'article 1er demeurent rangées dans la première classe des établissements dangereux, insalubres ou incommodes, régis par le décret du 15 octobre 1810 et par l'ordonnance du 14 janvier 1815.

---

(1) Voy. l'Arr. minist. du 3 sept. 1873. (G. Paulet, *Code du commerce et de l'industrie*, p. 467.)

*Sect. 2. — Des entrepôts et magasins de vente en gros.*

4. Les entrepôts ou magasins de substances désignées à l'article 1er, dans lesquels ces substances ne doivent subir aucune autre manipulation qu'un simple lavage à l'eau froide et des transvasements, sont rangés dans la première, la deuxième ou la troisième classe des établissements dangereux, insalubres ou incommodes, suivant les quantités de liquides qu'ils sont destinés à contenir, savoir :

Dans la première classe, s'ils doivent contenir plus de 3,000 litres de liquides de la première catégorie ;

Dans la deuxième classe, s'ils doivent en contenir de 1,500 à 3,000 litres ;

Dans la troisième classe, s'ils doivent contenir plus de 300, mais pas plus de 1,500 litres.

Lorsque les entrepôts ou magasins doivent contenir des substances de la deuxième catégorie, 5 litres de celle-ci sont comptés pour un litre de la première.

Lorsque les entrepôts ou magasins contiennent, en outre, des approvisionnements de matières combustibles, et notamment de liquides inflammables, tels que l'alcool, l'éther, le sulfure de carbone, etc., non régis par le présent décret, ces substances sont comptées dans l'approvisionnement total des substances dangereuses et assimilées à celles de la première ou de la seconde catégorie, suivant qu'elles émettent ou non, à la température de 35 degrés centigrades, des vapeurs susceptibles de prendre feu au contact d'une allumette enflammée.

5. Les entrepôts ou magasins de la première ou de la deuxième classe qui renferment des substances de la première catégorie, soit exclusivement, soit jointes à des substances de la seconde catégorie, sont assujettis aux règles suivantes :

1° Le magasin sera établi dans une enceinte close par des murs en maçonnerie de 2m,50 de hauteur au moins, ayant sur la voie publique une seule entrée, qui doit être garnie d'une porte pleine, solidement ferrée et fermant à clef.

Cette porte d'entrée sera fermée depuis la chute du jour, jusqu'au matin. La clef en sera déposée, durant cet intervalle, entre les mains de l'exploitant du magasin ou d'un gardien délégué par lui. Durant le jour, l'entrée et la sortie des ouvriers et charretiers seront surveillées par un préposé.

2° L'enceinte ne devra renfermer d'autre logement habité pendant la nuit que celui qui pourra être établi pour un portier gardien et sa famille.

Cette habitation elle-même aura son entrée particulière et sera séparée du reste de l'enceinte par un mur de 1m,20 de hauteur au moins, sans aucune ouverture.

3° La plus petite distance de l'enceinte aux maisons d'habitation ou bâtiments quelconques appartenant à des tiers ne pourra être de moins de 50 mètres pour les magasins de la première classe, et de 4 mètres pour ceux de la deuxième.

4° Les appareils fixes ou les réservoirs contenant les liquides auront leurs parois à une distance de 50 centimètres au moins de la face intérieure du mur d'enceinte, et seront disposés de manière à pouvoir être toujours facilement inspectés et surveillés.

5° Le sol du magasin sera dallé, carrelé ou bétonné, avec pentes et rigoles disposées de manière à amener les liquides qui seraient répandus accidentellement dans une ou plusieurs citernes étanches ayant ensemble une capacité suffisante pour contenir la totalité des liquides emmagasinés, et maintenues toujours en état de service.

Si le sol du magasin est en contre-bas du sol environnant, ou s'il est protégé par un terrassement ou massif continu sans aucune ouverture, la cuvette ainsi formée tiendra lieu, jusqu'à concurrence de sa capacité, des citernes prescrites au paragraphe précédent.

6° Le magasin pourra être à découvert en plein air. S'il est enfermé dans un bâtiment ou hangar, ce bâtiment ou hangar sera construit en matériaux incombustibles, non surmonté d'étages, bien éclairé par la lumière du jour et largement ventilé, avec des ouvertures ménagées dans la toiture.

7° Les liquides emmagasinés seront contenus, soit dans des récipients en métal munis de couvercles mobiles, soit dans des fûts en bois cerclés de fer.

Le transvasement des liquides de la première catégorie d'un recipient dans un autre situé à un niveau plus élevé se fera toujours au moyen d'une pompe fixe et étanche.

Les fûts vides, ainsi que les débris d'emballage, seront placés hors du magasin.

8° Toutes les réceptions, manipulations et expéditions de liquides seront faites à la clarté du jour. Durant la nuit, l'entrée dans le magasin est absolument interdite.

Il est également interdit d'y allumer ou d'y apporter du feu, des lumières ou des allumettes, et d'y fumer. Cette interdiction sera écrite en caractères très apparents sur le parement extérieur du mur, du côté de la porte d'entrée.

9° Une quantité de sable ou de terre proportionnée à l'importance des approvisionnements, sera conservée à proximité du magasin pour servir à éteindre un commencement d'incendie, s'il venait à se déclarer.

Les préfets peuvent imposer, en outre, les conditions qui seraient exigées, dans des cas spéciaux, par l'intérêt de la sécurité publique. Dans ce cas, les arrêtés d'autorisation doivent être soumis à l'approbation du ministre *de l'agriculture et* du commerce, qui statue, sur l'avis du comité consultatif des arts et manufactures.

**6.** Les préfets peuvent autoriser des entrepôts ou magasins établis et exploités dans des conditions différentes de celles déterminées par l'article 5, lorsque ces conditions présentent des garanties au moins équivalentes pour la sécurité publique. Dans ce cas, les arrêtes d'autorisation, avant d'être délivrés aux demandeurs, doivent être soumis à l'approbation du ministre *de l'agriculture et* du commerce qui statue, sur l'avis du comité consultatif des arts et manufactures.

**7.** Les conditions d'établissement des entrepôts ou magasins rangés dans la troisième classe seront réglées par les arrêtés d'autorisation.

Il en est de même des entrepôts ou magasins dans lesquels des liquides inflammables ne subissent ni transvasement ni manipulation d'aucune sorte, ou qui ne contiennent que des substances de la deuxième catégorie.

Les exploitants de ces entrepôts ou magasins devront, en outre, se conformer aux prescriptions indiquées dans les nos 7, 8 et 9 de l'article 5 du présent décret.

**8**. Les entrepôts ou magasins dont l'approvisionnement total ne dépasse pas 300 litres de liquides de la première catégorie, ou une quantité équivalente de liquides de l'une et de l'autre catégorie, peuvent être établis sans une autorisation préalable.

Toutefois, le propriétaire est tenu d'adresser au maire de la commune où est situé son établissement et au sous préfet de l'arrondissement une déclaration contenant la désignation précise du local affecté au magasin. Ce magasin sera isolé de toute maison d'habitation ou de tout bâtiment contenant des matières combustibles, parfaitement ventilé et constamment fermé à clef. Le sol sera creusé en forme de cuvette et entouré d'un bourrelet en terre ou en maçonnerie, pouvant retenir les liquides en cas de fuite.

Après cette déclaration, l'entrepositaire peut exploiter son magasin, à la charge d'observer les prescriptions indiquées dans les nos 7, 8 et 9 de l'article 5 du présent décret.

*Sect. 3. — De la vente au détail* (1).

. . . . . . . . . . . . . . .

*Sect. 4. — Dispositions générales.*

**15**. Les entrepôts ou magasins de vente en gros et les dépôts pour la vente au détail, qui ont été précédemment autorisés ou déclarés, conformément aux règlements en vigueur, peuvent être maintenus dans les conditions qui ont été fixées par ces règlements ou par les arrêtés spéciaux d'autorisation. L'exploitant ne peut y apporter aucune modification qu'à la charge de se conformer aux prescriptions du présent décret, et, suivant les cas, d'obtenir une nouvelle autorisation ou de faire une déclaration nouvelle, comme il est dit aux articles ci-dessus.

**16**. En cas d'inobservation des conditions d'installation fixées par le présent décret ou par les arrêtés spéciaux d'autorisation, les entrepôts ou magasins de vente en gros peuvent être fermés et la vente au détail peut être interdite, sans préjudice des peines encourues pour contraventions aux règlements de police.

**17**. Le transport des substances désignées à l'article 1er doit être fait exclusivement dans des vases en métal, étanches et hermétiquement clos, ou dans des fûts en bois également étanches et cerclés de fer.

**18**. Les attributions conférées aux préfets, aux sous-préfets et

(1) Voy. sur ce point les décrets des 12 juill. 1884, 20 mars 1885 et 5 mars 1887. (G. Paulet, *op. cit.*, p. 715, 735 et 781.)

aux maires par le présent décret sont exercées par le préfet de police dans l'étendue de son ressort.

**19.** Le décret du 27 janvier 1872, relatif aux huiles minérales et autres hydrocarbures, est rapporté.

Le décret du 31 décembre 1866, relatif au classement des établissements dangereux, insalubres ou incommodes, est réformé en ce qui concerne les entrepôts ou magasins d'hydrocarbures.

---

**IMPRIMERIE.** (*V.* Presse.)

---

**INDUSTRIES MONOPOLISÉES.** (*V.* Allumettes chimiques, — Cartes à jouer, — Chemins de fer, — Explosifs, — Monnaies et médailles, — Postes, — Tabac, — Télégraphes.)

---

**INDUSTRIES RÉGLEMENTÉES.** (*V.* Abattoirs, — Armes, — Bateaux à vapeur, — Boucherie, — Boulangerie, — Bureaux de placement, — Cartes à jouer, — Débits de boissons, — Eaux minérales, — Électricité, — Établissements dangereux, insalubres et incommodes, — Explosifs, — Foires et marchés, — Gaz d'éclairage, — Huiles minérales, — Machines à vapeur, — Magasins généraux, — Matières d'or et d'argent, — Mines, — Pharmacie, — Presse, — Roulage, — Théâtres.)

---

**LIBERTÉ DU TRAVAIL.** (*V.* Travail.)

---

**LIBRAIRIE.** (*V.* Presse.)

---

**LIVRETS D'OUVRIERS** [1].

**Loi du 18 mars 1806,** *portant établissement d'un conseil de prud'hommes à Lyon.*

. . . . . . . . . . . . . . . .

TITRE III. — DES RÈGLEMENTS DE COMPTE, ET DE LA POLICE ENTRE LES MAITRES D'ATELIER ET LES NÉGOCIANTS.

Art. **20.** Tous les chefs d'atelier actuellement établis, ainsi que ceux qui s'établiront à l'avenir, seront tenus de se pourvoir, au conseil de prud'hommes, d'un double livre d'acquit pour chacun des métiers qu'ils feront travailler, dans la quinzaine à dater du jour de la publication pour ceux qui travaillent, et dans la huitaine du jour où commenceront à travailler ceux qu'ils monteront à neuf. — Sur ce livre d'acquit, paraphé et numéroté, et qui ne pourra leur être refusé, lors même qu'ils n'auraient qu'un métier, seront inscrits les noms, prénoms et domicile du chef d'atelier.

**21.** Il sera tenu au conseil de prud'hommes, un registre sur lequel lesdits livres d'acquit seront inscrits ; le chef d'atelier signera, s'il le sait, sur le registre et sur le livre d'acquit qui lui sera délivré.

**22.** Le chef d'atelier déposera le livre d'acquit du métier qu'il destinera au négociant-manu-

---

(1) Dans les pays étrangers, les livrets ne sont plus obligatoires pour les ouvriers.

facturier, entre ses mains, et pourra, s'il le désire, en exiger un récépissé.

**23**. Lorsqu'un chef d'atelier cessera de travailler pour un négociant, il sera tenu de faire noter sur le livre d'acquit, par ledit négociant, que le chef d'atelier a soldé son compte, ou, dans le cas contraire, la déclaration du négociant spécifiera la dette dudit chef d'atelier.

**24**. Le négociant possesseur du livre d'acquit le fera viser aux autres négociants occupant des métiers dans le même atelier, qui énonceront la somme due par le chef d'atelier, dans le cas où il serait leur débiteur.

**25**. Lorsque le chef d'atelier restera débiteur du négociant-manufacturier pour lequel il aura cessé de travailler, celui qui voudra lui donner de l'ouvrage fera la promesse de retenir la huitième partie du prix des façons dudit ouvrage, en faveur du négociant dont la créance sera la plus ancienne sur ledit registre, et ainsi successivement dans le cas où le chef d'atelier aurait cessé de travailler pour ledit négociant, du consentement de ce dernier ou pour cause légitime : dans le cas contraire, le négociant-manufacturier qui voudra occuper le chef d'atelier, sera tenu de solder celui qui sera resté créancier en compte de matières, nonobstant toute dette antérieure, et le compte d'argent jusqu'à cinq cents francs.

**26**. La date des dettes que les chefs d'atelier auront contractées avec les négociants qui les auraient occupés, sera regardée comme certaine vis-à-vis des négociants et maîtres d'atelier seulement, et, à l'effet des dispositions portées au présent titre après l'apurement des comptes, l'inscription de la déclaration sur le livre d'acquit et le visa du bureau des prud'hommes.

**27**. Lorsqu'un négociant-manufacturier aura donné de l'ouvrage à un chef d'atelier dépourvu de livre d'acquit pour le métier que le négociant voudra occuper, il sera condamné à payer comptant tout ce que ledit chef d'atelier pourrait devoir en compte de matières, et en compte d'argent jusqu'à cinq cents francs.

**28**. Les déclarations ci-dessus prescrites seront portées par le négociant-manufacturier, sur le livre d'acquit resté entre les mains du chef d'atelier, comme sur le sien.

---

**Loi du 7 mars 1850,** *sur les moyens de constater les conventions entre patrons et ouvriers en matière de tissage et de bobinage.*

Art. **1**er. Tout fabricant, commissionnaire ou intermédiaire qui livrera des fils pour être tissés, sera tenu d'inscrire, au moment de la livraison, sur un livret spécial, appartenant à l'ouvrier et laissé entre ses mains :

1° Le poids et la longueur de la chaîne ;

2° Le poids de la trame et le nombre de fils de trame à introduire par unité de surface de tissu ;

3° Les longueur et largeur de la pièce à fabriquer ;

4° Le prix de façon, soit au mètre de tissu fabriqué, soit au mètre de longueur ou au kilogramme de la trame introduite dans le tissu.

**2.** Tout fabricant, commissionnaire ou intermédiaire qui livrera des fils pour être bobinés, sera tenu d'inscrire, sur un livret spécial, appartenant à l'ouvrier et laissé entre ses mains :

1° Le poids brut et le poids net de la matière à travailler ;

2° Le numéro du fil ;

3° Le prix de façon, soit au kilogramme de matière travaillée, soit au mètre de longueur de cette même matière.

**3.** Le prix de façon sera indiqué en monnaie légale sur le livret par le fabricant, commissionnaire ou intermédiaire.

Toute convention contraire sera mentionnée, par lui, sur le livret.

**4.** L'ouvrage exécuté sera remis au fabricant, commissionnaire ou intermédiaire, de qui l'ouvrier aura directement reçu la matière première.

Le compte de façon sera arrêté au moment de cette remise.

Toute convention contraire aux deux paragraphes précédents sera mentionnée sur le livret par le fabricant, commissionnaire ou intermédiaire.

**5.** Le fabricant, commissionnaire ou intermédiaire inscrira sur un registre d'ordre toutes les mentions portées au livret spécial de l'ouvrier.

**6.** Le fabricant, commissionnaire ou intermédiaire tiendra constamment exposés aux regards, dans le lieu où se règlent habituellement les comptes entre lui et l'ouvrier : 1° les instruments nécessaires à la vérification des poids et mesures ; 2° un exemplaire de la présente loi en forme de placard.

**7.** A l'égard des industries spéciales auxquelles serait inapplicable la fixation du prix de façon, soit au mètre de tissu fabriqué, soit au mètre de longueur de la trame introduite dans le tissu, ou bien soit au kilogramme de matière travaillée, soit au mètre de longueur de cette même matière, le pouvoir exécutif pourra déterminer un autre mode, par des arrêtés en forme de règlements d'administration publique, après avoir pris l'avis des chambres de commerce, des chambres consultatives et des conseils de prud'hommes, et, à leur défaut, des conseils de préfecture.

Il pourra, pareillement, par des arrêtés rendus en la même forme, étendre les dispositions de la présente loi aux industries qui se rattachent au tissage et au bobinage.

En l'un et l'autre cas, ces arrêtés seront soumis à l'approbation de *l'Assemblée législative* dans les trois ans qui suivront leur promulgation.

**8.** Seront punies d'une amende de onze à quinze francs :

1° Les contraventions aux articles 1er, 2, 3, 5 et 6 ;

2° Les contraventions à la disposition finale de l'article 4, et aux arrêtés pris en exécution de l'article 7.

Il sera prononcé autant d'amendes qu'il aura été commis de contraventions distinctes.

**9.** Si, dans les douze mois qui ont précédé la contravention, le contrevenant a encouru une condamnation pour infraction à la présente loi ou aux arrêtés pris en exécution de l'article 7 de cette loi, le tribunal peut ordonner l'insertion du nouveau jugement dans un journal de la localité, aux frais du condamné.

---

**Loi du 21 juillet 1856,** *qui étend à la coupe du velours de coton, ainsi qu'à la teinture, au blanchiment et à l'apprêt des étoffes, les dispositions de la loi du 7 mars 1850, concernant le tissage et le bobinage.*

Art. **1er**. Tout fabricant, commissionnaire ou intermédiaire qui livre à un ouvrier une pièce de velours de coton pour être coupée, est tenu d'inscrire, au moment de la livraison, sur un livre spécial appartenant à l'ouvrier, et laissé entre ses mains :

1° Les longueur, largeur et poids de la pièce à couper ;

2° Le prix de façon, au mètre de longueur.

**2**. Tout fabricant, commissionnaire ou intermédiaire qui livre à un ouvrier une pièce d'étoffe pour être teinte, blanchie ou apprêtée, est tenu d'inscrire, au moment de la livraison, sur un livre spécial appartenant à l'ouvrier, et laissé entre ses mains :

1° Les longueur, largeur et poids de la pièce à teindre, blanchir ou apprêter ;

2° Le prix de façon, soit au mètre de longueur de la pièce, soit au kilogramme de son poids.

**3**. Les articles 3, 4, 5, 6, 8 et 9 de la loi du 7 mars 1850 sont applicables à la coupe du velours de coton, ainsi qu'à la teinture, au blanchiment et à l'apprêt des étoffes.

---

**Loi du 2 juillet 1890,** *ayant pour objet d'abroger les dispositions relatives aux livrets d'ouvriers.*

Art. **1er**. Sont abrogés : la loi du 22 juin 1854 (1), le décret du

---

(1) L. du 22 juin 1854 sur les livrets d'ouvriers :

Art. 1er. *Les ouvriers de l'un et l'autre sexe attachés aux manufactures, fabriques, usines, mines, minières, carrières, chantiers, ateliers et autres établissements industriels, ou travaillant chez eux pour un ou plusieurs patrons, sont tenus de se munir d'un livret.*

2. *Les livrets sont délivrés par les maires. Ils sont délivrés par le préfet de police à Paris et dans le ressort de sa préfecture, par le préfet du Rhône à Lyon et dans les autres communes dans lesquelles il remplit les fonctions qui lui sont attribuées par la loi du 19 juin 1851. Il n'est perçu pour la délivrance des livrets que le prix de confection. Ce prix ne peut dépasser vingt-cinq centimes.*

3. *Les chefs ou directeurs des établissements spécifiés en l'art. 1er ne peuvent employer un ouvrier soumis à l'obligation prescrite par cet article, s'il n'est porteur d'un livret en règle.*

4. *Si l'ouvrier est attaché à l'établissement, le chef ou directeur doit, au moment où il le reçoit, inscrire sur son livret la date de son entrée. Il transcrit sur un registre non timbré, qu'il doit tenir à cet effet, les nom et prénoms de l'ouvrier, le nom et le domicile du chef de l'établissement qui l'aura employé précédemment, et le montant des avances dont l'ouvrier serait resté débiteur envers celui-ci. Il inscrit sur le livret, à la sortie de l'ouvrier, la date de la sortie et l'acquit des engagements. Il y ajoute, s'il y a lieu, le montant des avances dont l'ouvrier resterait débiteur envers lui, dans les limites fixées par la loi du 14 mai 1851.*

5. *Si l'ouvrier travaille habituellement pour plusieurs patrons, chaque patron inscrit sur le livret le jour où il lui con-*

30 avril 1855, la loi du 14 mai | 1851 (1), l'article 12 du décret du

*fie de l'ouvrage, et transcrit, sur le registre mentionné en l'article précédent, ses nom et prénoms et son domicile. Lorsqu'il cesse d'employer l'ouvrier, il inscrit sur le livret l'acquit des engagements, sans aucune autre énonciation.*

6. *Le livret, après avoir reçu les mentions prescrites par les deux articles qui précèdent, est remis à l'ouvrier et reste entre ses mains.*

7. *Lorsque le chef ou directeur d'établissement ne peut remplir l'obligation déterminée au troisième paragraphe de l'art. 4 et au deuxième paragraphe de l'art. 5, le maire ou le commissaire de police, après avoir constaté la cause de l'empêchement, inscrit, sans frais, le congé d'acquit.*

8. *Dans tous les cas, il n'est fait sur le livret aucune annotation favorable ou défavorable à l'ouvrier.*

9. *Le livret, visé gratuitement par le maire de la commune où travaille l'ouvrier, à Paris et dans le ressort de la préfecture de police par le préfet de police, à Lyon et dans les communes spécifiées dans la loi du 19 juin 1851, par le préfet du Rhône, tient lieu de passeport à l'intérieur, sous les conditions déterminées par les règlements administratifs.*

10. *Des règlements d'administration publique déterminent tout ce qui concerne la forme, la délivrance, la tenue et le renouvellement des livrets. Ils règlent la forme du registre prescrit par l'art. 4, et les indications qu'il doit contenir.*

11. *Les contraventions aux art. 1, 3, 4, 5 et 8 de la présente loi sont poursuivies devant le tribunal de simple police, et punies d'une amende d'un à quinze francs, sans préjudice des dommages-intérêts, s'il y a lieu. Il peut, de plus, être prononcé, suivant les circonstances, un emprisonnement de un à cinq jours.*

12. *Tout individu coupable d'avoir fabriqué un faux livret, ou falsifié un livret originairement véritable, ou fait sciemment usage d'un livret faux ou falsifié, est puni des peines portées en l'article 153 du Code pénal.*

13. *Tout ouvrier coupable de s'être fait délivrer un livret soit sous un faux nom, soit au moyen de fausses déclarations ou de faux certificats, ou d'avoir fait usage d'un livret qui ne lui appartient pas, est puni d'un emprisonnement de trois mois à un an.*

14. *L'art. 463 du Code pénal peut être appliqué dans tous les cas prévus par les articles 12 et 13 de la présente loi.*

15. *Aucun ouvrier soumis à l'obligation du livret ne sera inscrit sur les listes électorales pour la formation des conseils de prud'hommes, s'il n'est pourvu d'un livret.*

(1) L. du 14 mai 1851, qui modifie l'arrêté du 9 frimaire an XII en ce qui concerne les avances aux ouvriers :

Art. 1er. *Les art. 7, 8 et 9 de l'arrêté du 9 frimaire an XII sont modifiés ainsi qu'il suit :*

2. *L'ouvrier qui a terminé et livré l'ouvrage qu'il s'était engagé à faire pour le patron ; qui a travaillé pour lui pendant le temps réglé, soit par le contrat de louage, soit par l'usage des lieux ; ou à qui le patron refuse de l'ouvrage ou son salaire, a le droit d'exiger la remise de son livret et la délivrance de son congé, lors même qu'il n'a pas acquitté les avances qu'il a reçues.*

3. *De son côté, le patron qui exécute les conventions arrêtées entre lui et l'ouvrier a le droit de retenir le livret de celui-ci jusqu'à ce que le travail, objet de ces conventions, soit terminé et livré, à moins que l'ouvrier, pour des causes indépendantes de sa volonté, ne se trouve dans l'impossibilité de travailler ou de remplir les conditions de son contrat.*

4. *Les avances faites par le patron à l'ouvrier ne peuvent être inscrites sur le livret de celui-ci et ne sont remboursables, au moyen de la retenue, que jusqu'à concurrence de trente francs.*

5. *La retenue sera du dixième du salaire journalier de l'ouvrier.*

6. *Les art. 7, 8 et 9 de l'arrêté du 9 frimaire an XII continueront, néanmoins, à recevoir leur exécution pour le montant des avances dues par les ouvriers à leurs patrons antérieurement à la promulgation de la présente loi, sans que, en aucun cas, les livrets puissent être retenus pour assurer le remboursement de ces avances, ou que les patrons puissent se refuser à le recevoir en argent. A cet effet, le montant de ces avances sera arrêté et inscrit sur le livret de l'ouvrier. L'inscription ainsi faite sera légalisée par le président du conseil des prud'hommes,*

13 février 1852 ([1]), sur les obligations des travailleurs aux colonies et toutes les autres dispositions de lois ou décrets relatifs aux livrets d'ouvriers.

Néanmoins, continueront à être exécutés : les dispositions de la loi du 18 mars 1806 sur les livrets d'acquit de la fabrique de Lyon ; celles de la loi du 7 mars 1850 sur les livrets de compte pour le tissage et le bobinage, et l'article 10 de la loi du 19 mai 1874, relatif aux livrets des enfants et des filles mineures employés dans l'industrie, lequel sera applicable aux enfants et aux filles mineures employés comme apprentis ou autrement.

**2.** Le contrat de louage d'ouvrage, entre les chefs ou directeurs des établissements industriels et leurs ouvriers, est soumis aux règles du droit commun et peut être constaté dans les formes qu'il convient aux parties contractantes d'adopter.

Cette nature de contrat est exempte de timbre et d'enregistrement.

**3.** Toute personne qui engage ses services peut, à l'expiration du contrat, exiger de celui à qui il les a loués, sous peine de dommages et intérêts, un certificat contenant exclusivement la date de son entrée, celle de sa sortie et l'espèce de travail auquel elle a été employée.

Ce certificat est exempt de timbre et d'enregistrement.

---

## LOUAGE D'OUVRAGE ([2]).

Code civil, liv. III, tit. VIII.

### CHAP. III. — DU LOUAGE D'OUVRAGE ET D'INDUSTRIE.

Art. **1779**. Il y a trois espèces principales de louage d'ouvrage et d'industrie :

1° Le louage des gens de travail qui s'engagent au service de quelqu'un ;

2° Celui des voituriers, tant par terre que par eau, qui se chargent du transport des personnes ou des marchandises ;

3° Celui des entrepreneurs d'ouvrages par suite de devis ou marchés.

#### *Sect. 1. — Du louage des domestiques et ouvriers.*

**1780**. On ne peut engager ses services qu'à temps ou pour une entreprise déterminée ([3]).

---

*ou, à son défaut, par le juge de paix, dans le délai de deux mois, à partir de la promulgation de la présente loi. Toutes les avances qui n'auront pas été constatées, suivant les formes et dans les délais énoncés dans le paragraphe précédent, seront soumises au droit commun.*

*7. Les contestations qui pourraient s'élever relativement à la délivrance des congés ou à la rétention des livrets seront jugées par les conseils de prud'hommes, et, dans les lieux où ces tribunaux ne sont pas établis, par les juges de paix, en se conformant aux règles de compétence et de procédure prescrites par les lois, décrets, ordonnances et règlements.*

*8. Les juges de paix prononceront, les parties présentes ou appelées par voie de simple avertissement. La décision sera exécutoire sur minute et sans aucun délai.*

(1) Décr. du 13 févr. 1852, art. 12 : *Des diplômes peuvent être délivrés par le bureau de la société (de secours mutuels) à chaque sociétaire participant. Ces diplômes leur serviront de passeport et de livret sous les conditions déterminées par un arrêté ministériel.*

(2) Voy. aussi *suprà*, v° *Livrets d'ouvriers*, la L. du 2 juill. 1890.

(3) Cet article a été complété par la L. du 27 déc. 1890 : voy. *infrà*, même mot.

**1781**. (Abrogé par la loi du 2 août 1868.) *Le maître est cru sur son affirmation, — Pour la quotité des gages ; — Pour le paiement du salaire de l'année échue ; — Et pour les acomptes donnés pour l'année courante.*

. . . . . . . . . . . . . . . .

*Sect. 3. — Des devis et marchés.*

**1787**. Lorsqu'on charge quelqu'un de faire un ouvrage, on peut convenir qu'il fournira seulement son travail ou son industrie, ou bien qu'il fournira aussi la matière.

**1788**. Si, dans le cas où l'ouvrier fournit la matière, la chose vient à périr, de quelque manière que ce soit, avant d'être livrée, la perte en est pour l'ouvrier, à moins que le maître ne fût en demeure de revevoir la chose.

**1789**. Dans le cas où l'ouvrier fournit seulement son travail ou son industrie, si la chose vient à périr, l'ouvrier n'est tenu que de sa faute.

**1790**. Si, dans le cas de l'article précédent, la chose vient à périr, quoique sans aucune faute de la part de l'ouvrier, avant que l'ouvrage ait été reçu, et sans que le maître fût en demeure de le vérifier, l'ouvrier n'a point de salaire à réclamer, à moins que la chose n'ait péri par le vice de la matière.

**1791**. S'il s'agit d'un ouvrage à plusieurs pièces ou à la mesure, la vérification peut s'en faire par parties : elle est censée faite pour toutes les parties payées, si le maître paye l'ouvrier en proportion de l'ouvrage fait.

**1792**. Si l'édifice construit à prix fait, périt en tout ou en partie par le vice de la construction, même par le vice du sol, les architecte et entrepreneur en sont responsables pendant dix ans.

**1793**. Lorsqu'un architecte ou un entrepreneur s'est chargé de la construction à forfait d'un bâtiment, d'après un plan arrêté et convenu avec le propriétaire du sol, il ne peut demander aucune augmentation de prix, ni sous le prétexte de l'augmentation de la main-d'œuvre ou des matériaux, ni sous celui de changements ou d'augmentations faits sur ce plan, si ces changements ou augmentations n'ont pas été autorisés par écrit et le prix convenu avec le propriétaire.

**1794**. Le maître peut résilier, par sa seule volonté, le marché à forfait, quoique l'ouvrage soit déjà commencé, en dédommageant l'entrepreneur de toutes ses dépenses, de tous ses travaux, et de tout ce qu'il aurait pu gagner dans cette entreprise.

**1795**. Le contrat de louage d'ouvrage est dissous par la mort de l'ouvrier, de l'architecte ou entrepreneur.

**1796**. Mais le propriétaire est tenu de payer en proportion du prix porté par la convention, à leur succession, la valeur des ouvrages faits et celle des matériaux préparés, lors seulement que ces travaux ou ces matériaux peuvent lui être utiles.

**1797**. L'entrepreneur répond du fait des personnes qu'il emploie.

**1798**. Les maçons, charpentiers et autres ouvriers qui ont été employés à la construction d'un bâtiment ou d'autres ouvrages faits à l'entreprise, n'ont d'action contre celui pour lequel les ouvrages ont été faits, que jusqu'à concurrence de ce dont il se trouve débiteur envers l'entrepreneur, au moment où leur action est intentée.

**1799**. Les maçons, charpentiers, serruriers, et autres ouvriers qui font directement des marchés à prix fait, sont astreints aux règles prescrites dans la présente section : ils sont entrepreneurs dans la partie qu'ils traitent.

Code civil, livre III, titre XX, chap. V.

*Sect. 1. — De quelques prescriptions particulières.*

Art. **2271**. L'action des maîtres et instituteurs des sciences et des arts, pour les leçons qu'ils donnent au mois ;.....

Celle des ouvriers et gens de travail, pour le paiement de leurs journées, fournitures et salaires,

Se prescrivent par six mois.

Code de commerce, livre II, titre I.
Des navires et autres bâtiments de mer.

Art. **190**. Les navires et autres bâtiments de mer sont meubles. — Néanmoins ils sont affectés aux dettes du vendeur, et spécialement à celles que la loi déclare privilégiées.

**191**. Sont privilégiées, et dans l'ordre où elles sont rangées, les dettes ci-après désignées :

1°.........

8° Les sommes dues aux vendeurs, aux fournisseurs et ouvriers employés à la construction, si le navire n'a point encore fait de voyage ; et les sommes dues aux créanciers pour fournitures, travaux, main-d'œuvre, pour radoub, victuailles, armement et équipement, avant le départ du navire, s'il a déjà navigué.

. . . . . . . . . . . . . . . . .

Livre III, titre I. — De la faillite.

. . . . . . . . . . . . . . . . .

Art. **549**. (Modifié par la loi du 4 mars 1889, article 22.) Le salaire acquis aux ouvriers directement employés par le débiteur, pendant les trois mois qui ont précédé l'ouverture de la liquidation judiciaire ou la faillite, est admis au nombre des créances privilégiées, au même rang que le privilège établi par l'article 2101 du Code civil pour le salaire des gens de service (1).

---

**Loi du 27 décembre 1890,** *sur le contrat de louage et sur les rapports des agents des chemins de fer avec les compagnies.*

Art. **1er**. L'article 1780 du Code civil est complété comme il suit :

Le louage de service, fait sans détermination de durée, peut toujours cesser par la volonté d'une des parties contractantes.

Néanmoins, la résiliation du contrat par la volonté d'un seul des contractants peut donner lieu à des dommages-intérêts.

Pour la fixation de l'indemnité à allouer, le cas échéant, il est tenu compte des usages, de la nature des services engagés, du temps écoulé, des retenues opé-

(1) Voy. pour les législations étrangères notre *Code de commerce*, art. 549, notes 3 et 4.

rées et des versements effectués en vue d'une pension de retraite, et, en général, de toutes les circonstances qui peuvent justifier l'existence et déterminer l'étendue du préjudice causé.

Les parties ne peuvent renoncer à l'avance au droit éventuel de demander des dommages-intérêts en vertu des dispositions ci-dessus.

Les contestations auxquelles pourra donner lieu l'application des paragraphes précédents, lorsqu'elles seront portées devant les tribunaux civils et devant les cours d'appel, seront instruites comme affaires sommaires et jugées d'urgence.

**2.** Dans le délai d'une année, les compagnies et administrations de chemins de fer devront soumettre à l'homologation ministérielle les statuts et règlements de leurs caisses de retraites et de secours.

---

## MACHINES A VAPEUR.

**Loi du 21 juillet 1856,** *concernant les contraventions aux règlements sur les appareils et bateaux à vapeur.*

### TITRE I. — DES CONTRAVENTIONS RELATIVES A LA VENTE DES APPAREILS A VAPEUR.

Art. **1er.** Est puni d'une amende de 100 à 1,000 fr., tout fabricant qui a livré une chaudière fermée, ou toute autre pièce destinée à produire de la vapeur, sans qu'elle ait été soumise aux épreuves exigées par les règlements d'administration publique.

Est puni de la même peine le fabricant qui, après avoir fait, dans ses ateliers, des changements ou des réparations notables à une chaudière, ou à toute autre pièce destinée à produire de la vapeur, l'a rendue au propriétaire sans qu'elle ait été de nouveau soumise auxdites épreuves.

**2.** Est puni d'une amende de 25 à 200 fr., tout fabricant qui a livré un cylindre, une enveloppe de cylindre, ou une pièce quelconque destinée à contenir de la vapeur, sans que cette pièce ait été soumise aux épreuves prescrites par lesdits règlements.

### TITRE II. — DES CONTRAVENTIONS RELATIVES A L'USAGE DES APPAREILS A VAPEUR ÉTABLIS AILLEURS QUE SUR LES BATEAUX.

**3.** Est puni d'une amende de 25 à 500 fr., quiconque a fait usage d'une machine ou chaudière à vapeur sur laquelle ne seraient pas appliqués les timbres constatant qu'elle a été soumise aux épreuves et vérifications prescrites par les règlements d'administration publique.

Est puni de la même peine quiconque, après avoir fait faire à une chaudière ou partie de chaudière des changements ou réparations notables, a fait usage de la chaudière modifiée ou réparée sans en avoir donné avis au préfet ou sans qu'elle ait été soumise de nouveau, dans le cas où le préfet l'aurait ordonné, à la pression d'épreuve correspondante au numéro du timbre dont elle est frappée.

**4.** Est puni d'une amende de 25 à 500 fr., quiconque a fait usage d'un appareil à vapeur sans être muni de l'autorisation exigée par les règlements d'administration publique.

L'amende est de 100 à 1,000 fr., si l'appareil à vapeur dont il a été fait usage sans autorisation n'est pas revêtu des timbres mentionnés en l'article précédent.

Néanmoins, l'amende n'est point encourue si, dans le délai de deux mois pour les appareils à placer dans l'intérieur des établissements, et de trois mois pour les appareils placés en dehors, il n'a pas été statué par l'administration sur l'autorisation demandée.

**5**. Celui qui continue à se servir d'un appareil à vapeur pour lequel l'autorisation a été retirée ou suspendue en vertu des règlements d'administration publique est puni d'une amende de 100 à 2,000 fr., et peut être condamné, en outre, à un emprisonnement de trois jours à un mois.

**6**. Quiconque fait usage d'un appareil à vapeur autorisé sans s'être conformé aux prescriptions qui lui ont été imposées en vertu desdits règlements, en ce qui concerne les appareils de sûreté dont les chaudières doivent être pourvues et l'emplacement de ces chaudières, ou qui continue à en faire usage alors que les appareils de sûreté et les dispositions du local ont cessé de satisfaire à ces prescriptions, est puni d'une amende de 25 à 200 fr.

**7**. Le chauffeur ou mécanicien qui a fait fonctionner une machine ou chaudière à une pression supérieure au degré déterminé dans l'acte d'autorisation, ou qui a surchargé les soupapes d'une chaudière, faussé ou paralysé les autres appareils de sûreté, est puni d'une amende de 25 à 500 fr., et peut être, en outre, condamné à un emprisonnement de trois jours à un mois.

Le propriétaire, le chef de l'entreprise, le directeur, le gérant ou le préposé par les ordres duquel a eu lieu la contravention prévue au présent article, est puni d'une amende de 100 à 2,000 fr., et peut être condamné à un emprisonnement de six jours à deux mois.

TITRE III. — DES CONTRAVENTIONS RELATIVES AUX BATEAUX A VAPEUR ET AUX APPAREILS A VAPEUR PLACÉS SUR CES BATEAUX.

**8**. Est puni d'une amende de 100 à 2,000 fr., tout propriétaire ou chef d'entreprise qui a fait naviguer un bateau à vapeur sans un permis de navigation délivré par l'autorité administrative, conformément aux règlements d'administration publique.

**9**. Le propriétaire ou chef d'entreprise qui a continué de faire naviguer un bateau à vapeur dont le permis a été suspendu ou retiré en vertu desdits règlements encourt une amende de 400 à 4,000 fr., et peut être condamné, en outre, à un emprisonnement d'un mois à un an.

**10**. Est puni d'une amende de 400 à 4,000 fr., tout propriétaire de bateau à vapeur ou chef d'entreprise qui fait usage d'une chaudière non revêtue des timbres constatant qu'elle a été soumise aux épreuves prescrites par les règlements d'administration publique, ou qui, après avoir fait faire à une chaudière ou partie de chaudière des changements ou réparations notables, a fait usage, hors le cas de force majeure, de la chaudière réparée ou modifiée sans qu'elle ait été soumise à la pression d'épreuve correspondante au numéro du timbre dont elle est frappée.

**11**. Est puni d'une amende de 200 à 4,000 fr., tout propriétaire de bateau à vapeur ou chef d'entreprise qui, après avoir obtenu un permis de navigation, fait naviguer ce bateau sans se conformer aux prescriptions qui lui ont été imposées en vertu des règlements d'administration publique, en ce qui concerne les appareils de sûreté dont les chaudières doivent être pourvues, l'emplacement des chaudières et machines, et les séparations entre cet emplacement et les salles destinées aux passagers.

La même peine est applicable dans le cas où le bateau a continué à naviguer après que les appareils de sûreté ou les dispositions du local ont cessé de satisfaire à ces prescriptions.

**12**. Est puni d'une amende de 200 à 2,000 fr., tout propriétaire de bateau à vapeur ou chef d'entreprise qui a confié la conduite du bateau ou de l'appareil moteur à un capitaine ou à un mécanicien non pourvu des certificats de capacité exigés par les règlements d'administration publique.

**13**. Est puni d'une amende de 50 à 500 fr., le capitaine d'un bateau à vapeur si, par suite de sa négligence :

1° La pression de la vapeur dans les chaudières a été portée au-dessus de la limite fixée par le permis de navigation ;

2° Les appareils prescrits, soit pour limiter ou indiquer cette pression, soit pour indiquer le niveau de l'eau dans l'intérieur des chaudières, soit pour alimenter d'eau des chaudières, ont été faussés ou paralysés.

**14**. Est puni d'une amende de 50 à 500 fr. et, en outre, d'un emprisonnement de trois jours à trois mois, le mécanicien ou chauffeur qui, sans ordre, a surchargé les soupapes, faussé ou paralysé les autres appareils de sûreté.

Lorsque la surcharge des soupapes a eu lieu, hors du cas de force majeure, par l'ordre du capitaine ou du chef de manœuvre qui le remplace, le capitaine ou le chef de manœuvre qui a donné l'ordre est puni d'une amende de 200 à 2,000 fr., et peut être condamné à un emprisonnement de six jours à deux mois.

**15**. Est puni d'une amende de 25 à 250 fr. et d'un emprisonnement de trois jours à un mois, le mécanicien d'un bateau à vapeur qui aura laissé descendre l'eau dans la chaudière au niveau des conduits de la flamme et de la fumée.

**16**. Est puni d'une amende de 50 à 500 fr., le capitaine d'un bateau à vapeur qui a contrevenu aux dispositions des règlements d'administration publique ou des arrêtés des préfets rendus en vertu de ces règlements, en ce qui concerne :

1° Le nombre des passagers qui peuvent être reçus à bord ;

2° Le nombre et la nature des embarcations, agrès et apparaux dont le bateau doit être pourvu ;

3° Les prescriptions relatives aux embarquements et débarquements, et celles qui ont pour objet d'éviter les accidents au départ, aux passages sous les ponts ou à l'arrivée des bateaux, ou de prévenir les abordages.

**17**. Dans le cas où, par inobservation des règlements, le capitaine d'un bateau à vapeur a heurté, endommagé ou mis en péril un autre bateau, il est puni d'une amende de 50 à 500 fr., et peut être condamné, en outre, à un emprisonnement de six jours à trois mois.

**18**. Le propriétaire du bateau à vapeur, le chef d'entreprise ou le gérant par les ordres de qui a lieu l'un des faits prévus par les articles 13, 14, et 16 de la présente loi, est passible de peines doubles de celles qui, conformément auxdits articles, seront appliquées à l'auteur de la contravention.

## TITRE IV. — DISPOSITIONS GÉNÉRALES.

**19**. En cas de récidive, l'amende et la durée de l'emprisonnement peuvent être élevés au double du maximum porté dans les articles précédents.

Il y a récidive, lorsque le contrevenant a subi, dans les douze mois qui précèdent, une condamnation en vertu de la présente loi.

**20**. Si les contraventions prévues dans les titres II et III de la présente loi ont occasionné des blessures, la peine sera de huit jours à six mois d'emprisonnement, et l'amende de 50 à 1,000 fr.; si elles ont occasionné la mort d'une ou plusieurs personnes, l'emprisonnement sera de six mois à cinq ans, et l'amende de 300 à 3,000 fr.

**21**. Les contraventions prévues par la présente loi sont constatées par les ingénieurs des mines, les ingénieurs des ponts et chaussées, les gardes-mines, les conducteurs et autres employés des ponts et chaussées et des mines, commissionnés à cet effet, les maires et adjoints, les commissaires de police, et, en outre, pour les bateaux à vapeur, les officiers de port, les inspecteurs et gardes de la navigation, les membres des commissions de surveillance instituées en exécution des règlements, et les hommes de l'art qui, dans les ports étrangers, auront, en vertu de l'article 49 de l'ordonnance du 17 janvier 1846, été chargés par les consuls ou agents consulaires français de procéder aux visites des bateaux à vapeur.

**22**. Les procès-verbaux dressés en exécution de l'article précédent sont visés pour timbre et enregistrés en débet.

Ceux qui ont été dressés par des agents de surveillance et gardes assermentés doivent, à peine de nullité, être affirmés dans les trois jours devant le juge de paix ou le maire, soit du lieu du délit, soit de la résidence de l'agent.

Lesdits procès-verbaux font foi jusqu'à preuve contraire.

Les procès-verbaux qui ont été dressés dans les ports étrangers, par les hommes de l'art désignés en l'article 21 ci-dessus, sont enregistrés à la chancellerie du consulat et envoyés en originaux au ministre *de l'agriculture, du commerce et* des travaux publics, afin que les poursuites soient exercées devant les tribunaux compétents.

**23**. L'article 463 du Code pénal est applicable aux condamnations prononcées en exécution de la présente loi.

---

## Décret du 30 avril 1880, *relatif aux générateurs à vapeur, autres que ceux qui sont placés à bord des bateaux.*

Art. 1er. Sont soumis aux formalités et aux mesures prescrites par le présent règlement : 1° les générateurs de vapeur autres que ceux qui sont placés à bord des bateaux ; 2° les récipients définis ci-après (titre V).

### TITRE I. — MESURES DE SURETÉ RELATIVES AUX CHAUDIÈRES PLACÉES A DEMEURE.

2. Aucune chaudière neuve ne peut être mise en service qu'après avoir subi l'épreuve réglementaire ci-après définie. Cette épreuve doit être faite chez le constructeur et sur sa demande.

Toute chaudière venant de l'étranger est éprouvée avant sa mise en service, sur le point du territoire français désigné par le destinataire dans sa demande.

3. Le renouvellement de l'épreuve peut être exigé de celui qui fait usage d'une chaudière :

1° Lorsque la chaudière, ayant déjà servi, est l'objet d'une nouvelle installation ;

2° Lorsqu'elle a subi une réparation notable ;

3° Lorsqu'elle est remise en service après un chômage prolongé.

A cet effet, l'intéressé devra informer l'ingénieur des mines de ces diverses circonstances. En particulier, si l'épreuve exige la démolition du massif du fourneau ou l'enlèvement de l'enveloppe de la chaudière et un chômage plus ou moins prolongé, cette épreuve pourra ne point être exigée, lorsque des renseignements authentiques sur l'époque et les résultats de la dernière visite, intérieure et extérieure, constitueront une présomption suffisante en faveur du bon état de la chaudière. Pourront être notamment considérés comme renseignements probants les certificats délivrés aux membres des associations de propriétaires d'appareils à vapeur par celles de ces associations que le ministre aura désignées.

Le renouvellement de l'épreuve est exigible également lorsque, à raison des conditions dans lesquelles une chaudière fonctionne, il y a lieu, par l'ingénieur des mines, d'en suspecter la solidité.

Dans tous les cas, lorsque celui qui fait usage d'une chaudière contestera la nécessité d'une nouvelle épreuve, il sera, après une instruction où celui-ci sera entendu, statué par le préfet.

En aucun cas, l'intervalle entre deux épreuves consécutives n'est supérieur à dix années. Avant l'expiration de ce délai, celui qui fait usage d'une chaudière à vapeur doit lui-même demander le renouvellement de l'épreuve.

4. L'épeuve consiste à soumettre la chaudière à une pression hydraulique supérieure à la pression effective qui ne doit pas être dépassée dans le service. Cette pression d'épreuve sera maintenue pendant le temps nécessaire à l'examen de la

chaudière, dont toutes les parties doivent pouvoir être visitées.

La surcharge d'épreuve par centimètre carré est égale à la pression effective, sans jamais être inférieure à un demi-kilogramme, ni supérieure à 6 kilogrammes.

L'épreuve est faite sous la direction de l'ingénieur des mines et en sa présence, ou, en cas d'empêchement, en présence du garde-mines opérant d'après ses instructions.

Elle n'est pas exigée pour l'ensemble d'une chaudière dont les diverses parties, éprouvées séparément, ne doivent être réunies que par des tuyaux placés, sur tout leur parcours, en dehors du foyer et des conduits de flamme, et dont les joints peuvent être facilement démontés.

Le chef de l'établissement où se fait l'épreuve fournit la main-d'œuvre et les appareils nécessaires à l'opération.

**5.** Après qu'une chaudière ou partie de chaudière a été éprouvée avec succès, il y est apposé un timbre, indiquant, en kilogrammes par centimètre carré, la pression effective que la vapeur ne doit pas dépasser.

Les timbres sont poinçonnés et reçoivent trois nombres indiquant le jour, le mois et l'année de l'épreuve.

Un de ces timbres est placé de manière à être toujours apparent après la mise en place de la chaudière.

**6.** Chaque chaudière est munie de deux soupapes de sûreté, chargées de manière à laisser la vapeur s'écouler dès que sa pression effective atteint la limite maximum indiquée par le timbre réglementaire.

L'orifice de chacune des soupapes doit suffire à maintenir, celle-ci étant au besoin convenablement déchargée ou soulevée et quelle que soit l'activité du feu, la vapeur dans la chaudière à un degré de pression qui n'excède, pour aucun cas, la limite ci-dessus.

Le constructeur est libre de répartir, s'il le préfère, la section totale d'écoulement nécessaire des deux soupapes réglementaires entre un plus grand nombre de soupapes.

**7.** Toute chaudière est munie d'un manomètre en bon état placé en vue du chauffeur et gradué de manière à indiquer en kilogrammes la pression effective de la vapeur dans la chaudière.

Une marque très apparente indique sur l'échelle du manomètre la limite que la pression effective ne doit point dépasser.

La chaudière est munie d'un ajutage terminé par une bride de quatre centimètres ($0^m,04$) de diamètre et cinq millimètres ($0^m,005$) d'épaisseur, disposée pour recevoir le manomètre vérificateur.

**8.** Chaque chaudière est munie d'un appareil de retenue, soupape ou clapet, fonctionnant automatiquement et placé au point d'insertion du tuyau d'alimentation qui lui est propre.

**9.** Chaque chaudière est munie d'une soupape ou d'un robinet d'arrêt de vapeur, placé, autant que possible, à l'origine du tuyau de conduite de vapeur, sur la chaudière même.

**10.** Toute paroi en contact par une de ses faces avec la

flamme doit être baignée par l'eau sur sa face opposée.

Le niveau de l'eau doit être maintenu, dans chaque chaudière, à une hauteur de marche telle qu'il soit, en toute circonstance, à six centimètres ($0^m,06$) au moins au-dessus du plan pour lequel la condition précédente cesserait d'être remplie. La position limite sera indiquée, d'une manière très apparente, au voisinage du tube de niveau mentionné à l'article suivant.

Les prescriptions énoncées au présent article ne s'appliquent point :

1° Aux surchauffeurs de vapeur distincts de la chaudière;

2° A des surfaces relativement peu étendues et placées de manière à ne jamais rougir, même lorsque le feu est poussé à son maximum d'activité, telles que les tubes ou partie des cheminées qui traversent le réservoir de vapeur, en envoyant directement à la cheminée principale les produits de la combustion.

**11.** Chaque chaudière est munie de deux appareils indicateurs du niveau de l'eau, indépendants l'un de l'autre, et placés en vue de l'ouvrier chargé de l'alimentation.

L'un de ces deux indicateurs est un tube en verre, disposé de manière à pouvoir être facilement nettoyé et remplacé au besoin.

Pour les chaudières verticales de grande hauteur, le tube en verre est remplacé par un appareil disposé de manière à reporter, en vue de l'ouvrier chargé de l'alimentation, l'indication du niveau de l'eau dans la chaudière.

## TITRE II. — ÉTABLISSEMENT DES CHAUDIÈRES A VAPEUR PLACÉES A DEMEURE.

**12.** Toute chaudière à vapeur destinée à être employée à demeure ne peut être mise en service qu'après une déclaration adressée par celui qui fait usage du générateur au préfet du département. Cette déclaration est enregistrée à sa date. Il en est donné acte. Elle est communiquée sans délai à l'ingénieur en chef des mines.

**13.** La déclaration fait connaître avec précision :

1° Le nom et le domicile du vendeur de la chaudière, ou l'origine de celle-ci ;

2° La commune et le lieu où elle est établie ;

3° La forme, la capacité et la surface de chauffe;

4° Le numéro du timbre réglementaire ;

5° Un numéro distinctif de la chaudière, si l'établissement en possède plusieurs ;

6° Enfin, le genre d'industrie et l'usage auquel elle est destinée.

**14.** Les chaudières sont divisées en trois catégories.

Cette classification est basée sur le produit de la multiplication du nombre exprimant en mètres cubes la capacité totale de la chaudière (avec ses bouilleurs et ses réchauffeurs alimentaires, mais sans y comprendre les surchauffeurs de vapeur) par le nombre exprimant, en degrés centigrades, l'excès de la température de l'eau correspondant à la pression indiquée par le timbre réglementaire sur la température de 100 degrés, conformément à la table annexée au présent décret.

Si plusieurs chaudières doivent fonctionner ensemble dans un même emplacement, et si elles ont entre elles une communication quelconque, directe ou indirecte, on prend, pour former le produit comme il vient d'être dit, la somme des capacités de ces chaudières.

Les chaudières sont de la première catégorie, quand le produit est plus grand que 200 ; de la deuxième, quand le produit n'excède pas 200, mais surpasse 50 ; de la troisième, si le produit n'excède pas 50.

**15.** Les chaudières comprises dans la première catégorie doivent être établies en dehors de toute maison d'habitation et de tout atelier surmonté d'étages. N'est pas considérée comme un étage, au-dessus de l'emplacement d'une chaudière, une construction dans laquelle ne se fait aucun travail nécessitant la présence d'un personnel à poste fixe.

**16.** Il est interdit de placer une chaudière de première catégorie à moins de trois mètres (3m) d'une maison d'habitation.

Lorsqu'une chaudière de première catégorie est placée à moins de dix mètres (10m) d'une maison d'habitation, elle en est séparée par un mur de défense.

Ce mur, en bonne et solide maçonnerie, est construit de manière à défiler la maison par rapport à tout point de la chaudière distant de moins de dix mètres (10m), sans toutefois que sa hauteur dépasse de un mètre (1m) la partie la plus élevée de la chaudière. Son épaisseur est égale au tiers au moins de sa hauteur, sans que cette épaisseur puisse être inférieure à un mètre (1m) en couronne. Il est séparé du mur de la maison voisine par un intervalle libre de trente centimètres (0m,30) de largeur au moins.

L'établissement d'une chaudière de première catégorie à la distance de dix mètres (10m) ou plus d'une maison d'habitation n'est assujetti à aucune condition particulière.

Les distances de trois mètres (3m) et de 10 mètres (10m), fixées ci-dessus, sont réduites respectivement à un mètre cinquante centimètres et à cinq mètres, lorque la chaudière est enterrée de façon que la partie supérieure de ladite chaudière se trouve à un mètre (1m) en contre-bas du sol, du côté de la maison voisine.

**17.** Les chaudières comprises dans la deuxième catégorie peuvent être placées dans l'intérieur de tout atelier, pourvu que l'atelier ne fasse pas partie d'une maison d'habitation.

Les foyers sont séparés des murs des maisons voisines par un intervalle libre de un mètre (1m) au moins.

**18.** Les chaudières de troisième catégorie peuvent être établies dans un atelier quelconque, même lorsqu'il fait partie d'une maison d'habitation.

Les foyers sont séparés des murs des maisons voisines par un intervalle libre de cinquante centimètres au moins.

**19.** Les conditions d'emplacement prescrites pour les chaudières à demeure par les précédents articles ne sont pas applicables aux chaudières pour l'établissement desquelles il aura été satisfait au décret du 25 janvier 1865, antérieurement à la promulgation du présent règlement.

**20**. Si, postérieurement à l'établissement d'une chaudière, un terrain contigu vient à être affecté à la construction d'une maison d'habitation, celui qui fait usage de la chaudière devra se conformer aux mesures prescrites par les articles 16, 17 et 18, comme si la maison eût été construite avant l'établissement de la chaudière.

**21**. Indépendamment des mesures générales de sûreté prescrites au titre Ier et de la déclaration prévue par les articles 12 et 13, les chaudières à vapeur fonctionnant dans l'intérieur des mines sont soumises aux conditions que pourra prescrire le préfet, suivant les cas et sur le rapport de l'ingénieur des mines.

### TITRE III. — CHAUDIÈRES LOCOMOBILES.

**22**. Sont considérées comme locomobiles les chaudières à vapeur qui peuvent être transportées facilement d'un lieu dans un autre, n'exigent aucune construction pour fonctionner sur un point donné et ne sont employées que d'une manière temporaire à chaque station.

**23**. Les dispositions des articles 2 à 11 inclusivement du présent décret sont applicables aux chaudières locomobiles.

**24**. Chaque chaudière porte une plaque sur laquelle sont gravés, en caractères très apparents, le nom et le domicile du propriétaire et un numéro d'ordre, si ce propriétaire possède plusieurs chaudières locomobiles.

**25**. Elle est l'objet de la déclaration prescrite par les articles 12 et 13. Cette déclaration est adressée au préfet du département où est le domicile du propriétaire.

L'ouvrier chargé de la conduite devra représenter à toute réquisition le récépissé de cette déclaration.

### TITRE IV. — CHAUDIÈRES DES MACHINES LOCOMOTIVES.

**26**. Les machines à vapeur locomotives sont celles qui, sur terre, travaillent en même temps qu'elles se déplacent par leur propre force, telles que les machines des chemins de fer et des tramways, les machines routières, les rouleaux compresseurs, etc.

**27**. Les dispositions des articles 2 et 8 inclusivement et celles des articles 11 et 24 sont applicables aux chaudières des machines locomotives.

**28**. Les dispositions de l'article 25, § 1er, s'appliquent également à ces chaudières.

**29**. La circulation des machines locomotives a lieu dans les conditions déterminées par des règlements spéciaux.

### TITRE V. — RÉCIPIENTS.

**30**. Sont soumis aux dispositions suivantes les récipients de formes diverses, d'une capacité de plus de 100 litres, au moyen desquels les matières à élaborer sont chauffées, non directement à feu nu, mais par de la vapeur empruntée à un générateur distinct, lorsque leur communication avec l'atmosphère n'est point établie par des moyens excluant toute pression effective nettement appréciable.

**31**. Ces récipients sont assujettis à la déclaration prescrite par les articles 12 et 13.

Ils sont soumis à l'épreuve, conformément aux articles 2, 3, 4 et 5. Toutefois, la surcharge d'épreuve sera, dans tous les cas, égale à la moitié de la pression maximum à laquelle l'appareil doit fonctionner, sans que cette surcharge puisse excéder 4 kilogrammes par centimètre carré.

**32.** Ces récipients sont munis d'une soupape de sûreté réglée pour la pression indiquée par le timbre, à moins que cette pression ne soit égale ou supérieure à celle fixée pour la chaudière alimentaire.

L'orifice de cette soupape, convenablement déchargée ou soulevée au besoin, doit suffire à maintenir, pour tous les cas, la vapeur dans le récipient à un degré de pression qui n'excède pas la limite du timbre.

Elle peut être placée, soit sur le récipient lui-même, soit sur le tuyau d'arrivée de la vapeur, entre le robinet et le récipient.

**33.** Les dispositions des articles 30, 31 et 32 s'appliquent également aux réservoirs dans lesquels de l'eau à haute température est emmagasinée, pour fournir ensuite un dégagement de vapeur ou de chaleur, quel qu'en soit l'usage.

**34.** *Un délai de six mois, à partir de la promulgation du présent décret, est accordé pour l'exécution des quatre articles qui précèdent.*

### TITRE VI. — DISPOSITIONS GÉNÉRALES.

**35.** Le ministre peut, sur le rapport des ingénieurs des mines, l'avis du préfet et celui de la commission centrale des machines à vapeur, accorder dispense de tout ou partie des prescriptions du présent décret, dans tous les cas où, à raison soit de la forme, soit de la faible dimension des appareils, soit de la position spéciale des pièces contenant de la vapeur, il serait reconnu que la dispense ne peut pas avoir d'inconvénient.

**36.** Ceux qui font usage de générateurs ou de récipients de vapeur veilleront à ce que ces appareils soient entretenus constamment en bon état de service.

A cet effet, ils tiendront la main à ce que des visites complètes, tant à l'intérieur qu'à l'extérieur, soient faites à des intervalles rapprochés pour constater l'état des appareils et assurer l'exécution, en temps utile, des réparations ou remplacements nécessaires.

Ils devront informer les ingénieurs des réparations notables faites aux chaudières et aux récipients, en vue de l'exécution des articles 3 (1°, 2° et 3°) et 31, § 2.

**37.** Les contraventions au présent règlement sont constatées, poursuivies et réprimées conformément aux lois.

**38.** En cas d'accident ayant occasionné la mort ou des blessures, le chef de l'établissement doit prévenir immédiatement l'autorité chargée de la police locale et l'ingénieur des mines chargé de la surveillance. L'ingénieur se rend sur les lieux, dans le plus bref délai, pour visiter les appareils, en constater l'état et rechercher les causes de l'accident. Il rédige sur le tout :

1° Un rapport qu'il adresse au procureur de la République et dont une expédition est transmise à l'ingénieur en chef, qui fait parvenir son avis à ce magistrat ;

2° Un rapport qui est adressé au préfet par l'intermédiaire et avec l'avis de l'ingénieur en chef.

En cas d'accident n'ayant occasionné ni mort ni blessure, l'ingénieur des mines seul est prévenu ; il rédige un rapport qu'il envoie, par l'intermédiaire et avec l'avis de l'ingénieur en chef, au préfet.

En cas d'explosion, les constructions ne doivent point être réparées et les fragments de l'appareil rompu ne doivent point être déplacés ou dénaturés avant la constatation de l'état des lieux par l'ingénieur.

**39**. Par exception, le ministre pourra confier la surveillance des appareils à vapeur aux ingénieurs ordinaires et aux conducteurs des ponts et chaussées sous les ordres de l'ingénieur en chef des mines de la circonscription.

**40**. Les appareils à vapeur qui dépendent des services spéciaux de l'État sont surveillés par les fonctionnaires et agents de ces services.

**41**. Les attributions conférées aux préfets des départements par le présent décret sont exercées par le préfet de police dans toute l'étendue de son ressort.

**42**. Est rapporté le décret du 25 janvier 1865.

---

**Décret du 29 juin 1886**, *relatif aux générateurs à vapeur autres que ceux qui sont placés à bord des bateaux.*

Art. **1er**. Lorsque plusieurs générateurs de vapeur, placés à demeure, sont groupés sur une conduite générale de vapeur, en nombre tel que le produit, formé comme il est dit à l'article 14 du décret du 30 avril 1880, en prenant comme base du calcul le timbre réglementaire le plus élevé, dépasse le nombre 1,800, lesdits générateurs sont répartis par séries correspondant chacune à un produit au plus égal à ce nombre ; chaque série est munie d'un clapet automatique d'arrêt, disposé de façon à éviter, en cas d'explosion, le déversement de la vapeur des séries restées intactes.

**2**. Lorsqu'un générateur de première catégorie est chauffé par les flammes perdues d'un ou plusieurs fours métallurgiques, tout le courant des gaz chauds doit, en arrivant au contact des tôles, être dirigé tangentiellement aux parois de la chaudière.

A cet effet, si les rampants destinés à amener les flammes ne sont pas construits de façon à assurer ce résultat, les tôles exposées aux coups de feu sont protégées, en face des débouchés des rampants dans les carnaux, par des murettes en matériaux réfractaires, distantes des tôles d'au moins 50 millimètres, et suffisamment étendues dans tous les sens pour que les courants de gaz chauds prennent des directions sensiblement tangentielles aux surfaces des tôles voisines avant de les toucher.

3. Les dispositions de l'article 35 du décret du 30 avril 1880 sont applicables aux prescriptions du présent règlement.

---

MAGASINS GÉNÉRAUX. (*Voy. notre Code de commerce, p. 182.*)

---

## MARQUES DE FABRIQUE (1).

### Loi du 23 juin 1857, *sur les marques de fabrique et de commerce* (2).

TITRE I. — DU DROIT DE PROPRIÉTÉ DES MARQUES.

Art. 1er. La marque de fabrique ou de commerce est facultative.

Toutefois, des décrets, rendus en la forme des règlements d'administration publique, peuvent exceptionnellement la déclarer obligatoire pour les produits qu'ils déterminent.

Sont considérés comme marques de fabrique et de commerce : les noms sous une forme distinctive, les dénominations, emblèmes, empreintes, timbres, cachets, vignettes, reliefs, lettres, chiffres, enveloppes et tous autres signes servant à distinguer les produits d'une fabrique ou les objets d'un commerce (3).

2. (Modifié par la loi du 3 mai 1890). Nul ne pourra revendiquer la propriété exclusive d'une marque s'il n'a déposé au greffe

---

(1) Voy. *suprà* le mot *Expositions publiques*, et *infrà* le mot *Traités internationaux*.

(2) Les principales législations étrangères sur les marques sont les suivantes :
1° *Allemagne* : L. du 30 nov. 1874 (*Ann. de lég. étr.*, 1875, p. 140) ;
2° *Angleterre* : L. du 25 août 1883 (*ibid.*, 1884, p. 91) et L. du 23 août 1887 (*ibid.*, 1888, p. 55) ;
3° *Autriche* : L. du 6 janv. 1890 (*ibid.*, 1891, p. 340) ;
4° *Belgique* : L. du 1er avril 1879 (*ibid.*, 1880, p. 467) ;
5° *Brésil* : L. du 14 oct. 1887 (*ibid.*, 1888, p. 973) ;
6° *Danemark* : L. du 11 avril 1890 (*ibid.*, 1891, p. 669) ;
7° *Espagne* : L. du 2 nov. 1850 ;
8° *États-Unis d'Amérique* : L. du 3 mars 1881 (*ibid.*, 1882, p. 776) ;
9° *Hongrie* : L. 2 de l'année 1890 (*ibid.*, 1891, p. 362) ;
10° *Italie* : L. du 30 août 1868 ;
11° *Luxembourg* : L. du 28 mars 1883 (*ibid.*, 1884, p. 556) ;
12° *Norwège* : L. du 26 mai 1884 (*ibid.*, 1885, p. 598) ;
13° *Pays-Bas* : L. du 25 mai 1880 (*ibid.*, 1881, p. 395) ;
14° *Portugal* : L. du 4 juin 1883 (*ibid.*, 1884, p. 479) ;
15° *Roumanie* : L. du 14 avril 1879 ;
16° *Serbie* : L. du 30 mai 1884 (*ibid.*, 1885, p. 705) ;
17° *Suède* : L. du 5 juill. 1884 (*ibid.*, 1885, p. 598) ;
18° *Suisse* : L. du 26 sept. 1890 (*ibid.*, 1891, p. 569).

(3) La même règle est admise en *Belgique* (L. de 1879, art. 1er), dans le *Luxembourg* (L. de 1883, art. 1er), aux *États-Unis d'Amérique*, en *Espagne* et en *Roumanie*. — D'autres législations, au contraire, refusent toute protection aux marques qui sont composées exclusivement de chiffres, lettres ou mots, ou qui consistent dans des armoiries publiques : il en est ainsi en *Allemagne* (L. de 1874, art. 3), en *Angleterre* (L. de 1883, art. 105); en *Autriche* et en *Hongrie* (L. de 1890, art. 3), dans les *États scandinaves* (L. de 1884 et de 1890, art. 4), dans les *Pays-Bas* (L. de 1880, art. 1er) et en *Portugal* (L. de 1883, art. 4). — En *Suisse*, la L. de 1890 protège comme marques les chiffres, lettres ou mots, mais non les armoiries publiques (art. 1er et 3).

du tribunal de commerce de son domicile (1) :

1° Trois exemplaires du modèle de cette marque ;

2° Le cliché typographique de cette marque.

En cas de dépôt de plusieurs marques appartenant à une même personne, il n'est dressé qu'un procès-verbal, mais il doit être déposé autant de modèles en triple exemplaire et autant de clichés qu'il y a de marques distinctes.

L'un des exemplaires déposés sera remis au déposant revêtu du visa du greffier et portant l'indication du jour et de l'heure du dépôt.

Les dimensions des clichés ne devront pas dépasser 12 centimètres de côté.

Les clichés seront rendus aux intéressés après la publication officielle des marques par le département du commerce, de l'industrie et des colonies.

**3**. Le dépôt n'a d'effet que pour quinze années.

La propriété de la marque peut toujours être conservée pour un nouveau terme de quinze années au moyen d'un nouveau dépôt (2).

**4**. Il est perçu un droit fixe d'un franc pour la rédaction du procès-verbal de dépôt de chaque marque et pour le coût de l'expédition, non compris les frais de timbre et d'enregistrement.

TITRE II. — DISPOSITIONS RELATIVES AUX ÉTRANGERS.

**5**. Les étrangers qui possèdent en France des établissements d'industrie ou de commerce jouissent, pour les produits de leurs établissements, du bénéfice de la présente loi, en remplissant les formalités qu'elle prescrit.

**6**. Les étrangers et les Français dont les établissements sont situés hors de France jouissent également du bénéfice de la présente loi, pour les produits de ces établissements, si, dans les pays où ils sont situés, des conventions diplomatiques ont établi la réciprocité pour les marques françaises (3).

(1) Ici, comme en matière de brevets d'invention, notre législation n'admet pas le système de l'examen préalable : le greffier doit effectuer le dépôt dont il est requis, ou tout au moins il ne peut que vérifier l'accomplissement des formalités prescrites par la loi (voy. *infrà*, Décr. du 27 févr. 1891, art. 6). Il en est de même en *Belgique*, dans le *Luxembourg*, dans les *Pays-Bas* et en *Portugal*. — Le système de l'examen préalable portant sur la nouveauté et la validité des marques est admis en *Angleterre*, dans les *États scandinaves* (L. de 1884 et de 1890, art. 4) et aux *États-Unis* (L. de 1881, art. 3). En *Allemagne*, l'examen préalable porte sur la validité des marques, non sur la nouveauté (L. de 1874, art. 3). — Enfin, un troisième système, celui de l'avis préalable, est consacré en *Autriche* (L. de 1890, art. 18) et en *Suisse* (L. de 1890, art. 13) : l'autorité chargée de recevoir le dépôt doit aviser le déposant de la nullité de sa marque ; le dépôt doit être refusé si le déposant persiste dans sa demande.

(2) La durée de la propriété des marques est de 10 ans en *Allemagne* (L. de 1874, art. 5-3°), en *Autriche* (L. de 1890, art. 16), dans les *États scandinaves* (L. de 1884 et de 1890, art. 9) et dans le *Luxembourg* (L. de 1883, art. 7) ; — de 14 ans en *Angleterre ;* — de 15 ans dans les *Pays-Bas* (L. de 1880, art. 8-2°) ; — de 20 ans en *Suisse* (L. de 1890, art. 8) ; — de 30 ans aux *États-Unis* (L. de 1881, art. 5) : — partout avec faculté de renouvellement. — En *Belgique* et en *Portugal*, la durée de la propriété des marques n'est pas limitée.

(3) Voy. *infrà*, la L. du 26 nov. 1873, art. 9 et la note.

Dans ce cas, le dépôt des marques étrangères a lieu au greffe du tribunal de commerce du département de la Seine.

TITRE III. — PÉNALITÉS (1).

**7.** Sont punis d'une amende de 50 fr. à 3,000 fr. et d'un emprisonnement de trois mois à trois ans, ou de l'une de ces peines seulement :

1° Ceux qui ont contrefait une marque ou fait usage d'une marque contrefaite ;

2° Ceux qui ont frauduleusement apposé sur leurs produits ou les objets de leur commerce une marque appartenant à autrui ;

3° Ceux qui ont sciemment vendu ou mis en vente un ou plusieurs produits revêtus d'une marque contrefaite ou frauduleusement apposée.

**8.** Sont punis d'une amende de 50 fr. à 2,000 fr. et d'un emprisonnement d'un mois à un an, ou de l'une de ces peines seulement :

1° Ceux qui, sans contrefaire une marque, en ont fait une imitation frauduleuse de nature à tromper l'acheteur, ou ont fait usage d'une marque frauduleusement imitée ;

2° Ceux qui ont fait usage d'une marque portant des indications propres à tromper l'acheteur sur la nature du produit ;

3° Ceux qui ont sciemment vendu ou mis en vente un ou plusieurs produits revêtus d'une marque frauduleusement imitée ou portant des indications propres à tromper l'acheteur sur la nature du produit.

**9.** Sont punis d'une amende de 50 fr. à 1,000 fr. et d'un emprisonnement de quinze jours à six mois, ou de l'une de ces peines seulement :

1° Ceux qui n'ont pas apposé sur leurs produits une marque déclarée obligatoire ;

2° Ceux qui ont vendu ou mis en vente un ou plusieurs produits ne portant pas la marque déclarée obligatoire pour cette espèce de produits ;

3° Ceux qui ont contrevenu aux dispositions des décrets rendus en exécution de l'article 1er de la présente loi.

**10.** Les peines établies par la présente loi ne peuvent être cumulées.

La peine la plus forte est seule prononcée pour tous les faits antérieurs au premier acte de poursuite.

**11.** Les peines portées aux articles 7, 8 et 9 peuvent être élevées au double en cas de récidive.

Il y a récidive lorsqu'il a été prononcé contre le prévenu, dans les cinq années antérieures, une condamnation pour un des délits prévus par la présente loi.

**12.** L'article 463 du Code pé-

(1) A la différence de ce qui se passe en matière de brevets d'invention et de dessins ou modèles industriels, les lois étrangères appliquent en général à la contrefaçon des marques les peines de l'amende et de l'emprisonnement. Ces peines sont d'ailleurs moins rigoureuses qu'en droit français : voy. notamment les L. *belge*, art. 8 et suiv., *portugaise*, art. 13 et suiv., *suisse*, art. 25 et suiv., etc. — En *Angleterre*, la contrefaçon des marques, comme celle des brevets ou des dessins industriels, n'est pas considérée comme un délit pénal : elle ne donne lieu qu'à une réparation civile en dommages-intérêts.

nal peut être appliqué aux délits prévus par la présente loi.

**13.** Les délinquants peuvent, en outre, être privés du droit de participer aux élections des tribunaux et des chambres de commerce, des chambres consultatives des arts et manufactures, et des conseils de prud'hommes, pendant un temps qui n'excédera pas dix ans.

Le tribunal peut ordonner l'affiche du jugement dans les lieux qu'il détermine et son insertion intégrale ou par extrait dans les journaux qu'il désigne, le tout aux frais du condamné.

**14.** La confiscation des produits dont la marque serait reconnue contraire aux dispositions des articles 7 et 8 peut, même en cas d'acquittement, être prononcée par le tribunal, ainsi que celle des instruments et ustensiles ayant spécialement servi à commettre le délit.

Le tribunal peut ordonner que les produits confisqués soient remis au propriétaire de la marque contrefaite ou frauduleusement apposée ou imitée, indépendamment de plus amples dommages-intérêts, s'il y a lieu.

Il prescrit, dans tous les cas, la destruction des marques reconnues contraires aux dispositions des articles 7 et 8.

**15.** Dans le cas prévu par les deux premiers paragraphes de l'article 9, le tribunal prescrit toujours que les marques déclarées obligatoires soient apposées sur les produits qui y sont assujettis.

Le tribunal peut prononcer la confiscation des produits, si le prévenu a encouru, dans les cinq années antérieures, une condamnation pour un des délits prévus par les deux premiers paragraphes de l'article 9.

## TITRE IV. — JURIDICTIONS.

**16.** Les actions civiles relatives aux marques sont portées devant les tribunaux civils et jugées comme matières sommaires (1).

En cas d'action intentée par la voie correctionnelle, si le prévenu soulève pour sa défense des questions relatives à la propriété de la marque, le tribunal de police correctionnelle statue sur l'exception.

**17.** Le propriétaire d'une marque peut faire procéder par tous huissiers à la description détaillée, avec ou sans saisie, des produits qu'il prétend marqués à son préjudice en contravention aux dispositions de la présente loi, en vertu d'une ordonnance du président du tribunal civil de première instance, ou du juge de paix du canton, à défaut de tribunal dans le lieu où se trouvent les produits à décrire ou à saisir.

L'ordonnance est rendue sur simple requête et sur la présentation du procès-verbal constatant le dépôt de la marque. Elle contient, s'il y a lieu, la nomi-

(1) En *Allemagne* (L. de 1874, art. 19), les procès privés concernant la protection des marques sont considérés comme affaires commerciales, et portés devant la chambre commerciale des tribunaux : il en est de même dans le *Luxembourg* (L. de 1883, art. 20). En *Portugal*, les tribunaux civils sont compétents en matière de marques de fabrique, et les tribunaux de commerce en matière de marques de commerce (L. de 1883, art. 19). En *Norvége*, la compétence est centralisée devant le tribunal de Christiania (L. de 1884, art. 15-2°).

nation d'un expert, pour aider l'huissier dans sa description.

Lorsque la saisie est requise, le juge peut exiger du requérant un cautionnement, qu'il est tenu de consigner avant de faire procéder à la saisie.

Il est laissé copie, aux détenteurs des objets décrits ou saisis, de l'ordonnance et de l'acte constatant le dépôt du cautionnement, le cas échéant ; le tout à peine de nullité et de dommages-intérêts contre l'huissier.

**18**. A défaut par le requérant de s'être pourvu, soit par la voie civile, soit par la voie correctionnelle, dans le délai de quinzaine, outre un jour par cinq myriamètres de distance entre le lieu où se trouvent les objets décrits ou saisis et le domicile de la partie contre laquelle l'action doit être dirigée, la description ou saisie est nulle de plein droit, sans préjudice des dommages-intérêts qui peuvent être réclamés, s'il y a lieu.

TITRE V. — DISPOSITIONS GÉNÉRALES OU TRANSITOIRES.

**19**. Tous produits étrangers portant soit la marque, soit le nom d'un fabricant résidant en France, soit l'indication du nom ou du lieu d'une fabrique française, sont prohibés à l'entrée et exclus du transit et de l'entrepôt, et peuvent être saisis, en quelque lieu que ce soit, soit à la diligence de l'administration des douanes, soit à la requête du ministère public ou de la partie lésée.

Dans le cas où la saisie est faite à la diligence de l'administration des douanes, le procès-verbal de saisie est immédiatement adressé au ministère public.

Le délai dans lequel l'action prévue par l'article 18 devra être intentée, sous peine de nullité de la saisie, soit par la partie lésée, soit par le ministère public, est porté à deux mois.

Les dispositions de l'article 14 sont applicables aux produits saisis en vertu du présent article.

**20**. Toutes les dispositions de la présente loi sont applicables aux vins, eaux-de-vie et autres boissons, aux bestiaux, grains, farines et généralement à tous les produits de l'agriculture.

**21**. Tout dépôt de marques opéré au greffe du tribunal de commerce antérieurement à la présente loi aura effet pour quinze années, à dater de l'époque où ladite loi sera exécutoire.

**22**. La présente loi ne sera exécutoire que six mois après sa promulgation. Un règlement d'administration publique déterminera les formalités à remplir pour le dépôt et la publicité des marques, et toutes les autres mesures nécessaires pour l'exécution de la loi.

**23**. Il n'est pas dérogé aux dispositions antérieures qui n'ont rien de contraire à la présente loi.

---

**Loi du 26 novembre 1873,** *relative à l'établissement d'un timbre ou signe spécial destiné à être apposé sur les marques commerciales et de fabrique* (1).

Art. **1er**. Tout propriétaire

(1) L'estampille officielle des marques de fabrique ou de commerce existe également en *Portugal* (L. de 1883, art. 9 à 12).

d'une marque de fabrique ou de commerce, déposée conformément à la loi du 23 juin 1857, pourra être admis, sur sa réquisition écrite, à faire apposer par l'État, soit sur les étiquettes, bandes ou enveloppes en papier, soit sur les étiquettes ou estampilles en métal sur lesquelles figure sa marque, un timbre ou poinçon spécial destiné à affirmer l'authenticité de cette marque.

Le poinçon pourra être apposé sur la marque faisant corps avec les objets eux-mêmes, si l'administration les en juge susceptibles.

**2.** Il sera perçu, au profit de l'État, par chaque apposition du timbre, un droit qui pourra varier de un centime à un franc.

Le droit dû pour chaque apposition du poinçon sur les objets eux-mêmes ne pourra être inférieur à cinq centimes ni excéder cinq francs.

**3.** La quotité des droits perçus au profit du Trésor sera proportionnée à la valeur des objets sur lesquels doivent être apposées les étiquettes, soit en papier, soit en métal, et à la difficulté de frapper d'un poinçon les marques fixées sur les objets eux-mêmes.

Cette quotité sera établie par des règlements d'administration publique, qui détermineront, en outre, les métaux sur lesquels le poinçon pourra être appliqué, les conditions à remplir pour être admis à obtenir l'apposition des timbre ou poinçon, les lieux dans lesquels cette apposition pourra être effectuée, ainsi que les autres mesures d'exécution de la présente loi.

**4.** La vente des objets par le propriétaire de la marque de fabrique ou de commerce à un prix supérieur à celui correspondant à la quotité du timbre ou du poinçon sera punie, par chaque contravention, d'une amende de cent francs (100 fr.) à cinq mille francs (5,000 fr.).

Les contraventions seront constatées dans tous les lieux ouverts au public par tous les agents qui ont qualité pour verbaliser en matière de timbre et de contributions indirectes, par les agents des postes et par ceux des douanes, lors de l'exportation.

Il leur est accordé un quart de l'amende ou portion d'amende recouvrée.

Les contraventions seront constatées et les instances seront suivies et jugées, savoir : 1° comme en matière de timbre, lorsqu'il s'agira du timbre apposé sur les étiquettes, bandes ou enveloppes en papier ; 2° comme en matière de contributions indirectes, en ce qui concerne l'application du poinçon.

**5.** Les consuls de France à l'étranger auront qualité pour dresser les procès-verbaux des usurpations de marques et les transmettre à l'autorité compétente.

**6.** Ceux qui auront contrefait ou falsifié les timbres ou poinçons établis par la présente loi, ceux qui auront fait usage des timbres ou poinçons falsifiés ou contrefaits, seront punis des peines portées en l'article 140 du Code pénal, et sans préjudice des réparations civiles.

Tout autre usage frauduleux de ces timbres ou poinçons, et des étiquettes, bandes, enveloppes et estampilles qui en seraient revêtues, sera puni des peines portées en l'article 142 dudit Code.

Il pourra être fait application des dispositions de l'article 463 du Code pénal.

**7.** Le timbre ou poinçon de l'État apposé sur une marque de fabrique ou de commerce fait partie intégrante de cette marque.

A défaut par l'État de poursuivre, en France ou à l'étranger, la contrefaçon ou la falsification desdits timbre ou poinçon, la poursuite pourra être exercée par le propriétaire de la marque.

**8.** La présente loi sera applicable dans les colonies françaises et en Algérie.

**9.** Les dispositions des autres lois en vigueur, touchant le nom commercial, les marques, dessins ou modèles de fabrique, seront appliquées au profit des étrangers, si dans leur pays la législation ou des traités internationaux assurent aux Français les mêmes garanties (1).

---

**Décret du 25 juin 1874,** *portant règlement d'administration publique pour l'exécution de la loi du 26 novembre 1873, concernant l'apposition d'un timbre ou poinçon spécial sur les marques de fabrique ou de commerce.*

TITRE I. — DISPOSITIONS GÉNÉRALES.

Art. **1er**. Tout propriétaire d'une marque de fabrique ou de commerce qui veut être admis à user de la faculté ouverte par la loi du 26 novembre 1873 doit préalablement en faire la déclaration à l'un des bureaux désignés par les articles 5 et 9 ci-après et y déposer en même temps :

1o Une expédition du procès-verbal du dépôt de sa marque, fait en exécution de la loi du 23 juin 1857 et du décret du 26 juillet 1858 ;

2o Un exemplaire du dessin, de la gravure ou de l'empreinte qui représente sa marque. Cet exemplaire est revêtu d'un certificat du greffier, attestant qu'il est conforme au modèle annexé au procès-verbal de dépôt ;

3o L'original de sa signature, dûment légalisé. Il y a autant

(1) A cet égard, les pays étrangers se divisent en 3 groupes. — Les uns ne protègent les marques des étrangers qu'autant que cette protection est assurée à leurs nationaux par des traités diplomatiques : c'est le système de la *réciprocité diplomatique*, qui est suivi en *Autriche-Hongrie* (L. de 1890, art. 32), en *Belgique* (L. de 1879, art. 6), dans le *Luxembourg* (L. de 1883, art. 9), en *Roumanie* (L. de 1879, art. 10) et en *Serbie* (L. de 1884, art. 35). — Les autres protègent les marques des étrangers appartenant aux pays qui leur accordent la réciprocité de traitement, soit en vertu des lois, soit en vertu de traités : c'est le système de la *réciprocité législative*, qui est suivi en *Allemagne* (L. de 1874, art. 20), dans les *États scandinaves* (L. de 1884, art. 15 et 16), en *Portugal* (L. de 1883, art. 20), et en *Suisse* (L. de 1890, art. 7-2o). — D'autres législations enfin sont plus libérales, et elles accordent aux étrangers la même protection qu'aux nationaux sans condition de réciprocité : il en est ainsi en *Angleterre* (L. de 1883, art. 62), en *Italie* (L. de 1868, art. 4) et dans les *Pays-Bas* (L. de 1880, art. 1er).

de signatures déposées que de propriétaires ou d'associés ayant la signature sociale et qui voudront user de la faculté de requérir l'apposition du timbre ou du poinçon de l'État.

En cas de transmission, à quelque titre que ce soit, de la propriété de la marque, le nouveau propriétaire justifie de son droit par le dépôt des actes ou pièces qui établissent cette transmission. Il dépose, en outre, l'original de sa signature dûment légalisé.

Il est dressé, sur un registre, procès-verbal des déclarations et dépôts prescrits par le présent article. Le procès-verbal est signé par le déclarant, à qui en est délivré récépissé ou ampliation.

**2.** Toutes les fois que le propriétaire d'une marque de fabrique ou de commerce veut faire apposer sur cette marque le timbre ou le poinçon, il remet au receveur du bureau dans lequel la déclaration et le dépôt prévus par l'article précédent ont été effectués une réquisition écrite sur papier non timbré et conforme aux modèles ci-annexés sous les numéros 1 et 2.

La réquisition, dressée au bureau sur une formule fournie gratuitement par l'administration, est datée et signée. Elle est accompagnée d'un spécimen des étiquettes, bandes, enveloppes ou estampilles à timbrer ou poinçonner, lequel reste déposé avec la réquisition.

Ne peuvent être admises que les réquisitions donnant ouverture à la perception de cinq francs de droits au moins.

**3.** Les déclarations; dépôts et réquisitions prévus par les deux articles précédents peuvent être faits par un mandataire spécial. à la condition de déposer au bureau, soit l'original en brevet, soit une expédition authentique, de sa procuration, laquelle est certifiée par le fondé de pouvoir.

### TITRE II. — DE L'APPOSITION DU TIMBRE.

**4.** Les droits de timbre à percevoir, en exécution de l'article 2 de la loi susvisée du 26 novembre 1873, pour les étiquettes, bandes ou enveloppes en papier sur lesquelles figurent des marques de fabrique ou de commerce, sont fixés ainsi qu'il suit, savoir :

1 centime par chaque marque timbrée se rapportant à des objets d'une valeur de 1 fr. et au-dessous.
2 centimes, s'il s'agit d'objets d'une valeur supérieure à 1 fr. jusqu'à 2 fr.
3 centimes, s'il s'agit d'objets d'une valeur supérieure à 2 fr. jusqu'à 3 fr.
5 centimes, s'il s'agit d'objets d'une valeur supérieure à 3 fr. jusqu'à 5 fr.
10 centimes, s'il s'agit d'objets d'une valeur supérieure à 5 fr. jusqu'à 10 fr.
20 centimes, s'il s'agit d'objets d'une valeur supérieure à 10 fr. jusqu'à 20 fr.
30 centimes, s'il s'agit d'objets d'une valeur supérieure à 20 fr. jusqu'à 30 fr.
50 centimes, s'il s'agit d'objets d'une valeur supérieure à 30 fr. jusqu'à 50 fr.
1 fr. s'il s'agit d'objets d'une valeur supérieure à 50 fr.

**5.** La déclaration et le dépôt prescrits par l'article 1er ci-dessus, ainsi que la réquisition, ne peuvent être opérés que dans les chefs-lieux de département désignés comme centres d'une circonscription.

Les départements sont répartis entre dix circonscriptions, conformément au tableau ci-après :

| NUMÉRO et chef-lieu de la circonscription. | INDICATION des départements composant chaque circonscription. |
|---|---|
| 1. Lille. . . . | Nord. |
| | Pas-de-Calais. |
| 2. Rouen. . . | Calvados. |
| | Eure. |
| | Manche. |
| | Orne. |
| | Seine-Inférieure. |
| 3. Paris . . . | Aisne. |
| | Eure-et-Loir. |
| | Loiret. |
| | Oise. |
| | Seine. |
| | Seine-et-Marne. |
| | Seine-et-Oise. |
| | Somme. |
| | Yonne. |
| 4. Châlons-sur-Marne . . | Ardennes. |
| | Aube. |
| | Marne. |
| | Marne (Haute-). |
| | Meurthe-et-Moselle. |
| | Meuse. |
| | Saône (Haute-). |
| | Vosges. |
| 5. Nantes. . . | Côtes-du-Nord. |
| | Finistère. |
| | Ille-et-Vilaine. |
| | Loire-Inférieure. |
| | Mayenne. |
| | Morbihan. |
| 6. Tours . . . | Cher. |
| | Creuse. |
| | Indre. |
| | Indre-et-Loire. |
| | Loir-et-Cher. |
| | Maine-et-Loire. |
| | Sarthe. |
| | Sèvres (Deux-). |
| | Vendée. |
| | Vienne. |
| | Vienne (Haute-). |
| 7. Lyon . . . | Ain. |
| | Allier. |
| | Ardèche. |
| | Côte-d'Or. |
| | Doubs. |
| | Drôme. |
| | Isère. |
| | Jura. |
| | Loire. |
| 7. Lyon (*suite*) | Loire (Haute-). |
| | Nièvre. |
| | Puy-de-Dôme. |
| | Rhône. |
| | Saône-et-Loire. |
| | Savoie. |
| | Savoie (Haute-). |
| 8. Bordeaux. . | Charente. |
| | Charente-Inférieure. |
| | Corrèze. |
| | Dordogne. |
| | Gironde. |
| | Landes. |
| | Lot-et-Garonne. |
| | Pyrénées (Basses-). |
| 9. Toulouse. . | Ariège. |
| | Aude. |
| | Aveyron. |
| | Cantal. |
| | Garonne (Haute-). |
| | Gers. |
| | Lot. |
| | Lozère. |
| | Pyrénées (Hautes-). |
| | Pyrénées-Orientales. |
| | Tarn. |
| | Tarn-et-Garonne. |
| 10. Marseille. . | Alpes (Basses-). |
| | Alpes (Hautes-). |
| | Alpes-Maritimes. |
| | Bouches-du-Rhône. |
| | Corse. |
| | Gard. |
| | Hérault. |
| | Var. |
| | Vaucluse. |

Les marques ne peuvent être timbrées qu'au chef-lieu de la circonscription dans laquelle a eu lieu le dépôt au greffe prescrit par la loi du 23 juin 1857.

**6.** Le timbre sera apposé, après paiement des droits, sur la marque, si cette apposition peut avoir lieu sans oblitérer cette marque et sans nuire à la netteté du timbre. Dans le cas contraire, le timbre sera apposé partie sur la marque et partie sur la bande, étiquette ou enveloppe.

L'administration de l'enregistrement, des domaines et du timbre est autorisée à refuser de timbrer :

1° Les marques apposées sur des étiquettes, bandes ou enveloppes dont la dimension serait inférieure à trente-cinq millimètres en largeur et en longueur ;

2° Les marques qui seraient reproduites en relief ou qui seraient imprimées ou apposées sur des papiers drapés, veloutés, gaufrés, vernissés ou enduits, façonnés à l'emporte-pièce, sur papier joseph, sur papier végétal et tous autres papiers sur lesquels l'administration jugerait que l'empreinte du timbre ne peut être apposée ;

3° Les papiers noirs, de couleur foncée ou disposés de manière que l'empreinte du timbre ne puisse y être appliquée d'une façon suffisamment distincte.

**7.** Les étiquettes ou bandes doivent être présentées en feuilles et divisées en séries de dix, destinées à être frappées du timbre de la même quotité. Toutefois, les étiquettes ou bandes destinées à être frappées du timbre de un franc peuvent être reçues au nombre minimum de cinq.

Si la dimension des papiers portant les étiquettes ou bandes présentées au timbre est inférieure à dix centimètres en longueur et en largeur, il est perçu, à titre de frais extraordinaires de manipulation un droit supplémentaire de deux francs par mille étiquettes ou bandes, sans que ce supplément puisse être jamais inférieur à vingt centimes.

Les feuilles, étiquettes, bandes ou enveloppes maculées ou avariées pendant l'opération sont oblitérées et remises au propriétaire de la marque ou à son mandataire, et il lui est tenu compte des droits afférents à ces maculatures.

Dans tous les cas, le propriétaire ou son mandataire donne décharge des marques qui lui sont remises après avoir reçu l'apposition du timbre et de celles qui ont été maculées ou avariées pendant l'opération.

### TITRE III. — DE L'APPOSITION DU POINÇON.

**8.** Les droits de poinçonnage à percevoir, en exécution des articles 2 et 3 de la loi du 26 novembre 1873, pour les étiquettes et estampilles en métal sur lesquelles figurent les marques de fabrique ou de commerce ou pour les marques faisant corps avec l'objet lui-même, sont fixés ainsi qu'il suit :

| VALEURS. | | CLASSES. | ÉTIQUETTES et estampilles présentées sans l'objet qui doit les porter. | MARQUES fixées sur l'objet ou faisant corps avec l'objet lui-même. |
|---|---|---|---|---|
| | | | fr. c. | fr. c. |
| Pour chaque objet d'une valeur déclarée | de 5f 00 et au-dessous | 1re classe. | 0 05 | 0 06 |
| | de 5 01 à 10 fr. | 2e — | 0 10 | 0 12 |
| | de 10 01 à 20 | 3e — | 0 20 | 0 24 |
| | de 20 01 à 30 | 4e — | 0 30 | 0 36 |
| | de 30 01 à 50 | 5e — | 0 50 | 0 60 |
| | de 50 01 à 100 | 6e — | 1 00 | 1 20 |
| | de 100 01 à 200 | 7e — | 2 00 | 2 40 |
| | de 200 01 à 350 | 8e — | 3 50 | 4 20 |
| | de 350 01 et au-dessus. | 9e — | 5 00 | 5 00 |

**9.** La déclaration et le dépôt prescrits par l'article 1er du présent décret, ainsi que l'apposition du poinçon, ne pourront être opérés que dans les bureaux de garantie des matières d'or et d'argent désignés ci-après, au choix du déclarant : Amiens, Avignon, Besançon, Bordeaux, Le Havre, Lille, Lyon, Marseille, Nancy, Nantes, Nîmes, Paris, Rouen, Saumur, Toulouse, Valence.

**10.** Les étiquettes, estampilles ou objets fabriqués en aluminium, bronze, cuivre ou laiton, etain, fer-blanc, fer doux, plomb, tôle et zinc, sont admis seuls à recevoir l'empreinte du poinçon de l'État, à la condition de présenter assez de résistance pour supporter l'application du poinçon. L'administration des contributions indirectes est néanmoins autorisée à refuser d'apposer le poinçon dans tous les cas où elle jugerait que cette opération est impraticable.

Les marques doivent présenter dans l'intérieur un espace circulaire d'au moins un centimètre de diamètre pour contenir l'empreinte du poinçon.

**11.** Le montant des droits est perçu au moment du dépôt des étiquettes, estampilles ou objets à poinçonner. Il en est délivré quittance.

Les étiquettes ou estampilles en métal avariées pendant l'opération sont oblitérées et remises au propriétaire de la marque ou à son mandataire, et il lui est tenu compte des droits afférents à ces rebuts.

Le propriétaire ou son mandataire donne décharge des étiquettes, estampilles ou objets qui lui sont remis après avoir reçu l'apposition du poinçon, ainsi que des étiquettes ou estampilles avariées pendant l'opération.

**12.** Les préfets régleront par des arrêtés les jours et heures où les bureaux de garantie désignés à l'article 9 seront ouverts pour le poinçonnage des marques de fabrique ou de commerce.

**13**. Les poinçons seront renfermés dans une caisse à deux serrures, sous la garde du contrôleur et du receveur du bureau de garantie. Ces deux employés auront chacun une clef de ladite caisse.

---

**Décret du 25 juin 1874,** *portant création de types destinés à timbrer les étiquettes, bandes ou enveloppes en papier, sur lesquelles figurent des marques de fabrique ou de commerce.*

Art. **1**er. Il est créé des types destinés à timbrer les étiquettes, bandes ou enveloppes en papier, sur lesquelles figurent des marques de fabrique ou de commerce.

Ces types, qui sont conformes au modèle annexé au présent décret, portent l'indication des quotités établies par l'article 4 ci-dessus du règlement d'administration publique.

**2**. L'administration de l'enregistrement, des domaines et du timbre fera déposer aux greffes des cours et tribunaux des empreintes des timbres établis par l'article précédent.

Ce dépôt sera constaté par un procès-verbal dressé sans frais.

**3**. Le poinçon destiné à être apposé sur les étiquettes ou estampilles en métal, dans les conditions déterminées par l'article 1er de la loi du 26 novembre 1873, affecte la forme ronde; son diamètre est de six millimètres et demi, et il représente une tête d'Amphitrite d'après l'antique. Il porte l'un des chiffres arabes 1 à 9, indiquant le numéro et la classe du tarif correspondant à la taxe à percevoir.

---

**Décret du 27 février 1891,** *portant règlement d'administration publique pour l'exécution de la loi du 23 juin* 1857, *modifiée par celle du* 3 *mai* 1890, *sur les marques de fabrique et de commerce.*

Art. **1**er. Le dépôt que les fabricants, commerçants ou agriculteurs peuvent faire de leur marque au greffe du tribunal de commerce de leur domicile ou, à défaut de tribunal de commerce, au greffe du tribunal civil, pour jouir des droits résultant de la loi du 23 juin 1857, est soumis aux dispositions suivantes.

**2**. Le dépôt doit être effectué par la partie intéressée ou par son fondé de pouvoir spécial.

La procuration peut être sous seing privé, mais elle doit être enregistrée ; elle est laissée au greffe.

**3**. Le déposant doit fournir en triple exemplaire, sur papier libre, le modèle de la marque dont il effectue le dépôt.

Ce modèle consiste en un dessin, une gravure ou une empreinte exécutée de manière à représenter la marque avec netteté et à ne pas s'altérer.

Le papier sur lequel ce modèle est tracé ou collé présente la forme d'un carré de 18 centimètres de côté ; la marque doit en occuper le milieu, de manière à laisser les espaces nécessaires pour inscrire les mentions dont il sera parlé ci-après.

**4**. Si la marque consiste en un signe unique ou dans un ensemble de signes employés simultanément, dont le modèle soit de trop grandes dimensions pour tenir sur une seule feuille de papier ayant 18 centimètres de côté, ce modèle pourra être, soit réduit dans la proportion nécessaire, soit divisé en plusieurs parties, lesquelles seront tracées ou collées sur plusieurs feuilles de papier ayant 18 centimètres de côté.

Si la marque est de petite dimension, le modèle pourra la représenter augmentée.

**5.** Si la marque est en creux ou en relief sur les produits, si elle a dû être réduite pour ne pas excéder les dimensions prescrites, si elle a été augmentée ou si elle présente quelque autre particularité relative à sa figuration ou à son mode d'emploi sur les produits auxquels elle est destinée, le déposant doit l'indiquer sur les trois exemplaires, soit par une ou plusieurs figures, soit au moyen d'une légende explicative.

Ces indications occupent la gauche du papier où est figurée ou collée la marque. La droite est réservée aux mentions prescrites aux articles 10 et 11.

Les exemplaires déposés ne doivent contenir aucune autre indication.

**6.** Le greffier vérifie si les trois exemplaires sont établis conformément aux dispositions qui précèdent.

Si ces exemplaires ne sont pas dressés sur papier de dimension ou contiennent des indications interdites par l'article 5, le greffier les rend au déposant pour être rectifiés ou remplacés et ne dresse le procès-verbal de dépôt que sur la remise des trois exemplaires régulièrement établis.

Le greffier procède de la même manière :

Si les trois exemplaires ne sont pas semblables ;

Si le modèle de la marque n'adhère pas complètement au papier sur lequel il est appliqué ;

Si le modèle est tracé au crayon ;

Si le modèle est en métal, en cire ou présente un relief quelconque, de nature à détériorer les registres sur lesquels les exemplaires devront être collés ;

Si le cliché typographique n'est pas produit avec les trois exemplaires de la marque.

**7.** Le cliché typographique que le déposant fournit avec les trois exemplaires de sa marque ne doit pas dépasser 12 centimètres de côté ; il doit être en métal et conforme aux clichés employés usuellement en imprimerie typographique.

Si la marque consiste en une bande d'une longueur de plus de 12 centimètres ou en un ensemble de signes, cette bande peut être divisée en plusieurs parties qui seront reproduites sur le même cliché les unes sous les autres, ou il peut n'être fourni qu'un seul cliché reproduisant cet ensemble réduit.

Le déposant inscrit sur un côté du cliché son nom et son adresse.

**8.** Le greffier doit appliquer sur les trois exemplaires du modèle le timbre du tribunal. Lorsque ce modèle, au lieu d'être tracé sur le papier, y est seulement collé, le greffier doit apposer le timbre de manière qu'une partie de l'empreinte porte sur le modèle et l'autre sur le papier.

**9**. Le greffier colle un des trois exemplaires sur une feuille du registre qu'il tient à cet effet; les modèles y sont placés à la suite les uns des autres, d'après l'ordre des présentations. Le registre est fourni par le greffier ; il doit être en papier libre du format de 24 centimètres de largeur sur 40 centimètres de hauteur. Le registre est coté et parafé par le président du tribunal de commerce ou du tribunal civil, suivant le cas.

**10**. Le greffier dresse ensuite sur un registre timbré, coté et parafé comme le registre mentionné ci-dessus, le procès-verbal du dépôt dans l'ordre des présentations. Il indique : 1° le jour et l'heure du dépôt ; 2° le nom du propriétaire de la marque et, le cas échéant, le nom du fondé de pouvoir ; 3° la profession du propriétaire, son domicile et le genre d'industrie ou de commerce pour lequel il a l'intention de se servir de la marque. Le greffier inscrit, en outre, un numéro d'ordre sur chaque procès-verbal. Il reproduit ce numéro sur chacun des trois exemplaires, ainsi que le nom, le domicile, la profession du propriétaire de la marque, et, s'il y a lieu, de son fondé de pouvoir, la date, l'heure et le lieu du dépôt et le genre d'industrie ou de commerce auquel la marque est destinée.

Le procès-verbal et les modèles sont signés par le greffier et par le déposant ou par son fondé de pouvoir.

**11**. Lorsque le dépôt est fait en vue de conserver pour une nouvelle période de quinze ans une marque déjà déposée, cette circonstance doit être mentionnée au procès-verbal de dépôt, ainsi que sur les trois exemplaires du modèle.

**12**. Il est dû au greffier, outre le droit fixe de 1 fr. par procès-verbal de dépôt, y compris le coût de l'expédition, le remboursement des droits de timbre et d'enregistrement.

Le même fabricant ou commerçant peut effectuer le dépôt de plusieurs marques dans un seul procès-verbal, mais il est dû au greffier autant de fois le droit fixe de 1 fr. qu'il y a de marques déposées.

**13**. Dans le cas où une expédition du procès-verbal est demandée ultérieurement par une personne quelconque, elle doit être délivrée moyennant l'acquittement d'un droit fixe de 1 fr., et le remboursement du droit de timbre.

**14**. Un des trois exemplaires ainsi que le cliché typographique de chaque marque sont transmis, dans les cinq jours de la date du procès-verbal, au ministère du commerce.

Les exemplaires transmis au ministère du commerce y restent déposés pour être communiqués sans frais au public.

**15**. Les étrangers et les Français dont les établissements sont situés hors de France et qui peuvent déposer leurs marques de fabrique et de commerce en France en vertu soit de l'article 6 de la loi du 23 juin 1857, soit de l'article 9 de la loi du 26 novembre 1873 relative à l'établissement du timbre ou signe spécial destiné à être apposé sur les marques commerciales et de fabrique, ne sont admis à en effectuer le dépôt qu'au greffe du tribunal de commerce du département de la Seine.

**16.** Lorsqu'un déposant entend renoncer à l'emploi de sa marque, il en fait la déclaration au greffe du tribunal où la marque aura été déposée. Le greffier inscrit cette déclaration en marge du procès-verbal de dépôt et en donne immédiatement avis au ministre du commerce, qui la publiera dans le Bulletin officiel de la propriété industrielle et commerciale.

**17.** Au commencement de chaque année, le greffier dresse sur papier libre et d'après le modèle arrêté par le ministre du commerce un répertoire des marques dont il aura reçu le dépôt pendant le cours de l'année précédente.

Le greffier est autorisé à délivrer au déposant des certificats d'identité de sa marque moyennant le droit de 1 fr. fixé par l'article 8 du décret du 18 juin 1880.

**18.** Les registres, procès-verbaux et répertoires déposés dans les greffes sont communiqués sans frais.

**19.** Les marques déposées sont publiées, après leur réception au ministère du commerce, dans le Bulletin officiel de la propriété industrielle et commerciale.

**20.** Le décret du 26 juillet 1858 est et demeure rapporté.

---

## MATIÈRES D'OR ET D'ARGENT.

### Loi du 19 brumaire an VI, *relative à la surveillance du titre et à la perception des droits de garantie des matières et ouvrages d'or et d'argent.*

TITRE I.

*Sect. 1. — Des titres des ouvrages d'or et d'argent.*

Art. **1er**. Tous les ouvrages d'orfèvrerie et d'argenterie fabriqués en France doivent être conformes aux titres prescrits par la loi, respectivement suivant leur nature (1).

**2.** Ces titres, ou la quantité de fin contenue dans chaque pièce s'exprimeront en millièmes.

Les anciennes dénominations de karats et de deniers, pour exprimer le degré de pureté des métaux précieux, n'auront plus lieu.

. . . . . . . . . . . . . . . .

**4.** Il y a trois titres légaux pour les ouvrages d'or, et deux pour les ouvrages d'argent; savoir, pour l'or :

Le premier de 920 millièmes (ou 22 karats $^{2}/_{32}$ et $^{1}/_{2}$ environ);

Le second de 840 millièmes (20 karats $^{5}/_{32}$ et $^{1}/_{8}$);

Le troisième de 750 millièmes (18 karats);

Et pour l'argent :

Le premier de 950 millièmes (11 deniers 9 grains $^{7}/_{10}$):

Le second de 800 millièmes (9 deniers 11 grains $^{1}/_{2}$) (2).

**5.** La tolérance des titres pour l'or est de trois millièmes ; celle

---

(1) La garantie obligatoire des matières d'or et d'argent existe également en *Angleterre* (L. de 1864), en *Autriche* (L. du 26 mai 1866), en *Portugal* (Décr. du 10 août 1881 : *Ann. de lég. étr.*, 1882, p. 404), en *Russie* (L. du 9 févr. 1882; *ibid.*, 1883, p. 872) et en *Suisse* (L. du 23 déc. 1880; *ibid.*, 1882, p. 507). Dans les autres pays la garantie est facultative.

(2) Voy. *infrà*, même mot, la L. du 25 janv. 1884, art. 1er et la note.

des titres pour l'argent est de cinq millièmes.

**6.** Les fabricants peuvent employer à leur gré l'un des titres mentionnés en l'article 4, respectivement pour les ouvrages d'or et d'argent, quelle que soit la grosseur ou l'espèce des pièces fabriquées.

*Sect. 2. — Des poinçons.*

**7.** La garantie du titre des ouvrages et matières d'or et d'argent est assurée par des poinçons ; ils sont appliqués sur chaque pièce, ensuite d'un essai de la matière, et conformément aux règles établies ci-après.

. . . . . . . . . . . . . . . .

TITRE II. — DES DROITS DE GARANTIE SUR LES OUVRAGES ET MATIÈRES D'OR ET D'ARGENT.

**21.** Il sera perçu un droit de garantie sur les ouvrages d'or et d'argent de toutes sortes, fabriqués à neuf.

Ce droit sera de 20 fr. par hectogramme (trois onces deux gros douze grains) d'or, et d'un franc par hectogramme d'argent, non compris les frais d'essai ou de touchaud (1).

**22.** Il ne sera rien perçu sur les ouvrages d'or et d'argent, dits de hasard, remis dans le commerce ; ils ne sont assujettis qu'à être marqués une seule fois du poinçon de vieux, ordonné par l'article 8 de la présente loi.

**23.** Les ouvrages d'or et d'argent venant de l'étranger devront être présentés aux employés des douanes sur les frontières du royaume, pour y être déclarés, pesés, plombés, et envoyés au bureau de garantie le plus voisin, où ils seront marqués du poinçon ET, et paieront des droits égaux à ceux qui sont perçus pour les ouvrages d'or et d'argent fabriqués en France.

Sont exceptés des dispositions ci-dessus : 1º les objets d'or et d'argent appartenant aux ambassadeurs et envoyés des puissances étrangères ;

2º Les bijoux d'or à l'usage personnel des voyageurs, et les ouvrages en argent servant également à leur personne, pourvu que leur poids n'excède pas en totalité cinq hectogrammes (16 onces 2 gros 60 grains $^1/_2$).

**24.** Lorsque les ouvrages d'or et d'argent venant de l'étranger et introduits en France, en vertu des exceptions de l'article précédent, seront remis dans le commerce, ils devront être portés aux bureaux de garantie, pour y être marqués du poinçon destiné à cet effet ; et il sera payé, pour lesdits ouvrages, le même droit que pour ceux fabriqués en France.

**25.** Lorsque les ouvrages neufs d'or et d'argent fabriqués en France, et ayant acquitté les droits, sortiront du royaume comme vendus, ou pour l'être à l'étranger, les droits de garantie seront restitués au fabricant, sauf la retenue d'un tiers (2).

**26.** Cette restitution sera faite par le bureau de garantie qui aura perçu les droits sur lesdits ouvrages, ou, à défaut de fonds, par une traite sur le bureau de garantie de Paris. Cette resti-

(1) Aujourd'hui 30 fr. par hectogramme d'or, et 1 fr. 60 c. par hectogramme d'argent. (L. du 30 mars 1872.)

(2) Voy. *infrà*, même mot, la L. du 10 août 1839, art. 16.

tution n'aura lieu cependant que sur la représentation d'un certificat de l'administration des douanes, muni de son sceau particulier, et qui constate la sortie de France desdits ouvrages.

Ce certificat devra être rapporté dans le délai de trois mois.

**27.** Le Directoire exécutif désignera les communes maritimes et continentales par lesquelles il sera permis de faire sortir du royaume les ouvrages d'or et d'argent.

**28.** Les ouvrages déposés au mont-de-piété et dans les autres établissements destinés à des ventes ou à des dépôts de vente, sont assujettis à payer les droits de garantie, lorsqu'ils ne les ont pas acquittés avant le dépôt.

**29.** Les lingots d'or et d'argent affinés paieront un droit de garantie avant de pouvoir être mis dans le commerce.

Ce droit sera :

Pour l'or, de 8 francs 18 centimes par kilogramme (ou 2 francs par marc) ;

Et pour l'argent, de 2 francs 4 centimes par kilogramme (ou 50 centimes par marc) ;

Les lingots dits de tirage ne paieront qu'un droit de 82 centimes par kilogramme (ou 20 centimes par marc).

TITRE III. — SUPPRESSION DES MAISONS COMMUNES D'ORFÈVRE.

. . . . . . . . . . . . . . .

TITRE IV. — DES BUREAUX DE GARANTIE.

**34.** Il y aura des bureaux de garantie établis pour faire essai et constater les titres des ouvrages d'or et d'argent, ainsi que des lingots de ces matières qui y seraient apportés, et pour percevoir, lors de la marque de ces ouvrages ou matières, les droits imposés par la loi.

**35.** Ces bureaux seront placés dans les communes où ils seront le plus avantageux au commerce ; le nombre en est fixé provisoirement à deux cents au plus pour toute la France. Le placement de ces bureaux et les lieux compris dans leur arrondissement seront déterminés par le directoire exécutif, sur la demande motivée des administrations de département et sur l'avis de celle des monnaies.

. . . . . . . . . . . . . . .

TITRE V. — DES FONCTIONS DES EMPLOYÉS DES BUREAUX DE GARANTIE.

**48.** L'essayeur ne recevra les ouvrages d'or et d'argent qui lui seront présentés pour être essayés et titrés, que lorsqu'ils auront l'empreinte du poinçon du fabricant, et qu'ils seront assez avancés pour qu'en les finissant ils n'éprouvent aucune altération.

. . . . . . . . . . . . . . .

**53.** Lorsque les ouvrages d'or et d'argent seront à l'un des titres prescrits respectivement pour chaque espèce par l'article 4 de la présente loi, l'essayeur en inscrira la mention sur un registre destiné à cet effet, et qui sera coté et parafé par l'administration départementale ; lesdits ouvages seront ensuite donnés au receveur, avec un extrait du registre de l'essayeur indiquant le titre trouvé.

**54.** Le receveur pèsera les ouvrages qui lui seront ainsi transmis, et percevra le droit de garantie qu'ils doivent conformément à la loi. Il fera ensuite mention sur son registre, qui sera coté et parafé comme celui de l'essayeur, de la nature des ouvrages, de leur titre, de leur poids et de la somme qui lui aura été payée pour l'acquittement du droit ; enfin il inscrira sur l'extrait du registre de l'essayeur, le poids des ouvrages, la mention de l'acquittement du droit et remettra le tout au contrôleur.

**55**. Le contrôleur aura un registre coté et parafé comme ceux de l'essayeur et du receveur ; il y transcrira l'extrait du registre accompagnant chaque pièce à marquer, et, conjointement avec le receveur et l'essayeur, il tirera de la caisse à trois serrures le poinçon du bureau, et celui indicatif du titre, soit de l'or, soit de l'argent, ou le poinçon dont les menus ouvrages doivent être revêtus, et il les appliquera en présence du propriétaire.

. . . . . . . . . . . . . . . . .

TITRE VI.

*Sect. 1. — Des obligations des fabricants et marchands d'ouvrages d'or et d'argent.*

**72**. Les anciens fabricants d'ouvrages d'or et d'argent, et ceux qui voudront exercer cette profession, sont tenus de se faire connaître à l'administration du département et à la municipalité du canton où ils résident, et de faire insculper dans ces deux administrations leur poinçon particulier, avec leur nom, sur une planche de cuivre à ce destinée. L'administration de département veillera à ce que le même symbole ne soit pas employé par deux fabricants de son arrondissement.

**73**. Quiconque se borne au commerce d'orfèvrerie, sans entreprendre la fabrication, n'est tenu que de faire sa déclaration à la municipalité de son canton, et est dispensé d'avoir un poinçon.

**74**. Les fabricants et marchands d'or et d'argent, ouvré ou non ouvré, auront, un mois au plus tard après la publication de la présente loi, un registre coté et parafé par l'administration municipale, sur lequel ils inscriront la nature, le nombre, le poids et le titre des matières et ouvrages d'or et d'argent qu'ils achèteront ou vendront, avec les noms et demeures de ceux de qui ils les auront achetés.

**75**. Ils ne pourront acheter que de personnes connues, ou ayant des répondants à eux connus.

**76**. Ils sont tenus de présenter leurs registres à l'autorité publique, toutes les fois qu'ils en seront requis.

**77**. Ils porteront au bureau de garantie, dans l'arrondissement duquel ils sont placés, leurs ouvrages, pour y être essayés, titrés et marqués ou, s'il y a lieu, être simplement revêtus de l'une des empreintes de poinçon prescrites à la deuxième section du titre Ier.

**78**. Ils mettront dans le lieu le plus apparent de leur magasin ou boutique, un tableau énonçant les articles de la présente loi, relatifs aux titres et à la vente des ouvrages d'or et d'argent.

**79**. Ils remettront aux acheteurs des bordereaux énonciatifs de l'espèce, du titre et du poids des ouvrages qu'ils leur auront vendus, et désignant si ce sont des ouvrages neufs ou vieux.

Ces bordereaux, préparés d'avance, et qui seront fournis au fabricant ou marchand par la régie de l'enregistrement, auront, dans tout le royaume, le même formulaire qui sera imprimé. Le vendeur y écrira à la main la désignation de l'ouvrage vendu, soit en or, soit en argent, son poids et son titre, distingué par ces mots ; premier, second ou troisième, suivant la réalité ; il y mettra de plus le nom de la commune où se fera la vente, avec la date et sa signature.

**80.** Les contrevenants à l'une des dispositions prescrites dans les huit articles précédents seront condamnés pour la première fois à une amende de 200 francs ; pour la seconde, à une amende de 500 francs, avec affiche, à leurs frais, de la condamnation, dans toute l'étendue du département ; la troisième fois l'amende sera de 1,000 francs, et le commerce de l'orfèvrerie leur sera interdit, sous peine de confiscation de tous les objets de leur commerce.

**81.** Les articles 73, 74, 75, 76, 78, 79 et 80 sont applicables aux fabricants et marchands de galon, tissus, broderies, ou autres ouvrages en fils d'or ou d'argent. — Ceux qui vendraient pour fins des ouvrages en or ou en argent faux, encourront, outre la restitution de droit à celui qu'ils auraient trompé, une amende qui sera de 200 francs pour la première fois ; de 400 francs pour la seconde fois, avec affiche de la condamnation, aux frais du délinquant, dans tout le département ; et la troisième fois une amende de 1,000 francs, avec interdiction de tout commerce d'or et d'argent.

. . . . . . . . . . . . . . . .

**85.** La loi garantit les conditions des engagements respectifs des orfèvres et de leurs élèves.

**86.** Les joailliers ne sont pas tenus de porter aux bureaux de garantie les ouvrages montés en pierres fines ou fausses, et en perles, ni ceux émaillés, dans toutes les parties, ou auxquels seront adaptés des cristaux ; mais ils auront un registre coté et parafé comme celui des marchands et fabricants d'ouvrages d'or et d'argent, à l'effet d'y inscrire, jour par jour, les ventes et les achats qu'ils auront faits.

**87.** Ils seront tenus, comme les fabricants et marchands orfèvres, de donner aux acheteurs un bordereau, qui sera également fourni par la régie de l'enregistrement, et sur lequel ils décriront la nature, la forme de chaque ouvrage, ainsi que la qualité des pierres dont il sera composé, et qui sera daté et signé par eux.

**88.** La contravention aux deux articles précédents sera punie des mêmes peines portées en pareil cas contre les marchands orfèvres.

**89.** Il est aussi interdit aux joailliers de mêler dans les mêmes ouvrages des pierres fausses avec les fines, sans le déclarer aux acheteurs, à peine de restituer la valeur qu'auraient eue les pierres si elles avaient été fines, et de payer, en outre, une amende de 300 francs ;

l'amende sera triple la seconde fois, et la condamnation affichée dans tout le département, aux frais du délinquant ; la troisième fois, il sera déclaré incapable d'exercer la joaillerie, et les effets composant son magasin seront confisqués.

**90**. Lorsqu'un orfèvre mourra, son poinçon sera remis, dans l'espace de cinq décades après le décès, au bureau de garantie de son arrondissement, pour y être biffé de suite.

Pendant ce temps, le dépositaire du poinçon sera responsable de l'usage qui en sera fait, comme le sont les fabricants en exercice.

**91**. Si un orfèvre ou fabricant quitte le commerce, il remettra son poinçon au bureau de garantie de l'arrondissement pour y être biffé devant lui : s'il veut s'absenter pour plus de six mois, il déposera son poinçon au bureau de garantie, et le contrôleur fera poinçonner les ouvrages fabriqués chez lui en son absence.

*Sect. 2. — Des obligations des marchands d'ouvrages d'or et d'argent ambulants.*

**92**. Les marchands d'ouvrages d'or et d'argent, ambulants ou venant s'établir en foire, sont tenus, à leur arrivée dans une commune, de se présenter à l'administration municipale, ou à l'agent de cette administration dans les lieux où elle ne réside pas, et de lui montrer les bordereaux des orfèvres qui leur ont vendu les ouvrages d'or et d'argent dont ils sont porteurs.......

**93**. La municipalité ou l'agent municipal fera examiner les marques de ces ouvrages par des orfèvres, ou, à défaut, par des personnes connaissant les marques et poinçons, afin d'en constater la légitimité.

**94**. L'administration municipale ou son agent fera saisir et remettre au tribunal de police correctionnelle *du canton*, les ouvrages d'or et d'argent qui ne seraient point accompagnés de bordereaux, ou ne seraient point marqués du poinçon de vieux ou de recense, ainsi qu'il est prescrit à l'article 92, ou les ouvrages dont les marques paraîtraient contrefaites, ou enfin ceux qui n'auraient pas été déclarés, conformément audit article 92.

Le tribunal de police correctionnelle appliquera aux délits des marchands ambulants les mêmes peines portées par la présente loi, contre les orfèvres, pour des contraventions semblables.

## TITRE VII. — DE LA FABRICATION DU PLAQUÉ ET DOUBLÉ D'OR ET D'ARGENT SUR TOUS MÉTAUX.

**95**. Quiconque veut plaquer ou doubler l'or et l'argent sur le cuivre ou sur tout autre métal est tenu d'en faire la déclaration à sa municipalité, à l'administration de son département et à celle des monnaies.

**96**. Il peut employer l'or et l'argent dans telle proportion qu'il jugera convenable.

**97**. Il est tenu de mettre sur chacun de ses ouvrages son poinçon particulier. Il ajoutera à l'empreinte de ce poinçon celle de chiffres indicatifs de la quantité d'or ou d'argent contenue dans l'ouvrage, sur lequel il sera en outre empreint en toutes lettres le mot doublé.

**98**. Le fabricant de doublé transcrira, jour par jour, les ventes qu'il aura faites, sur un registre coté et parafé par l'administration municipale. Il lui sera fourni par la régie de l'enregistrement, des bordereaux en blanc, comme aux orfèvres et joailliers; et il sera tenu de remettre à chaque acheteur un de ces bordereaux, daté et signé par lui, et rempli de la désignation de l'ouvrage, de son poids, et de la quantité d'or et d'argent qui y est contenue.

**99**. En cas de contravention aux deux articles précédents, les ouvrages sur lesquels portera la contravention seront confisqués, et, en outre, le délinquant sera condamné à une amende qui sera, pour la première fois, de dix fois la valeur des objets confisqués; pour la seconde fois, du double de la première, avec affiche de la condamnation dans toute l'étendue du département, aux frais du délinquant; enfin la troisième fois, l'amende sera quadruple de la première, et le commerce, ainsi que la fabrication d'or et d'argent seront interdits au délinquant, sous peine de confiscation de tous les objets de son commerce.

**100**. Le fabricant de doublé est assujetti, comme le marchand orfèvre et sous les mêmes peines, à n'acheter des matières ou ouvrages d'or et d'argent que de personnes connues ou ayant des répondants à eux connus.

### TITRE VIII. — DES FORMES A OBSERVER DANS LES RECHERCHES, SAISIES ET POURSUITES RELATIVES AUX CONTRAVENTIONS A LA PRÉSENTE LOI.

**101**. Lorsque les employés d'un bureau de garantie auront connaissance d'une fabrication illicite de poinçons, le receveur et le contrôleur, accompagnés d'un officier municipal, se transporteront dans l'endroit ou chez le particulier qui leur aura été indiqué, et y saisiront les faux poinçons, les ouvrages et lingots qui en seraient marqués, ou enfin les ouvrages achevés et dépourvus de marque qui s'y trouveraient: ils pourront se faire accompagner, au besoin, par l'essayeur ou par un de ses agents.

**102**. Il sera dressé à l'instant, et sans déplacer, procès-verbal de la saisie et de ses causes, lequel contiendra les dires de toutes les parties intéressées, et sera signé d'elles: ledit procès-verbal sera remis, dans le délai d'une décade, au plus, au commissaire du directoire exécutif près le tribunal de police correctionnelle, qui demeure chargé de faire la poursuite, également dans le délai d'une décade.

**103**. Les poinçons, ouvrages ou objets saisis, seront mis sous le cachet de l'officier municipal, des employés du bureau de garantie présents, et de celui chez lequel la saisie aura été faite, pour être déposés, sans délai, au greffe du tribunal de police correctionnelle.

**104**. Dans le cas où le tribunal prononcerait la confiscation des objets saisis, ils seront remis au receveur de la régie de l'enregistrement, pour être vendus....

**105**. Les mêmes formes et dispositions prescrites par les quatre articles précédents auront lieu également pour toutes les recherches, saisies et poursuites, relatives aux contraventions à la présente loi.

**106**. Les recherches ne pourront être faites qu'en se conformant à l'article 369 de la constitution.

**107**. Tout ouvrage d'or et d'argent achevé et non marqué, trouvé chez un marchand ou fabricant, sera saisi, et donnera lieu aux poursuites par-devant le tribunal de police correctionnelle. Les propriétaires des objets saisis encourront la confiscation de ces objets, et, en outre, les autres peines portées par la loi.

**108**. Seront saisis également, et confisqués tous les ouvrages d'or et d'argent, sur lesquels les marques des poinçons se trouveront entées, soudées ou contretirées en quelque manière que ce soit; et le possesseur avec connaissance sera condamné à six années de fer.

**109**. Les ouvrages marqués de faux poinçons seront confisqués dans tous les cas ; et ceux qui les garderaient, ou les exposeraient en vente avec connaissance, seront condamnés, la première fois, à une amende de 200 francs, la deuxième, à une amende de 400 francs, avec affiche de la condamnation dans tout le département, aux frais du délinquant ; et la troisième fois, à une amende de mille francs, avec interdiction de tout commerce d'or et d'argent.

**110**. Tous citoyens, autres que les préposés à l'application des poinçons légaux, qui en emploieraient même de véritables, seront condamnés à un an de détention.

. . . . . . . . . . . . . . . .

---

**Loi du 10 août 1839**, *portant fixation du budget des recettes de* 1840.

. . . . . . . . . . . . . . . .

Art. **16**. Les ouvrages d'or et d'argent pourront être exportés sans marque des poinçons français et sans paiement du droit de garantie, pourvu qu'après avoir été soumis à l'essai et reconnus au titre légal, ils restent déposés au bureau de la régie, ou placés sous la surveillance de ses préposés, jusqu'au moment où l'exportation en sera constatée (1).

---

**Loi du 25 janvier 1884**, *qui crée un quatrième titre pour les objets d'or et d'argent destinés à l'exportation.*

Art. **1er**. Par addition à l'article 4 de la loi du 19 brumaire an VI, il est créé pour la fabrication des boîtes de montre, d'or seulement, destinées exclusivement à l'exportation, un quatrième titre légal à 583 millièmes, lequel sera obligatoire (2).

Un poinçon spécial indiquant le titre et une empreinte particulière montrant qu'elles sont destinées à l'exportation seront appliqués sur ces boîtes par le bureau de la garantie.

**2**. Par dérogation aux dispo-

---

(1) Les formalités qui doivent être remplies pour jouir de ces faveurs sont déterminées par l'Ord. du 30 déc. 1839.

(2) L'*Autriche* et la *Suisse* admettent aussi, mais d'une manière générale, un 4e titre (580 et 583 millièmes). L'*Angleterre* et la *Russie* admettent pour l'or cinq titres dont le moins élevé est en *Angleterre* de 375 millièmes et en *Russie* de 560 millièmes.

sitions dudit article 4, et en dehors de celles énoncées en l'article 1er ci-dessus, les fabricants seuls d'orfèvrerie, joaillerie, bijouterie et boîtes de montres sont autorisés à fabriquer à tous autres titres des objets d'or et d'argent exclusivement destinés à l'exportation.

Les objets ainsi fabriqués à tous titres ne recevront en aucun cas l'empreinte des poinçons de l'État ; mais ils devront être marqués, aussitôt après leur achèvement, avec un poinçon de maître, dont la forme sera déterminée par un règlement ultérieur d'administration publique, et qui indiquera en chiffres le titre de l'alliage, lequel sera reproduit sur la facture.

**3**. Les fabricants qui voudront user des facultés accordées par la présente loi, les négociants et commissionnaires exportateurs qui voudront opérer le commerce des ouvrages d'or et d'argent, à tous titres, avec l'étranger, devront en faire la déclaration à la préfecture de leur département et à la mairie de leur commune.

A Paris, la déclaration sera faite à la préfecture de police et au bureau de la garantie.

**4**. Les fabricants et les négociants exportateurs de ces ouvrages seront soumis aux visites et exercices des employés des contributions indirectes, dans les conditions déterminées par les articles 235, 236, 237, 238 et 245 de la loi du 28 avril 1816.

Ils fourniront au besoin les balances et les poids nécessaires pour effectuer les vérifications.

**5**. Sont applicables à ces fabricants et négociants toutes les dispositions de la législation qui régit le commerce des matières d'or et d'argent, en tant que ces dispositions ne sont pas contraires à celles de la présente loi.

**6**. Les mesures complémentaires que nécessiterait l'exécution de cette loi seront déterminées par un règlement d'administration publique [1].

**7**. Il est interdit de livrer à la consommation intérieure, sous aucun prétexte, les ouvrages d'or et d'argent dont la présente loi n'autorise la fabrication qu'en vue de l'exportation.

**8**. Ceux de ces ouvrages qui seraient trouvés chez des fabricants, négociants ou commissionnaires n'ayant pas fait la déclaration prescrite par l'article 3 ci-dessus, ou dont la mise en vente à la consommation intérieure sera constatée, seront saisis et donneront lieu aux poursuites par-devant le tribunal de police correctionnelle. Les détenteurs des objets saisis encourront la confiscation de ces objets, sans préjudice des autres peines portées par l'article ci-après.

**9**. En cas de contravention aux dispositions de la présente loi et à celles du règlement d'administration publique rendu en vertu de l'article 6 ci-dessus, les ouvrages sur lesquels portera la contravention seront confisqués, et, en outre, le délinquant sera condamné à une amende qui sera, pour la première fois, de dix fois la valeur des objets confisqués ; pour la

(1) Voy. le Décr. du 6 juin 1884.

seconde fois, du double proportionnel de la première, avec affiche de la condamnation aux frais du délinquant; enfin, la troisième fois, l'amende au quadruple de la première, et le commerce ainsi que la fabrication des ouvrages d'or et d'argent seront interdits au délinquant, sous peine de confiscation de tous les objets de son commerce.

En cas de manquants constatés lors des inventaires ou de sorties non justifiées, l'amende sera de 75 fr. par hectogramme s'il s'agit d'objets en or, et de 4 fr. par hectogramme s'il s'agit d'objets en argent.

**10.** Les ouvrages d'or et d'argent fabriqués aux titres fixés par la loi du 19 brumaire an VI et destinés soit à l'exportation, soit à la consommation intérieure, continueront à être soumis à la législation actuelle.

Il en sera de même, en tout ce que la présente loi n'a rien de contraire, pour les boîtes de montres, au quatrième titre, destinées à l'exportation.

---

## MÉDAILLES ET RÉCOMPENSES INDUSTRIELLES.

### Loi du 30 avril 1886, *relative à l'usurpation des médailles et récompenses industrielles* (1).

Art. **1er**. L'usage de médailles, diplômes, mentions, récompenses ou distinctions honorifiques quelconques décernés dans des expositions ou concours, soit en France, soit à l'étranger, n'est permis qu'à ceux qui les ont obtenus personnellement et à la maison de commerce en considération de laquelle ils ont été décernés.

Celui qui s'en sert doit faire connaître leur date et leur nature, l'exposition ou le concours où ils ont été obtenus et l'objet récompensé.

**2.** Seront punis d'une amende de cinquante à six mille francs et d'un emprisonnement de trois mois à deux ans, ou de l'une de ces deux peines seulement : 1° ceux qui, sans droit et frauduleusement, se sont attribué publiquement les récompenses ou distinctions mentionnées à l'article précédent; 2° ceux qui, dans les mêmes conditions, les auront appliquées à d'autres objets que ceux pour lesquels elles avaient été obtenues ou qui s'en seront attribué d'imaginaires; 3° ceux qui les auront indiquées mensongèrement sur leurs enseignes, annonces, prospectus, factures, lettres ou papiers de commerce; 4° ceux qui s'en seront indûment prévalus auprès des jurys des expositions ou concours.

**3.** Seront punis des mêmes peines ceux qui, sans droit et frauduleusement, se seront prévalus publiquement de récompenses, distinctions, ou approbations accordées par des corps savants ou des sociétés scientifiques.

**4.** L'omission des indications énumérées dans le second paragraphe de l'article 1er sera punie d'une amende de vingt-cinq à trois mille francs.

---

(1) Comp. la L. suisse du 25 sept. 1890, art. 21 et suiv. (*Ann. de lég. étr.*, 1891, p. 576).

5. Les tribunaux pourront prononcer la destruction ou la confiscation, au profit des parties lésées, des objets sur lesquels les fausses indications auront été appliquées.

Ils pourront prononcer l'affichage et l'insertion de leurs jugements.

6. L'article 463 du Code pénal est applicable aux délits prévus et punis par la présente loi.

7. La présente loi est applicable à l'Algérie et aux colonies.

---

## MINES (1).

### Loi du 21 avril 1810, *concernant les mines, les minières et les carrières.*

#### TITRE I. — DES MINES, MINIÈRES ET CARRIÈRES.

Art. 1er. Les masses de substances minérales ou fossiles renfermées dans le sein de la terre ou existantes à la surface sont classées, relativement aux règles de l'exploitation de chacune d'elles, sous les trois qualifications de mines, minières et carrières.

2. Seront considérées comme mines celles connues pour contenir en filons, en couches ou en amas, de l'or, de l'argent, du platine, du mercure, du plomb, du fer en filons ou couches, du cuivre, de l'étain, du zinc, de la calamine, du bismuth, du cobalt, de l'arsenic, du manganèse, de l'antimoine, du molybdène, de la plombagine ou autres matières métalliques, du soufre, du charbon de terre ou de pierre, du bois fossile, des bitumes, de l'alun et des sulfates à base métallique.

3. Les minières comprennent les minerais de fer dits d'alluvion, les terres pyriteuses propres à être converties en sulfate de fer, les terres alumineuses et les tourbes.

4. Les carrières renfermant les ardoises, les grès, pierres à bâtir et autres, les marbres, granits, pierres à chaux, pierres à plâtre, les pouzzolanes, le trass, les basaltes, les laves, les marnes, craies, sables, pierres à fusil, argiles, kaolin, terres à foulon, terres à poterie, les substances terreuses et les cailloux de toute nature, les terres pyriteuses regardées comme engrais, le tout exploité à ciel ouvert ou avec des galeries souterraines.

#### TITRE II. — DE LA PROPRIÉTÉ DES MINES.

5. Les mines ne peuvent être exploitées qu'en vertu d'un acte de concession délibéré en Conseil d'État.

6. Cet acte règle les droits des

---

(1) Le système français des concessions de mines est également admis par la majorité des législations étrangères : il en est ainsi en *Autriche-Hongrie* (L. du 23 mai 1854), en *Belgique* (L. du 8 juill. 1865), en *Espagne* (Décr. du 27 déc. 1868), dans le *Luxembourg* (L. du 14 oct. 1842), en *Portugal* (Décr. du 31 déc. 1852), en *Sardaigne* et en *Piémont* (L. du 20 nov. 1859), en *Suède* (L. du 16 mai 1884 ; *Ann. de lég. étr.*, 1885, p. 635). — En *Angleterre*, au contraire, les mines sont placées sous l'empire du droit commun : le propriétaire du sol est aussi propriétaire des mines qui se trouvent dans son terrain. La loi n'intervient que pour réglementer la police et la surveillance des mines (Voy. notamment deux lois du 10 août 1872, *ibid.*, 1873, p. 32).

propriétaires de la surface sur le produit des mines concédées.

**7**. Il donne la propriété perpétuelle de la mine, laquelle est dès lors disponible et transmissible comme tous autres biens, et dont on ne peut être exproprié que dans les cas et selon les formes prescrits pour les autres propriétés, conformément au Code Napoléon et au Code de procédure civile. Toutefois une mine ne peut être vendue par lots ou partagée, sans une autorisation préalable du Gouvernement donnée dans les mêmes formes que la concession.

**8**. Les mines sont immeubles.

Sont aussi immeubles, les bâtiments, machines, puits, galeries et autres travaux établis à demeure, conformément à l'article 524 du Code Napoléon.

Sont aussi immeubles par destination, les chevaux, agrès, outils et ustensiles servant à l'exploitation.

Ne sont considérés comme chevaux attachés à l'exploitation, que ceux qui sont exclusivement attachés aux travaux intérieurs des mines.

Néanmoins les actions ou intérêts dans une société ou entreprise pour l'exploitation des mines seront réputés meubles, conformément à l'article 529 du Code Napoléon.

**9**. Sont meubles, les matières extraites, les approvisionnements et autres objets mobiliers.

## TITRE III. — DES ACTES QUI PRÉCÈDENT LA DEMANDE EN CONCESSION DE MINES.

### *Sect. 1. — De la recherche et de la découverte des mines.*

**10**. Nul ne peut faire des recherches pour découvrir des mines, enfoncer des sondes ou tarières sur un terrain qui ne lui appartient pas, que du consentement du propriétaire de la surface, ou avec l'autorisation du Gouvernement, donnée après avoir consulté l'administration des mines, à la charge d'une préalable indemnité envers le propriétaire et après qu'il aura été entendu.

**11**. (Loi du 27 juillet 1880.) Nulle permission de recherches ni concession de mines ne pourra, sans le consentement du propriétaire de la surface, donner le droit de faire des sondages, d'ouvrir des puits ou galeries, ni d'établir des machines, ateliers ou magasins dans les enclos murés, cours et jardins.

Les puits et galeries ne peuvent être ouverts dans un rayon de cinquante mètres des habitations et des terrains compris dans les clôtures murées y attenantes, sans le consentement des propriétaires de ces habitations.

**12**. Le propriétaire pourra faire des recherches, sans formalité préalable, dans les lieux réservés par le précédent article, comme dans les autres parties de sa propriété ; mais il sera obligé d'obtenir une concession avant d'y établir une exploitation. Dans aucun cas, les recherches ne pourront être autorisées dans un terrain déjà concédé.

### *Sect. 2. — De la préférence à accorder pour les concessions.*

**13**. Tout Français, ou tout étranger naturalisé ou non en France, agissant isolément ou en société, a le droit de demander et peut obtenir, s'il y a lieu, une concession de mines.

**14.** L'individu ou la société doit justifier des facultés nécessaires pour entreprendre et conduire les travaux, et des moyens de satisfaire aux redevances, indemnités, qui lui seront imposées par l'acte de concession.

**15.** Il doit aussi, le cas arrivant de travaux à faire sous des maisons ou lieux d'habitation, sous d'autres exploitations ou dans leur voisinage immédiat, donner caution de payer toute indemnité, en cas d'accident : les demandes ou oppositions des intéressés seront, en ce cas, portées devant nos tribunaux et cours.

**16.** Le Gouvernement juge des motifs ou considérations d'après lesquels la préférence doit être accordée aux divers demandeurs en concession, qu'ils soient propriétaires de la surface, inventeurs ou autres.

En cas que l'inventeur n'obtienne pas la concession d'une mine, il aura droit à une indemnité de la part du concessionnaire ; elle sera réglée par l'acte de concession.

**17.** L'acte de concession fait après l'accomplissement des formalités prescrites, purge, en faveur du concessionnaire, tous les droits des propriétaires de la surface et des inventeurs, ou de leurs ayants droit, chacun dans leur ordre, après qu'ils ont été entendus ou appelés légalement, ainsi qu'il sera ci-après réglé.

**18.** La valeur des droits résultant en faveur du propriétaire de la surface, en vertu de l'article 6 de la présente loi, demeurera réunie à la valeur de ladite surface et sera affectée avec elle aux hypothèques prises par les créanciers du propriétaire.

**19.** Du moment où une mine sera concédée, même au propriétaire de la surface, cette propriété sera distinguée de celle de la surface, et désormais considérée comme propriété nouvelle, sur laquelle de nouvelles hypothèques pourront être assises, sans préjudice de celles qui auraient été ou seraient prises sur la surface et la redevance, comme il est dit à l'article précédent.

Si la concession est faite au propriétaire de la surface, ladite redevance sera évaluée pour l'exécution dudit article.

**20.** Une mine concédée pourra être affectée, par privilège, en faveur de ceux qui, par acte public et sans fraude, justifieraient avoir fourni des fonds pour les recherches de la mine, ainsi que pour les travaux de construction ou confection de machines nécessaires à son exploitation, à la charge de se conformer aux articles 2103 et autres du Code Napoléon, relatifs aux privilèges.

**21.** Les autres droits de privilège et d'hypothèque pourront être acquis sur la propriété de la mine, aux termes et en conformité du Code Napoléon, comme sur les autres propriétés immobilières.

## TITRE IV. — DES CONCESSIONS.

### *Sect. 1. — De l'obtention des concessions.*

**22.** La demande en concession sera faite par voie de simple pétition adressée au préfet, qui sera tenu de la faire enregistrer à sa date sur un registre particulier, et d'ordonner les publications et affiches dans les dix jours.

**23.** (Loi du 27 juillet 1880.) L'affichage aura lieu, pendant deux mois, aux chefs-lieux du département et de l'arrondissement où la mine est située, dans la commune où le demandeur est domicilié et dans toutes les communes sur le territoire desquelles la concession peut s'étendre ; les affiches seront insérées, deux fois et à un mois d'intervalle, dans les journaux du département et dans le Journal officiel.

**24.** Les publications des demandes en concession de mines auront lieu devant la porte de la maison commune et des églises paroissiales et consistoriales, à la diligence des maires, à l'issue de l'office, un jour de dimanche, et au moins une fois par mois pendant la durée des affiches. Les maires seront tenus de certifier ces publications.

**25.** Le secrétaire général de la préfecture délivrera au requérant un extrait certifié de l'enregistrement de la demande en concession.

**26.** (Loi du 27 juillet 1880.) Les oppositions et demandes en concurrence seront admises devant le préfet jusqu'au dernier jour du second mois à compter de la date de l'affiche. Elles seront notifiées, par actes extrajudiciaires, à la préfecture du département, où elles seront enregistrées sur le registre indiqué à l'article 22. Elles seront également notifiées aux parties intéressées, et le registre sera ouvert à tous ceux qui en demanderont communication.

**27.** A l'expiration du délai des affiches et publications et sur la preuve de l'accomplissement des formalités portées aux articles précédents, dans le mois qui suivra au plus tard, le préfet du département, sur l'avis de l'ingénieur des mines et après avoir pris des informations sur les droits et les facultés des demandeurs, donnera son avis, et le transmettra au ministre *de l'intérieur*.

**28.** Il sera définitivement statué sur la demande en concession par un décret *impérial* délibéré en Conseil d'État.

Jusqu'à l'émission du décret, toute opposition sera admissible devant le ministre *de l'intérieur* ou le secrétaire général du Conseil d'État ; dans ce dernier cas, elle aura lieu par une requête signée et présentée par un avocat au Conseil, comme il est pratiqué pour les affaires contentieuses ; et, dans tous les cas, elle sera notifiée aux parties intéressées.

Si l'opposition est motivée sur la propriété de la mine acquise par concession ou autrement, les parties seront renvoyées devant les tribunaux et cours.

**29.** L'étendue de la concession sera déterminée par l'acte de concession : elle sera limitée par des points fixes, pris à la surface du sol, et passant par des plans verticaux menés de cette surface dans l'intérieur de la terre à une profondeur indéfinie ; à moins que les circonstances et les localités ne nécessitent un autre mode de limitation.

**30.** Un plan régulier de la surface, en triple expédition, et sur une échelle de dix millimètres pour cent mètres, sera annexé à la demande.

Ce plan devra être dressé ou vérifié par l'ingénieur des mines.

et certifié par le préfet du département.

**31.** Plusieurs concessions pourront être réunies entre les mains du même concessionnaire, soit comme individu, soit comme représentant une compagnie, mais à la charge de tenir en activité l'exploitation de chaque concession.

*Sect. 2. — Des obligations des propriétaires de mines.*

**32.** L'exploitation des mines n'est pas considérée comme un commerce, et n'est pas sujette à patente.

**33.** Les propriétaires de mines sont tenus de payer à l'Etat une redevance fixe, et une redevance proportionnée au produit de l'extraction.

**34.** La redevance fixe sera annuelle, et réglée d'après l'étendue de celle-ci : elle sera de 10 fr. par kilomètre carré.

La redevance proportionnelle sera *une contribution annuelle*, à laquelle les mines seront assujetties sur leurs produits.

**35.** La redevance proportionnelle sera réglée chaque année par le budget de l'État, comme les autres contributions publiques ; toutefois elle ne pourra jamais s'élever au-dessus de cinq pour cent du produit net. Il pourra être fait un abonnement pour ceux des propriétaires des mines qui le demanderont.

**36.** Il sera imposé en sus un décime pour franc, lequel formera un fonds de non-valeur, à la disposition du ministre *de l'intérieur*, pour dégrèvement en faveur des propriétaires des mines qui éprouveront des pertes ou accidents.

**37.** La redevance proportionnelle sera imposée et perçue *comme la contribution foncière*.

Les réclamations à fin de dégrèvement ou de rappel à l'égalité proportionnelle seront jugées par les conseils de préfecture. Le dégrèvement sera de droit, quand l'exploitant justifiera que sa redevance excède cinq pour cent du produit net de son exploitation.

**38.** Le Gouvernement accordera, s'il y a lieu, pour les exploitations qu'il en jugera susceptibles, et par un article de l'acte de concession ou par un décret spécial délibéré en Conseil d'État pour les mines déjà concédées, la remise en tout ou partie du paiement de la redevance proportionnelle, pour le temps qui sera jugé convenable; et ce, comme encouragement, en raison de la difficulté des travaux ; semblable remise pourra aussi être accordée comme dédommagement en cas d'accident de force majeure qui surviendrait pendant l'exploitation.

**39.** Le produit de la redevance fixe et de la redevance proportionnelle formera un fonds spécial, dont il sera tenu un compte particulier au Trésor public, et qui sera appliqué aux dépenses de l'administration des mines, et à celles des recherches, ouvertures et mises en activité des mines nouvelles ou rétablissement de mines anciennes.

**40.** Les anciennes redevances dues à l'État, soit en vertu de lois, ordonnances ou règlements, soit d'après les conditions énoncées *en l'acte de concession*, soit d'après des baux et adjudications au profit de la régie du domaine, cesseront d'avoir cours à compter du jour où les redevances nouvelles seront établies.

**41**. Ne sont point comprises dans l'abrogation des anciennes redevances celles dues à titre de rentes, droits et prestations quelconques, pour cession de fonds ou autres causes semblables, sans déroger toutefois à l'application des lois qui ont supprimé les droits féodaux.

**42**. (Loi du 27 juillet 1880.) Le droit accordé par l'article 6 de la présente loi au propriétaire de la surface sera réglé sous la forme fixée par l'acte de concession.

**43**. (Loi du 27 juillet 1880.) Le concessionnaire peut être autorisé, par arrêté préfectoral, pris après que les propriétaires auront été mis à même de présenter leurs observations, à occuper, dans le périmètre de sa concession, les terrains nécessaires à l'exploitation de sa mine, à la préparation métallique des minerais et au lavage des combustibles, à l'établissement des routes ou à celui des chemins de fer ne modifiant pas le relief du sol.

Si les travaux entrepris par le concessionnaire ou par un explorateur, muni du permis de recherches mentionné à l'article 10, ne sont que passagers, et si le sol où ils ont eu lieu peut être mis en culture, au bout d'un an, comme il l'etait auparavant, l'indemnité sera réglée à une somme double du produit net du terrain endommagé.

Lorsque l'occupation ainsi faite prive le propriétaire de la jouissance du sol pendant plus d'une année, ou lorsque, après l'exécution des travaux, les terrains occupés ne sont plus propres à la culture, les propriétaires peuvent exiger du concessionnaire ou de l'explorateur l'acquisition du sol.

La pièce de terre trop endommagée ou dégradée sur une trop grande partie de sa surface doit être achetée en totalité, si le propriétaire l'exige.

Le terrain à acquérir ainsi sera toujours estimé au double de la valeur qu'il avait avant l'occupation.

Les contestations relatives aux indemnités réclamées par les propriétaires du sol aux concessionnaires de mines, en vertu du présent article, seront soumises aux tribunaux civils.

Les dispositions des §§ 2 et 3, relatives au mode de calcul de l'indemnité due au cas d'occupation ou d'acquisition des terrains, ne sont pas applicables aux autres dommages causés à la propriété par les travaux de recherche ou d'exploitation : la réparation de ces dommages reste soumise au droit commun.

**44**. (Loi du 27 juillet 1880.) Un décret rendu en Conseil d'État peut déclarer d'utilité publique les canaux et les chemins de fer, modifiant le relief du sol, à exécuter dans l'intérieur du périmètre, ainsi que les canaux, les chemins de fer, les routes nécessaires à la mine et les travaux de secours, tels que puits ou galeries destinés à faciliter l'aérage et l'écoulement des eaux, à exécuter en dehors du périmètre. Les voies de communication créées en dehors du périmètre pourront être affectées à l'usage du public, dans les conditions établies par le cahier des charges.

Dans le cas prévu par le présent article, les dispositions de la loi du 3 mai 1841, relatives à la dépossession des terrains et au règlement des indemnités, seront appliquées.

**45**. Lorsque, par l'effet du voisinage ou pour toute autre cause, les travaux d'exploitation d'une mine occasionnent des dommages à l'exploitation d'une autre mine, à raison des eaux qui pénètrent dans cette dernière en plus grande quantité; lorsque, d'un autre côté, ces mêmes travaux produisent un effet contraire et tendent à évacuer tout ou partie des eaux d'une autre mine, il y aura lieu à indemnité d'une mine en faveur de l'autre: le règlement s'en fera par experts.

**46**. Toutes les questions d'indemnité à payer par les propriétaires de mines, à raison des recherches ou travaux antérieurs à l'acte de concession, seront décidées conformément à l'article 4 de la loi du 28 pluviôse an VIII.

### TITRE V. — DE L'EXERCICE DE LA SURVEILLANCE SUR LES MINES PAR L'ADMINISTRATION.

**47**. Les ingénieurs des mines exerceront, sous les ordres du ministre *de l'intérieur* et des préfets, une surveillance de police pour la conservation des édifices et la sûreté du sol.

**48**. Ils observeront la manière dont l'exploitation sera faite, soit pour éclairer les propriétaires sur ses inconvénients ou son amélioration, soit pour avertir l'administration des vices, abus ou dangers qui s'y trouveraient.

**49**. Si l'exploitation est restreinte ou suspendue, de manière à inquiéter la sûreté publique ou les besoins des consommateurs, les préfets, après avoir entendu les propriétaires, en rendront compte au ministre *de l'intérieur* pour y être pourvu ainsi qu'il appartiendra.

**50**. (Loi du 27 juillet 1880.) Si les travaux de recherche ou d'exploitation d'une mine sont de nature à compromettre la sécurité publique, la conservation de la mine, la sûreté des ouvriers mineurs, la conservation des voies de communication, celle des eaux minérales, la solidité des habitations, l'usage des sources qui alimentent des villes, villages, hameaux et établissements publics, il y sera pourvu par le préfet.

### TITRE VI. — DES CONCESSIONS OU JOUISSANCES DES MINES ANTÉRIEURES A LA PRÉSENTE LOI.

#### § 1er. — Des anciennes concessions en général.

**51**. Les concessionnaires antérieurs à la présente loi deviendront, du jour de sa publication, propriétaires incommutables, sans aucune formalité préalable d'affiches, vérifications de terrain ou autres préliminaires, à la charge seulement d'exécuter, s'il y en a, les conventions faites avec les propriétaires de la surface, et sans que ceux-ci puissent se prévaloir des articles 6 et 42.

**52**. Les anciens concessionnaires seront, en conséquence, soumis au paiement des contributions, comme il est dit à la section II du titre IV, articles 33 et 34, à compter de l'année 1811.

§ 2. — Des exploitations pour lesquelles on n'a pas exécuté la loi de 1791.

**53.** Quant aux exploitants de mines qui n'ont pas exécuté la loi de 1791, et qui n'ont pas fait fixer, conformément à cette loi, les limites de leurs concessions, ils obtiendront les concessions de leurs exploitations actuelles conformément à la présente loi; à l'effet de quoi les limites de leurs concessions seront fixées sur leurs demandes ou à la diligence des préfets, à la charge seulement d'exécuter les conventions faites avec les propriétaires de la surface, et sans que ceux-ci puissent se prévaloir des articles 6 et 42 de la présente loi.

**54.** Ils paieront en conséquence les redevances, comme il est dit à l'article 52.

**55.** En cas d'usages locaux ou d'anciennes lois qui donneraient lieu à la décision de cas extraordinaires, les cas qui se présenteront seront décidés par les actes de concession ou par les jugements de nos cours et tribunaux, selon les droits résultant pour les parties des usages établis, des prescriptions légalement acquises, ou des conventions réciproques.

**56.** Les difficultés qui s'élèveraient entre l'administration et les exploitants, relativement à la limitation des mines, seront décidées par l'acte de concession.

A l'égard des contestations qui auraient lieu entre des exploitants voisins, elles seront jugées par les tribunaux et cours.

## TITRE VII. — RÈGLEMENTS SUR LA PROPRIÉTÉ ET L'EXPLOITATION DES MINIÈRES, ET SUR L'ÉTABLISSEMENT DES FORGES, FOURNEAUX ET USINES.

*Sect. 1. — Des minières.*

**57.** (Loi du 9 mai 1866, art. 3.) Si l'exploitation des minières doit avoir lieu à ciel ouvert, le propriétaire est tenu, avant de commencer à exploiter, d'en faire la déclaration au préfet. Le préfet donne acte de cette déclaration, et l'exploitation a lieu sans autre formalité.

Cette disposition s'applique aux minerais de fer en couches et filons, dans le cas où, conformément à l'article 69, ils ne sont pas concessibles.

Si l'exploitation doit être souterraine, elle ne peut avoir lieu qu'avec une permission du préfet. La permission détermine les conditions spéciales auxquelles l'exploitant est tenu, en ce cas, de se conformer.

**58.** (Loi du 9 mai 1866, art. 3.) Dans les deux cas prévus par l'article précédent, l'exploitant doit observer les règlements généraux ou locaux concernant la sûreté et la salubrité publiques auxquelles est assujettie l'exploitation des minières.

Les articles 93 à 96 de la présente loi sont applicables aux contraventions commises par les exploitants de minières aux dispositions de l'article 57 et aux règlements généraux et locaux dont il est parlé dans le présent article.

*Sect. 2. — De la propriété et de l'exploitation des minerais de fer d'alluvion* (1).

. . . . . . . . . . . . . . . . . . . .

(1) Les art. 59 à 67 ont été abrogés par la L. du 9 mai 1866, art. 2.

**68**. Les propriétaires ou maîtres de forges ou d'usines exploitant les minerais de fer d'alluvion, ne pourront, dans cette exploitation, pousser des travaux réguliers par des galeries souterraines, sans avoir obtenu une concession, avec les formalités et sous les conditions exigées par les articles de la section Ire du titre III et les dispositions du titre IV.

**69**. Il ne pourra être accordé aucune concession pour minerai d'alluvion ou pour des mines en filons ou couches, que dans les cas suivants :

1o Si l'exploitation à ciel ouvert cesse d'être possible, et si l'établissement de puits, galeries et travaux d'art est nécessaire ;

2o Si l'exploitation, quoique possible encore, doit durer peu d'années, et rendre ensuite impossible l'exploitation avec puits et galeries.

**70**. (Loi du 27 juillet 1880.) Lorsque le ministre des travaux publics, après la concession d'une mine de fer, interdit aux propriétaires de minières de continuer une exploitation qui ne pourrait se prolonger sans rendre ensuite impossible l'exploitation avec puits et galeries régulières, le concessionnaire de la mine est tenu d'indemniser les propriétaires des minières dans la proportion du revenu net qu'ils en tiraient.

Un décret rendu en Conseil d'État peut, alors même que les minières sont exploitables à ciel ouvert ou n'ont pas encore été exploitées, autoriser la réunion des minières à une mine, sur la demande du concessionnaire.

Dans ce cas, le concessionnaire de la mine doit indemniser le propriétaire de la minière, par une redevance équivalente au revenu net que ce propriétaire aurait pu tirer de l'exploitation et qui sera fixée par les tribunaux civils.

*Sect. 3. — Des terres pyriteuses et alumineuses.*

**71**. L'exploitation des terres pyriteuses et alumineuses sera assujettie aux formalités prescrites par les articles 57 et 58, soit qu'elle ait lieu par les propriétaires des fonds, soit par d'autres individus qui, à défaut par ceux-ci d'exploiter, en auraient obtenu la permission.

**72**. Si l'exploitation a lieu par des non-propriétaires, ils seront assujettis, en faveur des propriétaires, à une indemnité qui sera réglée de gré à gré ou par experts.

*Sect. 4. — Des permissions pour l'établissement des fourneaux, forges et usines* (1).

. . . . . . . . . . . . . . . .

*Sect. 5. — Dispositions générales sur les permissions* (2).

. . . . . . . . . . . . . . . .

TITRE VIII.

*Sect. 1. — Des carrières.*

**81**. (Loi du 27 juillet 1880.) L'exploitation des carrières à ciel ouvert a lieu en vertu d'une simple déclaration faite au maire de la commune et transmise au préfet. Elle est soumise à la surveillance de l'administration et à l'observation des lois et règlements.

Les règlements généraux se-

(1 et 2) Les art. 73 à 80 ont été abrogés par la L. du 9 mai 1866, art. 1 et 2.

ront remplacés, dans les départements où ils sont en vigueur, par des règlements locaux rendus sous forme de décrets en Conseil d'État.

**82.** (Loi du 27 juillet 1880.) Quand l'exploitation a lieu par galeries souterraines, elle est soumise à la surveillance de l'administration des mines, dans les conditions prévues par les articles 47, 48 et 50.

Dans l'intérieur de Paris, l'exploitation des carrières souterraines de toute nature est interdite.

Sont abrogées les dispositions ayant force de loi des deux décrets des 22 mars et 4 juillet 1813 et du décret, portant règlement général, du 22 mars 1813, relatifs à l'exploitation des carrières dans les départements de la Seine et de Seine-et-Oise.

*Sect. 2. — Des tourbières.*

**83.** Les tourbes ne peuvent être exploitées que par le propriétaire du terrain, ou de son consentement.

**84.** Tout propriétaire actuellement exploitant, ou qui voudra commencer à exploiter des tourbes dans son terrain, ne pourra continuer ou commencer son exploitation, à peine de cent francs d'amende, sans en avoir préalablement fait la déclaration à la sous-préfecture et obtenu l'autorisation.

**85.** Un règlement d'administration publique déterminera la direction générale des travaux d'extraction dans le terrain où sont situées les tourbes, celle des rigoles de desséchement, enfin toutes les mesures propres à faciliter l'écoulement des eaux dans les vallées, et l'atterrissement des entailles tourbées.

**86.** Les propriétaires exploitants, soit particuliers, soit communautés d'habitants, soit établissements publics, sont tenus de s'y conformer, à peine d'être contraints à cesser leurs travaux.

TITRE IX. — DES EXPERTISES.

**87.** Dans tous les cas prévus par la présente loi et autres naissant des circonstances, où il y aura lieu à expertise, les dispositions du titre XIV du Code de procédure civile, articles 303 à 323, seront exécutées.

**88.** Les experts seront pris parmi les ingénieurs des mines, ou parmi les hommes notables et expérimentés dans le fait des mines et de leurs travaux.

**89.** Le procureur *impérial* sera toujours entendu et donnera ses conclusions sur le rapport des experts.

**90.** Nul plan ne sera admis comme pièce probante dans une contestation, s'il n'a été levé ou vérifié par un ingénieur des mines. La vérification des plans sera toujours gratuite.

**91.** Les frais et vacations des experts seront réglés et arrêtés, selon les cas, par les tribunaux; il en sera de même des honoraires qui pourront appartenir aux ingénieurs des mines: le tout suivant le tarif qui sera fait par un règlement d'administration publique.

Toutefois il n'y aura pas lieu à honoraires pour les ingénieurs des mines, lorsque leurs opérations auront été faites soit dans l'intérêt de l'administration, soit à raison de la surveillance et de la police publiques.

**92.** La consignation des sommes jugées nécessaires pour subvenir aux frais d'expertise pourra être ordonnée par le tribunal contre celui qui poursuivra l'expertise.

TITRE X. — DE LA POLICE ET DE LA JURIDICTION RELATIVES AUX MINES.

**93**. Les contraventions des propriétaires de mines exploitants non encore concessionnaires ou autres personnes, aux lois et règlements, seront dénoncées et constatées comme les contraventions en matière de voirie et de police.

**94**. Les procès-verbaux contre les contrevenants seront affirmés dans les formes et délais prescrits par les lois.

**95**. Ils seront adressés en originaux à nos procureurs *impériaux*, qui seront tenus de poursuivre d'office les contrevenants devant les tribunaux de police correctionnelle, ainsi qu'il est réglé et usité pour les délits forestiers, et sans préjudice des dommages-intérêts des parties.

**96**. Les peines seront d'une amende de cinq cents francs au plus et de cent francs au moins, double en cas de récidive, et d'une détention qui ne pourra excéder la durée fixée par le Code *de police correctionnelle*.

---

**Décret du 3 janvier 1813,** *contenant des dispositions de police relatives à l'exploitation des mines.*

. . . . . . . . . . . . . . . .

TITRE II. — DISPOSITIONS TENDANT A PRÉVENIR LES ACCIDENTS.

Art. **3**. Lorsque la sûreté des exploitations ou celle des ouvriers pourra être compromise par quelque cause que ce soit, les propriétaires seront tenus d'avertir l'autorité locale de l'état de la mine qui serait menacée ; et l'ingénieur des mines, aussitôt qu'il en aura connaissance, fera son rapport au préfet, et proposera la mesure qu'il croira propre à faire cesser les causes du danger.

**4**. Le préfet, après avoir entendu l'exploitant ou ses ayants cause dûment appelés, prescrira les dispositions convenables par un arrêté qui sera envoyé au *directeur général des mines*, pour être approuvé, s'il y a lieu, par le ministre *de l'intérieur*. En cas d'urgence, l'ingénieur en fera mention spéciale dans son rapport, et le préfet pourra ordonner que son arrêté soit provisoirement exécuté.

**5**. Lorsqu'un ingénieur, en visitant une exploitation, reconnaîtra une cause de danger imminent, il fera, sous sa responsabilité, les réquisitions nécessaires aux autorités locales, pour qu'il y soit pourvu sur-le-champ d'après les dispositions qu'il jugera convenables, ainsi qu'il est pratiqué en matière de voirie lors du péril imminent de la chute d'un édifice.

**6**. Il sera tenu, sur chaque mine, un registre et un plan constatant l'avancement journalier des travaux, et les circonstances de l'exploitation dont il sera utile de conserver le souvenir. L'ingénieur des mines devra, à chacune de ces tournées, se faire représenter ce registre et ce plan : il y insérera le procès-verbal de visite et ses observations sur la conduite des travaux. Il laissera à l'exploitant, dans tous les cas où il le jugera utile, une instruction écrite sur le registre, contenant les mesures à prendre pour la sûreté des hommes et celle des choses.

**7.** Lorsqu'une partie ou la totalité d'une exploitation sera dans un état de délabrement ou de vétusté tel que la vie des hommes aura été compromise ou pourrait l'être, et que l'ingénieur des mines ne jugera pas possible de la réparer convenablement, l'ingénieur en fera son rapport motivé au préfet, qui prendra l'avis de l'ingénieur en chef et entendra l'exploitant ou ses ayants cause.

Dans le cas où la partie intéressée reconnaîtrait la réalité du danger indiqué par l'ingénieur, le préfet ordonnera la fermeture des travaux.

*En cas de contestations, trois experts seront nommés, le premier par le préfet, le second par l'exploitant et le troisième par le juge de paix du canton* (1).

Les experts se transporteront sur les lieux ; ils y feront toutes les vérifications nécessaires, en présence d'un membre du conseil d'arrondissement, délégué à cet effet par le préfet, et avec l'assistance de l'ingénieur en chef. Ils feront au préfet un rapport motivé.

Le préfet en référera au ministre, en donnant son avis.

Le ministre, sur l'avis du préfet *et sur le rapport du directeur général des mines,* pourra statuer, sauf le recours au Conseil d'État.

Le tout sans préjudice des dispositions portées, pour les cas d'urgence, dans l'article 4 du présent décret.

**8.** Il est défendu à tout propriétaire d'abandonner, en totalité, une exploitation, si auparavant elle n'a été visitée par l'ingénieur des mines.

Les plans intérieurs seront vérifiés par lui ; il en dressera procès-verbal, par lequel il fera connaître les causes qui peuvent nécessiter l'abandon.

Le tout sera transmis par lui, ainsi que son avis, au préfet du département.

**9.** Lorsque l'exploitation sera de nature à être abandonnée par portions ou par étages, et à des époques différentes, il y sera procédé successivement et de la manière ci-dessus indiquée.

Dans les deux cas, le préfet ordonnera les dispositions de police, de sûreté et de conservation qu'il jugera convenables d'après l'avis de l'ingénieur des mines.

**10.** Les actes administratifs concernant la police des mines et minières dont il a été fait mention dans les articles précédents seront notifiés aux exploitants, afin qu'ils s'y conforment dans les délais prescrits ; à défaut de quoi, les contraventions seront constatées par procès-verbaux des ingénieurs des mines, conducteurs, maires ou autres officiers de police, gardes-mines. On se conformera à cet égard aux articles 93 et suivants de la loi du 21 avril 1810 ; et en cas d'inexécution, les dispositions qui auront été prescrites seront exécutées d'office aux

(1) Ce paragraphe a été modifié par la L. du 8 juill. 1890 sur les délégués mineurs, art. 14.

frais de l'exploitant, dans les formes établies par l'article 37 du décret impérial du 18 novembre 1810.

TITRE III. — MESURES A PRENDRE EN CAS D'ACCIDENTS ARRIVÉS DANS LES MINES, MINIÈRES, USINES ET ATELIERS.

**11.** En cas d'accidents survenus dans une mine, minière, usines et ateliers qui en dépendent, soit par éboulement, par inondation, par le feu, par asphyxie, par rupture des machines, engins, câbles, chaînes, paniers, soit par émanations nuisibles, soit par toute autre cause, et qui auraient occasionné la mort ou des blessures graves à un ou plusieurs ouvriers, les exploitants, directeurs, maîtres mineurs et autres préposés sont tenus d'en donner connaissance aussitôt au maire de la commune et à l'ingénieur des mines, et en cas d'absence au conducteur.

**12.** La même obligation leur est imposée dans le cas où l'accident compromettrait la sûreté des travaux, celle des mines ou des propriétés de la surface, *et l'approvisionnement des consommateurs.*

**13.** Dans tous les cas, l'ingénieur des mines se transportera sur les lieux : il dressera procès-verbal de l'accident séparément ou concurremment avec les maires et autres officiers de police ; il en constatera les causes, et transmettra le tout au préfet du département.

En cas d'absence, les ingénieurs seront remplacés par les élèves-conducteurs et gardes-mines assermentés devant les tribunaux. Si les uns et les autres sont absents, les maires ou autres officiers de police nommeront les experts à ce connaissant, pour visiter l'exploitation et mentionner leurs dires dans un procès-verbal.

**14.** Dès que le maire et autres officiers de police auront été avertis, soit par les exploitants, soit par la voix publique, d'un accident arrivé dans une mine ou usine, ils en préviendront immédiatement les autorités supérieures : ils prendront, conjointement avec l'ingénieur des mines, toutes les mesures convenables pour faire cesser le danger et en prévenir la suite ; ils pourront, comme dans le cas de péril imminent, faire des réquisitions d'outils, chevaux, hommes, et donneront les ordres nécessaires.

L'exécution des travaux aura lieu sous la direction de l'ingénieur ou des conducteurs, et, en cas d'absence, sous la direction des experts délégués à cet effet par l'autorité locale.

**15.** Les exploitants seront tenus d'entretenir sur leurs établissements, dans la proportion du nombre des ouvriers et de l'étendue de l'exploitation, les médicaments et les moyens de secours qui leur seront indiqués par le ministre *de l'intérieur*, et de se conformer à l'instruction réglementaire qui sera approuvée par lui à cet effet.

**16.** Le ministre *de l'intérieur*, sur la proposition des préfets *et le rapport du directeur général des mines*, indiquera celles des exploitations qui, par leur importance et le nombre des ouvriers qu'elles emploient, devront avoir et entretenir à leurs frais un chirurgien spécialement attaché au service de l'établissement.

Un seul chirurgien pourra être attaché à plusieurs établissements à la fois, si ces établissements se trouvent dans un rapprochement convenable. Son traitement sera à la charge des propriétaires, proportionnellement à leur intérêt.

**17**. Les exploitants et directeurs des mines voisines de celle où il serait arrivé un accident fourniront tous les moyens de secours dont ils pourront disposer, soit en hommes, soit de toute autre manière, sauf le recours pour leur indemnité, s'il y a lieu, contre qui de droit.

**18**. Il est expressément prescrit aux maires et autres officiers de police de se faire représenter les corps des ouvriers qui auraient péri par accident dans une exploitation, et de ne permettre leur inhumation qu'après que le procès-verbal de l'accident aura été dressé, conformément à l'article 81 du Code Napoléon, et sous les peines portées dans les articles 358 et 359 du Code pénal.

**19**. Lorsqu'il y aura impossibilité de parvenir jusqu'au lieu où se trouvent les corps des ouvriers qui auront péri dans les travaux, les exploitants, directeurs et autres ayants cause seront tenus de faire constater cette circonstance par le maire ou autre officier public, qui en dressera procès-verbal, et le transmettra au procureur *impérial*, à la diligence duquel, et sur l'autorisation du tribunal, cet acte sera annexé au registre de l'état civil.

**20**. Les dépenses qu'exigeront les secours donnés aux blessés, noyés ou asphyxiés, et la réparation des travaux, seront à la charge des exploitants.

**21**. De quelque manière que soit arrivé un accident, les ingénieurs des mines, maires et autres officiers de police, transmettront immédiatement leurs procès-verbaux aux sous-préfets et aux procureurs *impériaux*. Les procès-verbaux devront être signés et déposés dans les délais prescrits.

**22**. En cas d'accidents qui auraient occasionné la perte ou la mutilation d'un ou plusieurs ouvriers, faute de s'être conformés à ce qui est prescrit par le présent règlement, les exploitants, propriétaires et directeurs pourront être traduits devant les tribunaux, pour l'application, s'il y a lieu, des dispositions des articles 319 et 320 du Code pénal, indépendamment des dommages et intérêts qui pourraient être alloués au profit de qui de droit.

TITRE IV. — DISPOSITIONS CONCERNANT LA POLICE DU PERSONNEL.

*Sect. 1. — Des ingénieurs, propriétaires de mines, exploitants et autres préposés.*

**23**. Indépendamment de leurs tournées annuelles, les ingénieurs des mines visiteront fréquemment les exploitations dans lesquelles il serait arrivé un accident, ou qui exigeraient une surveillance particulière. Les procès-verbaux seront transcrits sur un registre ouvert à cet effet dans les bureaux des ingénieurs ; ils seront, en outre, transmis aux préfets des départements.

**24**. Les propriétaires des mines, exploitants et autres

préposés, fourniront aux ingénieurs et aux conducteurs tous les moyens de parcourir les travaux, et notamment de pénétrer sur tous les points qui pourraient exiger une surveillance spéciale. Ils exhiberont le plan tant intérieur qu'extérieur, et les registres de l'avancement des travaux, ainsi que du contrôle des ouvriers : ils leur fourniront tous les renseignements sur l'état d'exploitation, la police des mineurs et autres employés : ils les feront accompagner par les directeurs et maîtres mineurs, afin que ceux-ci puissent satisfaire à toutes les informations qu'il serait utile de prendre sous les rapports de sûreté et de salubrité.

*Sect. 2. — Des ouvriers.*

**25**. A l'avenir, ne pourront être employés en qualité de maîtres mineurs ou chefs particuliers de travaux des mines et minières, sous quelque dénomination que ce soit, que des individus qui auront travaillé comme mineurs, charpentiers, boiseurs ou mécaniciens, depuis au moins trois années consécutives.

**26**. *Tout mineur de profession ou autre ouvrier, employé soit à l'intérieur, soit à l'extérieur, dans l'exploitation des mines et minières, usines et ateliers en dépendant, devra être pourvu d'un livret, et se conformer aux dispositions de l'arrêté du 9 frimaire an XII.*

*Les registres d'ordre sur lesquels l'inscription aura lieu dans chaque commune seront conservés au greffe de la municipalité, pour y recourir au besoin.*

*Il est défendu à tout exploitant d'employer aucun individu qui ne serait pas porteur d'un livret en règle, portant l'acquit de son précédent maître* (1).

**27**. Indépendamment des livrets et registres d'inscription à la mairie, il sera tenu sur chaque exploitation un contrôle exact et journalier des ouvriers qui travaillent, soit à l'intérieur, soit à l'extérieur des mines, minières, usines et ateliers en dépendant ; ces contrôles seront inscrits sur un registre qui sera coté par le maire et parafé par lui tous les mois.

Ce registre sera visé par les ingénieurs, lors de leur tournée.

**28**. Dans toutes leurs visites, les ingénieurs des mines devront faire faire, en leur présence, la vérification des contrôles des ouvriers.

Le maire de la commune pourra faire cette vérification quand il le jugera convenable, surtout dans le moment où il y aura lieu de présumer qu'il peut y avoir quelque danger pour les individus employés aux travaux.

**29**. Il est défendu de laisser descendre ou travailler dans les mines et minières les enfants au-dessous de dix ans.

Nul ouvrier ne sera admis dans les travaux, s'il est ivre ou en état de maladie, aucun étranger n'y pourra pénétrer sans la permission de l'exploitant ou du directeur, et s'il n'est accompagné d'un maître mineur.

**30**. Tout ouvrier qui, par insubordination ou désobéissance

---

(1) Les livrets d'ouvriers ont été supprimés par la L. du 2 juill. 1890 (Voy. *suprà*, v° *Livrets d'ouvriers*).

envers le chef des travaux, contre l'ordre établi, aura compromis la sûreté des personnes ou des choses, sera poursuivi et puni selon la gravité des circonstances, conformément à la disposition de l'article 22 du présent décret.

TITRE V. — DISPOSITIONS GÉNÉRALES.

**31**. Les contraventions aux dispositions de police ci-dessus, lors même qu'elles n'auraient pas été suivies d'accidents, seront poursuivies et jugées conformément au titre X de la loi du 21 avril 1810, sur les mines, minières et usines.

---

## Loi du 27 avril 1838, *relative à l'assèchement et à l'exploitation des mines.*

Art. **1er**. Lorsque plusieurs mines situées dans des concessions différentes seront atteintes ou menacées d'une inondation commune qui sera de nature à compromettre leur existence, la sûreté publique ou les besoins des consommateurs, le Gouvernement pourra obliger les concessionnaires de ces mines à exécuter en commun et à leurs frais les travaux nécessaires, soit pour assécher tout ou partie des mines inondées, soit pour arrêter les progrès de l'inondation.

L'application de cette mesure sera précédée d'une enquête administrative à laquelle tous les intéressés seront appelés, et dont les formes seront déterminées par un règlement d'administration publique (1).

**2**. Le ministre décidera, d'après l'enquête, quelles sont les concessions inondées ou menacées d'inondation qui doivent opérer, à frais communs, les travaux d'assèchement.

Cette décision sera notifiée administrativement aux concessionnaires intéressés. Le recours contre cette décision ne sera pas suspensif.

Les concessionnaires ou leurs représentants, désignés ainsi qu'il sera dit à l'article 7 de la présente loi, seront convoqués en assemblée générale, à l'effet de nommer un syndicat composé de trois ou cinq membres pour la gestion des intérêts communs.

Le nombre des syndics, le mode de convocation et de délibération de l'assemblée générale, seront réglés par un arrêté du préfet.

Dans les délibérations de l'assemblée générale, les concessionnaires ou leurs représentants auront un nombre de voix proportionnel à l'importance de chaque concession.

Cette importance sera déterminée d'après le montant des redevances proportionnelles acquittées par les mines en activité d'exploitation, pendant les trois dernières années d'exploitation, ou par les mines inondées, pendant les trois années qui auront précédé celle où l'inondation aura envahi les mines. La délibération ne sera valide qu'autant que les membres présents surpasseraient en

(1) Voy. l'Ord. du 23 mai 1841 (G. Paulet, *Code du commerce et de l'industrie*, p. 212).

nombre le tiers des concessions, et qu'ils représenteraient entre eux plus de la moitié des voix attribuées à la totalité des concessions comprises dans le syndicat.

En cas de décès ou de cessation des fonctions des syndics, ils seront remplacés par l'assemblée générale dans les formes qui auront été suivies pour leur nomination.

**3.** Une *ordonnance royale* rendue dans la forme des règlements d'administration publique, et après que les syndics auront été appelés à faire connaître leurs propositions, et les intéressés leurs observations, déterminera l'organisation définitive et les attributions du syndicat, les bases de la répartition, soit provisoire, soit définitive, de la dépense entre les concessionnaires intéresés, et la forme dans laquelle il sera rendu compte des recettes et des dépenses.

Un arrêté ministériel déterminera, sur la proposition des syndics, le système et le mode d'exécution et d'entretien des travaux d'épuisement, ainsi que les époques périodiques où les taxes devront être acquittées par les concessionnaires.

Si le ministre juge nécessaire de modifier la proposition du syndicat, le syndicat sera de nouveau entendu. Il lui sera fixé un délai pour produire ses observations.

**4.** Si l'assemblée générale, dûment convoquée, ne se réunit pas, ou si elle ne nomme point le nombre de syndics fixé par l'arrêté du préfet, le ministre, sur la proposition de ce dernier, instituera d'office une commission composée de trois ou cinq personnes, qui sera investie de l'autorité et des attributions des syndics.

Si les syndics ne mettent point à exécution les travaux d'assèchement, ou s'ils contreviennent au mode d'exécution et d'entretien réglé par l'arrêté ministériel, le ministre, après que la contravention aura été constatée, les syndics préalablement appelés, et après qu'ils auront été mis en demeure, pourra, sur la proposition du préfet, suspendre les syndics de leurs fonctions, et leur substituer un nombre égal de commissaires.

Les pouvoirs des commissaires cesseront de droit à l'époque fixée pour l'expiration de de ceux des syndics. Néanmoins, le ministre, sur la proposition du préfet, aura toujours la faculté de les faire cesser plus tôt.

Les commissaires pourront être rétribués ; dans ce cas le ministre, sur la proposition du préfet, fixera le taux des traitements, et leur montant sera acquitté sur le produit des taxes imposées aux concessionnaires.

**5.** Les rôles de recouvrement des taxes réglées en vertu des articles précédents seront dressés par les syndics, et rendus exécutoires par le préfet.

Les réclamations des concessionnaires, sur la fixation de leur quote-part dans lesdites taxes, seront jugées par le conseil de préfecture sur mémoires des réclamants, communiqués au syndicat, et après avoir pris l'avis de l'ingénieur des mines.

Les réclamations relatives à l'exécution des travaux seront jugées comme en matière de travaux publics.

Le recours, soit au conseil de préfecture, soit au Conseil d'État, ne sera pas suspensif.

**6.** A défaut de paiement dans le délai de deux mois à dater de la sommation qui aura été faite, la mine sera réputée abandonnée ; le ministre pourra prononcer le retrait de la concession, sauf le recours au *Roi en son* Conseil d'État, par la voie contentieuse.

La décision du ministre sera notifiée aux concessionnaires déchus, publiée et affichée à la diligence du préfet.

L'administration pourra faire l'avance du montant des taxes dues par la concession abandonnée, jusqu'à ce qu'il ait été procédé à une concession nouvelle, ainsi qu'il sera dit ci-après.

A l'expiration du délai de recours, ou, en cas de recours, après la notification de l'ordonnance confirmative de la décision du ministre, il sera procédé publiquement, par voie administrative, à l'adjudication de la mine abandonnée. Les concurrents seront tenus de justifier des facultés suffisantes pour satisfaire aux conditions imposées par le cahier des charges.

Celui des concurrents qui aura fait l'offre la plus favorable sera déclaré concessionnaire, et le prix de l'adjudication, déduction faite des sommes avancées par l'État, appartiendra au concessionnaire déchu ou à ses ayants droit. Ce prix, s'il y a lieu, sera distribué judiciairement et par ordre d'hypothèque.

Le concessionnaire déchu pourra, jusqu'au jour de l'adjudication, arrêter les effets de la dépossession, en payant toutes les taxes arriérées et en consignant la somme qui sera jugée nécessaire pour sa quote-part dans les travaux qui resteront encore à exécuter.

S'il ne se présente aucun soumissionnaire, la mine restera à la disposition du domaine, libre et franche de toutes charges provenant du fait du concessionnaire déchu. Celui-ci pourra, en ce cas, retirer les chevaux, machines et agrès qu'il aura attachés à l'exploitation, et qui pourront être séparés sans préjudice pour la mine, à la charge de payer toutes les taxes dues jusqu'à la dépossession, et sauf au domaine à retenir, à dire d'experts, les objets qu'il jugera utiles.

**7.** Lorsqu'une concession de mine appartiendra à plusieurs personnes ou à une société, les concessionnaires ou la société devront, quand ils en seront requis par le préfet, justifier qu'il est pourvu, par une convention spéciale, à ce que les travaux d'exploitation soient soumis à une direction unique et coordonnés dans un intérêt commun.

Ils seront pareillement tenus de désigner, par une déclaration authentique faite au secrétariat de la préfecture, celui des concessionnaires ou tout autre individu qu'ils auront pourvu des pouvoirs nécessaires pour assister aux assemblées générales, pour recevoir toutes notifications et significations, et, en général, pour les représenter vis-à-vis de l'administration, tant en demandant qu'en défendant.

Faute par les concessionnaires d'avoir fait, dans le délai qui leur aura été assigné, la justification requise par le paragraphe 1er du présent article, ou d'exécuter les clauses de leurs conventions qui auraient pour objet d'assurer l'unité de la concession, la suspension de tout ou partie des travaux pourra être prononcée par un arrêté du préfet, sauf recours au ministre, et, s'il y a lieu, au Conseil d'État, par la voie contentieuse, sans préjudice, d'ailleurs, de l'application des articles 93 et suivants de la loi du 21 avril 1810.

**8**. Tout puits, toute galerie, ou tout autre travail d'exploitation, ouvert en contravention aux lois ou règlements sur les mines, pourront aussi être interdits dans la forme énoncée en l'article précédent, sans préjudice également de l'application des articles 93 et suivants de la loi du 21 avril 1810.

**9**. Dans tous les cas où les lois et règlements sur les mines autorisent l'administration à faire exécuter des travaux dans les mines aux frais des concessionnaires, le défaut de paiement, de la part de ceux-ci, donnera lieu contre eux à l'application des dispositions de l'article 6 de la présente loi.

**10**. Dans tous les cas prévus par l'article 49 de la loi du 21 avril 1810, le retrait de la concession et l'adjudication de la mine ne pourront avoir lieu que suivant les formes prescrites par le même article 6 de la présente loi.

---

**Ordonnance du 26 mars 1843,** *concernant les mesures à prendre lorsque l'exploitation d'une mine compromettra la sureté publique ou celle des ouvriers, la solidité des travaux, la conservation du sol et des habitations de la surface.*

Art. **1er**. (Décret du 25 septembre 1882.) Dans les cas prévus par l'article 50 de la loi du 21 avril 1810, modifié par la loi du 27 juillet 1880, et généralement lorsque, pour une cause quelconque, les travaux de recherche ou d'exploitation d'une mine seront de nature à compromettre la sécurité publique, la conservation de la mine, la sûreté des ouvriers mineurs, la conservation des voies de communication, celle des eaux minérales, la solidité des habitations, l'usage des sources qui alimentent les villes, villages, hameaux et établissements publics, les explorateurs ou les concessionnaires seront tenus d'en donner immédiatement avis à l'ingénieur des mines et au maire de la commune dans laquelle la recherche ou l'exploitation sera située.

**2**. L'ingénieur des mines ou, à son défaut, le garde-mines, se rendra sur les lieux, dressera procès-verbal et le transmettra au préfet, en y joignant l'indication des mesures qu'il jugera propres à faire cesser la cause du danger.

Le maire adressera aussi au préfet ses observations et ses propositions sur ce qui pourra concerner la sûreté des personnes et celle des propriétés.

En cas de péril imminent,

l'ingénieur des mines du département fera, sous sa responsabilité, les réquisitions nécessaires pour qu'il y soit pourvu sur-le-champ ; le tout conformément aux dispositions de l'article 5 du décret du 3 janvier 1813.

**3.** (Décret du 25 septembre 1882.) Le préfet, après avoir entendu l'explorateur ou le concessionnaire, ordonnera telles dispositions qu'il appartiendra.

**4.** Si l'explorateur ou le concessionnaire, sur la notification qui lui sera faite de l'arrêté du préfet, n'obtempère pas à cet arrêté, il y sera pourvu d'office à ses frais et par les soins des ingénieurs des mines.

**5.** Quand les travaux auront été exécutés d'office par l'administration, tous frais de confection et tous autres frais seront réglés par le préfet ; le recouvrement en sera opéré par les préposés de l'administration de l'enregistrement et des domaines, comme en matière d'amendes, frais et autres objets se rattachant à la grande voirie.

Les réclamations contre le règlement de ces frais seront portées devant le conseil de préfecture, sauf recours au Conseil d'État.

**6.** (Décret du 25 septembre 1882.) Il sera procédé ainsi qu'il est dit aux articles 3, 4 et 5 ci-dessus à l'égard de tout concessionnaire qui négligerait de tenir sur ses exploitations le registre et le plan d'avancement journalier des travaux, qui n'entretiendrait pas constamment sur ses établissements les médicaments et autres moyens de secours, qui n'adresserait pas au préfet, dans les délais fixés, les plans des travaux souterrains et autres plans prescrits par le cahier des charges ; qui présenterait des plans qui seraient reconnus inexacts ou incomplets par les ingénieurs des mines.

**7.** Les dispositions ci-dessus seront exécutées sans préjudice de l'application, s'il y a lieu, des articles 93 et suivants de la loi du 21 avril 1810.

---

**Loi du 9 mai 1866,** *qui : 1° abroge les dispositions de la loi du 21 avril 1810 relatives à l'établissement des forges, fourneaux et usines et aux droits établis à leur profit sur les minières du voisinage ; 2° modifie les articles 57 et 58 de la même loi, relatifs à l'exploitation des minières* (1).

. . . . . . . . . . . . . .

---

**Loi du 27 juillet 1880,** *qui modifie la loi du 21 avril 1810 concernant les mines* (2).

. . . . . . . . . . . . . .

---

**Décret du 25 septembre 1882,** *qui modifie l'ordonnance du 26 mars 1813 concernant les mines* (3).

. . . . . . . . . . . . . .

---

**Loi du 8 juillet 1890,** *sur les délégués à la sécurité des ouvriers mineurs.*

**Art. 1er.** Des délégués à la sécurité des ouvriers mineurs sont institués conformément aux dis-

---

(1 et 2) Voy. suprà la L. du 21 avril 1810.

(3) Voy. suprà l'Ord. du 26 mars 1813.

positions de la présente loi, pour visiter les travaux souterrains des mines, minières ou carrières, dans le but exclusif d'en examiner les conditions de sécurité pour le personnel qui y est occupé, et, d'autre part, en cas d'accident, les conditions dans lesquelles cet accident se serait produit.

Un délégué et un délégué suppléant exercent leurs fonctions dans une circonscription souterraine dont les limites sont déterminées par un arrêté du préfet rendu sous l'autorité du ministre des travaux publics après rapport des ingénieurs des mines, l'exploitant entendu.

Tout ensemble de puits, galeries et chantiers dépendant d'un même exploitant et dont la visite détaillée n'exige pas plus de six jours ne consitue qu'une seule circonscription. Les autres exploitations sont subdivisées en deux, trois, etc., circonscriptions, selon que la visite n'exige pas plus de douze, dix-huit, etc., jours. Un même arrêté statue sur la délimitation des diverses circonscriptions entre lesquelles est ainsi divisé, s'il y a lieu, l'ensemble des puits, galeries et chantiers voisins dépendant d'un même exploitant, sous le territoire d'une même commune ou de plusieurs communes contiguës.

A toute époque, le préfet peut, par suite de changements survenus dans les travaux, modifier, sur le rapport des ingénieurs des mines, l'exploitant entendu, le nombre et les limites des circonscriptions.

A l'arrêté préfectoral est annexé un plan donnant la délimitation de chaque circonscription et portant les limites des communes sous le territoire desquelles elle s'étend. Ce plan est fourni par l'exploitant en triple expédition, sur la demande du préfet et conformément à ses indications.

L'arrêté préfectoral est notifié dans la huitaine à l'exploitant, auquel est remis en même temps un des plans annexés audit arrêté.

Ampliation de l'arrêté préfectoral, avec un des plans annexés, reste déposée à la mairie de la commune qui est désignée dans l'arrêté parmi celles sous lesquelles s'étendent les circonscriptions qu'il délimite; elle y est tenue, sans déplacement, à la disposition de tous les intéressés.

Un arrêté du préfet, rendu sur le rapport des ingénieurs des mines, peut dispenser de délégués toute concesssion de mines, ou tout ensemble de concessions de mines contiguës, ou tout ensemble de travaux souterrains de minières ou carrières qui, dépendant d'un même exploitant, emploierait moins de vingt-cinq ouvriers travaillant au fond.

**2**. Le délégué doit visiter deux fois par mois tous les puits, galeries et chantiers de sa circonscription. Il visitera également les appareils servant à la circulation et au transport des ouvriers.

Il doit, en outre, procéder sans délai à la visite des lieux où est survenu un accident ayant occasionné la mort ou des blessures graves à un ou plusieurs ouvriers, ou pouvant compromettre la sécurité des ouvriers. Avis de l'accident doit être donné sur-le-champ au délégué par l'exploitant.

Le délégué, dans ses visites, est tenu de se conformer à toutes les mesures prescrites par les règlements en vue d'assurer l'ordre et la sécurité dans les travaux.

Le délégué suppléant ne remplace le délégué qu'en cas d'empêchement motivé de celui-ci, sur l'avis que le délégué en a donné tant à l'exploitant qu'au délégué suppléant.

**3.** Les observations relevées par le délégué dans chacune de ses visites doivent être, le jour même ou au plus tard le lendemain, consignées par lui sur un registre spécial fourni par l'exploitant, et constamment tenu sur le carreau de l'exploitation à la disposition des ouvriers.

Le délégué inscrit sur le registre les heures auxquelles il a commencé et terminé sa visite, ainsi que l'itinéraire suivi par lui.

L'exploitant peut consigner ses observations et dires sur le même registre, en regard de ceux du délégué.

Des copies des uns et des autres sont immédiatement et respectivement envoyées par les auteurs au préfet, qui les communique aux ingénieurs des mines.

Lors de leurs tournées, les ingénieurs des mines et les contrôleurs des mines doivent viser le registre de chaque circonscription. Ils peuvent toujours se faire accompagner dans leurs visites par le délégué de la circonscription.

**4.** Le délégué et le délégué suppléant sont élus au scrutin de liste dans les formes prévues aux articles suivants.

**5.** Sont électeurs dans une circonscription les ouvriers qui y travaillent au fond, à la condition :

1° D'être Français et de jouir de leurs droits politiques ;

2° D'être inscrits sur la feuille de la dernière paye effectuée pour la circonscription avant l'arrêté de convocation des électeurs.

**6.** Sont éligibles dans une circonscription, à la condition de savoir lire et écrire, et, en outre, de n'avoir jamais encouru de condamnation pour infraction aux dispositions soit de la présente loi, soit de la loi du 21 avril 1810 et du décret du 3 janvier 1813, soit des articles 414 et 415 du Code pénal :

1° Les électeurs ci-dessus désignés, âgés de vingt-cinq ans accomplis, travaillant au fond depuis cinq ans au moins dans la circonscription ou dans l'une des circonscriptions voisines dépendant du même exploitant, qui sont délimitées par le même arrêté préfectoral, conformément au § 3 de l'article 1er ci-dessus ;

2° Les anciens ouvriers domiciliés dans les communes sous le territoire desquelles s'étend l'ensemble des circonscriptions comprises avec la circonscription en question dans le même arrêté de délimitation, conformément au susdit § 3 de l'article 1er, à la condition qu'ils soient âgés de vingt-cinq ans accomplis, qu'ils soient Français, qu'ils jouissent de leurs droits politiques, qu'ils aient travaillé au fond pendant cinq ans au moins dans les circonscriptions comprises dans l'arrêté précité, et qu'ils n'aient pas cessé d'y être employés depuis plus de dix ans, soit comme ouvrier du fond, soit comme délégué ou délégué suppléant ;

3° Les anciens ouvriers ne seront éligibles que s'ils ne sont pas déjà délégués non seulement pour une circonscription de la mine de l'exploitant, mais encore pour une circonscription d'une autre mine située dans ou en dehors du territoire de leur commune.

Pendant les cinq premières années qui suivront l'ouverture à l'exploitation d'une nouvelle circonscription, pourront être élus les électeurs justifiant de cinq ans de travail au fond, dans une mine, minière ou carrière souterraine de même nature.

**7.** Dans les huit jours qui suivent la publication de l'arrêté préfectoral convoquant les électeurs, la liste électorale de la circonscription, dressée par l'exploitant, est remise par lui en trois exemplaires au maire de chacune des communes sous lesquelles s'étend la circonscription. Le maire fait immédiatement afficher cette liste à la porte de la mairie et dresse procès-verbal de cet affichage ; il envoie les deux autres exemplaires au préfet et au juge de paix avec copie du procès-verbal d'affichage. Dans le même délai de huit jours, l'exploitant fait afficher ladite liste aux lieux habituels pour les avis donnés aux ouvriers.

Si l'exploitant ne remet pas aux maires et ne fait pas afficher la liste électorale dans les délais et conditions ci-dessus prévus, le préfet fait dresser et afficher cette liste, aux frais de l'exploitant, sans préjudice des peines qui pourront être prononcées contre ce dernier pour contravention à la présente loi.

En cas de réclamation des intéressés, le recours doit être formé cinq jours au plus après celui où l'affichage a été effectué par le maire le moins diligent, devant le juge de paix qui statue d'urgence et en dernier ressort.

Si une circonscription s'étend sous deux ou plusieurs cantons, le juge de paix compétent est celui dont le canton comprend la mairie de la commune désignée comme lieu de vote par l'arrêté préfectoral de convocation des électeurs.

**8.** Les électeurs d'une circonscription sont convoqués par un arrêté du préfet.

L'arrêté doit être publié et affiché dans les communes sous le territoire desquelles s'étend la circonscription, quinze jours au moins avant l'élection, qui doit toujours avoir lieu un dimanche.

L'arrêté fixe la date de l'élection, ainsi que les heures auxquelles sera ouvert et fermé le scrutin.

Le vote a lieu à la mairie de la commune désignée par l'arrêté de convocation parmi celles sous le territoire desquelles s'étend la circonscription.

**9.** Le bureau électoral est présidé par le maire, qui prend comme assesseurs le plus âgé et le plus jeune des électeurs présents au moment de l'ouverture du scrutin et, à défaut d'électeurs présents ou consentant à siéger, deux membres du conseil municipal.

Chaque bulletin porte deux

noms avec l'indication de la qualité de délégué ou de délégué suppléant à chaque candidat. Nul n'est élu au premier tour de scrutin s'il n'a obtenu la majorité absolue des suffrages exprimés et un nombre de voix au moins égal au quart du nombre des électeurs inscrits.

Au deuxième tour de scrutin, la majorité relative suffit, quel que soit le nombre des votants.

En cas d'égalité de suffrages, le plus âgé des candidats est élu.

Si un second tour de scrutin est nécessaire, il y est procédé le dimanche suivant dans les mêmes conditions de forme et de durée.

Le vote a lieu, sous peine de nullité, sous enveloppe d'un type uniforme déposé à la préfecture.

**10.** Ceux qui, soit par voies de fait, violences, menaces, dons ou promesses, soit en faisant craindre à un électeur de perdre son emploi, d'être privé de son travail, ou d'exposer à un dommage sa personne, sa famille ou sa fortune, auront influencé le vote, seront punis d'un emprisonnement d'un mois à un an et d'une amende de 100 fr. à 2,000 fr.

L'article 463 du Code pénal pourra être appliqué.

**11.** Pourra être annulée toute élection dans laquelle les candidats élus auraient influencé le vote en promettant de s'immiscer dans des questions ou revendications étrangères à l'objet des fonctions de délégué, telles qu'elles sont définies au § 1er de l'article 1er.

**12.** Après le dépouillement du scrutin, le président proclame le résultat du vote; il dresse et transmet au préfet le procès-verbal des opérations.

Les protestations doivent être consignées au procès-verbal ou être adressées, à peine de nullité, dans les trois jours qui suivent l'élection, au préfet qui en accuse réception.

Les exploitants peuvent, comme les électeurs, adresser dans le même délai leurs protestations au préfet.

En cas de protestation, ou si le préfet estime que les conditions prescrites par la loi ne sont pas remplies, le dossier est transmis, au plus tard le cinquième jour après l'élection, au conseil de préfecture, qui doit statuer dans les huit jours suivants.

En cas d'annulation, il est procédé à l'élection dans le délai d'un mois.

**13.** Les délégués et délégués suppléants sont élus pour trois ans; toutefois, ils doivent continuer leurs fonctions tant qu'ils n'ont pas été remplacés.

A l'expiration de trois ans, il est procédé à de nouvelles élections dans le délai d'un mois.

Il est pourvu, dans le mois qui suit la vacance, au remplacement du délégué ou du délégué suppléant décédé ou démissionnaire, ou révoqué, ou déchu des qualités requises pour l'éligibilité.

Le nouvel élu est nommé pour le temps restant à courir jusqu'au terme qui était assigné aux fonctions de celui qu'il remplace.

Il devra être procédé à de nouvelles élections pour les circonscriptions qui seront créées ou modifiées par application du § 4 de l'article 1er de la présente loi.

**14**. L'article 7, § 3, du décret du 3 janvier 1813 est ainsi modifié :

En cas de contestations, trois experts seront chargés de procéder aux vérifications nécessaires. Le premier sera nommé par le préfet, le second par l'exploitant et le troisième sera de droit le délégué de la circonscription, ou sera désigné par le juge de paix, s'il n'existe pas de circonscription.

Si la vérification intéresse plusieurs circonscriptions, les délégués de ces circonscriptions nommeront parmi eux le troisième expert.

**15**. Tout délégué ou délégué suppléant peut, pour négligence grave ou abus dans l'exercice de ses fonctions, ou à la suite de condamnations prononcées en vertu des articles 414 et 415 du Code pénal, être suspendu pendant trois mois au plus par arrêté du préfet, pris, après enquête, sur avis motivé des ingénieurs des mines et le délégué entendu.

L'arrêté de suspension est, dans la quinzaine, soumis par le préfet au ministre des travaux publics, lequel peut lever ou réduire la suspension et, s'il y a lieu, prononcer la révocation du délégué.

Les délégués et délégués suppléants révoqués ne peuvent être réélus avant un délai de trois ans.

**16**. Les visites prescrites par la présente loi sont payées par le Trésor au délégué comme journées de travail.

Au mois de décembre de chaque année, le préfet, sur l'avis des ingénieurs des mines et sous l'autorité du ministre des travaux publics, fixe pour l'année suivante et pour chaque circonscription, le nombre maximum des journées que le délégué doit employer à ses visites et le prix de la journée. Il fixe également le minimum de l'indemnité mensuelle pour les circonscriptions comprenant au plus 120 ouvriers.

Dans les autres cas, l'indemnité à accorder aux délégués pour les visites mensuelles réglementaires ne pourra être inférieure au prix de dix journées de travail par mois.

Les visites supplémentaires faites par un délégué, soit pour accompagner les ingénieurs ou contrôleurs des mines, soit à la suite d'accidents, lui seront payées en outre et au même prix.

Le délégué dresse mensuellement un état des journées employées aux visites tant par lui-même que par son suppléant. Cet état est vérifié par les ingénieurs des mines et arrêté par le préfet.

La somme due à chaque délégué lui est payée par le Trésor sur mandat mensuel délivré par le préfet.

Les frais avancés par le Trésor sont recouvrés sur les exploitants comme en matière de contributions directes.

**17**. Seront poursuivis et punis conformément à la loi du 21 avril 1810 :

Tous ceux qui apporteraient une entrave aux visites et constatations, ou contreviendraient aux dispositions de la présente loi.

**18**. Les exploitations de mines, minières et carrières à ciel ouvert pourront, en raison des dangers qu'elles présenteront, être assimilées aux exploitations souterraines pour l'application de la présente loi, par arrêté du préfet, rendu sur le rapport des ingénieurs des mines.

Dans ce cas, les ouvriers attachés à l'extraction devront être assimilés aux ouvriers du fond pour l'électorat et l'éligibilité.

---

## MONNAIES ET MÉDAILLES.

### Loi du 7 germinal an XI, *sur la fabrication et la vérification des monnaies.*

*Dispositions générales.*

Cinq grammes d'argent, au titre de neuf dixièmes de fin, constituent l'unité monétaire, qui conserve le nom de franc.

TITRE I. — DE LA FABRICATION DES MONNAIES.

. . . . . . . . . . . . . . .

Art. **6**. Il sera fabriqué des pièces d'or de vingt francs et de quarante francs.

**7**. Leur titre est fixé à neuf dixièmes de fin et un dixième d'alliage.

**8**. Les pièces de vingt francs seront à la taille de cent cinquante-cinq pièces au kilogramme, et les pièces de quarante francs à celle de soixante-dix-sept et demie.

**9**. La tolérance du titre de la monnaie d'or est fixée à deux millièmes en dehors, autant en dedans.

**10**. La tolérance de poids est fixée à deux millièmes en dehors, autant en dedans.

**11**. Il ne pourra être exigé de ceux qui porteront les matières d'or ou d'argent à la monnaie que les frais de fabrication.

Ces frais sont fixés à *neuf* francs par kilogramme d'or et à *trois* francs par kilogramme d'argent.

**12**. Lorsque les matières seront au-dessous du titre monétaire, elles supporteront les frais d'affinage ou de départ.

Le montant de ces frais sera calculé sur la portion desdites matières qui doit être purifiée pour élever la totalité au titre monétaire.

. . . . . . . . . . . . . . .

---

### Arrêté du 5 germinal an XII, *relatif à la fabrication des médailles.*

Art. **1**er. Il est expressément défendu à toutes personnes, quelles que soient les professions qu'elles exercent, de frapper ou faire frapper des médailles, jetons ou pièces de plaisir d'or, d'argent et d'autres métaux, ailleurs que dans l'atelier destiné à cet effet dans la galerie du Louvre, à Paris, à moins d'être munies d'une autorisation spéciale à cet effet.

**2**. Néanmoins, tout dessinateur ou graveur, ou autre individu, *pourra dessiner ou graver*, faire dessiner ou graver des médailles ; et elles seront frappées avec le coin qu'ils remettront à la monnaie des médailles......

**3**. Conformément à l'arrêté du Conseil du 15 janvier 1685, chacun des contrevenants aux dispositions contenues dans les articles précédents sera condamné à une amende de 1,000 fr., et à une somme double en cas de récidive.

. . . . . . . . . . . . . . .

---

**Loi du 31 juillet 1879,** *relative à l'exécution de la fabrication des monnaies par voie de régie administrative sous l'autorité du ministre des finances.*

Art. 1er. La fabrication des monnaies est exécutée par voie de régie administrative, sous l'autorité du ministre des finances. Cette régie sera organisée dans un délai de six mois, à partir de la promulgation de la présente loi.

**2.** Un décret rendu en forme de règlement d'administration publique détermine les conditions d'admission au bureau du change des matières propres à la fabrication des monnaies, ainsi que le mode d'émission des bons de monnaie et de délivrance des espèces.

Il fixe les frais de fabrication conformément au principe posé par le § 1er de l'article 11 de la loi du 7 germinal an XI.

**3.** Le bon de monnaie délivré contre le versement des matières d'or ou d'argent forme titre contre le Trésor, à la charge toutefois, par la partie versante, de le faire viser immédiatement et séparer de son talon par le contrôle spécial de la régie.

Ce bon de monnaie est, comme les effets négociables du Trésor, exempté du droit et de la formalité du timbre.

. . . . . . . . . . . . . . . .

---

**MONOPOLES.** (*V.* **Industries monopolisées.**)

---

## NOM COMMERCIAL.

**Loi du 28 juillet 1824,** *relative aux altérations ou suppositions de noms sur les produits fabriqués* (1).

Art. 1er. Quiconque aura, soit apposé, soit fait apparaître, par addition, retranchement, ou par une altération quelconque, sur des objets fabriqués, le nom d'un fabricant autre que celui qui en est l'auteur, ou la raison commerciale d'une fabrique autre que celle où lesdits objets auront été fabriqués, ou enfin le nom d'un lieu autre que celui de la fabrication, sera puni des peines portées en l'article 423 du Code pénal (2), sans préjudice

---

(1) Parmi les législations étrangères, les unes considèrent simplement l'usurpation du nom comme un acte de concurrence déloyale qui rend son auteur passible de dommage-intérets : il en est ainsi en *Angleterre* et aux *États-Unis.* — Les autres, au contraire, considèrent cette usurpation comme un délit qu'elles assimilent, pour la plupart, au point de vue des pénalités, à la contrefaçon des marques : le nom commercial est alors protégé par une disposition spéciale insérée dans la loi sur les marques. Il en est ainsi en *Allemagne* (L. du 30 nov. 1874, art. 14), en *Autriche-Hongrie* (L. du 6 janv. 1890, art. 10 et 24), dans les *États scandinaves* (L. du 26 mai et du 5 juill. 1884, art. 12), en *Portugal* (L. du 4 juin 1883, art. 5-2° et 13-4°) et en *Suisse* (L. du 26 sept. 1890, art. 2 et 18).

(2) Les peines prononcées par cet article consistent dans un emprisonnement de 3 mois à 1 an, une amende de 50 fr. au minimum et du quart des dommages-intérets au maximum, la confiscation des objets du délit, et enfin l'affichage ou l'insertion du jugement dans les journaux désignés par le tribunal, aux frais du condamné.

des dommages-intérêts, s'il y a lieu (1).

Tout marchand, commissionnaire ou débitant quelconque sera passible des effets de la poursuite, lorsqu'il aura sciemment exposé en vente ou mis en circulation les objets marqués de noms supposés ou altérés.

**2.** L'infraction ci-dessus mentionnée cessera, en conséquence, et nonobstant l'article 17 de la loi du 12 avril 1803 (22 germinal an XI), d'être assimilée à la contrefaçon des marques particulières prévue par les articles 142 et 143 du Code pénal.

---

**OFFICE DU TRAVAIL.** (*V.* Corps consultatifs de l'industrie.)

---

**OR, ORFÈVRE.** (*V.* Matières d'or et d'argent.)

---

**OUVRIERS.** (*V.* Livrets, Louage d'ouvrage, Sociétés d'ouvriers, Travail.)

---

**OUVRIERS MINEURS.** (*V.* Mines.)

---

## PHARMACIE.

### Loi du 21 germinal an XI, *contenant organisation des écoles de pharmacie.*

. . . . . . . . . . . . . . . . . .

TITRE IV. — DE LA POLICE DE LA PHARMACIE.

. . . . . . . . . . . . . . . . . .

Art. **23.** Les pharmaciens reçus dans une des *six* écoles de pharmacie pourront s'établir et exercer leur profession dans toutes les parties du territoire de la République.

**24.** Les pharmaciens reçus *par les jurys* ne pourront s'établir que dans l'étendue du département (2) où ils auront été reçus.

**25.** Nul ne pourra obtenir de patente pour exercer la profession de pharmacien, ouvrir une officine de pharmacie, préparer, vendre ou débiter aucun médicament, s'il n'a été reçu suivant les formes voulues jusqu'à ce jour, ou s'il ne l'est dans l'une des écoles de pharmacie, ou par l'un des *jurys*, suivant celles qui sont établies *par la présente loi*, et après avoir rempli toutes les formalités qui y sont prescrites.

. . . . . . . . . . . . . . . . . .

**27.** Les officiers de santé établis dans les bourgs, villages ou communes où il n'y aurait pas de pharmaciens ayant officine

---

(1) Les droits des étrangers en matière de nom sont déterminés par l'art. 9 de la L. du 26 nov. 1873 (Voy. *suprà*, v° *Marques de fabrique*) qui établit ici, comme en matière de marques, le système de la réciprocité législative. Les législations des autres pays assimilent également les noms aux marques relativement aux droits des étrangers (Voy. la note sous l'article précité) : la *Belgique* cependant, qui ne protège les marques des étrangers que sous condition de réciprocité diplomatique, protège au contraire leurs noms de la même manière que ceux des nationaux (Code pén., art. 191).

(2) Aujourd'hui les diplômes de pharmacien de 2e classe sont délivrés par les écoles supérieures et les écoles préparatoires de médecine et de pharmacie (L. du 14 juin et Décr. du 22 août 1854).

ouverte, pourront, nonobstant les deux articles précédents, fournir des médicaments simples ou composés aux personnes près desquelles ils seront appelés, mais sans avoir le droit de tenir une officine ouverte.

**28**. Les préfets feront imprimer et afficher, chaque année, les listes des pharmaciens établis dans les différentes villes de leur département ; ces listes contiendront les noms, prénoms des pharmaciens, les dates de leur réception et les lieux de leur résidence.

**29**. A Paris et dans les villes où seront placées les nouvelles écoles de pharmacie, deux docteurs et professeurs des écoles de médecine, accompagnés des membres des écoles de pharmacie, et assistés d'un commissaire de police, visiteront, au moins une fois l'an, les officines et magasins des pharmaciens et droguistes, pour vérifier la bonne qualité des drogues et médicaments simples et composés. Les pharmaciens et droguistes seront tenus de représenter les drogues et compositions qu'ils auront dans leurs magasins, officines et laboratoires. Les drogues mal préparées ou détériorées seront saisies à l'instant par le commissaire de police ; et il sera procédé ensuite conformément aux lois et règlements actuellement existants.

**30**. Les mêmes professeurs en médecine et membres des écoles de pharmacie pourront, avec l'autorisation des préfets, sous-préfets ou maires, et assistés d'un commissaire de police, visiter et inspecter les magasins de drogues, laboratoires et officines des villes placées dans le rayon de dix lieues de celles où sont établies les écoles, et se transporter dans tous les lieux où l'on fabriquera et débitera, sans autorisation légale, des préparations ou compositions médicinales. Les maires et adjoints, ou, à leur défaut, les commissaires de police, dresseront procès-verbal de ces visites, pour, en cas de contravention, être procédé contre les délinquants, conformément aux lois antérieures.

**31**. Dans les autres villes et communes, les visites indiquées ci-dessus seront faites *par les membres des jurys de médecine, réunis aux quatre pharmaciens qui leur sont adjoints par l'article XIII* (1).

**32**. Les pharmaciens ne pourront livrer et débiter des préparations médicinales ou drogues composées quelconques que d'après la prescription qui en sera faite par des docteurs en médecine ou en chirurgie ou par des officiers de santé, et sur leur signature. Ils ne pourront vendre aucun remède secret. Ils se conformeront, pour les préparations et compositions qu'ils devront exécuter et tenir dans leurs officines, aux formules insérées et décrites dans les dispensaires ou formulaires qui ont été rédigés ou qui le seront dans la suite par les écoles de médecine. Ils ne pourront faire, dans les mêmes lieux ou officines, aucun

(1) L'inspection est aujourd'hui dévolue, sauf à Paris, Montpellier et Nancy, aux conseils d'hygiène et de salubrité (Décr. du 23 mars 1859 ; G. Paulet, *Code du commerce et de l'industrie*, p. 361).

autre commerce ou débit que celui des drogues et préparations médicinales.

**33**. Les épiciers et droguistes ne pourront vendre aucune composition ou préparation pharmaceutiques, sous peine de 500 fr. d'amende. Ils pourront continuer de faire le commerce en gros des drogues simples, sans pouvoir néanmoins en débiter aucune au poids médicinal.

. . . . . . . . . . . . . . . . .

**36**. Tout débit au poids médicinal, toute distribution de drogues et préparations médicamenteuses sur des théâtres ou étalages, dans les places publiques, foires et marchés, toute annonce et affiche imprimée qui indiquerait des remèdes secrets, sous quelque dénomination qu'ils soient présentés, sont sévèrement prohibés. Les individus qui se rendraient coupables de ce délit seront poursuivis par mesure de police correctionnelle, et punis *conformément à l'article 83 du Code des délits et des peines.*

**37**. Nul ne pourra vendre, à l'avenir, des plantes ou des parties de plantes médicinales indigènes, fraîches ou sèches, ni exercer la profession d'herboriste, sans avoir subi auparavant, dans une des écoles de pharmacie, ou par-devant un *jury de médecine*, un examen qui prouve qu'il connaît exactement les plantes médicinales, et sans avoir payé une rétribution qui ne pourra excéder 50 fr. à Paris et 30 fr. dans les autres départements, pour les frais de cet examen. Il sera délivré aux herboristes un certificat d'examen par l'école ou le jury par lesquels ils seront examinés ; et ce certificat devra être enregistré à la municipalité du lieu où ils s'établiront.

**38**. Le Gouvernement chargera les professeurs des écoles de médecine, réunis aux membres des écoles de pharmacie, de rédiger un codex ou formulaire, contenant les préparations médicinales et pharmaceutiques qui devront être tenues par les pharmaciens. Ce formulaire devra contenir des préparations assez variées pour être appropriées à la différence du climat et des productions des diverses parties du territoire français ; il ne sera publié qu'avec la sanction du Gouvernement et d'après ses ordres (1).

---

## Loi du 19 juillet 1845, *sur la vente des substances vénéneuses.*

Art. **1er**. Les contraventions aux ordonnances royales portant règlement d'administration publique sur la vente, l'achat et l'emploi des substances vénéneuses, seront punies d'une amende de 100 à 3,000 fr., et d'un emprisonnement de six jours à deux mois, sauf application, s'il y a lieu, de l'article 463 du Code pénal.

Dans tous les cas, les tribunaux pourront prononcer la confiscation des substances saisies en contravention.

**2**. Les articles 34 et 35 de la loi du 21 germinal an XI seront abrogés à partir de la promul-

---

(1) Voy. le Décr. du 13 févr. 1881 (G. Paulet, *op. cit.*, p. 703).

gation de l'ordonnance qui aura statué sur la vente des substances vénéneuses.

---

## Ordonnance du 29 octobre 1846, *portant règlement sur la vente des substances vénéneuses.*

### TITRE I. — DU COMMERCE DES SUBSTANCES VÉNÉNEUSES.

Art. 1er. Quiconque voudra faire le commerce d'une ou de plusieurs des substances comprises dans le tableau annexé (1) à la présente ordonnance, sera tenu d'en faire préalablement la déclaration devant le maire de la commune, en indiquant le lieu où est situé son établissement.

Les chimistes, fabricants ou manufacturiers employant une ou plusieurs desdites substances seront également tenus d'en faire la déclaration dans la même forme.

Ladite déclaration sera inscrite sur un registre à ce destiné, et dont un extrait sera remis au déclarant; elle devra être renouvelée dans le cas de déplacement de l'établissement.

**2.** Les substances auxquelles s'applique la présente ordonnance ne pourront être vendues ou livrées qu'aux commerçants, chimistes, fabricants ou manufacturiers qui auront fait la déclaration prescrite par l'article précédent ou aux pharmaciens.

Lesdites substances ne devront être livrées que sur la demande écrite et signée de l'acheteur.

**3.** Tous achats ou ventes de substances vénéneuses seront inscrits sur un registre spécial, coté et parafé par le maire ou par le commissaire de police.

Les inscriptions seront faites de suite et sans aucun blanc, au moment même de l'achat ou de la vente; elles indiqueront l'espèce et la quantité des substances achetées ou vendues, ainsi que les noms, professions et domiciles des vendeurs ou des acheteurs.

**4.** Les fabricants et manufacturiers employant des substances vénéneuses en surveilleront l'emploi dans leur établissement et constateront cet emploi sur un registre établi conformément au premier paragraphe de l'article 3.

### TITRE II. — DE LA VENTE DES SUBSTANCES VÉNÉNEUSES PAR LES PHARMACIENS.

**5.** La vente des substances vénéneuses ne peut être faite, pour l'usage de la médecine, que par les pharmaciens, et sur la prescription d'un médecin, chirurgien, officier de santé ou d'un vétérinaire breveté.

Cette prescription doit être signée, datée, et énoncer en toutes lettres la dose desdites substances, ainsi que le mode d'administration du médicament.

**6.** Les pharmaciens transcriront lesdites prescriptions, avec les indications qui précèdent,

---

(1) Ce tableau a été remplacé par le tableau annexé au Décr. du 8 juill. 1850 (Voy. G. Paulet, *op. cit.*, p. 266) et complété par les Décr. du 1er oct. 1864 (*op. cit.*, p. 398), du 23 juin 1873 (*op. cit.*, p. 467) et du 28 sept. 1882 (*op. cit.*, p. 674).

sur un registre établi dans la forme déterminée par le § 1er de l'article 3.

Ces transcriptions devront être faites de suite et sans aucun blanc.

Les pharmaciens ne rendront les prescriptions que revêtues de leur cachet et après y avoir indiqué le jour où les substances auront été livrées, ainsi que le numéro d'ordre de la transcription sur le registre.

Ledit registre sera conservé pendant vingt ans au moins, et devra être représenté à toute réquisition de l'autorité.

**7**. Avant de délivrer la préparation médicale, le pharmacien y apposera une étiquette indiquant son nom et son domicile, et rappelant la destination interne ou externe du médicament.

**8**. L'arsenic et ses composés ne pourront être vendus, pour d'autres usages que la médecine, que combinés avec d'autres substances.

Les formules de ces préparations seront arrêtées, sous l'approbation de notre ministre secrétaire d'État de l'agriculture *et du commerce*, savoir :

Pour le traitement des animaux domestiques, par le conseil des professeurs de l'École royale vétérinaire d'Alfort ;

Pour la destruction des animaux nuisibles et pour la conservation des peaux et objets d'histoire naturelle, par l'École de pharmacie.

**9**. Les préparations mentionnées dans l'article précédent ne pourront être vendues ou délivrées que par les pharmaciens, et seulement à des personnes connues et domiciliées.

Les quantités livrées, ainsi que le nom et le domicile des acheteurs, seront inscrits sur le registre spécial dont la tenue est prescrite par l'article 6.

**10**. La vente et l'emploi de l'arsenic et de ses composés sont interdits pour le chaulage des grains, l'embaumement des corps et la destruction des insectes.

TITRE III. — DISPOSITIONS GÉNÉRALES.

**11**. Les substances vénéneuses doivent toujours être tenues, par les commerçants, fabricants, manufacturiers et pharmaciens, dans un endroit sûr et fermé à clef.

**12**. L'expédition, l'emballage, le transport, l'emmagasinage et l'emploi doivent être effectués par les expéditeurs, voituriers, commerçants et manufacturiers, avec les précautions nécessaires pour prévenir tout accident.

Les fûts, récipients ou enveloppes ayant servi directement à contenir les substances vénéneuses ne pourront recevoir aucune autre destination.

**13**. A Paris et dans l'étendue du ressort de la préfecture de police, les déclarations prescrites par l'article 1er seront faites devant le préfet de police.

**14**. Indépendamment des visites qui doivent être faites en vertu de la loi du 21 germinal an XI, les maires ou commissaires de police, assistés, s'il y a lieu, d'un docteur en médecine désigné par le préfet, s'assureront de l'exécution des dispositions de la présente ordonnance.

Ils visiteront, à cet effet, les

officines des pharmaciens, les boutiques et magasins des commerçants et manufacturiers vendant ou employant lesdites substances. Ils se feront représenter les registres mentionnés dans les articles 1, 3, 4 et 6, et constateront les contraventions.

Leurs procès-verbaux seront transmis au procureur *du Roi*, pour l'application des peines prononcées par l'article 1er de la loi du 19 juillet 1845.

---

## POIDS ET MESURES.

**Décret du 1er août 1793,** *qui établit l'uniformité et le système général des poids et mesures.*

Art. **1er**. Le nouveau système des poids et mesures, fondé sur la mesure du méridien de la terre et de la division décimale, servira uniquement dans toute la République.

. . . . . . . . . . . . . . .

---

**Loi du 18 germinal an III,** *relative aux poids et mesures.*

. . . . . . . . . . . . . . .

Art. **2**. Il n'y aura qu'un seul étalon des poids et mesures pour toute la République ; ce sera une règle de platine sur laquelle sera tracé le mètre qui a été adopté pour l'unité fondamentale de tout le système des mesures.

Cet étalon sera exécuté avec la plus grande précision, d'après les expériences et les observations des commissaires chargés de sa détermination, et il sera déposé près du Corps législatif, ainsi que le procès-verbal des opérations qui auront servi à le déterminer, afin qu'on puisse les vérifier dans tous les temps.

**3**. Il sera envoyé dans chaque chef-lieu de *district* un modèle conforme à l'étalon prototype dont il vient d'être parlé, et, en outre, un modèle de poids exactement déduit du système des nouvelles mesures. Ces modèles serviront à la fabrication de toutes les sortes de mesures employées aux usages des citoyens.

. . . . . . . . . . . . . . .

**5**. Les nouvelles mesures *seront distinguées dorénavant par le surnom de républicaines;* leur nomenclature est définitivement adoptée comme il suit :

On appellera :

Mètre, la mesure de longueur égale à la dix-millionième partie de l'arc du méridien terrestre, compris entre le pôle boréal et l'équateur ;

Are, la mesure de superficie pour les terrains, égale à un carré de dix mètres de côté ;

Stère, la mesure destinée particulièrement aux bois de chauffage, et qui sera égale au mètre cube ;

Litre, la mesure de capacité, tant pour les liquides que pour les matières sèches, dont la contenance sera celle du cube de la dixième partie du mètre ;

Gramme, le poids absolu d'un volume d'eau pure égal au cube de la centième partie du mètre et à la température de la glace fondante ;

Enfin, l'unité des monnaies prendra le nom de franc, pour remplacer celui de livre usité jusqu'aujourd'hui.

**6**. La dixième partie du mètre se nommera décimètre ; et sa centième partie, centimètre.

On appellera DÉCAMÈTRE une mesure égale à dix mètres, ce qui fournit une mesure très commode pour l'arpentage.

HECTOMÈTRE signifiera la longueur de cent mètres.

Enfin, KILOMÈTRE et MYRIAMÈTRE seront des longueurs de mille et de dix mille mètres, et désigneront principalement les distances itinéraires.

**7**. Les dénominations des mesures des autres genres seront déterminées d'après les mêmes principes que celles de l'article précédent.

Ainsi, DÉCILITRE sera une mesure de capacité dix fois plus petite que le litre : CENTIGRAMME sera la centième partie du poids d'un gramme.

On dira de même DÉCALITRE pour désigner une mesure contenant dix litres, HECTOLITRE pour une mesure égale à cent litres ; un KILOGRAMME sera un poids de mille grammes.

On composera d'une manière analogue les noms de toutes les autres mesures.

Cependant, lorsqu'on voudra exprimer les dixièmes ou les centièmes du franc, unité des monnaies, on se servira des mots DÉCIME et CENTIME déjà reçus en vertu des décrets antérieurs.

**8**, Dans les poids et les mesures de capacité, chacune des mesures décimales de ces deux genres aura son double et sa moitié, afin de donner à la vente des divers objets toute la commodité que l'on peut désirer : il y aura donc le double litre et le demi-litre, le double hectogramme et le demi-hectogramme, et ainsi des autres.

. . . . . . . . . . . . . . . . . . . .

**23**. Les articles des lois antérieures au présent décret, et qui y sont contraires, sont abrogés.

**24**. Aussitôt après la publication du présent décret, toute fabrication des anciennes mesures est interdite en France, ainsi que toute importation des mêmes objets venant de l'étranger, à peine de confiscation et d'une amende du double de la valeur desdits objets.

---

## Loi du 4 juillet 1837, *relative aux poids et mesures.*

. . . . . . . . . . . . . . . . . . . .

Art. **3**. A partir du 1er janvier 1840, tous poids et mesures autres que les poids et mesures établis par les lois des 18 germinal an III et 19 frimaire an VIII, constitutives du système métrique décimal, seront interdits sous les peines portées par l'article 479 du Code pénal.

**4**. Ceux qui auront des poids et mesures autres que les poids et mesures ci-dessus reconnus, dans leurs magasins, boutiques, ateliers ou maisons de commerce, ou dans les halles, foires ou marchés, seront punis comme ceux qui les emploieront, conformément à l'article 479 du Code pénal.

**5**. A compter de la même époque, toute dénomination de poids et mesures autres que celles portées dans le tableau annexé à la présente loi, et établies par la loi du 18 germinal an III, sont interdites dans les actes publics, ainsi que dans les affiches et les annonces.

Elles sont également interdites dans les actes sous seing privé, les registres de commerce et autres écritures privées produits en justice.

Les officiers publics contrevenants seront passibles d'une amende de vingt francs, qui sera recouvrée sur contrainte, comme en matière d'enregistrement.

L'amende sera de dix francs pour les autres contrevenants : elle sera perçue pour chaque acte ou écriture sous signature privée ; quant aux registres de commerce, ils ne donneront lieu qu'à une seule amende pour chaque contestation dans laquelle ils seront produits.

**6.** Il est défendu aux juges et arbitres de rendre aucun jugement ou décision en faveur des particuliers sur des actes, registres ou écrits dans lesquels les dénominations interdites par l'article précédent auraient été insérées, avant que les amendes encourues, aux termes dudit article, aient été payées.

**7.** Les vérificateurs des poids et mesures constateront les contraventions prévues par les lois et règlements concernant le système métrique des poids et mesures.

Ils pourront procéder à la saisie des instruments de pesage et de mesurage dont l'usage est interdit par lesdites lois et règlement.

Leurs procès-verbaux feront foi en justice jusqu'à preuve contraire.

Les vérificateurs prêteront serment devant le tribunal d'arrondissement.

**8.** Une *ordonnance royale* réglera la manière dont s'effectuera la vérification des poids et mesures.

---

## Ordonnance du 17 avril 1839, *relative à la vérification des poids et mesures.*

### TITRE I. — DES VÉRIFICATEURS.

Art. **1**er. La vérification des poids et mesures destinés et servant au commerce est faite, sous la surveillance des préfets et sous-préfets, par des agents nommés et révocables par notre ministre secrétaire d'État *des travaux publics, de l'agriculture et* du commerce.

**2.** (Décret du 7 février 1887.) Chaque département est divisé, par arrêté du ministre du commerce et de l'industrie, en un certain nombre de circonscriptions de vérification, dans chacune desquelles est placé un vérificateur titulaire.

Il peut, en outre, être nommé par le ministre, dans les circonscriptions où le service l'exigerait, des vérificateurs adjoints ayant les mêmes attributions que les vérificateurs titulaires.

Le nombre des vérificateurs de tout ordre est fixé, au maximum, à quatre cents.

. . . . . . . . . . . . . . . . .

### TITRE II. — DE LA VÉRIFICATION.

**10.** Les poids et mesures nouvellement fabriqués ou rajustés seront présentés au bureau du vérificateur, vérifiés et poinçonnés avant d'être livrés au commerce.

**11.** Aucun poids ou aucune mesure ne peut être soumis à la vérification, mis en vente ou employé dans le commerce, s'il ne porte, d'une manière distincte et lisible, le nom qui lui est affecté par le système métrique.

Notre ministre du commerce pourra excepter de l'exécution du présent article les poids ou mesures dont la dimension ne s'y prêterait pas.

**12**. La forme des poids et mesures servant à peser ou mesurer les matières de commerce sera déterminée par des règlements d'administration publique [1], ainsi que les matières avec lesquelles ces poids et mesures seront fabriqués.

**13**. Indépendamment de la vérification primitive dont il est question dans l'article 10, les poids et mesures dont les commerçants *compris dans le tableau indiqué à l'article* 15 font usage ou qu'ils ont en leur possession sont soumis à une vérification périodique, pour reconnaître si la conformité avec les étalons n'a pas été altérée.

Chacune de ces vérifications est constatée par l'apposition d'un poinçon nouveau.

**14**. Les fabricants et marchands de poids et mesures ne sont assujettis à la vérification périodique que pour ceux dont ils font usage dans leur commerce.

Les poids, mesures et instruments de pesage et mesurage, neufs ou rajustés, qu'ils destinent à être vendus, doivent seulement être marqués du poinçon de la vérification primitive.

**15**. [2] . . . . . . . . . . .

**19**. Le vérificateur est tenu d'accomplir la visite qui lui a été assignée pour chaque année, et de se transporter au domicile de chacun des assujettis inscrit au rôle qui sera dressé conformément à l'article 50.

Il vérifie et poinçonne les poids, mesures et instruments qui lui sont exhibés, tant ceux qui composent l'assortiment obligatoire au minimum, que ceux que le commerçant posséderait de surplus.

Il fait note de tout sur un registre portatif qu'il fait émarger par l'assujetti, et si celui-ci ne sait ou ne veut signer, il le constate.

**20**. La vérification périodique pourra être faite aux sièges des mairies dans les localités où conformément aux usages du commerce et sur la proposition des préfets, notre ministre *des travaux publics, de l'agriculture et* du commerce jugerait cette opération d'une plus facile exécution, sans, toutefois, que cette mesure puisse être obligatoire pour les assujettis, et sauf le droit d'exercice à domicile.

Les vérificateurs peuvent toujours faire, soit d'office, soit sur la réquisition des maires et du procureur *du roi*, soit sur l'ordre du préfet et des sous-préfets, des visites extraordinaires et inopinées chez les assujettis.

**21**. Les marchands ambulants qui font usage de poids et mesures sont tenus de les présenter, dans les trois premiers mois de chaque année ou de l'exercice de leur profession, à l'un des bureaux de vérification dans le ressort desquels ils colportent leurs marchandises.

**22**. Les balances, romaines

---

(1) Voy. l'Ord. du 16 juin 1839 (G. Paulet, *Code du commerce et de l'industrie*, p. 200).

(2) Les art. 15 à 18 ont été abrogés par le Décr. du 24 févr. 1873.

ou autres instruments de pesage sont soumis à la vérification primitive, et poinçonnés avant d'être exposés en vente ou livrés au public.

Ils sont, en outre, inspectés dans leur usage et soumis sur place à la vérification périodique.

**23**. Les membrures du stère et double stère destinées au commerce du bois de chauffage sont, avant qu'il en soit fait usage, vérifiées et poinçonnées dans les chantiers où elles doivent être employées.

Elles y sont également soumises à la vérification périodique.

**24**. Les poids et mesures des bureaux d'octroi, bureaux de poids publics, ponts à bascule, hospices et hôpitaux, prisons et établissements de bienfaisance, et tous les autres établissements publics, sont soumis à la vérification périodique.

**25**. Les poids et mesures employés dans les halles, foires et marchés, dans les étalages mobiles, par les marchands forains et ambulants, sont soumis à l'exercice des vérificateurs.

**26**. Les visites et exercices que les vérificateurs sont autorisés à faire chez les assujettis ne peuvent avoir lieu que pendant le jour.

Néanmoins, ils peuvent avoir lieu chez les marchands et débitants pendant tout le temps que les lieux de vente sont ouverts au public.

**27**. Les préfets fixent par des arrêtés, pour chaque commune, l'époque où la vérification de l'année commence et celle où elle doit être terminée.

A l'expiration du dernier délai ci-dessus et après que la vérification aura eu lieu dans la commune, il est interdit aux commerçants, entrepreneurs et industriels d'employer et de garder en leur possession des poids, mesures et instruments de pesage qui n'auraient pas été soumis à la vérification périodique et au poinçon de l'année.

### TITRE III. — DE L'INSPECTION SUR LE DÉBIT DES MARCHANDISES QUI SE VENDENT AU POIDS ET A LA MESURE.

**28**. L'inspection du débit des marchandises qui se vendent au poids où à la mesure est confiée spécialement à la vigilance et à l'autorité des préfets, sous-préfets, maires, adjoints et commissaires de police.

**29**. Les maires, adjoints, commissaires et inspecteurs de police feront, dans leurs arrondissements respectifs, et plusieurs fois dans l'année, des visites dans les boutiques et magasins, dans les places publiques, foires et marchés, à l'effet de s'assurer de l'exactitude et du fidèle usage des poids et mesures.

Ils surveilleront les bureaux publics de pesage et de mesurage dépendant de l'administration municipale.

Ils s'assureront que les poids et mesures portent les marques et poinçons de vérification, et que, depuis la vérification constatée par ces marques, ces instruments n'ont point souffert de variations, soit accidentelles, soit frauduleuses.

**30**. Ils visiteront fréquemment les romaines, les balances et tous les autres instruments de pesage ; ils s'assureront de leur justesse et de la liberté de leurs mouvements, et constateront les infractions.

**31.** Les maires et officiers de police veilleront à la fidélité dans le débit des marchandises qui, étant fabriquées au moule ou à la forme, se vendent à la pièce ou au paquet comme correspondant à un poids déterminé. Néanmoins, les formes ou moules propres aux fabrications de ce genre ne seront jamais réputés instruments de pesage ni assujettis à la vérification.

**32.** Les vases ou futailles servant de récipient aux boissons, liquides ou autres matières, ne seront pas réputés mesures de capacité ou de pesanteur.

Il sera pourvu à ce que, dans le débit en détail, les boissons et autres liquides ne soient pas vendus à raison d'une certaine mesure présumée, sans avoir été mesurés effectivement.

**33.** Les arrêtés pris par les préfets, en matière de poids et mesures, à l'exception de ceux qui sont pris en exécution de l'article 18, ne seront exécutoires qu'après l'approbation de notre ministre du commerce.

### TITRE IV. — DES INFRACTIONS ET DU MODE DE LES CONSTATER.

**34.** Indépendamment du droit conféré aux officiers de police judiciaire par le Code d'instruction criminelle, les vérificateurs constatent les contraventions prévues par les lois et règlements concernant les poids et mesures dans l'étendue de l'arrondissement pour lequel ils sont commissionnés et assermentés.

Ils sont tenus de justifier de leur commission aux assujettis qui le requièrent.

Leurs procès-verbaux font foi en justice jusqu'à preuve contraire, conformément à l'article 7 de la loi du 4 juillet 1837.

**35.** Les vérificateurs saisissent tous les poids et mesures autres que ceux maintenus par la loi du 4 juillet 1837.

Ils saisissent également tous les poids, mesures, instruments de pesage et mesurage altérés ou défectueux ou qui ne seraient pas revêtus des marques légales de la vérification.

Ils déposent à la mairie les objets saisis, toutes les fois que cela est possible.

**36.** Ils doivent recueillir et relater les circonstances qui ont accompagné, soit la possession, soit l'usage des poids ou des mesures dont l'emploi est interdit.

**37.** S'ils trouvent des mesures qui, par leur état d'oxydation, puissent nuire à la santé des citoyens, ils en donnent avis aux maires et aux commissaires de police.

**38.** Les assujettis sont tenus d'ouvrir leurs magasins, boutiques et ateliers, et de ne pas quitter leur domicile, après que, par un ban publié dans la forme ordinaire, le maire aura fait connaître, au moins deux jours à l'avance, le jour de la vérification.

Ils sont tenus de se prêter aux exercices toutes les fois qu'ont lieu les visites prévues par les articles 19 et 20.

**39.** Dans le cas de refus d'exercice, et toutes les fois que les vérificateurs procèdent chez les débitants, avant le lever et après le coucher du soleil, aux visites autorisées par l'article 26, ils ne peuvent s'introduire dans les maisons, bâtiments ou magasins, qu'en présence, soit du juge de paix ou de son suppléant, soit du maire, de l'adjoint ou du commissaire de police.

**40.** Les fonctionnaires dénommés en l'article précédent ne peuvent se refuser à accompagner, sur-le-champ, les vérificateurs, lorsqu'ils en sont requis par eux, et les procès-verbaux qui sont dressés, s'il y a lieu, sont signés par l'officier en présence duquel ils ont été faits, sauf aux vérificateurs, en cas de refus, d'en faire mention auxdits procès-verbaux.

**41.** Les vérificateurs dressent leurs procès-verbaux dans les vingt-quatre heures de la contravention par eux constatée ; ils les écrivent eux-mêmes, ils les signent, affirment au plus tard le lendemain de la clôture desdits procès-verbaux, par-devant le maire ou l'adjoint, soit de la commune de leur résidence, soit de celle où l'infraction a été commise : l'affirmation est signée, tant par les maires et adjoints que par les vérificateurs.

**42.** Leurs procès-verbaux sont enregistrés dans les quinze jours qui suivent celui de l'affirmation, et, conformément à l'article 74 de la loi du 25 mars 1817, ils sont visés pour timbre et enregistrés en débet, sauf à suivre le recouvrement des droits contre le condamné.

**43.** Dans le même délai, les procès-verbaux sont remis au juge de paix, qui se conforme aux règles établies par les articles 20, 21 et 139 du Code d'instruction criminelle.

**44.** Les vérificateurs des poids et mesures sont sous la surveillance des procureurs *du roi*, sans préjudice de leur subordination à l'égard de leurs supérieurs dans l'administration.

**45.** Si des affiches ou annonces contiennent des dénominations de poids et mesures autres que celles portées dans le tableau annexé à la loi du 4 juillet 1837, les maires, adjoints et commissaires de police sont tenus de constater cette contravention, et d'envoyer immédiatement leurs procès-verbaux au receveur de l'enregistrement.

Les vérificateurs et tous autres agents de l'autorité publique sont tenus également de signaler au même fonctionnaire toutes les contraventions de ce genre qu'ils pourront découvrir.

Les receveurs d'enregistrement, soit d'office, soit d'après ces dénonciations, soit sur la transmission qui leur est faite des procès-verbaux ou rapports, dirigent, contre les contrevenants, les poursuites prescrites par l'article 5 de la loi précitée.

TITRE V. — DES DROITS DE VÉRIFICATION.

. . . . . . . . . . . . . . . .

---

## Décret du 26 février 1873, *relatif à la vérification des poids et mesures.*

. . . . . . . . . . . . . . . .

**Art. 6.** Sont assujettis à la vérification les commerces [1], industries et professions désignés au tableau A joint au présent décret.

Les commerces, industries et

(1) Voy. pour les tableaux fixés par ce décret, G. Paulet, *loc. cit.*, p. 450 et suiv.

professions analogues à ceux qui sont énumérés dans ce tableau et qui n'y ont pas été compris peuvent être soumis à la vérification par arrêtés spéciaux des préfets, sauf l'approbation du ministre *de l'agriculture et* du commerce.

Tous les trois ans, des tableaux additionnels contenant les commerces, industries et professions assujettis en vertu de ces arrêtés sont l'objet de décrets rendus dans la forme des règlements d'administration publique.

**7.** Les assujettis doivent être pourvus de séries complètes de poids et mesures dont ils font usage d'après la nature de leurs opérations, conformément aux désignations du tableau B annexé au présent décret.

Les poids et mesures isolés autres que les poids ou mesures hors séries ne sont point tolérés.

**8.** La vérification est faite, chaque année, dans toutes les communes.

Le préfet règle l'ordre dans lequel les diverses communes sont vérifiées.

**9.** Les droits de vérification sont perçus conformément au tarif annexé au présent décret [tableau C].

**10.** La vérification première des poids, mesures et instruments de pesage neufs ou rajustés est soumise aux mêmes droits que la vérification périodique.

**11.** Les droits de la vérification périodique sont payés pour tous les poids, mesures et instruments de pesage désignés au tarif et que les assujettis ont en leur possession.

**12.** Les articles 6 et suivants du présent décret ne seront exécutoires qu'à partir de l'époque où la perception des nouvelles taxes aura été approuvée par la loi de finances.

**13.** Sont abrogées les dispositions de l'ordonnance royale du 17 avril 1839 contraires au présent décret, notamment les articles 15, 16, 17, 18, 46, 47 et 49, et le numéro 10 de l'article 5 du décret du 25 mars 1852.

---

## POSTES.

**Arrêté du 27 prairial an IX,** *qui renouvelle les défenses faites aux entrepreneurs de voitures libres de transporter des lettres, journaux, etc.*

Art. **1er**. Les lois des 26 août 1790 (art. 4) et 21 septembre 1792, et l'arrêté du 26 vendémiaire an VII seront exécutés : en conséquence, il est défendu à tous les entrepreneurs de voitures libres et à toute autre personne étrangère au service des postes, de s'immiscer dans le transport des lettres, *journaux, feuilles à la main et ouvrages périodiques* (1), paquets et papiers du poids d'un kilogramme (ou deux livres) et au-dessous, dont le port est exclusivement confié à

(1) Cette disposition a été modifiée par l'art. 8 de la L. du 6 avril 1878, qui est ainsi conçu : « Les journaux, recueils, annales, mémoires et bulletins périodiques, ainsi que tous les imprimés, sont exceptés de la prohibition établie par l'art. 1er de l'arrêté du 27 prairial an IX, quel que soit leur poids, mais à la condition d'être expédiés, soit sous bandes mobiles ou sous enveloppes ouvertes, soit en paquets non cachetés et faciles à vérifier. »

l'administration des postes aux lettres.

2. Les sacs de procédure, les papiers uniquement relatifs au service personnel des entrepreneurs de voitures, et les paquets au-dessus du poids de deux livres, sont seuls exceptés de la prohibition prononcée par l'article précédent.

3. Pour l'exécution du présent arrêté, les directeurs, contrôleurs et inspecteurs des postes, les employés des douanes aux frontières, et la gendarmerie nationale, sont autorisés à faire ou faire faire toutes perquisitions et saisies sur les messagers, piétons chargés de porter les dépêches, voitures de messageries et autres de même espèce, afin de constater les contraventions : à l'effet de quoi ils pourront, s'ils le jugent nécessaire, se faire assister de la force armée.

4. Le *commissaire du Gouvernement* près l'administration des postes, les préfets, sous-préfets et maires des communes, et les commissaires de police, sont chargés de veiller à l'exécution du présent arrêté.

5. Les procès-verbaux seront dressés à l'instant de la saisie ; ils contiendront l'énumération des lettres et paquets saisis, ainsi que leurs adresses. Copies en seront remises, avec lesdites lettres et paquets saisis en fraude, savoir : à Paris, à l'administration des postes, *et dans les départements, au bureau du directeur des postes le plus voisin de la saisie, pour lesdites lettres et paquets être envoyés aussitôt à leur destination avec la taxe ordinaire* (1). Lesdits procès-verbaux seront, de suite, adressés au *commissaire du Gouvernement* près le tribunal civil et correctionnel de l'arrondissement par les préposés des postes, pour poursuivre contre les contrevenants la condamnation de l'amende de cent cinquante francs au moins, et de trois cents francs au plus, par chaque contravention.

6. Le paiement de ladite amende, *dont il ne pourra, dans aucun cas et sous quelque prétexte que ce soit, être accordé de remise ou de modération* (2), sera poursuivi, à la requête des *commissaires* près les tribunaux et à la diligence des directeurs des postes, contre les contrevenants, par saisie et exécution de leurs établissements, voitures et meubles, à défaut de paiement dans la *décade* du jugement qui sera intervenu.

. . . . . . . . . . . . . . . .

9. Les maîtres de poste, les entrepreneurs de voitures libres et messageries sont personnellement responsables des contraventions de leurs postillons, conducteurs, porteurs et courriers, sauf leur recours.

---

**POUDRES ET SALPÊTRES.** (*V.* **Explosifs.**)

---

(1) D'après le Décr. du 2 messidor an XII, art. 1er, les lettres et paquets saisis en fraude doivent tous indistinctement être envoyés à Paris, « d'où ils ne pourront être rendus que sur réclamation et à la charge de payer le double de la taxe ordinaire ».

(2) Une Ordon. du 19 févr. 1843 autorise l'administration des postes à transiger, avant comme après jugement.

## PRESSE.

**Loi du 18 germinal an X**, *relative à l'organisation des cultes.*

. . . . . . . . . . . . . . . .

Articles organiques de la Convention du 26 messidor an IX.

TITRE I. — DU RÉGIME DE L'ÉGLISE CATHOLIQUE DANS SES RAPPORTS GÉNÉRAUX AVEC LES DROITS ET LA POLICE DE L'ÉTAT.

Art. 1er. Aucune bulle, bref, rescrit, décret, mandat, provision, signature servant de provision, ni autres expéditions de la Cour de Rome, même ne concernant que les particuliers, ne pourront être reçus, publiés, imprimés, ni autrement mis à exécution, sans l'autorisation du Gouvernement.

. . . . . . . . . . . . . . . .

3. Les décrets des synodes étrangers, même ceux des conciles généraux, ne pourront être publiés en France, avant que le Gouvernement en ait examiné la forme, leur conformité avec les lois, droits et franchises de la République française, et tout ce qui, dans leur publication, pourrait altérer ou intéresser la tranquillité publique.

. . . . . . . . . . . . . . .

---

**Décret du 7 germinal an XIII**, *concernant les livres d'églises, des heures et des prières.*

Art. 1er. Les livres d'église, les heures et prières ne pourront être imprimés ou réimprimés que d'après la permission donnée par les évêques diocésains, laquelle permission sera textuellement rapportée et imprimée en tête de chaque exemplaire.

2. Les imprimeurs, libraires, qui feraient imprimer, réimprimer des livres d'église, des heures ou prières, sans avoir obtenu cette permission, seront poursuivis conformément à la loi du 19 juillet 1793.

---

**Loi du 29 juillet 1881**, *sur la liberté de la presse.*

CHAP. I. — DE L'IMPRIMERIE ET DE LA LIBRAIRIE.

Art. 1er. L'imprimerie et la librairie sont libres.

2. Tout imprimé rendu public, à l'exception des ouvrages dits de ville ou bilboquets, portera l'indication du nom et du domicile de l'imprimeur, à peine contre celui-ci, d'une amende de 5 fr. à 15 fr.

La peine de l'emprisonnement pourra être prononcée si, dans les douze mois précédents, l'imprimeur a été condamné pour contravention de même nature.

3. Au moment de la publication de tout imprimé, il en sera fait, par l'imprimeur, sous peine d'une amende de 16 fr. à 300 fr., un dépôt de deux exemplaires, destinés aux collections nationales.

Ce dépôt sera fait au ministère de l'intérieur, pour Paris ; à la préfecture, pour les chefs-lieux de département ; à la sous-préfecture, pour les chefs-lieux d'arrondissement, et, pour les autres villes, à la mairie.

L'acte de dépôt mentionnera

le titre de l'imprimé et le chiffre du tirage.

Sont exceptés de cette disposition les bulletins de vote, les circulaires commerciales ou industrielles et les ouvrages dits de ville ou bilboquets.

4. Les dispositions qui précèdent sont applicables à tous les genres d'imprimés ou de reproductions destinés à être publiés.

Toutefois, le dépôt prescrit par l'article précédent sera de trois exemplaires pour les estampes, la musique, et en général les reproductions autres que les imprimés.

. . . . . . . . . . . . . . . .

## CHAP. III. — DE L'AFFICHAGE, DU COLPORTAGE ET DE LA VENTE SUR LA VOIE PUBLIQUE.

### § 1er. — De l'affichage.

15. Dans chaque commune, le maire désignera, par arrêté, les lieux exclusivement destinés à recevoir les affiches des lois et autres actes de l'autorité publique.

Il est interdit d'y placarder des affiches particulières.

Les affiches des actes émanés de l'autorité seront seules imprimées sur papier blanc.

Toute contravention aux dispositions du présent article sera punie des peines portées en l'article 2.

16. Les professions de foi, circulaires et affiches électorales pourront être placardées, à l'exception des emplacements réservés par l'article précédent, sur tous les édifices publics autres que les édifices consacrés aux cultes, et particulièrement aux abords des salles de scrutins.

. . . . . . . . . . . . . . . .

### § 2. — Du colportage et de la vente sur la voie publique.

18. Quiconque voudra exercer la profession de colporteur ou de distributeur sur la voie publique, ou en tout autre lieu public ou privé, de livres, écrits, brochures, journaux, dessins, gravures, lithographies et photographies, sera tenu d'en faire la déclaration à la préfecture du département où il a son domicile.

Toutefois, en ce qui concerne les journaux et autres feuilles périodiques, la déclaration pourra être faite soit à la mairie de la commune dans laquelle doit se faire la distribution, soit à la sous-préfecture. Dans ce dernier cas, la déclaration produira son effet pour toutes les communes de l'arrondissement.

19. La déclaration contiendra les nom, prénoms, profession, domicile, âge et lieu de naissance du déclarant.

Il sera délivré immédiatement et sans frais au déclarant un récépissé de sa déclaration.

20. La distribution et le colportage accidentels ne sont assujettis à aucune déclaration.

21. L'exercice de la profession de colporteur ou de distributeur sans déclaration préalable, la fausseté de la déclaration, le défaut de présentation à toute réquisition du récépissé constituent des contraventions.

Les contrevenants seront punis d'une amende de 5 à 15 fr. et pourront l'être, en outre, d'un emprisonnement d'un à cinq jours.

En cas de récidive ou de déclaration mensongère, l'emprisonnement sera nécessairement prononcé.

**22**. Les colporteurs et distributeurs pourront être poursuivis conformément au droit commun, s'ils ont sciemment colporté ou distribué des livres, écrits, brochures, journaux, dessins, gravures, lithographies et photographies présentant un caractère délictueux, sans préjudice des cas prévus à l'article 42.

. . . . . . . . . . . . . . . .

**64**. L'article 463 du Code pénal est applicable dans tous les cas prévus par la présente loi. Lorsqu'il y aura lieu de faire cette application, la peine prononcée ne pourra excéder la moitié de la peine édictée par la loi.

**65**. L'action publique et l'action civile résultant des crimes, délits et contraventions prévus par la présente loi se prescriront après trois mois révolus, à compter du jour où ils auront été commis, ou du jour du dernier acte de poursuite, s'il en a été fait.

DISPOSITIONS TRANSITOIRES.

. . . . . . . . . . . . . . . .

**68**. Sont abrogés les édits, lois, décrets, ordonnances, arrêtés, règlements, déclarations généralement quelconques, relatifs à l'imprimerie, à la librairie, à la presse périodique ou non périodique, au colportage, à l'affichage, à la vente sur la voie publique et aux crimes et délits prévus par les lois sur la presse et les autres moyens de publication, sans que puissent revivre les dispositions abrogées par les lois antérieures.

Est également abrogé le second paragraphe de l'article 31 de la loi du 10 août 1871 sur les conseils généraux, relatif à l'appréciation de leurs discussions par les journaux.

. . . . . . . . . . . . . . . .

---

**PROFESSIONS AMBULANTES.** (*V.* Travail des enfants dans les professions ambulantes.)

---

**PROPRIÉTÉ INDUSTRIELLE.** (*V.* Brevets d'invention, Dessins et modèles industriels, Expositions publiques, Marques de fabrique, Nom commercial, Traités internationaux.)

---

**PRUD'HOMMES.** (*V.* Conseil de prud'hommes.)

---

## RESPONSABILITÉ DES ACCIDENTS.

Code civil, livre III, titre IV.

CHAP. II. — DES DÉLITS ET DES QUASI-DÉLITS.

**Art. 1382**. Tout fait quelconque de l'homme qui cause à autrui un dommage, oblige celui par la faute duquel il est arrivé, à le réparer (1).

(1) Dans l'état actuel de notre législation, la jurisprudence applique les dispositions de ces articles aux accidents survenus dans l'industrie : l'ouvrier victime de ces accidents ne peut obtenir une indemnité de son patron qu'à la condition de prouver qu'ils proviennent de la faute de ce dernier, et d'autre part cette indemnité doit être égale au préjudice causé. Ce même système est également suivi, aujourd'hui tout au moins, dans la plupart des pays étrangers : le mouvement législatif

**1383.** Chacun est responsable du dommage qu'il a causé non seulement par son fait, mais encore par sa négligence ou par son imprudence.

**1384.** On est responsable non seulement du dommage que l'on cause par son propre fait, mais encore de celui qui est causé par le fait des personnes dont on doit répondre, ou des choses que l'on a sous sa garde.

Le père et la mère après le décès du mari, sont responsables du dommage causé par leurs enfants mineurs habitant avec eux ;

Les maîtres et les commettants, du dommage causé par leurs domestiques et préposés dans les fonctions auxquelles ils les ont employés ;

Les instituteurs et les artisans, du dommage causé par leurs élèves et apprentis pendant le temps qu'ils sont sous leur surveillance.

La responsabilité ci-dessus a lieu, à moins que les père et mère, instituteurs et artisans, ne prouvent qu'ils n'ont pu empêcher le fait qui donne lieu à cette responsabilité.

---

qui se produit contre ce système, en France et dans quelques-uns de ces pays, n'a pas encore abouti (voy. Sauzet, *Responsabilité des patrons envers les ouvriers*).

L'*Allemagne*, l'*Autriche-Hongrie* et dans une certaine mesure la *Suisse* ont consacré un système tout différent, qui se rattache étroitement à celui de l'assurance obligatoire (voy. *suprà*, v° *Assurances* et les notes) et qui est connu sous le nom de *système du risque professionnel*. Dans ce système, l'ouvrier victime d'un accident n'est plus obligé de prouver que cet accident provient de la faute ou de la négligence du patron ; il a toujours droit à une indemnité, à moins qu'il n'ait provoqué à dessein l'accident. Mais cette indemnité est fixée d'avance par la loi : elle n'est accordée à l'ouvrier que dans les limites de l'assurance obligatoire à laquelle il est soumis ; le patron ne serait responsable du dommage intégral qu'autant qu'il aurait occasionné volontairement l'accident survenu à l'ouvrier. — C'est en *Allemagne* que ce système est appliqué de la manière la plus complète : établi par la L. du 5 juill. 1884 (*Ann. de lég. étr.*, 1885, p. 121) pour la grande industrie, ce système a été successivement étendu aux diverses industries de transport ou s'y rattachant par la L. du 28 mai 1885 (*ibid.*, 1886, p. 97), aux industries agricoles et forestières ou s'y rattachant par la L. du 5 mai 1886 (*ibid.*, 1887, p. 110), aux industries de constructions par la L. du 11 juill. 1887 (*ibid.*, 1888, p. 207) et enfin aux accidents des gens de mer et autres personnes occupées dans l'industrie de la navigation maritime par la L. du 13 juill. 1887 (*ibid.*, 1888, p. 232). — L'*Autriche* a suivi l'exemple donné par l'Allemagne : la L. du 28 déc. 1887 (*ibid.*, 1888, p. 443) admet également le risque professionnel et établit en même temps l'assurance obligatoire, mais seulement en ce qui concerne la grande industrie, les travaux qui produisent ou emploient des explosifs et tous ceux dans lesquels on se sert continuellement de machines. Les ouvriers employés dans les autres industries restent soumis au droit commun de la preuve. — Enfin la *Suisse*, qui, la première, avait consacré le principe du risque professionnel en matière d'accidents survenus dans les constructions de chemins de fer et de bateaux à vapeur (L. du 1er juill. 1875 ; *ibid.* 1876, p. 739), a, étendu, depuis ce principe à d'autres industries, sans le rattacher d'ailleurs à l'assurance obligatoire, et en le réglementant d'une manière tout autre que l'Allemagne ou l'Autriche : d'après les lois du 25 juin 1881 (*ibid.*, 1882, p. 592) et du 26 avril 1887 (*ibid.*, 1888, p. 648), les patrons de certaines industries (fabriques ou ateliers occupant plus de cinq ouvriers, chemins de fer, bateaux à vapeur, constructions, mines, etc.) sont responsables des accidents survenus à leurs ouvriers, à moins qu'ils ne prouvent que l'accident provient de force majeure, de la faute de l'ouvrier ou d'un tiers ; les indemnités varient suivant l'entreprise : les entreprises de chemins de fer et de bateaux à vapeur doivent seules la totalité du dommage.

**1385.** Le propriétaire d'un animal, ou celui qui s'en sert, pendant qu'il est à son usage, est responsable du dommage que l'animal a causé, soit que l'animal fût sous sa garde, soit qu'il fût égaré ou échappé.

**1386.** Le propriétaire d'un bâtiment est responsable du dommage causé par sa ruine, lorsqu'elle est arrivée par une suite du défaut d'entretien ou par le vice de sa construction.

---

## RETRAITES POUR LA VIEILLESSE.

**Loi du 20 juillet 1886,** *relative à la Caisse nationale des retraites pour la vieillesse* (1).

Art. **1er**. A partir du 1er janvier 1887, la caisse des retraites, créée par la loi du 18 juin 1850, prendra le nom de : Caisse nationale des retraites pour la vieillesse ; elle fonctionnera, sous la garantie de l'État, dans les conditions ci-après énoncées.

**2**. La Caisse nationale des retraites pour la vieillesse est gérée par l'administration de la Caisse des dépôts et consignations, *qui pourvoit aux frais de gestion* (2).

**3**. Il est formé, auprès du ministère du commerce, une commission supérieure chargée de l'examen de toutes les questions qui concernent la Caisse nationale des retraites pour la vieillesse.

Cette commission présente chaque année au Président de la République, sur la situation morale et matérielle de la caisse, un rapport qui est distribué au Sénat et à la Chambre des députés.

Elle est composée de seize membres, ainsi qu'il suit :

2 sénateurs nommés par le Sénat ;

2 députés nommés par la Chambre ;

2 conseillers d'État nommés par le Conseil d'État ;

2 présidents de sociétés de secours mutuels désignés par le ministre de l'intérieur ;

1 industriel désigné par le ministre du commerce.

Ces membres sont nommés pour trois ans.

Font partie de droit de la commission :

Le président de la Chambre de commerce de Paris ;

Le directeur général de la Caisse des dépôts et consignations ;

Le directeur du commerce intérieur au ministère du commerce ;

Le directeur général de la comptabilité publique au ministère des finances ;

Le directeur du mouvement général des fonds au ministère des finances ;

Le directeur de la dette inscrite au ministère des finances ;

Le directeur du secrétariat et de la comptabilité au ministère de l'intérieur.

---

(1) Pour les législations étrangères, voy. *suprà*, v° *Assurance* (*accident, décès*) et les notes.

(2) Depuis le 1er janv. 1891, les frais de gestion de la caisse des retraites pour la vieillesse sont remboursés par cette caisse à la Caisse des dépôts et consignations (L. du 26 déc. 1890, art. 58).

La commission élit son président.

**4**. Le capital des rentes viagères est formé par les versements volontaires des déposants.

**5**. Les versements sont reçus et liquidés à partir d'un franc (1 fr.) et sans fraction de franc.

Ils peuvent être faits, soit à capital aliéné, soit à capital réservé.

**6**. Le maximum de la rente viagère que la Caisse nationale des retraites est autorisée à inscrire sur la même tête est fixé à douze cents francs (1,200 fr.).

**7**. Les sommes versées dans une année, au compte de la même personne, ne peuvent dépasser mille francs (1,000 fr.).

Ne sont pas astreints à cette limite :

1° Les versements effectués en vertu d'une décision judiciaire ;

2° Les versements effectués par les administrations publiques avec les fonds provenant des cotisations annuelles des agents non admis au bénéfice de la loi du 9 juin 1853 sur les pensions civiles ;

3° Les versements effectués par les sociétés de secours mutuels avec les fonds de retraite inaliénables déposés par elles à la Caisse des dépôts et consignations.

En aucun cas, ces versements ne pourront donner lieu à l'ouverture d'une pension supérieure à douze cents francs (1,200 fr.).

**8**. Les rentes viagères constituées par la Caisse nationale des retraites sont incessibles et insaisissables jusqu'à concurrence de trois cent soixante francs (360 fr.).

**9**. Le montant de la rente viagère à servir est calculé conformément à des tarifs tenant compte pour chaque versement :

1° De l'intérêt composé du capital, fixé conformément à l'article 12 de la présente loi ;

2° Des chances de mortalité, en raison de l'âge des déposants et de l'âge auquel commence la retraite, calculées d'après les tables dites de Deparcieux. Ces tables seront ultérieurement rectifiées d'après les résultats dûment constatés des opérations de la caisse ;

3° Du remboursement, au décès, du capital versé, si le déposant en a fait la demande au moment du versement.

**10**. L'entrée en jouissance de la pension est fixée, au choix du déposant, à partir de chaque année d'âge accomplie de cinquante à soixante-cinq ans.

Les tarifs sont calculés jusqu'à ce dernier âge.

Les rentes viagères au profit des personnes âgées de plus de soixante-cinq ans sont liquidées suivant les tarifs déterminés pour l'âge de soixante-cinq ans.

**11**. Dans le cas de blessures graves ou d'infirmités prématurées régulièrement constatées, *conformément au décret du* 27 *juillet* 1861 [1], et entraînant incapacité absolue de travail, la pension peut être liquidée même avant cinquante ans et en proportion des versements faits avant cette époque [2].

(1 et 2) Aujourd'hui le Décr. du 28 déc. 1886, art. 20 et suiv. (Voy. G. Paulet, *Code du commerce et de l'industrie*, p. 773.)

Les pensions ainsi liquidées pourront être bonifiées à l'aide d'un crédit ouvert chaque année au budget du ministère de l'intérieur.

Dans aucun cas, le montant des pensions bonifiées ne pourra être supérieur au triple du produit de la liquidation, ni dépasser un maximum de trois cent soixante francs (360 fr.), bonification comprise.

La commission supérieure statuera sur toutes les demandes de bonification et devra en maintenir les concessions dans la limite des crédits disponibles.

**12.** Les tarifs établis en conformité de l'article 9 sont calculés sur un taux d'intérêt gradué par quart de franc.

Un décret du Président de la République fixe, au mois de décembre de chaque année, en tenant compte du taux moyen des placements de fonds en rentes sur l'État effectués par la caisse pendant l'année, celui de ces tarifs qui doit être appliqué l'année suivante.

Ce décret est rendu sur la proposition du ministre des finances, après avis de la commission supérieure.

**13.** Les versements peuvent être faits au profit de toute personne âgée de plus de trois ans.

Les versements opérés par les mineurs âgés de moins de seize ans doivent être autorisés par leur père, mère ou tuteur.

Le versement opéré antérieurement au mariage reste propre à celui qui l'a fait.

Les femmes mariées, quel que soit le régime de leur contrat de mariage, sont admises à faire des versements sans l'assistance de leur mari.

Le versement fait pendant le mariage, par l'un des deux conjoints, profite séparément à chacun d'eux par moitié.

Peut, néanmoins, profiter à celui des conjoints qui l'effectue le versement opéré après que l'autre conjoint a atteint le maximum de rente ou après que les versements faits dans l'année au profit exclusif de celui-ci, soit antérieurement au mariage, soit par donation, ont atteint le maximum des versments annuels.

Le déposant marié qui justifiera, soit de sa séparation de corps, soit de sa séparation de bien contractuelle ou judiciaire, sera admis à effectuer des versements à son profit exclusif.

En cas d'absence ou d'éloignement d'un des deux conjoints depuis plus d'une année, le juge de paix peut accorder l'autorisation de faire des versements au profit exclusif du déposant.

Sa décision peut être frappée d'appel devant la chambre du conseil du tribunal de première instance.

**14.** Les étrangers résidant en France sont autorisés à faire des versements à la caisse des retraites pour la vieillesse aux mêmes conditions que les nationaux.

Toutefois, ces étrangers ne pourront jouir, en aucun cas, des bonifications dont il est parlé au deuxième paragraphe de l'article 11.

**15.** Le déposant qui a stipulé le remboursement à son décès du capital versé peut, à toute époque, faire abandon de tout ou partie de ce capital, à l'effet d'obtenir une augmentation de rente, sans qu'en aucun cas le montant total puisse excéder douze cents francs (1,200 fr.) [1].

Le donateur qui a stipulé le retour du capital, soit à son profit, soit au profit des ayants droit du donataire, peut également, à toute époque, faire l'abandon du capital, soit pour augmenter la rente du donataire, soit pour se constituer à lui-même une rente, si la réserve avait été stipulée à son profit.

**16.** L'ayant droit à une rente viagère qui a fixé son entrée en jouissance à un âge inférieur à soixante-cinq ans peut, dans le trimestre qui précède l'ouverture de la rente, reporter sa jouissance à une autre année d'âge accomplie, sans que, en aucun cas, la rente, augmentée d'après les tarifs en vigueur, puisse excéder douze cents francs (1,200 fr.) ni qu'il y ait lieu au remboursement d'une partie du capital déposé (2).

**17.** Au décès du titulaire de la rente, avant ou après l'époque d'entrée en jouissance, le capital déposé est remboursé sans intérêt aux ayants droit si la réserve a été faite au moment du dépôt et s'il n'a pas été fait usage de la faculté accordée par par l'article 15 ci-dessus.

Les certificats de propriété destinés aux retraits de fonds versés à la caisse des retraites de la vieillesse doivent être délivrés dans les formes et suivant les règles prescrites par la loi du 28 floréal an VII.

**18.** Le capital réservé reste acquis à la caisse des retraites en cas de déshérence ou par l'effet de la prescription, s'il n'a pas été réclamé dans les trente années qui auront suivi le décès du titulaire de la rente.

**19.** Sont remboursées sans intérêts les sommes qui, lors de la liquidation définitive, seraient insuffisantes pour produire une rente viagère de deux francs (2 fr.) ou qui dépasseraient soit la somme de mille francs (1,000 fr.) par année, soit le capital nécessaire pour produire une rente de douze cents francs (1,200 fr.).

Est également remboursée sans intérêts par la caisse toute somme versée irrégulièrement par suite de fausse déclaration sur les qualités civiles, noms et âge des déposants ; ces irrégularités ne peuvent être invoquées par le titulaire du livret ou ses représentants pour exiger le remboursement du capital.

**20.** Il est tenu à la Caisse des dépôts et consignations un grand-livre sur lequel les rentes viagères pour la vieillesse sont enregistrées.

Un double de ce grand-livre est conservé au ministère des finances.

L'extrait d'inscription à délivrer à la partie doit, pour former titre valable contre l'État, être revêtu du visa du contrôle institué près la Caisse des dépôts et consignations par la loi du 24 juin 1833.

**21.** Il est remis à chaque déposant un livret sur lequel sont inscrits les versements par lui effectués et les rentes viagères correspondantes.

**22.** Les fonds de la Caisse na-

(1 et 2) Voy. le Décr. du 28 déc. 1886, art. 19.

tionale des retraites sont employés en rentes sur l'État, en valeurs du Trésor ou, sur la proposition de la commission supérieure et avec l'autorisation du ministre des finances, soit en valeurs garanties par le Trésor, soit en obligations départementales et communales.

Les sommes nécessaires pour assurer le service des arrérages sont déposées en compte courant au Trésor.

Le taux de l'intérêt dudit compte est fixé par le ministre des finances et ne peut être inférieur au taux d'après lequel est calculé, pour l'année, le montant des rentes viagères à servir aux déposants.

**23**. La Caisse nationale des retraites établit chaque année le bilan de ses opérations.

**24**. Les certificats, actes de notoriété et autres pièces exclusivement relatives à l'exécution de la présente loi, seront délivrés gratuitement et dispensés des droits de timbre et d'enregistrement.

**25**. Un règlement d'administration publique [1] déterminera les mesures propres à assurer l'exécution de la présente loi et notamment : 1° les attributions et le mode de fonctionnement de la commission supérieure ; 2° la forme des livrets et des extraits d'inscription ; 3° le mode d'après lequel les versements seront faits soit directement par les déposants, soit pour leur compte par les caisses d'épargne et les associations de prévoyance mutuelle.

**26**. Dans un délai qui ne pourra excéder une année après la promulgation de la présente loi, l'administration de la caisse des retraites devra s'être entendue avec les ministres des finances et des postes et télégraphes pour permettre les versements chez les comptables directs du Trésor et chez les receveurs des postes, soit en espèces, soit en timbres-poste.

**27**. Dans le délai de six mois après la promulgation de la présente loi, une instruction pratique résumant les avantages et le fonctionnement de la Caisse nationale des retraites sera rédigée, après avis de la commission supérieure, par l'administration de la caisse ; cette instruction sera affichée :

1° Dans toutes les mairies ;

2° Dans tous les bureaux des comptables directs du Trésor ;

3° Dans tous les bureaux de postes ;

4° Dans toutes les écoles publiques.

**28**. A partir du 1er janvier 1887, seront abrogées les lois des 18 juin 1850, 28 mai 1853, 7 juillet 1856, 12 juin 1861, 4 mai 1864, 20 décembre 1872, ainsi que toutes autres dispositions qui seraient contraires à la présente loi.

---

## ROULAGE.

### Loi du 30 mai 1851, *sur la police du roulage et des messageries publiques.*

TITRE I. — DES CONDITIONS DE LA CIRCULATION DES VOITURES.

Art. **1er**. Les voitures suspendues ou non suspendues, servant au transport des personnes

(1) Voy. le Décr. du 28 déc. 1886, *loc. cit.*

ou des marchandises, peuvent circuler sur les routes nationales, départementales et chemins vicinaux de grande communication, sans aucune condition de réglementation de poids ou de largeur de jantes.

**2.** Des règlements d'administration publique [1] déterminent :

§ 1er. — Pour toutes les voitures :

1° La forme des moyeux, le maximum de la longueur des essieux et le maximum de leur saillie au delà des moyeux ;

2° La forme des bandes des roues ;

3° La forme des clous des bandes ;

4° Les conditions à observer pour l'emplacement et les dimensions de la plaque prescrite par l'article 3 ;

5° Le maximum du nombre de chevaux de l'attelage que peut comporter la police ou la libre circulation des routes ;

6° Les mesures à prendre pour régler momentanément la circulation pendant les jours de dégel, et les précautions à prendre pour la protection des ponts suspendus.

§ 2. — Pour les voitures ne servant pas au transport des personnes :

1° La largeur du chargement ;

2° La saillie des colliers des chevaux ;

3° Les modes d'enrayage ;

4° Le nombre des voitures qui peuvent être réunies en un même convoi, l'intervalle qui doit rester libre d'un convoi à un autre et le nombre de conducteurs exigé pour la conduite de chaque convoi ;

5° Les autres mesures de police à observer par les conducteurs, notamment en ce qui concerne le stationnement sur les routes, et les règles à suivre pour éviter ou dépasser d'autres voitures.

Sont affranchies de toute réglementation de largeur de chargement les voitures de l'agriculture servant au transport des récoltes de la ferme aux champs et des champs à la ferme ou au marché.

§ 3. — Pour les voitures de messageries :

1° Les conditions relatives à la solidité et à la stabilité des voitures ;

2° Le mode de chargement, de conduite et d'enrayage des voitures ;

3° Le nombre de personnes qu'elles peuvent porter ;

4° La police des relais ;

5° Les autres mesures de police à observer par les conducteurs, cochers ou postillons, notamment pour éviter ou dépasser d'autres voitures.

**3.** Toute voiture circulant sur les routes nationales, départementales et chemins vicinaux de grande communication, doit être munie d'une plaque conforme au modèle prescrit par le règlement d'administration publique rendu en vertu du n° 4 du premier paragraphe de l'article 2.

Sont exceptées de ces dispositions :

1° Les voitures particulières destinées au transport des per-

(1) Voy. les Décr. du 10 août 1852, du 24 févr. 1858 et du 29 août 1863 (G. Paulet, *Code du commerce et de l'industrie*, p. 315, 353 et 392).

sonnes, mais étrangères à un service public des messageries ;

2° Les malles-postes et autres voitures appartenant à l'administration des postes ;

3° Les voitures d'artillerie, chariots et fourgons appartenant au département de la guerre et de la marine.

Des décrets du Président de la République déterminent les marques distinctives que doivent porter les voitures désignées aux §§ 2 et 3, et les titres dont leurs conducteurs doivent être munis ;

4° Les voitures employées à la culture des terres, au transport des récoltes, à l'exploitation des fermes, qui se rendent de la ferme aux champs ou des champs à la ferme, ou qui servent au transport des objets récoltés du lieu où ils ont été recueillis jusqu'à celui où, pour les conserver ou les manipuler, le cultivateur les dépose ou les rassemble.

TITRE II. — DE LA PÉNALITÉ.

**4**. Toute contravention aux règlements rendus en exécution des dispositions des nos 1, 2, 3, 5 et 6 du premier paragraphe de l'article 2, et des nos 1, 2 et 3 du deuxième paragraphe du même article, est punie d'une amende de cinq à trente francs.

**5**. Toute contravention aux règlements rendus en exécution des dispositions des nos 4 et 5 du deuxième paragraphe de l'article 2 est punie d'une amende de six à dix francs et d'un emprisonnement de un à trois jours. En cas de récidive, l'amende pourra être portée à quinze francs et l'emprisonnement à cinq jours.

**6**. Toute contravention aux règlements rendus en vertu du troisième paragraphe de l'article 2 est punie d'une amende de seize à deux cents francs et d'un emprisonnement de six à dix jours.

**7**. Tout propriétaire d'une voiture circulant sur des voies publiques sans qu'elle soit munie de la plaque prescrite par l'article 3 et par les règlements rendus en exécution du n° 4 du premier paragraphe de l'article 2, sera puni d'une amende de six à quinze francs, et le conducteur d'une amende de un à cinq francs.

**8**. Tout propriétaire ou conducteur de voiture qui aurait fait usage d'une plaque portant un nom ou domicile faux ou supposé sera puni d'une amende de cinquante à deux cents francs et d'un emprisonnement de six jours au moins et de six mois au plus.

La même peine sera applicable à celui qui, conduisant une voiture dépourvue de plaque, aura déclaré un nom ou domicile autre que le sien ou que celui du propriétaire pour le compte duquel la voiture est conduite.

**9**. Lorsque, par la faute, la négligence ou l'imprudence du conducteur, une voiture aura causé un dommage quelconque à une route ou à ses dépendances, le conducteur sera condamné à une amende de trois à cinquante francs.

Il sera, de plus, condamné aux frais de la réparation.

**10**. Sera puni d'une amende de seize à cent francs, indépendamment de celle qu'il pourrait avoir encourue pour toute autre cause, tout voiturier ou conducteur qui, sommé de s'arrêter par l'un des fonctionnaires ou agents chargés de constater les contraventions, refuserait d'obtempérer à cette sommation et de se soumettre aux vérifications prescrites.

**11.** Les dispositions du livre III, titre Ier, chapitre 3, section 4, paragraphe 2, du Code pénal, sont applicables en cas d'outrages ou de violences envers les fonctionnaires ou agents chargés de constater les délits et contraventions prévus par la présente loi.

**12.** Lorsqu'une même contravention ou un même délit prévu aux articles 4, 7 et 8 a été constaté à plusieurs reprises, il n'est prononcé qu'une seule condamnation, pourvu qu'il ne se soit pas écoulé plus de vingt-quatre heures entre la première et la dernière constatation.

Lorsqu'une même contravention ou un même délit prévu à l'article 6 a été constaté à plusieurs reprises pendant le parcours d'un même relais, il n'est prononcé qu'une seule condamnation.

Sauf les exceptions mentionnées au présent article, lorsqu'il aura été dressé plusieurs procès-verbaux de contravention, il sera prononcé autant de condamnations qu'il y aura eu de contraventions constatées.

**13.** Tout propriétaire de voiture est responsable des amendes, des dommages-intérêts et des frais de réparation prononcés, en vertu des articles du présent titre, contre toute personne préposée par lui à la conduite de sa voiture.

Si la voiture n'a pas été conduite par ordre et pour le compte du propriétaire, la responsabilité est encourue par celui qui a préposé le conducteur.

**14.** Les dispositions de l'article 463 du Code pénal sont applicables dans tous les cas où les tribunaux correctionnels ou de simple police prononcent en vertu de la présente loi.

. . . . . . . . . . . . . . . . .

---

**SALAIRES.** (*V.* **Louage d'ouvrage.**)

---

## SECRETS DE FABRIQUE.

Code pénal, liv. III, chap. II

**418.** (Loi du 13 mai 1863.) Tout directeur, commis, ouvrier de fabrique, qui aura communiqué ou tenté de communiquer à des étrangers ou à des Français résidant en pays étrangers des secrets de la fabrique où il est employé, sera puni d'un emprisonnement de deux ans à cinq ans et d'une amende de 500 fr. à 20,000 fr.

Il pourra, en outre, être privé des droits mentionnés en l'article 42 du présent Code pendant cinq ans au moins et dix ans au plus, à compter du jour où il aura subi sa peine. Il pourra aussi être mis sous la surveillance de la haute police pendant le même nombre d'années.

Si ces secrets ont été communiqués à des Français résidant en France, la peine sera d'un emprisonnement de trois mois à deux ans et d'une amende de 16 fr. à 200 fr.

Le maximum de la peine prononcée par les paragraphes 1er et 3 du présent article sera nécessairement appliqué, s'il s'agit de secrets de fabriques d'armes et munitions de guerre appartenant à l'État.

---

## SOCIÉTÉS D'OUVRIERS.

**Décret du 4 juin 1888,** *qui fixe les conditions exigées des sociétés d'ouvriers français pour pouvoir soumissionner les travaux et fournitures faisant l'objet des adjudications de l'État.*

Art. **1**er. Les adjudications et marchés de gré à gré, passés au nom de l'État, sont, autant que possible, divisés en plusieurs lots, selon l'importance des travaux ou des fournitures, ou en tenant compte de la nature des professions intéressées.

Dans le cas où tous les lots ne seraient pas adjugés, l'Administration aura la faculté, soit de traiter à l'amiable pour les lots non adjugés, soit de remettre en adjudication l'ensemble de l'entreprise ou les lots non adjugés, en les groupant, s'il y a lieu.

**2.** Les sociétés d'ouvriers français, constituées dans l'une des formes prévues par l'article 19 du Code de commerce ou par la loi du 24 juillet 1867, peuvent soumissionner, dans les conditions ci-après déterminées, les travaux ou fournitures faisant l'objet des adjudications de l'État.

Des marchés de gré à gré peuvent également être passés avec ces sociétés pour les travaux ou fournitures dont la dépense totale n'excède pas vingt mille francs (20,000 fr.).

**3.** Pour être admis à soumissionner, soit par voie d'adjudication publique, soit par voie de marché de gré à gré, les entreprises de travaux publics ou de fournitures, les sociétés devront préalablement produire :

1° La liste nominative de leurs membres ;

2° L'acte de société ;

3° Des certificats de capacité délivrés aux gérants, administrateurs ou autres associés spécialement délégués pour diriger l'exécution des travaux ou fournitures qui font l'objet du marché et assister aux opérations destinées à constater les quantités d'ouvrage effectué ou de fournitures livrées.

Les sociétés indiqueront, en outre, le nombre minimum de sociétaires qu'elles s'engagent à employer à l'exécution du marché.

En cas d'adjudication, les pièces justificatives, exigées par le présent article, seront produites dix jours au moins avant celui de l'adjudication.

**4.** Les sociétés d'ouvriers sont dispensées de fournir un cautionnement, lorsque le montant prévu des travaux ou fournitures faisant l'objet du marché ne dépasse pas cinquante mille francs (50,000 fr.).

**5.** A égalité de rabais entre une soumission d'entrepreneur ou fournisseur et une soumission de société d'ouvriers, cette dernière sera préférée.

Dans le cas où plusieurs sociétés d'ouvriers offriraient le même rabais, il sera procédé à une réadjudication entre ces sociétés sur de nouvelles soumissions.

Si les sociétés se refusaient à faire de nouvelles offres, ou si les nouveaux rabais ne différaient pas, le sort en déciderait.

**6.** Des acomptes sur les ouvrages exécutés ou les fournitures livrées sont payés tous les quinze jours aux sociétés d'ouvriers, sauf les retenues prévues par les cahiers des charges.

**7.** Les sociétés d'ouvriers sont soumises aux clauses et conditions générales imposées aux entrepreneurs de travaux et fournitures par les différents départements ministériels en tout ce qu'elles n'ont pas de contraire au présent décret.

**8.** Les dispositions du présent décret ne sont pas applicables aux marchés ou adjudications qui concernent les travaux ou fournitures de la guerre et de la marine, lorsque l'application de ces dispositions paraîtra au ministre préjudiciable aux intérêts du service.

## SUBSTANCES VÉNÉNEUSES.

(*V.* **Pharmacie.**)

## SYNDICATS PROFESSIONNELS.

**Loi du 21 mars 1884,** *relative à la création des syndicats professionnels* (1).

Art. **1er**. Sont abrogés la loi

---

(1) La plupart des pays étrangers admettent également la liberté des associations professionnelles : en *Angleterre* (L. du 24 juin 1871), en *Belgique*, en *Espagne*, en *Italie* (L. du 29 mai 1864 et du 7 juill. 1878), etc., les associations professionnelles sont permises, mais elles n'y sont pas obligatoires.

L'*Autriche-Hongrie* et l'*Allemagne* suivent un système tout différent, le système des associations professionnelles ou corporations obligatoires. En *Autriche*, ce système est organisé par la L. du 15 mars 1883 (*Ann. de lég. étr.*, 1884, p. 932) et en *Hongrie* par la L. du 21 mai 1884 (*ibid.*, 1885, p. 320) qui reproduit à cet égard, sauf quelques différences de détails, les dispositions de la loi autrichienne. Ces deux lois, après avoir divisé les professions en professions libres, professions autorisées et industries de métiers, décident le maintien des anciennes corporations entre ceux qui exercent des métiers similaires et l'établissement par l'autorité de corporations nouvelles là où il n'en existe pas encore (L. *autrichienne*, art. 106 et suiv., et L. *hongroise*, art. 122 et suiv.) : en *Autriche*, il y a autant de corporations que de corps de métiers différents ; en *Hongrie*, une seule corporation générale par commune. Les patrons sont nécessairement obligés de faire partie de ces corporations ; ce sont eux qui les constituent seuls à l'exclusion des ouvriers, et qui les administrent assistés de quelques délégués ouvriers, sous la haute surveillance de l'autorité administrative. Ces corporations obligatoires ont pour but le relèvement de l'honneur professionnel et le développement des intérêts industriels communs : à cet effet, elles doivent notamment pourvoir à une bonne organisation de l'apprentissage, fonder ou favoriser la fondation d'écoles professionnelles, établir une commission arbitrale pour régler les différends entre patrons et ouvriers, etc. (L. *autrichienne*, art. 114, et L. *hongroise*, art. 126).

En *Allemagne*, l'organisation des corporations est à peu près analogue. Les corporations reconnues comme personnes morales par la L. du 18 juill. 1881 (*ibid.*, 1882, p. 148) sont des corporations de patrons où les ouvriers n'ont qu'une situation subordonnée et qui fonctionnent sous la surveillance de l'autorité administrative. Ces corporations diffèrent cependant des corporations de l'Autriche-Hongrie en ce sens qu'en droit elles ne sont pas obligatoires. Mais en fait, on aboutit à la même solution : les patrons ont tout intérêt à faire partie des corporations, d'une part parce qu'ils n'en sont pas moins soumis aux charges corporatives (L. du 6 juill. 1887 ; *ibid.*, 1888, p. 187) et d'autre part parce qu'ils ne peuvent recevoir d'apprentis tant qu'ils restent en dehors de la corporation (L. du 8 déc. 1884 ; *ibid.*, 1885, p. 87).

des 14-27 juin 1791 et l'article 416 du Code pénal.

Les articles 291, 292, 293, 294 du Code pénal et la loi du 18 avril 1834 ne sont pas applicables aux syndicats professionnels.

**2**. Les syndicats ou associations professionnelles, même de plus de vingt personnes exerçant la même profession, des métiers similaires, ou des professions connexes concourant à l'établissement de produits déterminés, pourront se constituer librement sans l'autorisation du Gouvernement.

**3**. Les syndicats professionnels ont exclusivement pour objet l'étude et la défense des intérêts économiques, industriels, commerciaux et agricoles.

**4**. Les fondateurs de tout syndicat professionnel devront déposer les statuts et les noms de ceux qui, à un titre quelconque, seront chargés de l'administration ou de la direction.

Ce dépôt aura lieu à la mairie de la localité où le syndicat est établi, et à Paris, à la préfecture de la Seine.

Ce dépôt sera renouvelé à chaque changement de la direction ou des statuts.

Communication des statuts devra être donnée par le maire ou par le préfet de la Seine au procureur de la République.

Les membres de tout syndicat professionnel chargés de l'administration ou de la direction de ce syndicat devront être Français et jouir de leurs droits civils.

**5**. Les syndicats professionnels régulièrement constitués, d'après les prescriptions de la présente loi, pourront librement se concerter pour l'étude et la défense de leurs intérêts économiques, industriels, commerciaux et agricoles.

Ces unions devront faire connaître, conformément au deuxième paragraphe de l'artice 4, les noms des syndicats qui les composent.

Elles ne pourront posséder aucun immeuble, ni ester en justice.

**6**. Les syndicats professionnels de patrons ou d'ouvriers auront le droit d'ester en justice.

Ils pourront employer les sommes provenant des cotisations.

Toutefois, ils ne pourront acquérir d'autres immeubles que ceux qui seront nécessaires à leurs réunions, à leurs bibliothèques, et à des cours d'instruction professionnelle.

Ils pourront, sans autorisation, mais en se conformant aux autres dispositions de la loi, constituer entre leurs membres des caisses spéciales de secours mutuels et de retraites.

Ils pourront librement créer et administrer des offices de renseignements pour les offres et les demandes de travail.

Ils pourront être consultés sur tous les différends et toutes les questions se rattachant à leur spécialité.

Dans les affaires contentieuses, les avis du syndicat seront tenus à la disposition des parties, qui pourront en prendre communication et copie.

**7**. Tout membre d'un syndicat professionnel peut se retirer à tout instant de l'association, nonobstant toute clause contraire, mais sans préjudice du droit pour le syndicat de réclamer la cotisation de l'année courante.

Toute personne qui se retire d'un syndicat conserve le droit d'être membre des sociétés de secours mutuels et de pensions de retraite pour la vieillesse à l'actif desquelles elle a contribué par des cotisations ou versements de fonds.

**8.** Lorsque les biens auront été acquis contrairement aux dispositions de l'article 6, la nullité de l'acquisition ou de la libéralité pourra être demandée par le procureur de la République ou par les intéressés. Dans le cas d'acquisition à titre onéreux, les immeubles seront vendus, et le prix en sera déposé à la caisse de l'association.

Dans le cas de libéralité, les biens feront retour aux disposants ou à leurs héritiers ou ayants cause.

**9.** Les infractions aux dispositions des articles 2, 3, 4, 5 et 6 de la présente loi seront poursuivies contre les directeurs ou administrateurs des syndicats et punis d'une amende de 16 à 200 fr. Les tribunaux pourront, en outre, à la diligence du procureur de la République, prononcer la dissolution du syndicat et la nullité des acquisitions d'immeubles faites en violation des dispositions de l'article 6.

Au cas de fausse déclaration relative aux statuts et aux noms et qualités des administrateurs ou directeurs, l'amende pourra être portée à 500 fr.

**10.** La présente loi est applicable à l'Algérie.

Elle est également applicable aux colonies de la Martinique, de la Guadeloupe et de la Réunion. Toutefois, les travailleurs étrangers et engagés sous le nom d'immigrants ne pourront faire partie des syndicats.

---

## TABAC.

### Décret du 29 décembre 1810, *qui attribue à la régie des droits réunis, exclusivement, l'achat des tabacs en feuilles, la fabrication et la vente des tabacs fabriqués*(1).

#### TITRE I. — DES ATTRIBUTIONS DE LA RÉGIE.

Art. 1er. A partir de la publication du présent décret, l'achat des tabacs en feuilles, la fabrication et la vente, tant en gros qu'en détail, des tabacs fabriqués sont exclusivement attribués à notre régie des droits réunis.

. . . . . . . . . . . . . . . .

---

### Loi du 28 avril 1816, *sur les finances.*

. . . . . . . . . . . . . . . .

#### TITRE V. — TABACS.

*Chap. I. — De la fabrication et de la vente du tabac.*

**172.** L'achat, la fabrication et la vente des tabacs continueront à avoir lieu par la régie des contributions indirectes dans

(1) Le monopole de la fabrication et de la vente des tabacs existe également en *Autriche-Hongrie*, en *Espagne* (L. du 22 avril 1887), en *Italie* (L. d'avril 1862), en *Portugal* (L. du 22 mai 1888), en *Roumanie* (L. de 1872) et en *Serbie* (L. du 22 sept. 1887). Dans les autres pays, la fabrication et la vente des tabacs sont libres ou simplement réglementées : des impôts plus ou moins élevés frappent d'ailleurs les tabacs indigènes et les tabacs de provenance étrangère.

toute l'étendue du *royaume*, exclusivement au profit de l'État (1).

**173**. Les tabacs fabriqués à l'étranger, de quelque pays qu'ils proviennent, sont prohibés à l'entrée du *royaume*, à moins qu'ils ne soient achetés pour le compte de la régie.

*Chap. II. — De la culture du tabac en général.*

**180**...... Nul ne pourra se livrer à la culture du tabac, sans en avoir fait préalablement la déclaration, et sans en avoir obtenu la permission. Il ne sera pas admis de déclaration pour moins de 20 ans en une seule pièce.

**181**. Les tabacs qui seront plantés en contravention au précédent article seront détruits aux frais des cultivateurs...... Les contrevenants seront, en outre, condamnés à une amende de 50 fr. par cent pieds de tabac, si la plantation est faite sur un terrain ouvert, et de 150 fr. si le terrain est clos de murs, sans que cette amende puisse, en aucun cas, excéder 3,000 fr.

. . . . . . . . . . . . . . .

*Chap. III. — Dispositions générales applicables au présent titre.*

. . . . . . . . . . . . . . .

**217**. Nul ne peut avoir en sa possession des tabacs en feuille, s'il n'est cultivateur dûment autorisé.

Nul ne peut avoir en provision des tabacs fabriqués autres que ceux des manufactures *royales* ; et cette provision ne peut excéder 10 kilogr., à moins que les tabacs ne soient revêtus des marques et vignettes de la régie.

**218**. Les contraventions à l'article précédent seront punies de la confiscation, et, en outre, d'une amende de 10 fr. par kilogr. de tabac saisi. Cette amende ne pourra excéder la somme de 3,000 fr., ni être au-dessous de 100 fr.

. . . . . . . . . . . . . . .

**221**. Seront considérés et punis comme fabricants frauduleux, les particuliers chez lesquels il sera trouvé des ustensiles, machines ou mécaniques propres à la fabrication ou à la pulvérisation, et en même temps des tabacs en feuilles ou en préparation, quelle qu'en soit la quantité, ou plus de 10 kilogr. de tabac fabriqué, non revêtu des marques de la régie.

Les tabacs et ustensiles, machines ou mécaniques seront saisis et confisqués, et les contrevenants condamnés, en outre, à une amende de 1,000 à 3,000 fr.

En cas de récidive, l'amende sera double.

**222**. Ceux qui seront trouvés vendant en fraude du tabac à leur domicile, ou ceux qui en colporteront, qu'ils soient ou non surpris à le vendre, seront arrêtés et constitués prisonniers, et condamnés à une amende de 300 à 1,000 fr., indépendamment de la confiscation des tabacs saisis, de celle des ustensiles servant à la vente, et, en cas de colportage, de celle des moyens de transport, conformément à l'article 216.

(1) Le monopole de l'État a été successivement prorogé par diverses lois, en dernier lieu par l'art. 17 de la loi de finances du 20 déc. 1882.

. . . . . . . . . . . . . . . .

**235**. Les visites et exercices que les employés de la régie sont autorisés à faire chez les redevables ne pourront avoir lieu que pendant le jour : cependant ils pourront aussi être faits la nuit dans les brasseries, distilleries, lorsqu'il résultera des déclarations que ces établissements sont en activité, et chez les débitants de boissons, pendant tout le temps que les lieux de débit sont ouverts au public.

. . . . . . . . . . . . . . . .

**237**. En cas de soupçon de fraude à l'égard des particuliers, non sujets à l'exercice, les employés pourront faire des visites dans l'intérieur de leurs habitations, en se faisant assister du juge de paix, du maire, de son adjoint, ou du commissaire de police, lesquels seront tenus de déférer à la réquisition qui leur en sera faite, et qui sera transcrite en tête du procès-verbal. Ces visites ne pourront avoir lieu que d'après l'ordre d'un employé supérieur, du grade de contrôleur au moins, qui rendra compte des motifs au directeur du département.

Les marchandises transportées en fraude qui, au moment d'être saisies, seraient introduites dans une habitation pour les soustraire aux employés pourront y être suivies par eux, sans qu'ils soient tenus, dans ce cas, d'observer les formalités ci-dessus prescrites.

. . . . . . . . . . . . . . . .

---

## TÉLÉGRAPHES.

### Loi du 2 mai 1837, *sur les lignes télégraphiques.*

Article unique. Quiconque transmettra, sans autorisation, des signaux d'un lieu à un autre, soit à l'aide de machines télégraphiques, soit par tout autre moyen, sera puni d'un emprisonnement d'un mois à un an, et d'une amende de 1,000 à 10,000 fr.

L'article 463 du Code pénal est applicable aux dispositions de la présente loi.

Le tribunal ordonnera la destruction des postes, des machines ou moyens de transmission.

---

### Décret du 27 décembre 1851, *sur les lignes télégraphiques.*

TITRE I. — ÉTABLISSEMENT ET USAGE DES LIGNES DE TÉLÉGRAPHIE.

Art. 1er. Aucune ligne télégraphique ne peut être établie ou employée à la transmission des correspondances que par le Gouvernement ou avec son autorisation. — Quiconque transmettra sans autorisation des signaux d'un lieu à un autre, soit à l'aide de machines télégraphiques, soit par tout autre moyen, sera puni d'un emprisonnement d'un mois à un an et d'une amende de 1,000 à 10,000 fr. — En cas de condamnation, le Gouvernement pourra ordonner la destruction des appareils et machines télégraphiques.

. . . . . . . . . . . . . . . .

TITRE IV. — DISPOSITION PARTICULIÈRE CONCERNANT LES TÉLÉGRAPHES AÉRIENS.

**9**. Lorsque, sur une ligne de télégraphie aérienne déjà établie, la transmission des signaux sera empêchée ou gênée, soit par des arbres, soit par l'interposition d'un objet quelconque placé à demeure, mais susceptible d'être déplacé, un arrêté du préfet prescrira les mesures nécessaires pour faire disparaître l'obstacle, à la charge de payer l'indemnité qui sera fixée par le juge de paix. — Cette indemnité sera consignée préalablement à l'exécution de l'arrêté du préfet. — Si l'objet est mobile et n'est point placé à demeure, un arrêté du maire suffira pour en ordonner l'enlèvement.

. . . . . . . . . . . . . . . .

---

**Décret du 13 mai 1879**, *sur les lignes télégraphiques étrangères au réseau de l'État.*

Art. **1er**. Les lignes télégraphiques étrangères au réseau de l'État, qui sont employées à la transmission des correspondances en vertu d'autorisations spéciales accordées en conformité de l'article 1er du décret-loi du 27 décembre 1851, sont divisées en deux catégories :

1° Celles qui rattachent un établissement privé au réseau télégraphique de l'État et sont destinées à la transmission des correspondances entre cet établissement et les divers points desservis par ce réseau ;

2° Celles qui rattachent entre eux plusieurs points d'un même établissement privé ou plusieurs établissements privés appartenant soit à un même permissionnaire, soit à plusieurs permissionnaires cointéressés.

**2**. Les lignes de la première catégorie sont construites et entretenues par le service des télégraphes de l'État, dont elles restent la propriété.

Les dépêches échangées entre les établissements qu'elles desservent et le réseau de l'État ou tout point au delà, restent soumises à la taxe intégrale dans les conditions du tarif en vigueur.

**3**. Le ministre des postes et des télégraphes, auquel appartient, dans tous les cas, l'exercice du droit d'autorisation prévu par le décret-loi du 27 décembre 1851, détermine, pour les lignes de la deuxième catégorie, celles qui doivent être construites et entretenues par le service des télégraphes de l'État, et restent, par suite, sa propriété, et celles qui peuvent être construites et entretenues par les permissionnaires eux-mêmes.

Il fixe, pour les lignes qui restent la propriété de l'État, les proportions dans lesquelles les permissionnaires peuvent être tenus de participer aux frais de construction et d'entretien.

**4**. L'usage de toute ligne télégraphique d'intérêt privé où la transmission des correspondances ne donne pas lieu à la perception de la taxe intégrale, est soumis à un droit fixe par l'arrêté d'autorisation et calculé par voie d'abonnement annuel, conformément à la loi du 5 avril 1878, sur une base uniforme, à raison du nombre des points desservis et de la longueur kilométrique des fils en service.

**5**. Les conditions fixées pour

les lignes télégraphiques privées à autoriser dans l'avenir seront immédiatement appliquées, selon le cas, aux lignes télégraphiques privées autorisées antérieurement.

---

## THÉATRES.

### Décret du 6 janvier 1864, *relatif à la liberté des théâtres.*

**Art. 1er.** Tout individu peut faire construire et exploiter un théâtre, à la charge de faire une déclaration au ministère de notre maison et des beaux-arts, et à la préfecture de police pour Paris, à la préfecture dans les départements.

Les théâtres qui paraîtront plus particulièrement dignes d'encouragements pourront être subventionnés soit par l'État, soit par les communes.

**2.** Les entrepreneurs de théâtres devront se conformer aux ordonnances, décrets et règlements pour tout ce qui concerne l'ordre, la sécuritéet la salubrité publics.

Continueront d'être exécutées les lois existantes sur la police et la fermeture des théâtres, ainsi que sur la redevance établie au profit des pauvres et des hospices.

**3.** Toute œuvre dramatique, avant d'être représentée, devra, aux termes du décret du 30 décembre 1852, être examinée et autorisée par le ministre de notre maison et des beaux-arts, pour les théâtres de Paris, par les préfets pour les théâtres des départements.

Cette autorisation pourra toujours être retirée pour des motifs d'ordre public.

**4.** Les ouvrages dramatiques de tous les genres, y compris les pièces entrées dans le domaine public, pourront être représentés sur tous les théâtres.

**5.** Les théâtres d'acteurs enfants continuent d'être interdits.

**6.** Les spectacles de curiosités, de marionnettes, les cafés dits *cafés chantants*, *cafés concerts* et autres établissements du même genre restent soumis aux règlements présentement en vigueur. — Toutefois, ces divers établissements seront désormais affranchis de la redevance établie par l'article 11 de l'ordonnance du 8 décembre 1824, en faveur des directeurs des départements, et ils n'auront à supporter aucun prélèvement autre que la redevance au profit des pauvres ou des hospices.

---

## TRAITÉS INTERNATIONAUX.

### Convention signée le 20 mars 1883 *et constituant une Union internationale pour la protection de la propriété industrielle.*

**Art. 1er.** Les gouvernements de la Belgique, du Brésil, de l'Espagne, de la France, du Guatémala, de l'Italie, des Pays-Bas, du Portugal, du Salvador, de la Serbie et de la Suisse sont constitués à l'état d'Union pour la protection de la propriété industrielle (1).

---

(1) Depuis 1883, le Salvador s'est retiré de l'Union : mais, par contre, l'Angleterre, les États-Unis, la République dominicaine, la Suède et la Norwége, la Tunisie y ont successivement adhéré. — La République de l'Équateur qui y avait adhéré a cessé aujourd'hui d'en faire partie.

2. Les sujets ou citoyens de chacun des États contractants jouiront, dans tous les autres États de l'Union, en ce qui concerne les brevets d'invention, les dessins ou modèles industriels, les marques de fabrique ou de commerce et le nom commercial, des avantages que les lois respectives accordent ou accorderont par la suite aux nationaux. En conséquence, ils auront la même protection que ceux-ci et le même recours légal contre toute atteinte portée à leurs droits, sous réserve de l'accomplissement des formalités et des conditions imposées aux nationaux par la législation intérieure de chaque État.

3. Sont assimilés aux sujets ou citoyens des États contractants les sujets ou citoyens des États ne faisant pas partie de l'Union, qui sont domiciliés ou ont des établissements industriels ou commerciaux sur le territoire de l'un des États de l'Union.

4. Celui qui aura régulièrement fait le dépôt d'une demande de brevet d'invention, d'un dessin ou modèle industriel, d'une marque de fabrique ou de commerce, dans l'un des États contractants, jouira, pour effectuer le dépôt dans les autres États, et sous réserve des droits des tiers, d'un droit de priorité pendant les délais déterminés ci-après.

En conséquence, le dépôt ultérieurement opéré dans l'un des autres États de l'Union avant l'expiration de ces délais ne pourra être invalidé par des faits accomplis dans l'intervalle, soit notamment par un autre dépôt, par la publication de l'invention ou son exploitation par un tiers, par la mise en vente d'exemplaires du dessin ou du modèle, par l'emploi de la marque.

Les délais de priorité mentionnés ci-dessus seront de six mois pour les brevets d'invention, et de trois mois pour les dessins ou modèles industriels, ainsi que pour les marques de fabrique ou de commerce. Ils seront augmentés d'un mois pour les pays d'outre-mer.

5. L'introduction, par le breveté, dans le pays où le brevet a été délivré, d'objets fabriqués dans l'un ou l'autre des États de l'Union, n'entraînera pas la déchéance.

Toutefois le breveté restera soumis à l'obligation d'exploiter son brevet conformément aux lois du pays où il introduit les objets brevetés.

6. Toute marque de fabrique ou de commerce régulièrement déposée dans le pays d'origine sera admise au dépôt et protégée telle quelle dans tous les autres pays de l'Union. Sera considéré comme pays d'origine le pays où le déposant a son principal établissement.

Si ce principal établissement n'est point situé dans un des pays de l'Union, sera considéré comme pays d'origine celui auquel appartient le déposant.

Le dépôt pourra être refusé, si l'objet pour lequel il est demandé est considéré comme contraire à la morale ou à l'ordre public.

7. La nature du produit sur lequel la marque de fabrique ou de commerce doit être apposée ne peut, dans aucun cas, faire obstacle au dépôt de la marque.

8. Le nom commercial sera

protégé dans tous les pays de l'Union sans obligation de dépôt, qu'il fasse ou non partie d'une marque de fabrique ou de commerce.

**9.** Tout produit portant illicitement une marque de fabrique ou de commerce, ou un nom commercial, pourra être saisi à l'importation dans ceux des États de l'Union dans lesquels cette marque ou ce nom commercial ont droit à la protection légale.

La saisie aura lieu à la requête soit du ministère public, soit de la partie intéressée, conformément à la législation intérieure de chaque État.

**10.** Les dispositions de l'article précédent seront applicables à tout produit portant faussement, comme indication de provenance, le nom d'une localité déterminée, lorsque cette indication sera jointe à un nom commercial fictif ou emprunté dans une intention frauduleuse.

Est réputé partie intéressée tout fabricant ou commerçant engagé dans la fabrication ou le commerce de ce produit et établi dans la localité faussement indiquée comme provenance.

**11.** Les hautes parties contractantes s'engagent à accorder une protection temporaire aux inventions brevetables, aux dessins ou modèles industriels, ainsi qu'aux marques de fabrique ou de commerce, pour les produits qui figureront aux expositions internationales officielles ou officiellement reconnues.

**12.** Chacune des hautes parties contractantes s'engage à établir un service spécial de la propriété industrielle et un dépôt central, pour la communication au public des brevets d'invention des dessins ou modèles industriels et des marques de fabrique ou de commerce.

**13.** Un office international sera organisé sous le titre de « Bureau international de l'Union pour la protection de la propriété industrielle ».

Ce bureau, dont les frais seront supportés par les administrations de tous les États contractants, sera placé sous la haute autorité de l'administration supérieure de la Confédération suisse, et fonctionnera sous sa surveillance. Les attributions en seront déterminées d'un commun accord entre les États de l'Union.

**14.** La présente convention sera soumise à des révisions périodiques en vue d'y introduire les améliorations de nature à perfectionner le système de l'Union.

A cet effet des conférences auront lieu successivement dans l'un des États contractants, entre les délégués desdits États.

La prochaine réunion aura lieu en 1885, à Rome.

**15.** Il est entendu que les hautes parties contractantes se réservent respectivement le droit de prendre séparément, entre elles, des arrangements particuliers pour la protection de la propriété industrielle, en tant que ces arrangements ne contreviendraient point aux dispositions de la présente convention.

**16.** Les États qui n'ont point pris part à la présente convention seront admis à y adhérer, sur leur demande.

Cette adhésion sera notifiée

par la voie diplomatique au gouvernement de la Confédération suisse, et par celui-ci à tous les autres.

Elle emportera, de plein droit, accession à toutes les clauses et admission à tous les avantages stipulés par la présente convention.

**17**. L'exécution des engagements réciproques contenus dans la présente convention est subordonnée, en tant que de besoin, à l'accomplissement des formalités et règles établies par les lois constitutionnelles de celles des hautes parties contractantes qui sont tenues d'en provoquer l'application, ce qu'elles s'obligent à faire dans le plus bref délai possible.

**18**. La présente convention sera mise à exécution dans le délai d'un mois à partir de l'échange des ratifications et demeurera en vigueur pendant un temps indéterminé, jusqu'à l'expiration d'une année à partir du jour où la dénonciation en sera faite.

Cette dénonciation sera adressée au Gouvernement chargé de recevoir les adhésions. Elle ne produira son effet qu'à l'égard de l'État qui l'aura faite, la convention restant exécutoire pour les autres parties contractantes.

**19**. La présente convention sera ratifiée, et les ratifications en seront échangées à Paris, dans le délai d'un an au plus tard.

---

## Protocole de clôture.

Au moment de procéder à la signature de la convention conclue, à la date de ce jour, pour la protection de la propriété industrielle, les plénipotentiaires sont convenus de ce qui suit :

Art. **1**er. Les mots « propriété industrielle » doivent être entendus dans leur acception la plus large, en ce sens qu'ils s'appliquent non seulement aux produits de l'industrie proprement dite, mais également aux produits de l'agriculture (vins, grains, fruits, bestiaux, etc.) et aux produits minéraux livrés au commerce (eaux minérales, etc.).

**2**. Sous le nom de « brevets d'invention » sont comprises les diverses espèces de brevets industriels admises par les législations des États contractants, telles que brevets d'importation, brevets de perfectionnement, etc.

**3**. Il est entendu que la disposition finale de l'article 2 de la convention ne porte aucune atteinte à la législation de chacun des États contractants, en ce qui concerne la procédure suivie devant les tribunaux et la compétence de ces tribunaux.

**4**. Le paragraphe 1er de l'article 6 doit être entendu en ce sens qu'aucune marque de fabrique ou de commerce ne pourra être exclue de la protection dans l'un des États de l'Union par le fait seul qu'elle ne satisferait pas, au point de vue des signes qui la composent, aux conditions de la législation de cet État, pourvu qu'elle satisfasse, sur ce point, à la législation du pays d'origine et qu'elle ait été, dans ce dernier pays, l'objet d'un dépôt régulier. Sauf cette exception, qui ne concerne que la forme de la marque et sous réserve des dispositions des autres articles de la convention, la législation intérieure de chacun des États recevra son application.

Pour éviter toute fausse interprétation, il est entendu que l'usage des armoiries publiques et des décorations peut être considéré comme contraire à l'ordre public dans le sens du paragraphe final de l'article 6.

**5.** L'organisation du service spécial de la propriété industrielle mentionné à l'article 12 comprendra, autant que possible, la publication, dans chaque État, d'une feuille officielle périodique.

**6.** Les frais communs du bureau international institué par l'article 13 ne pourront, en aucun cas, dépasser par année une somme totale représentant une moyenne de 2,000 fr. par chaque État contractant.

. . . . . . . . . . . . . . . .

L'administration suisse surveillera les dépenses du bureau international, fera les avances nécessaires et établira le compte annuel, qui sera communiqué à toutes les autres administrations.

Le bureau international centralisera les renseignements de toute nature relatifs à la protection de la propriété industrielle et les réunira en une statistique générale qui sera distribuée à toutes les administrations. Il procédera aux études d'utilité commune intéressant l'union et rédigera, à l'aide des documents qui seront mis à sa disposition par les diverses administrations, une feuille périodique, en langue française, sur les questions concernant l'objet de l'union.

Les numéros de cette feuille, de même que tous les documents publiés par le bureau international, seront répartis entre les administrations des États de l'Union, dans la proportion du nombre des unités contributives ci-dessus mentionnées. Les exemplaires et documents supplémentaires qui seraient réclamés soit par lesdites administrations, soit par des sociétés ou des particuliers, seront payés à part.

Le bureau international devra se tenir en tout temps à la disposition des membres de l'Union, pour leur fournir, sur les questions relatives au service international de la propriété industrielle, les renseignements spéciaux dont ils pourraient avoir besoin.

L'administration du pays où doit siéger la prochaine conférence préparera, avec le concours du bureau international, les travaux de cette conférence.

Le directeur du bureau international assistera aux séances des conférences et prendra part aux discussions sans voix délibérative. Il fera, sur sa gestion, un rapport annuel qui sera communiqué à tous les membres de l'Union.

La langue officielle du bureau international sera la langue française.

**7.** Le présent protocole de clôture, qui sera ratifié en même temps que la convention conclue à la date de ce jour, sera considéré comme faisant partie intégrante de cette convention, et aura même force, valeur et durée.

---

**Arrangements du 15 juin 1892,** *signés à Madrid les 14 et 15 avril 1891 entre les divers États faisant partie de l'Union internationale pour la protection de la propriété industrielle* (1).

I.— ARRANGEMENT CONCERNANT LA RÉPRESSION DES FAUSSES INDICATIONS DE PROVENANCE SUR LES MARCHANDISES.

Art. **1er**. Tout produit portant une fausse indication de provenance dans laquelle un des États contractants ou un lieu situé dans l'un d'entre eux serait, directement ou indirectement, indiqué comme pays ou comme lieu d'origine, sera saisi à l'importation dans chacun desdits États.

La saisie pourra aussi s'effectuer dans l'État où la fausse indication de provenance aura été apposée, ou dans celui où aura été introduit le produit muni de cette fausse indication.

Si la législation d'un État n'admet pas la saisie à l'importation, cette saisie sera remplacée par la prohibition d'importation.

Si la législation d'un État n'admet pas la saisie à l'intérieur, cette saisie sera remplacée par les actions et moyens que la loi de cet État assure en pareil cas aux nationaux.

**2**. La saisie aura lieu à la requête soit du ministère public, soit d'une partie intéressée, individu ou société, conformément à la législation intérieure de chaque État.

Les autorités ne seront pas tenues d'effectuer la saisie en cas de transit.

**3**. Les présentes dispositions ne font pas obstacle à ce que le vendeur indique son nom ou son adresse sur les produits provenant d'un pays différent de celui de la vente; mais, dans ce cas, l'adresse ou le nom doit être accompagné de l'indication précise et en caractères apparents du pays ou du lieu de fabrication ou de production.

**4**. Les tribunaux de chaque pays auront à décider quelles sont les appellations qui, à raison de leur caractère générique, échappent aux dispositions du présent arrangement, les appellations régionales de provenance des produits vinicoles n'étant cependant pas comprises dans la réserve statuée par cet article.

**5**. Les États de l'Union pour la protection de la propriété industrielle qui n'ont pas pris part au présent arrangement seront admis à y adhérer sur leur demande et dans la forme prescrite par l'article 16 de la Convention du 20 mars 1883 pour la protection de la propriété industrielle.

**6**. Le présent arrangement sera ratifié et les ratifications en seront échangées à Madrid dans le délai de six mois au plus tard. Il entrera en vigueur un mois à partir de l'échange des ratifications, et aura la même force et durée que la Convention du 20 mars 1883.

---

(1) Ces arrangements sont au nombre de quatre. Nous ne rapportons ici que les deux premiers : le 3e arrangement, ayant pour objet de doubler la dotation du bureau international de Berne, n'a pas encore été ratifié par tous les États; le 4e n'a été ratifié par aucun État.

### II. — ARRANGEMENT CONCERNANT L'ENREGISTREMENT INTERNATIONAL DES MARQUES (1)

Art. 1er. Les sujets ou citoyens de chacun des États contractants pourront s'assurer, dans tous les autres États, la protection de leurs marques de fabrique ou de commerce acceptées au dépôt dans le pays d'origine, moyennant le dépôt desdites marques au bureau international, à Berne, fait par l'entremise de l'administration dudit pays d'origine.

2. Sont assimilés aux sujets ou citoyens des États contractants les sujets ou citoyens des États n'ayant pas adhéré au présent arrangement qui satisfont aux conditions de l'article 3 de la Convention.

3. Le bureau international enregistrera immédiatement les marques déposées conformément à l'article 1er. Il notifiera cet enregistrement aux États contractants. Les marques enregistrées seront publiées dans un supplément au journal du bureau international, au moyen soit d'un dessin, soit d'une description présentée en langue française par le déposant.

En vue de la publicité à donner dans les divers États aux marques ainsi enregistrées, chaque administration recevra gratuitement du bureau international le nombre d'exemplaires de la susdite publication qu'il lui plaira de demander.

4. A partir de l'enregistrement ainsi fait au bureau international, la protection dans chacun des États contractants sera la même que si la marque avait été directement déposée.

5. Dans les pays où leur législation les y autorise, les administrations auxquelles le bureau international notifiera l'enregistrement d'une marque auront la faculté de déclarer que la protection ne peut être accordée à cette marque sur leur territoire.

Elles devront exercer cette faculté dans l'année de la notification prévue par l'article 3.

Ladite déclaration ainsi notifiée au bureau international sera par lui transmise sans délai à l'administration du pays d'origine et au propriétaire de la marque. L'intéressé aura les mêmes moyens de recours que si la marque avait été par lui directement déposée dans le pays où la protection est refusée.

6. La protection résultant de l'enregistrement au bureau international durera vingt ans à partir de cet enregistrement, mais ne pourra être invoquée en faveur d'une marque qui ne jouirait plus de la protection légale dans le pays d'origine.

7. L'enregistrement pourra toujours être renouvelé suivant les prescriptions des articles 1 à 3.

Six mois avant l'expiration du terme de protection, le bureau international donnera un avis officieux à l'administration du pays d'origine et au propriétaire de la marque.

8. L'administration du pays d'origine fixera à son gré et percevra à son profit une taxe

(1) Cet arrangement a été suivi d'un règlement élaboré par le bureau international et approuvé par les États de l'Union le 14 avril 1891.

qu'elle réclamera du propriétaire de la marque dont l'enregistrement international est demandé.

A cette taxe s'ajoutera un émolument international de 100 fr. dont le produit annuel sera réparti par parts égales entre les États contractants par les soins du bureau international, après déduction des frais communs nécessités par l'exécution de cet arrangement.

**9.** L'administration du pays d'origine notifiera au bureau international les annulations, radiations, transmissions et autres changements qui se produiront dans la propriété de la marque.

Le bureau international enregistrera ces changements, les notifiera aux administrations contractantes et les publiera aussitôt dans son journal.

**10.** Les administrations régleront d'un commun accord les détails relatifs à l'exécution du présent arrangement.

**11.** Les États de l'Union pour la protection de la propriété industrielle, qui n'ont pas pris part au présent arrangement, seront admis à y adhérer sur leur demande et dans la forme prescrite par l'article 16 de la Convention du 20 mars 1883 pour la protection de la propriété industrielle.

Dès que le bureau international sera informé qu'un État a adhéré au présent arrangement, il adressera à l'administration de cet État, conformément à l'article 3, une notification collective des marques qui, à ce moment, jouissent de la protection internationale.

Cette notification assurera, par elle-même, auxdites marques, le bénéfice des précédentes dispositions sur le territoire de l'État adhérent et fera courir le délai d'un an pendant lequel l'administration intéressée peut faire la déclaration prévue par l'article 5.

**12.** Le présent arrangement sera ratifié et les ratifications en seront échangées à Madrid dans le délai de six mois au plus tard. Il entrera en vigueur un mois à partir de l'échange des ratifications et aura la même force et durée que la Convention du 20 mars 1883.

---

**TRAMWAYS.** (*V.* **Chemins de fer.**)

---

**TRAVAIL (LIBERTÉ DU)** (1).

**Décret des 2-17 mars 1791,** *portant suppression de tous les droits d'aides, de toutes les maîtrises et jurandes et établissement de patentes* (2).

. . . . . . . . . . . . . . .

Art. **7.** A compter du 1er avril prochain, il sera libre à toute personne de faire tel négoce, ou d'exercer telle profession, art ou métier qu'elle trouvera bon ; mais elle sera tenue de se pourvoir auparavant d'une patente, d'en acquitter le prix suivant les taux ci-après déterminés, et de se conformer aux règlements de police qui sont ou pourront être faits.

. . . . . . . . . . . . . . .

---

(1) *Voy. suprà, v° Coalitions.*

(2) Pour les corporations dans les pays étrangers, *voy. suprà, v° Syndicats professionnels,* la L. du 21 mars 1884, note 1.

**TRAVAIL DANS LES MINES.** (*V.* Mines.)

---

## TRAVAIL DES ADULTES DANS L'INDUSTRIE.

### Décret du 9 septembre 1848, *relatif aux heures de travail dans les manufactures et usines* (1).

Art. 1er. La journée de l'ouvrier dans les manufactures et usines (2) ne pourra pas excéder douze heures de travail effectif.

2. Des règlements d'administration publique détermineront les exceptions qu'il sera nécessaire d'apporter à cette disposition générale, à raison de la nature des industries ou des causes de force majeure.

3. Il n'est porté aucune atteinte aux usages et aux conventions qui, antérieurement au 2 mars, fixaient pour certaines industries la journée de travail à un nombre d'heures inférieur à douze.

4. Tout chef de manufacture ou usine qui contreviendra au présent décret et aux règlements d'administration publique promulgués en exécution de l'article 2, sera puni d'une amende de cinq francs à cent francs.

Les contraventions donneront lieu à autant d'amendes qu'il y aura d'ouvriers indûment employés, sans que ces amendes réunies puissent s'élever au-dessus de mille francs.

Le présent article ne s'appli-

---

(1) La durée du travail des adultes est libre dans la plupart des pays étrangers : elle n'est limitée qu'en *Autriche*, en *Suisse* et dans une certaine mesure aux *États-Unis*. — En *Autriche*, la L. du 8 mars 1885 (*Ann. de lég. étr.*, 1886, p. 184) décide, dans son art. 96-*a*, que la durée du travail des ouvriers, dans les entreprises industrielles exploitées par les fabriques, ne devra pas dépasser 11 heures dans l'espace de 24 heures, non compris le repos. — En *Suisse*, la L. du 23 mars 1877 (*ibid.*, 1878, p. 581) fixe également, par son art. 11, la durée du travail à 11 heures par jour. — Enfin aux *États-Unis*, la loi fédérale du 28 juin 1868 porte que la journée de travail sera de 8 heures « pour tous les ouvriers qui pourront être employés par le gouvernement ou pour son compte ». Quant aux divers États de l'Union, ils ont chacun leur législation spéciale qui tend d'ailleurs à limiter la durée de la journée, tout au moins pour certaines industries : voy. en *Californie*, la L. du 11 mars 1886 (*ibid.*, 1887, p. 774), dans l'État de *Pensylvanie* la L. du 24 mars 1887 (*ibid.*, 1888, p. 903) qui limitent à 12 heures le travail des conducteurs, cochers et autres employés de railways, et pour l'État de *New-York* la L. du 6 juin 1887 (*ibid.*, 1888, p. 883) qui fixe à 10 heures la journée de tous les employés des chemins de fer et des tramways.

(2) « Cette loi n'est applicable qu'aux *usines* et *manufactures* ; les simples ateliers n'y sont pas soumis... — Si l'on veut déterminer d'une façon précise les établissements que la loi du 9 septembre 1848 a entendu désigner sous le nom d'usine ou de manufacture, il est nécessaire de rappeler qu'au moment où cette loi a été votée, une autre loi, alors en vigueur, avait indiqué exactement les établissements auxquels le législateur croyait devoir étendre son droit de réglementation et qui ont été visés dans la loi de 1848 sous l'expression plus générale *usines* et *manufactures*. C'est la loi du 22 mars 1841, relative au travail des enfants employés dans l'industrie : dans son art. 1er elle a décidé que ses prescriptions s'étendraient : 1° à tous les établissements à moteur mécanique ou à feu continu et à leurs dépendances ; 2° à toute fabrique occupant plus de vingt ouvriers réunis en atelier... » — On devra « donc considérer comme soumis à la loi de 1848 toutes les industries rentrant dans l'une ou l'autre de ces deux catégories ». (Circulaire ministérielle du 25 novembre 1885.)

que pas aux usages locaux et conventions indiqués dans la présente loi.

5. L'article 463 du Code pénal pourra toujours être appliqué.

6. Le décret du 2 mars, en ce qui concerne la limitation des heures du travail, est abrogé.

---

**Décret du 17 mai 1851,** *qui apporte des exceptions à l'article* 1er *de la loi du* 9 *septembre* 1848 *sur la durée du travail dans les manufactures.*

Art. 1er (Modifié par le décret du 3 avril 1889). Ne sont point compris dans la limite de durée du travail fixée par la loi du 9 septembre 1848, les travaux industriels ci-après déterminés :

Travail des ouvriers employés à la conduite des fourneaux, étuves, sécheries ou chaudières à débouillir, lessiver ou aviver ;

Travail des chauffeurs attachés au service des machines à vapeur, des ouvriers employés à allumer les feux avant l'ouverture des ateliers, des gardiens de nuit ;

Travaux de décatissage ;

Fabrication et dessiccation de la colle forte ;

Chauffage dans les fabriques de savon ;

Mouture des grains ;

Imprimeries typographiques et imprimeries lithographiques ; fonte, affinage, étamage, galvanisation de métaux ; fabrication de projectiles de guerre et tous travaux exécutés sur l'ordre du Gouvernement dans l'intérêt de la sûreté et de la défense nationale.

2. Sont également exceptés de la disposition de l'article 1er de la loi du 9 septembre 1848 :

1o Le nettoiement des machines à la fin de la journée ;

2o Les travaux que rendent immédiatement nécessaires un accident arrivé à un moteur, à une chaudière, à l'outillage ou au bâtiment même d'une usine, ou tout autre cas de force majeure.

3. La durée du travail effectif peut être prolongée au delà de la limite légale :

1o D'une heure à la fin de la journée de travail, pour le lavage et l'étendage des étoffes dans les teintureries, blanchisseries et dans les fabriques d'indiennes ;

2o De deux heures, dans les fabriques et raffineries de sucre, et dans les fabriques de produits chimiques ;

3o De deux heures, pendant cent vingt jours ouvrables par année, au choix des chefs d'établissement, dans les usines de teinturerie, d'imprimerie sur étoffes, d'apprêt d'étoffes et de pressage.

4. Tout chef d'usine ou de manufacture qui voudra user des exceptions autorisées par le dernier paragraphe de l'article 3, sera tenu de faire savoir préalablement au préfet, par l'intermédiaire du maire, qui donnera récépissé de la déclaration, les jours pendant lesquels il se propose de donner au travail une durée exceptionnelle.

---

**Décret du 31 janvier 1866,** *relatif à la durée du travail effectif dans les ateliers de filature de soie.*

Art. 1er. Par exception à la limitation établie dans l'article 1er de la loi du 9 septembre 1848, la durée du travail effectif dans les ateliers de filature de soie pourra être prolongée d'une heure par jour pendant soixante jours, du 1er mai au 1er septembre.

---

**Loi du 12 juillet 1880,** *qui abroge celle du* 18 *novembre* 1814 *sur le repos du dimanche et des fêtes religieuses* (1).

Art. 1er. La loi du 18 novembre 1814, sur le repos du dimanche et des fêtes religieuses, est abrogée.

2. Sont également abrogées toutes les lois et ordonnances rendues antérieurement sur la même matière.

Il n'est, toutefois, porté aucune atteinte à l'article 57 de la loi organique du 18 germinal an X.

3. Il n'est rien innové par la présente loi aux dispositions des lois civiles ou criminelles qui règlent les vacances des diverses administrations, les délais et l'accomplissement des formalités judiciaires, l'exécution des décisions de justice, non plus qu'à la loi du 17 mai 1874, sur le travail des enfants et des filles mineures employées dans l'industrie (2).

---

**Loi du 16 février 1883,** *relative à l'application de la loi du* 9 *septembre* 1848 *sur la durée des heures de travail.*

Art. 1er. Les commissions locales et les inspecteurs du travail des enfants dans les manufactures, institués par la loi du 18 mai 1874, sont chargés de surveiller l'application de la loi du 9 septembre 1848 sur la durée des heures de travail.

2. Le Gouvernement est autorisé à augmenter le nombre des inspecteurs divisionnaires et des circonscriptions territoriales d'inspection instituées par l'article 16 de la loi du 19 mai 1874.

---

## TRAVAIL DES ENFANTS ET DES FEMMES DANS L'INDUSTRIE.

**Loi du 2 novembre 1892,** *sur le travail des enfants, des filles mineures et des femmes dans les établissements industriels* (3).

*Sect.* 1. — *Dispositions générales. Age d'admission. Durée du travail.*

Art. 1er. Le travail des en-

---

(1) Le travail du dimanche est encore aujourd'hui interdit en *Allemagne* (L. de 1878, art. 105), en *Angleterre* (édit de 1649), en *Autriche* (L. de 1885, art. 75), en *Hollande* (L. 1er mars 1815), en *Hongrie* pendant le service divin (L. de 1884, art. 89) et en *Suisse* (L. de 1877, art. 14).

(2) La L. de 1874 a été abrogée et remplacée par la L. du 2 nov. 1892 : voy. *infrà*, vo *Travail des enfants et des femmes dans l'industrie.*

(3) Les principales législations étrangères en cette matière sont les suivantes :

1o *Allemagne* : L. du 1er juin 1891 ;

2o *Angleterre* : L. du 17 mai 1878 (*Ann. de lég. étr.*, 1879, p. 15) et L. du 25 juin 1886 (*ibid.*, 1887, p. 78) ;

fants, des filles mineures et des femmes (1) dans les usines, manufactures, mines, minières et carrières, chantiers, ateliers et leurs dépendances, de quelque nature que ce soit, publics ou privés, laïques ou religieux, même lorsque ces établissements ont un caractère d'enseignement professionnel ou de bienfaisance, est soumis aux obligations déterminées par la présente loi.

Toutes les dispositions de la présente loi s'appliquent aux étrangers travaillant dans les établissements ci-dessus désignés.

Sont exceptés les travaux effectués dans les établissements où ne sont employés que les membres de la famille sous l'autorité soit du père, soit de la mère, soit du tuteur (2).

Néanmoins, si le travail s'y fait à l'aide de chaudière à vapeur ou de moteur mécanique, ou si l'industrie exercée est classée au nombre des établissements dangereux ou insalubres, l'inspecteur aura le droit de prescrire les mesures de sécurité et de salubrité à prendre, conformément aux articles 12, 13 et 14.

**2.** Les enfants ne pourront être employés par les patrons ni être admis dans les établissements énumérés dans l'article 1er, avant l'âge de treize ans révolus (3).

Toutefois, les enfants munis

---

3° *Autriche* : L. du 8 mars 1885 (*ibid.*, 1886, p. 184) ;

4° *Belgique* : L. du 13 déc. 1889 (*ibid.*, 1890, p. 546) ;

5° *Danemark* : L. du 23 mai 1873 (*ibid.*, 1874, p. 420) ;

6° *Espagne* : L. du 24 juill. 1873 (*ibid.*, 1874, p. 330) ;

7° *Hollande* : L. du 5 mai 1889 (*ibid.*, 1890, p. 555) ;

8° *Hongrie* : L. du 21 mai 1884 (*ibid.*, 1885, p. 329) ;

9° *Italie* : L. du 11 févr. 1886 (*ibid.*, 1887, p. 396) ;

10° *Luxembourg* : L. du 6 déc. 1876 (*ibid.*, 1878, p. 563) ;

11° *Russie* : L. du 24 avril 1890 (*ibid.*, 1891, p. 693) ;

12° *Suède* : L. du 18 juin 1864 et Ord. du 18 nov. 1881 (*ibid.*, 1882, p. 658) ;

13° *Suisse* : L. du 23 mars 1877 (*ibid.*, 1878, p. 581).

(1) La loi du 19 mai 1874 ne s'occupait pas du travail des femmes, si ce n'est pour leur interdire les travaux souterrains des mines, minières et carrières ; et il en est encore de même dans les législations des pays du midi. — Les législations des pays du nord, au contraire, réglementent pour la plupart le travail des femmes : *a*) *quant à sa durée*, qui est au maximum de 11 heures en *Autriche* (L. de 1885, art. 96-*b*), en *Hollande* (L. du 5 mai 1889, art. 5) et en *Suisse* (L. de 1877, art. 11), et de 10 heures ou 10 heures et demie en *Angleterre* (L. du 27 mai 1878, art. 11 et suiv.) : — *b*) *quant au travail de nuit et du dimanche*, qui est interdit en *Angleterre*, en *Autriche* (L. de 1885, art. 96-*b*), en *Hollande* (L. de 1889, art. 5 et 7) et en *Suisse* (L. de 1877, art. 15) ; — *c*) *quant au repos lors de l'accouchement*, qui est fixé à 3 semaines en *Allemagne*, à 4 semaines en *Belgique* (L. du 13 déc. 1889), en *Autriche* (L. de 1885, art. 94), en *Hollande* (L. de 1889, art. 8), et à 8 semaines en *Suisse* (L. de 1877, art. 15).

(2) La loi française s'arrête au seuil de la famille et ne réglemente pas le travail des enfants chez leurs parents, sauf en ce qui concerne les professions ambulantes. (Voy. *infrà*, v° *Travail des enfants dans les professions ambulantes*, la L. du 7 déc. 1874.) La loi *anglaise*, au contraire, réglemente le travail des enfants à domicile comme en dehors du domicile (L. de 1878, art. 16).

(3) Cet âge est aussi fixé à 13 ans en *Allemagne*. — En *Suisse*, il est fixé à 14 ans (L. de 1877, art. 16). — En *Autriche*, il est de 12 ans pour les ateliers et de 14 ans pour les usines et fabriques (L. de 1885, art. 94 et 96-*b*). — Dans les autres pays, il est moins élevé : 12 ans en *Belgique* (L. de 1889, art. 2), en *Hollande* (L. de 1889, art. 3), dans le *Luxem-*

du certificat d'études primaires institué par la loi du 28 mars 1882 peuvent être employés à partir de l'âge de douze ans.

Aucun enfant âgé de moins de treize ans ne pourra être admis au travail dans les établissements ci-dessus visés, s'il n'est muni d'un certificat d'aptitude physique délivré, à titre gratuit, par l'un des médecins chargés de la surveillance du premier âge ou l'un des médecins inspecteurs des écoles, ou tout autre médecin chargé d'un service public, désigné par le préfet. Cet examen sera contradictoire si les parents le réclament.

Les inspecteurs du travail pourront toujours requérir un examen médical de tous les enfants au-dessous de seize ans déjà admis dans les établissements susvisés, à l'effet de constater si le travail dont ils sont chargés excède leurs forces.

Dans ce cas, les inspecteurs auront le droit d'exiger leur renvoi de l'établissement sur l'avis conforme de l'un des médecins désignés au paragraphe 3 du présent article, et après examen contradictoire si les parents le réclament.

Dans les orphelinats et institutions de bienfaisance visés à l'article 1er, et dans lesquels l'instruction primaire est donnée, l'enseignement manuel ou professionnel, pour les enfants âgés de moins de treize ans, sauf pour les enfants âgés de douze ans munis du certificat d'études primaires, ne pourra pas dépasser trois heures par jour.

**3.** Les enfants de l'un et de l'autre sexe âgés de moins de seize ans ne pourront être employés à un travail effectif de plus de dix heures par jour.

Les jeunes ouvriers et ouvrières de seize à dix-huit ans ne peuvent être employés à un travail effectif de plus de soixante heures par semaine, sans que le travail journalier puisse excéder onze heures.

Les filles au-dessus de dix-huit ans et les femmes ne peuvent être employées à un travail effectif de plus de onze heures par jour.

Les heures de travail ci-dessus indiquées seront coupées par un ou plusieurs repos dont la durée totale ne pourra être inférieure à une heure et pendant lesquels le travail sera interdit [1].

*bourg* (L. de 1876, art. 1er), en *Russie* (L. de 1890, art. 1er) et en *Suède* (Ord. de 1881, art. 2); — 10 ans en *Angleterre* (L. de 1878, art. 20), en *Danemark*, en *Espagne* et en *Hongrie* (L. de 1884, art. 115); — et enfin 9 ans en *Italie* (L. de 1886, art. 1er).

(1) Dans les pays étrangers, la journée de travail des enfants et jeunes gens est aussi réglementée, mais souvent d'une manière différente. Elle est fixée : en *Allemagne*, à 6 heures jusqu'à 14 ans et à 10 heures jusqu'à 16 ans avec des repos de 2 heures; — en *Angleterre*, à une demi-journée jusqu'à 14 ans et à 10 heures jusqu'à 18 (L. de 1878, art. 11 et suiv.); — en *Autriche*, à 8 heures jusqu'à 14 ans et à 11 heures au-dessus de cet âge (L. de 1885, art. 94 et 96-*a*); — en *Belgique*, à 12 heures coupées par 1 heure et demie de repos pour les enfants de 12 à 16 ans, avec interdiction absolue au-dessous de cet âge (L. de 1889, art. 2 et 4); — en *Hongrie*, à 8 heures jusqu'à 14 ans et à 10 heures jusqu'à 16 (L. de 1884, art. 115); — en *Italie*, à 8 heures jusqu'à 12 ans et sans limitation au delà de cet âge (L. de 1886, art. 3); — en *Suisse*, à 11 heures y compris le temps consacré à l'école jusqu'à 16 ans, sans autre limitation que celle du droit commun au delà de cet âge (L. de 1878, art. 16).

*Sect. 2. — Travail de nuit. Repos hebdomadaire.*

**4.** Les enfants âgés de moins de dix-huit ans, les filles mineures et les femmes ne peuvent être employés à aucun travail de nuit dans les établissements énumérés à l'article 1er (1).

Tout travail entre neuf heures du soir et cinq heures du matin est considéré comme travail de nuit ; toutefois, le travail sera autorisé de quatre heures du matin à dix heures du soir quand il sera réparti entre deux postes d'ouvriers ne travaillant pas plus de neuf heures chacun.

Le travail de chaque équipe sera coupé par un repos d'une heure au moins.

Il sera accordé, pour les femmes et les filles âgés de plus de dix-huit ans, à certaines industries qui seront déterminées par un règlement d'administration publique et dans les conditions d'application qui seront précisées dans ledit règlement, la faculté de prolonger le travail jusqu'à onze heures du soir à certaines époques de l'année, pendant une durée totale qui ne dépassera pas soixante jours. En aucun cas, la journée de travail effectif ne pourra être prolongée au delà de douze heures.

Il sera accordé à certaines industries, déterminées par un règlement d'administration publique, l'autorisation de déroger d'une façon permanente aux dispositions des paragraphes 1 et 2 du présent article, mais sans que le travail puisse, en aucun cas, dépasser sept heures par vingt-quatre heures.

Le même règlement pourra autoriser, pour certaines industries, une dérogation temporaire aux dispositions précitées.

En outre, en cas de chômage résultant d'une interruption accidentelle ou de force majeure, l'interdiction ci-dessus peut, dans n'importe qu'elle industrie, être temporairement levée par l'inspecteur pour un délai déterminé.

**5.** Les enfants âgés de moins de dix-huit ans et les femmes de tout âge ne peuvent être employés dans les établissements énumérés à l'article 1er plus de six jours par semaine, ni les jours de fêtes reconnues par la loi, même pour rangement d'atelier (2).

Une affiche apposée dans les ateliers indiquera le jour adopté pour le repos hebdomadaire.

---

(1) En *Angleterre* (L. de 1878, art. 11 et suiv.), en *Suède* (Ord. de 1881, art. 4) et en *Suisse* (L. de 1877, art. 16), le travail de nuit est également interdit pour les enfants jusqu'à l'âge de 18 ans. — En *Allemagne*, en *Autriche* (L. de 1885, art. 95), en *Belgique* (L. de 1889, art. 6), en *Hollande* (L. de 1889, art. 5), en *Hongrie* (L. de 1884, art. 116) et dans le *Luxembourg* (L. de 1876, art. 2), il est interdit seulement jusqu'à l'âge de 16 ans. — En *Russie*, il est interdit jusqu'à 15 ans et même jusqu'à 17 dans certaines industries (L. de 1890, art. 1er et 4).

Pour les femmes, le travail de nuit leur est interdit à tout âge, en *Angleterre* (L. de 1878, art. 11 et suiv.), en *Autriche* (L. de 1885, art. 96-*b*), en *Hollande* (L. de 1889, art. 5), en *Russie* (L. de 1890, art. 4) et en *Suisse* (L. de 1877, art. 15).

(2) Le travail du dimanche est interdit comme le travail de nuit et pour les mêmes personnes en *Allemagne*, en *Angleterre*, en *Autriche*, en *Hollande* et en *Suisse*. En *Belgique*, les enfants de moins de 16 ans et les femmes mineures ne peuvent être employés au travail que six jours par semaine (L. de 1889, art. 7).

**6.** Néanmoins, dans les usines à feu continu, les femmes majeures et les enfants du sexe masculin peuvent être employés tous les jours de la semaine, la nuit, aux travaux indispensables, sous la condition qu'ils auront au moins un jour de repos par semaine.

Les travaux tolérés et le laps de temps pendant lequel ils peuvent être exécutés seront déterminés par un règlement d'administration publique.

**7.** L'obligation du repos hebdomadaire et les restrictions relatives à la durée du travail peuvent être temporairement levées par l'inspecteur divisionnaire, pour les travailleurs visés à l'article 5, pour certaines industries à désigner par le susdit règlement d'administration publique.

**8.** Les enfants des deux sexes, âgés de moins de treize ans, ne peuvent être employés comme acteurs, figurants, etc., aux représentations données dans les théâtres et cafés-concerts sédentaires.

Le ministre de l'instruction publique et des beaux-arts, à Paris, et les préfets, dans les départements, pourront exceptionnellement autoriser l'emploi d'un ou plusieurs enfants dans les théâtres pour la représentation de pièces déterminées.

*Sect. 3. — Travaux souterrains.*

**9.** Les filles et les femmes ne peuvent être admises dans les travaux souterrains des mines, minières et carrières (1).

Des règlements d'administration publique détermineront les conditions spéciales du travail des enfants de treize à dix-huit ans du sexe masculin dans les travaux souterrains ci-dessus visés (2).

Dans les mines spécialement désignées par des règlements d'administration publique, comme exigeant, en raison de leurs conditions naturelles, une dérogation aux prescriptions du paragraphe 2 de l'article 4, ces règlements pourront permettre le travail des enfants à partir de quatre heures du matin jusqu'à minuit, sous la condition expresse que les enfants ne seront pas assujettis à plus de huit heures de travail effectif ni à plus de dix heures de présence dans la mine, par vingt-quatre heures.

*Sect. 4. — Surveillance des enfants.*

**10.** Les maires sont tenus de délivrer gratuitement aux père, mère, tuteur ou patron, un livret sur lequel sont portés les nom et prénoms des enfants des deux sexes âgés de moins de dix-huit ans, la date, le lieu de leur naissance et leur domicile.

Si l'enfant a moins de treize ans, le livret devra mentionner qu'il est muni du certificat d'études primaires institué par la loi du 28 mars 1882.

---

(1) Même règle en *Allemagne*, en *Angleterre* et dans le *Luxembourg*. En *Belgique*, les travaux des mines et carrières ne sont interdits aux femmes que jusqu'à 21 ans (L. de 1889, art. 9).

(2) Le travail des enfants dans les mines et carrières est interdit jusqu'à 10 ans en *Italie* (L. de 1886, art. 1er), jusqu'à 14 ans en *Allemagne*, en *Autriche* (L. du 21 juin 1884, *Ann. de lég, étr.*, 1885, p. 283) et en *Belgique* (L. de 1889, art. 6), et jusqu'à 16 ans dans le *Luxembourg* (L. de 1876, art. 3).

Les chefs d'industrie ou patrons inscriront sur le livret la date de l'entrée dans l'atelier et celle de la sortie. Ils devront également tenir un registre sur lequel seront mentionnées toutes les indications insérées au présent article.

**11**. Les patrons ou chefs d'industrie et loueurs de force motrice sont tenus de faire afficher dans chaque atelier les dispositions de la présente loi, les règlements d'administration publique relatifs à son exécution et concernant plus spécialement leur industrie, ainsi que les adresses et les noms des inspecteurs de la circonscription.

Ils afficheront également les heures auxquelles commencera et finira le travail, ainsi que les heures et la durée du repos. Un duplicata de cette affiche sera envoyé à l'inspecteur, un autre sera déposé à la mairie.

L'organisation de relais, qui aurait pour effet de prolonger au delà de la limite légale la durée de la journée de travail, est interdite pour les personnes protégées par la présente loi.

Dans toutes les salles de travail des ouvroirs, orphelinats, ateliers de charité ou de bienfaisance dépendant des établissements religieux ou laïques, sera placé d'une façon permanente un tableau indiquant, en caractères facilement lisibles, les conditions du travail des enfants telles qu'elles résultent des articles 2, 3, 4 et 5, et déterminant l'emploi de la journée, c'est-à-dire les heures du travail manuel, du repos, de l'étude et des repas. Ce tableau sera visé par l'inspecteur et revêtu de sa signature.

Un état nominatif complet des enfants élevés dans les établissements ci-dessus désignés, indiquant leurs nom et prénoms, la date et le lieu de leur naissance, et certifié conforme par les directeurs de ces établissements, sera remis tous les trois mois à l'inspecteur et fera mention de toutes les mutations survenues depuis la production du dernier état.

*Sect. 5. — Hygiène et sécurité des travailleurs.*

**12**. Les différents genres de travail présentant des causes de danger, ou excédant les forces, ou dangereux pour la moralité, qui seront interdits aux femmes, filles et enfants seront déterminés par des règlements d'administration publique.

**13**. Les femmes, filles et enfants ne peuvent être employés dans des établissements insalubres ou dangereux, où l'ouvrier est exposé à des manipulations ou à des émanations préjudiciables à sa santé, que sous les conditions spéciales déterminées par des règlements d'administration publique pour chacune de ces catégories de travailleurs.

**14**. Les établissements visés dans l'article 1er et leurs dépendances doivent être tenus dans un état constant de propreté, convenablement éclairés et ventilés. Ils doivent présenter toutes les conditions de sécurité et de salubrité nécessaires à la santé du personnel.

Dans tout établissement contenant des appareils mécaniques, les roues, les courroies, les engrenages ou tout autre organe pouvant offrir une cause de danger, seront séparés des ouvriers de telle manière que l'approche n'en soit possible que pour les besoins de service.

Les puits, trappes et ouvertures de descente doivent être clôturés.

**15.** Tout accident ayant occasionné une blessure à un ou plusieurs ouvriers, survenus dans un des établissements mentionnés à l'article 1er, sera l'objet d'une déclaration par le chef de l'entreprise, ou à son défaut et en son absence, par son préposé.

Cette déclaration contiendra le nom et l'adresse des témoins de l'accident; elle sera faite dans les quarante-huit heures au maire de la commune, qui en dressera procès-verbal dans la forme à déterminer par un règlement d'administration publique. A cette déclaration sera joint, produit par le patron, un certificat du médecin indiquant l'état du blessé, les suites probables de l'accident et l'époque à laquelle il sera possible d'en connaître le résultat définitif.

Récépissé de la déclaration et du certificat médical sera remis, séance tenante, au déposant.

Avis de l'accident est donné immédiatement par le maire à l'inspecteur divisionnaire ou départemental.

**16.** Les patrons ou chefs d'établissement doivent, en outre, veiller au maintien des bonnes mœurs et à l'observation de la décence publique.

*Sect. 6. — Inspection.*

**17.** Les inspecteurs du travail sont chargés d'assurer l'exécution de la présente loi et de la loi du 9 septembre 1848.

Ils sont chargés, en outre, concurremment avec les commissaires de police, de l'exécution de la loi du 7 décembre 1874 relative à la protection des enfants employés dans les professions ambulantes.

Toutefois, en ce qui concerne les exploitations de mines, minières et carrières, l'exécution de la loi est exclusivement confiée aux ingénieurs et contrôleurs des mines, qui, pour ce service, sont placés sous l'autorité du ministre du commerce et de l'industrie.

**18.** Les inspecteurs du travail sont nommés par le ministre du commerce et de l'industrie.

Ce service comprendra :

1o Des inspecteurs divisionnaires ;

2o Des inspecteurs ou inspectrices départementaux.

Un décret rendu après avis du comité des arts et manufactures et de la commission supérieure du travail ci-dessous instituée déterminera les départements dans lesquels il y aura lieu de créer des inspecteurs départementaux. Il fixera le nombre, le traitement et les frais de tournée de ces inspecteurs.

Les inspecteurs ou inspectrices départementaux sont placés sous l'autorité de l'inspecteur divisionnaire.

Les inspecteurs du travail prêtent serment de ne point révéler les secrets de fabrication et, en général, les procédés d'exploitation dont ils pourraient prendre connaissance dans l'exercice de leurs fonctions.

Toute violation de ce serment est punie conformément à l'article 378 du Code pénal.

**19.** Désormais ne seront admissibles aux fonctions d'inspecteur divisionnaire ou départemental que les candidats ayant satisfait aux conditions et aux concours visés par l'article 22.

La nomination au poste d'inspecteur titulaire ne sera définitive qu'après un stage d'un an.

**20.** Les inspecteurs et inspectrices ont entrée dans tous les établissements visés par l'article 1er ; ils peuvent se faire représenter le registre prescrit par l'article 10, les livrets, les règlements intérieurs, et, s'il y a lieu, le certificat d'aptitude physique mentionné à l'article 2.

Les contraventions sont constatées par les procès-verbaux des inspecteurs et inspectrices, qui font foi jusqu'à preuve contraire.

Ces procès-verbaux sont dressés en double exemplaire, dont l'un est envoyé au préfet du département et l'autre déposé au parquet.

Les dispositions ci-dessus ne dérogent point aux règles du droit commun, quant à la constatation et à la poursuite des infractions à la présente loi.

**21.** Les inspecteurs ont pour mission, en dehors de la surveillance qui leur est confiée, d'établir la statistique des conditions du travail industriel dans la région qu'ils sont chargés de surveiller.

Un rapport d'ensemble résumant ces communications sera publié tous les ans par les soins du ministre du commerce et de l'industrie.

*Sect. 7. — Commissions supérieure et départementales.*

**22.** Une commission supérieure composée de neuf membres, dont les fonctions sont gratuites, est établie auprès du ministre du commerce et de l'industrie. Cette commission comprend deux sénateurs, deux députés élus par leurs collègues et cinq membres nommés pour une période de quatre ans, par le Président de la République. Elle est chargée :

1° De veiller à l'application uniforme et vigilante de la présente loi ;

2° De donner son avis sur les règlements à faire et généralement sur les diverses questions intéressant les travailleurs protégés ;

3° Enfin, d'arrêter les conditions d'admissibilité des candidats à l'inspection divisionnaire et départementale et le programme du concours qu'ils devront subir.

Les inspecteurs divisionnaires nommés en vertu de la loi du 19 mai 1874, et actuellement en fonctions, seront répartis entre les divers postes d'inspecteurs divisionnaires et d'inspecteurs départementaux établis en exécution de la présente loi, sans être assujettis à subir le concours.

Les inspecteurs départementaux pourront être conservés sans subir un nouveau concours.

**23.** Chaque année, le président de la commission supérieure adresse au Président de la République un rapport général sur les résultats de l'inspection et sur les faits relatifs à l'exécution de la présente loi.

Ce rapport doit être, dans le mois de son dépôt, publié au *Journal officiel.*

**24.** Les conseils généraux devront instituer une ou plusieurs commissions chargées de présenter, sur l'exécution de la loi et les améliorations dont elle serait susceptible, des rapports qui seront transmis au ministre et communiqués à la commission supérieure.

Les inspecteurs divisionnaires et départementaux, les président et vice-président du conseil de prud'hommes du chef-lieu ou du principal centre industriel du département et, s'il y a lieu, l'ingénieur des mines, font partie de droit de ces commissions dans leurs circonscriptions respectives.

Les commissions locales instituées par les articles 20, 21 et 22 de la loi du 19 mai 1874 sont abolies.

**25.** Il sera institué dans chaque département des comités de patronage ayant pour objet :

1º La protection des apprentis et des enfants employés dans l'industrie ;

2º Le développement de leur instruction professionnelle.

Le conseil général, dans chaque département, déterminera le nombre et la circonscription des comités de patronage, dont les statuts seront approuvés dans le département de la Seine par le ministre de l'intérieur et le ministre du commerce et de l'industrie, et par les préfets dans les autres départements.

Les comités de patronage seront administrés par une commission composée de sept membres, dont quatre seront nommés par le conseil général et trois par le préfet.

Ils sont renouvelables tous les trois ans. Les membres sortants pourront être appelés de nouveau à en faire partie.

Leurs fonctions sont gratuites.

*Sect. 8. — Pénalités.*

**26.** Les manufacturiers, directeurs ou gérants d'établissements visés dans la présente loi, qui auront contrevenu aux prescriptions de ladite loi et des règlements d'administration publique relatifs à son exécution, seront poursuivis devant le tribunal de simple police et passibles d'une amende de 5 à 15 fr.

L'amende sera appliquée autant de fois qu'il y aura de personnes employées dans des conditions contraires à la présente loi.

Toutefois, la peine ne sera pas applicable si l'infraction à la loi a été le résultat d'une erreur provenant de la production d'actes de naissance, livrets ou certificats contenant de fausses énonciations ou délivrés pour une autre personne.

Les chefs d'industrie seront civilement responsables des condamnations prononcées contre leurs directeurs ou gérants.

**27.** En cas de récidive, le contrevenant sera poursuivi devant le tribunal correctionnel et puni d'une amende de 16 à 100 fr.

Il y a récidive lorsque, dans les douze mois antérieurs au fait poursuivi, le contrevenant a déjà subi une condamnation pour une contravention identique.

En cas de pluralité de contravention entraînant ces peines de la récidive, l'amende sera appliquée autant de fois qu'il aura été relevé de nouvelles contraventions.

Les tribunaux correctionnels

pourront appliquer les dispositions de l'article 463 du Code pénal sur les circonstances atténuantes, sans qu'en aucun cas l'amende, pour chaque contravention, puisse être inférieure à 5 fr.

**28**. L'affichage du jugement peut, suivant les circonstances et en cas de récidive seulement, être ordonné par le tribunal de police correctionnelle.

Le tribunal peut également ordonner, dans le même cas, l'exécution du jugement aux frais du contrevenant dans un ou plusieurs journaux du département.

**29**. Est puni d'une amende de 100 à 500 fr. quiconque aura mis obstacle à l'accomplissement des devoirs d'un inspecteur.

En cas de récidive, l'amende sera portée de 500 à 1,000 fr.

L'article 463 du Code pénal est applicable aux condamnations prononcées en vertu de cet article.

*Sect. 9. — Dispositions générales.*

**30**. Les règlements d'administration publique nécessaires à l'application de la présente loi seront rendus après avis de la commission supérieure du travail et du comité consultatif des arts et manufactures.

Le conseil général des mines sera appelé à donner son avis sur les règlements prévus en exécution de l'article 9.

**31**. Les dispositions de la présente loi sont applicables aux enfants placés en apprentissage et employés dans un des établissements visés à l'article 1er.

**32**. Les dispositions édictées par la présente loi ne seront applicables qu'à dater du 1er janvier 1893.

La loi du 19 mai 1874 et les règlements d'administration publique rendus en exécution de ses dispositions seront abrogés à la date susindiquée.

---

## TRAVAIL DES ENFANTS DANS LES PROFESSIONS AMBULANTES.

**Loi du 7 décembre 1874,** *relative à la protection des enfants employés dans les professions ambulantes* [1].

Art. **1er**. Tout individu qui fera exécuter par des enfants de moins de seize ans des tours de force périlleux ou des exercices de dislocation ;

Tout individu, autre que les père et mère, pratiquant les professions d'acrobate, saltimbanque, charlatan, montreur d'animaux ou directeur de cirque, qui emploiera, dans ses représentations, des enfants âgés de moins de seize ans,

Sera puni d'un emprisonnement de six mois à deux ans et d'une amende de seize à deux cents francs.

La même peine sera applicable aux père et mère exerçant les professions ci-dessus désignées qui emploieraient dans leurs représentations leurs enfants âgés de moins de douze ans.

**2**. Les pères, mères, tuteurs ou patrons qui auront livré, soit gratuitement, soit à prix d'argent, leurs enfants, pupilles ou

---

(1) Comp. en *Espagne* la L. du 26 juill. 1878 (*Ann. de lég. étr.*, 1879, p. 337).

apprentis âgés de moins de seize ans aux individus exerçant les professions ci-dessus spécifiées, ou qui les auront placés sous la conduite de vagabonds, de gens sans aveu ou faisant métier de la mendicité, seront punis des peines portées en l'article 1er.

La même peine sera applicable à quiconque aura déterminé des enfants âgés de moins de seize ans à quitter le domicile de leurs parents ou tuteurs pour suivre des individus des professions susdésignées.

La condamnation entraînera de plein droit, pour les tuteurs, la destitution de la tutelle ; les pères et mères pourront être privés des droits de la puissance paternelle.

**3.** Quiconque emploiera des enfants âgés de moins de seize ans à la mendicité habituelle, soit ouvertement, soit sous l'apparence d'une profession, sera considéré comme auteur ou complice du délit de mendicité en réunion, prévu par l'article 276 du Code pénal, et sera puni des peines portées audit article (1).

Dans le cas où le délit aurait été commis par les pères, mères ou tuteurs, ils pourront être privés des droits de la puissance paternelle ou être destitués de la tutelle.

**4.** Tout individu exerçant l'une des professions spécifiées à l'article 1er de la présente loi devra être porteur de l'extrait des actes de naissance des enfants placés sous sa conduite, e justifier de leur origine et de leur idendité par la production d'un livret ou d'un passeport.

Toute infraction à cette disposition sera punie d'un emprisonnement d'un mois à six mois et d'une amende de seize à cinquante francs.

**5.** En cas d'infraction à l'une des dispositions de la présente loi, les autorités municipales seront tenues d'interdire toutes représentations aux individus désignés en l'article 1er.

Cesdites autorités seront également tenues de requérir la justification, conformément aux dispositions de l'article 4, de l'origine et de l'identité de tous les enfants placés sous la conduite des individus susdésignés. A défaut de cette justification, il en sera donné avis immédiat au parquet.

Toute infraction à la présente loi commise à l'étranger à l'égard de Français devra être dénoncée, dans le plus bref délai, par nos agents consulaires aux autorités françaises, et aux autorités locales, si les lois du pays en assurent la répression.

Ces agents devront, en outre, prendre les mesures nécessaires pour assurer le rapatriement en France des enfants d'origine française.

**6.** L'article 463 du Code pénal est applicable aux délits prévus et punis par la présente loi.

(1) Emprisonnement de 6 mois à 2 ans.

# TABLE CHRONOLOGIQUE

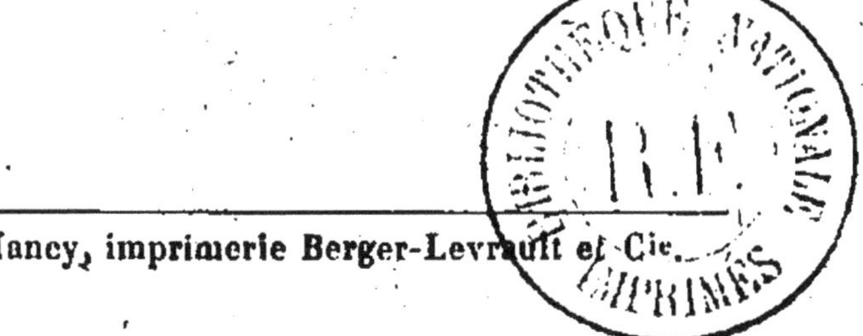

Nancy, imprimerie Berger-Levrault et Cie.

# BIBLIOTHÈQUE D'ENSEIGNEMENT COMMERCIAL

**Dirigée par M. Georges PAULET**

CHEF DU BUREAU DE L'ENSEIGNEMENT COMMERCIAL AU MINISTÈRE DU COMMERCE

## II. — Ouvrages en préparation.

*Manuel pratique des Opérations commerciales,* par A. DANY, directeur de l'École supérieure de commerce du Havre, ancien chef de comptabilité, ancien professeur à la Société mutuelle des employés de commerce du Havre.

*Monnaies, poids et mesures* de tous les pays du monde. Traité pratique des différents systèmes monétaires, accompagné de renseignements sur les changes et les timbres, d'effets de commerce des principaux pays, par LEJEUNE, directeur de l'École supérieure de commerce de Marseille.

*Principes généraux de comptabilité,* par E. LÉAUTEY, professeur de comptabilité, ancien chef de bureau au Comptoir national d'escompte, et A. GUILBAULT, ancien chef d'administration de la Société métallurgique de Vierzon.

*La Colonisation* et ses rapports avec le commerce, par P. BEAUREGARD, professeur à la Faculté de droit de Paris et à l'École des hautes études commerciales.

*Précis d'Économie commerciale,* par CHEYSSON, inspecteur général des ponts et chaussées, professeur d'économie politique à l'École nationale des mines et à l'École libre des sciences politiques.

*Précis de Droit commercial,* par E. COHENDY, professeur à la Faculté de droit et à l'École supérieure de commerce de Lyon.

*Les Tribunaux de commerce.* Organisation, compétence, procédure, par HOUYVET, docteur en droit, ancien agréé près le tribunal de commerce de la Seine.

*Manuel des Opérations financières à long terme,* par Léon MARIE, ancien élève de l'École polytechnique, actuaire au « Phénix », examinateur à l'École des hautes études commerciales.

*Les Assurances sur la vie et contre les accidents,* par Paul GUIEYSSE, député, président de l'Institut des actuaires français.

*Les Transports par chemins de fer,* par AUBURTIN, maître des requêtes au Conseil d'État, secrétaire adjoint du comité consultatif des chemins de fer, ancien professeur à l'École des hautes études commerciales.

*Les Transports maritimes,* éléments de droit maritime appliqué, par HAUMONT et LEVAREY, avocats, professeurs à l'École supérieure de commerce du Havre.

*Armements maritimes,* cours professé à l'École supérieure de commerce de Marseille, par CHAMPENOIS, capitaine au long cours, ancien commandant aux Messageries maritimes.

*Précis de Législation ouvrière,* cours professé à l'École des sciences politiques, par Georges PAULET, chef de bureau au Ministère du commerce.

www.ingramcontent.com/pod-product-compliance
Ingram Content Group UK Ltd.
Pitfield, Milton Keynes, MK11 3LW, UK
UKHW012020240726
13965UKWH00002B/474

9 782013 606059